元明清时期

石小川 ◎ 著

湘西苗疆

法律

社会史

湖南大学出版社
·长沙·

图书在版编目（CIP）数据

元明清时期湘西苗疆法律社会史 / 石小川著. — 长沙： 湖南大学出版社，2023.11
ISBN 978-7-5667-3016-9

Ⅰ.①元… Ⅱ.①石… Ⅲ.①苗族—社会法学—法制史—研究—湘西地区—元代 ②苗族—社会法学—法制史—研究—湘西地区—明清时代 Ⅳ.①D929.49

中国国家版本馆CIP数据核字（2023）第107409号

元明清时期湘西苗疆法律社会史

YUAN-MING-QING SHIQI XIANGXI MIAOJIANG FALÜ SHEHUISHI

著　　　者：石小川
责任编辑：谌鹏飞　严　朔
印　　装：湖南应点彩色印刷有限公司
开　　本：710 mm×1000 mm　1/16　印　张：20.5　字　数：305千字
版　　次：2023年11月第1版　印　次：2023年11月第1次印刷
书　　号：ISBN 978-7-5667-3016-9
定　　价：89.00元

出　版　人：李文邦
出版发行：湖南大学出版社
社　　址：湖南·长沙·岳麓山　邮　编：410082
电　　话：0731-88822559（营销部）　88821691（编辑部）　88821006（出版部）
传　　真：0731-88822264（总编室）
网　　址：http://press.hnu.edu.cn
电子邮箱：presschenpf@qq.com

第一章
导 论

第一节 法律社会史的两个基本问题

本书是对元代土司制度建立后到清朝灭亡这六七百年时间湘西苗疆的法律社会史进行的长时段、共时性研究,对这一时期该区域内的国家法秩序和家族法秩序的同构和解体进行的归纳总结,以法学视角进行的分析和体系化论述。故,本书的重点不在于陈述法律制度本身,而在于解释法律制度是怎样影响社会结构和社会生活的;同时,由社会结构和社会生活所构成的社会秩序,又是怎样通过一个互动过程反过来影响法律制度的。

一、历史问题:中华民族共同体的多元一体格局是如何形成的

既然是研究法律社会史,就要重视中国古代史的分期。中国古代社会是家国同构的,家庭是国家的基础,国家是家庭的扩展。中国历史大致可以根据几次重要变革分成几个大的历史区间。

第一次重要变革是在殷周之际。王国维曾在《殷周制度论》中敏锐地指出"中国政治与文化之变革,莫剧于殷、周之际"①,他认为周革殷命导致的变革体现在三个方面,一是嫡长子继承制度,二是宗庙祭祀制度,

---

① 王国维.观堂集林 [M/OL].石家庄:河北教育出版社,2003[2022-10-25].https://www.sohu.com/a/332251011_273853.

三是同姓不婚制度，这三处变革奠定了西周封建宗法制度的基础。西周的礼乐文明创造的是一种井井有条的等级化生活方式，使具有野性的人从殷商神权法的桎梏中解脱出来，变得文明起来。陈来则通过对我国古代宗教与伦理的起源分析，指出了殷周在文化上的变迁，他认为"殷商是典型的祭祀时代，而西周已经进入礼乐时代了"①。

第二次重要变革是在春秋战国时期。萧公权在《中国政治思想史》一书中提出，"始皇并吞六国，划天下为郡县，定君主专制之制，此为二变"②。封建制向郡县制过渡的变革，宗法分封社会逐渐为小农私有的专制社会所取代，以血缘关系亲疏远近作为行事标准的礼乐制度走向衰落，成文法作为富国强兵的工具取代礼乐成为新的社会控制方式，随后统一的大帝国出现，奠定了后续两千年君主专制主义中央集权的基础。

第三次重要变革就是中国近代以来的工业化过程，这一变革目前还在持续。

由此中国历史就被三次变革区分为四个超长历史时段，一是夏商时期，二是西周时期，三是从秦汉到明清的两千年帝制时期，四是晚清以降。

西方有著名学者曾认为中国古代社会在第三个大历史时期，即长达两千年时间的帝制时期是停滞不前的。比如亚当·斯密根据英国来华商人对中国社会的描述发现，清代的中国社会与马可·波罗笔下的中国社会没有很大差别，由此他推论，很可能在元代之前很长的一段时间中国社会已经是停滞不前的了，他说："中国似乎长期处于静止状态，其财富也许在许久以前已完全达到该国法律制度所允许有的限度。"③黑格尔认为，从本质上看中国是没有真正历史的国家，有的只是王朝的循环。在《法哲学原理》一书中，他写道："在东方国家，其内部没有固定的东西，凡是固定的东西都已成为化石了；只有在它的对外运动中，它才有生气，而这种运动也

---

① 陈来. 古代宗教与伦理：儒家思想的根源 [M]. 上海：三联书店，2009：12.
② 萧公权. 中国政治思想史 [M]. 北京：商务印书馆，2015：16.
③ [英] 亚当·斯密. 国民财富的性质和原因的研究 [M]. 郭大力，王亚南，译. 北京：商务印书馆，1972：87–88.

会成为原始的怒吼与破坏。它的内部安静是一种私生活的安静，在衰弱疲惫中的沉陷。"① 这无异于在说，中国古代社会进入帝制时期就停滞不前了。

应当承认，中国社会曾经长期停留在帝制阶段，其发展速度较为缓慢，但是并不等于帝制阶段的中国社会一直是停滞不前的。一种社会制度从其产生到发展变化乃至消亡是需要时间的，只要社会土壤有容纳旧制度的空间，则该制度就必然有存续的能力，而存续时间的长短往往受到一国体量大小的影响，体量大者存续时间长，体量小者存续时间短。如果将帝制比作一滴墨水，将国家比作盛水的容器，将孕育社会制度的土壤比作容器中的水，那么一种制度从产生到全面取代旧制度的过程，就好比一滴墨水滴入容器从中央向四周扩散的过程，其传播至边缘地带的时间取决于容器体量的大小。

像英国、法国这样的国家，由于其体量相对较小，其帝制时代取代封建时代的过程就比较短，而德国由于长期处在分裂状态，甚至没有典型的帝制时代。英国的君主制取代封建制也仅经历了两三百年时间，其典型的表现就是在司法制度，尤其是普通法和衡平法的出现上。亚当·斯密曾经提出，随着案件的日益增多，英国金雀花王朝的国王已经不能出席审判了，而必须由他委任的法官对所有案件加以审理。② 法官的审案权源自封建君主的授权。以法国为例，托克维尔在复盘法国大革命的时候曾经指出，"行政的中央集权是旧制度的一种体制，而不是像人们所说是大革命或帝国的业绩"③，即中央集权制是君主专制制度的产物。在波旁王朝时期，地方官的任命就已经出自国王之手，全面取代了地方贵族，贵族只是个荣誉头衔。这一过程从 16 世纪开始持续到 18 世纪，从产生到消亡仅仅维系了两个多世纪，之所以让人产生中央集权是大革命的产物这样的误解，主要是因为法国君主集权的时间比较短。

---

① [德] 黑格尔.法哲学原理 [M].范阳，张企泰，译.北京：商务印书馆，1961：405-406.
② [英] 亚当·斯密.法理学讲义 [M].冯玉军，郑海平，林少伟，译.北京：中国人民大学出版社，2017：275.
③ [法] 托克维尔.旧制度与大革命 [M].冯棠，译.北京：商务印书馆，1992：75.

中国的情形和英法两国完全不同，中国基于国家体量表现出英法所不具有的诸多特征。其一，帝制的推进过程不是线性的而是迂回式的，以封建制和郡县制关系为例，西汉、西晋和明朝都曾出现过郡国并行的样态，但是在不同的历史时期其逻辑有根本的不同；其二，其帝制的推进过程在中央层面表现为中央集权特别是皇权的不断强化，越往后皇权越强化；其三，帝制的推进过程在中央和地方的关系层面表现为以农业经济为基本盘的中央王朝势力从中原往东西南北四面扩展的形态，在中央王朝处治世时具有强大军事政治和经济实力，地方治理趋于有序，反之，在中央王朝衰微的乱世，边地就趋于混乱；其四，如果从民族关系上看，中央集权的推进过程可以简化为中央政权如何处理与东方渔猎民族、西部沙漠以及高原民族、北方游牧民族、南方山地民族的关系的过程。

在帝制时代两乱三治的历史演进中，中央王朝真正将山地民族纳入国家法秩序，是在元明清时期才完成的事情。这一时期上启元至元十六年（1279 年），终于清宣统三年（1911 年）。元代为此一时段的开端，其基本制度为明清因袭，前后历时 600 多年。这一时段政治日趋专制，社会日趋管制，此三朝中有两朝为少数民族建立，而后期又沦为半殖民地，故对山地民族产生的影响是广泛而深远的。本书将这一长时段再进行中等长度的划分，第一期是土司时代（大致 14~17 世纪），第二期是改土归流到乾嘉苗民起义时（大致 18 世纪），第三期是乾嘉苗民起义到清朝灭亡（大致 19 世纪）。

另外，既然是研究法律社会史，则这种社会存在的地区和承载它的主体也是需要明确的。在南方山地诸民族之中，苗族和土家族是颇具代表性的两个少数民族，是很好的研究样板。

第一，苗族和土家族都是非常古老的少数民族。苗族的历史最早可以追溯到传说时代，在历朝历代的典籍中，有丰富的史料可以发掘。土家族的历史也可以追溯到廪君时代，在历史上也曾经建立过以巴人为主体的古国，同样有大量史料可以利用。

第二，苗族和土家族都是人口众多的少数民族。根据《中国统计年鉴

2021》显示，中国境内的苗族总人口数为 11067929 人，在少数民族中排第四位，仅次于壮族、维吾尔族和回族，是西南人口第二多的少数民族。土家族人口略少于苗族、满族和彝族，根据《中国统计年鉴 2021》，中国境内土家族人口数量为 9587732 人，在少数民族中排名第七，是西南人口数量排第四的少数民族。①

第三，苗族和土家族都是分布广泛的少数民族。苗族在国内主要分布于黔、湘、鄂、川、滇、桂、渝、琼等省区市。苗族在老挝、越南、泰国甚至美国也呈规模分布，具有研究类型的多样性。土家族则与苗族插花居住，而位置上更靠北一些，主要分布于我国鄂、湘、川、渝、黔等省市。在上述省市中，苗族主要的聚居区有两处，一处在黔东南，另一处就是湘西。土家族主要的聚居区也有两处，一处是鄂西，另一处是湘西。研究对象既具有多样性，又具有相对集中性。因此，将湘西的苗族和土家族作为研究的样本，笔者认为大致是合适的。苗族和土家族都是山地民族中极具代表性的少数民族，如果把其相关法律问题研究透彻了，就找到了研究西南少数民族法律问题的坐标。

最后，既然是研究法律社会史，自然要将焦点聚集在法律和社会的相互关系上。中央王朝关于古代苗疆的立法，有不少是针对湘西苗疆的。此外，少数民族习惯法构成的法律规范维系着湘西的社会秩序，表现出湘西苗疆法律社会史的三个特征。

一为突变性。这种突变以苗族和土家族为观察视角，先后出现过两次，第一次是康熙晚年和雍正初年的改土归流建厅立县，第二次是乾嘉苗变后由严如煜设计并由傅鼐身体力行的苗防屯政。这两次突变将湘西苗疆的历史分为三个时期，第一期是元明到清初的土司时期，这里所谓的法律秩序是通过中央王朝制定法和土家族、苗族习惯法的实施而形成的社会秩序，既包括土家族聚集区的法律秩序，也包括生苗聚居区的法律秩序。第二期

---

① 国家统计局.中国统计年鉴 2021[M/OL].北京：中国统计出版社，2021[2022−10−26].http：//www.stats.gov.cn/tjsj/ndsj/2021/indexch.htm.

为改土归流起始到乾嘉苗变之间约 100 年的时间，清廷在此时期通过征粮的方式实现了对苗族聚居区的社会控制。第三期为苗疆屯防体系建立到清朝灭亡。

二为冲突性。在明代，湘西就有五年一小乱、十年一大乱的说法，中央王朝的法律以军事法规为主，清代改土归流时期，中央王朝通过严刑峻法来推行礼仪教化，这给少数民族社会带来了不小的冲击。

三为沉淀性。湘西苗疆地域虽狭小，但定居此处的民族成分比较复杂，各民族内部又有若干类型。比如汉族和苗族、土家族等少数民族插花居住。又土家族与苗族插花居住，大体土家族人在北，苗族人在南，虽是土家族中有苗族，苗族中有土家族，但语言风俗绝不相同。另外，此地苗族虽然都是红苗，但红苗之中又有不同的分类，语言习俗也不尽相同。这种文化特征映射到法律秩序中，表现为少数民族习惯法和中央王朝制定法同中有异，异中有同，彼此交织，相互影响，并于此交流中成其血肉和精神。所以，对湘西苗疆法律社会的研究不但是认识苗族土家族的一面镜子，而且是发展少数民族地区社会经济，以及加强民族间相互团结、相互了解、相互尊重和相互学习的切入点。

法律社会史的研究价值，"就是为正确认识法制在漫长发展中如何不断地完善自己，以及它在社会的进步当中所处的位置和价值，就是要从固有的法制历史中总结出理性思维的成果，为当前的法制建设提供准确的历史借鉴"[1]。多民族的中国，不论在封建专制时期还是在现当代都存在地域文化的多样性，这种多样性不但没有导致中华文明的分裂，反而是依靠中华民族共同体意识来维系人民的大一统信念的。

然而，对于中华民族共同体是如何铸造的，其结构如何，目前法学界还没有很成熟的研究。费孝通在《中华民族的多元一体格局：民族学文选》一书中首次提出了"中华民族多元一体格局"的概念、形成过程和特点。[2]

---

[1] 张晋藩.中国法制史[M].北京：商务印书馆，2010：2.

[2] 费孝通.中华民族的多元一体格局：民族学文选[M].北京：生活·读书·新知三联书店，2021：511-516.

受其影响，不少法学学者也提出中华法系多元一体或中华法文化多元一体论。我国历史上的法既具有"一体性"，又具有"多元性"。[①] 不过，费孝通提出是以中原汉族和北方游牧民族的关系为蓝本论证"多元一体格局"的，严存生提出的"法的一体和多元"则是以中原汉族和西部高原民族为论据的，因此无论其论述如何精彩，本身是不够充分的，特别是对南方少数民族作为中华法律文化一体多元中的"一元"是如何被囊括入"一体"中的则着墨不多。

本书致力于对元明清时期湘西苗疆法律社会史的研究，试图为理清作为南方山地民族的"一元"融入中央王朝的"一体"，进而对探求中华民族共同体意识的形成、变化与发展的过程提供一个良好范本。

首先，元明清时期是中国传统君主专制秩序的强化时期。该时期湘西苗疆的法律社会史的变化与发展是中华民族共同体在南方山地得以筑牢的表现。一方面，内部自发形成的家族法秩序通过祭祀、朝贡、税收等方式主动向国家法秩序靠拢；另一方面，外部官方设计的国家法秩序也通过军事征伐、严刑峻法、礼仪教化等方式实现与家族法秩序的同构。这种同构是由数个家庭共同体按一定法律秩序构成家族共同体，由数个家族共同体按一定法律秩序构成宗族共同体，由数个宗族共同体按一定法律秩序构成苗族和土家族的民族共同体，进而由苗族、土家族等数个少数民族共同体按一定法律秩序构成包括汉族、苗族、土家族等民族在内的中华民族共同体。虽然这一时期是我国统一君主专制集权国家发展的强化时期，但元明清三朝在处理民族问题上亦多有建树。就湘西苗疆而言，虽然封建王朝实施的法律控制不可避免地带有民族歧视和阶级压迫的特征，但我们如果认真挖掘、整理这份珍贵的历史遗产，则对我国当代少数民族地区的政治治理与法治建设亦具有相当重要的历史借鉴作用。

其次，湘西苗疆从地理上看是中央王朝进入西南山地的起点和屏障，既有激烈的矛盾冲突，又有充分的文化融合。一则相对于中原而言，湘西

---

① 严存生.法的"一体"和"多元"[M].北京：商务印书馆，2008：172.

苗疆在康熙中期之前尚属于化外之地，无论在南部的苗族聚居区还是在北部的土家族聚居区，都无法建立直接而有效的统治，尤其是南部苗族聚居区，永顺、保靖二土司难以实现完全的管束。然而，康乾盛世之前的湘西苗疆并不是清朝统治者所谓的无伦纪的荒蛮之地，在大规模改土归流以前，这里都有相当丰富的民族习惯法来维持苗族社会的婚姻和家族秩序。即使康熙中后期清廷通过军事征服，使得新的法律秩序于此扎根生长之后，苗族固有的习惯法仍因为生产方式和思想文化上的惯性在一定程度上维系着苗疆的社会稳定。

再次，就法律社会史而言。此前学界研究成果较多的黔东南苗疆多从法律文本史的角度审视古代国家与少数民族的关系。然而法律史的研究不能仅仅是研究法律文本自身的演变，文本的变化只是表象，重要的是要探讨法律文本之演变和意识形态、政治理念等外在文化因素之间的联系，并对法律文本的功能和社会作用作出解释。如清廷虽在一定程度上实施了"因俗而治"的统治策略，而湘西苗疆和黔东南苗疆虽都有一个"苗"，但各有各的"苗法"。随着湘西散厅的成立和巩固，大批汉人涌入苗疆，汉族先进的生产方式和儒家文化也相继传播开来。于是，多种截然不同的文化发生的碰撞与交融在所难免，正是在多种文化的碰撞交融中，清廷在湘西苗疆的法律秩序得以建立、巩固和发展，经过三次法律秩序的同构和解体，湘西苗疆终于逐渐被纳入中央王朝的大一统秩序中。

二、法理问题：对中国法律社会史的研究能否构建本土法学理论

对湘西苗疆法律社会史的研究意义不仅仅在于其历史价值，也为中国当代本土法律问题研究提供了切入点。

首先，本研究力求通过一个特殊视角研究法学的一般问题。即通过对湘西苗疆家国同构的社会结构的形成进行法律解释，从少数民族习惯法与中央王朝制定法互动的角度回答"法律是怎样形成的"，"法律是什么"，"法律是否具有道德性"等一般性法学理论问题。目前，中国法学理论（法理学）最被人诟病的地方在于缺乏本土问题意识。法学学者张文显批评道："法

理作为法理学研究对象和中心主题的认识比较模糊，至今还没有形成理论自觉。法理还没有名正言顺地进入法理学研究的中心位置，在法理学知识体系、理论体系和话语体系中，法理事实上处于缺席或半缺席的状态。"①近代以来，中国法理学的发展受西方法学理论的影响，没有完全摆脱西方法学理论的说理范式，而在本体论方面，法治发展进路又因为制度变革出现断裂，使得中华法系因帝制时代的结束而土崩瓦解，因此"立足吸收借鉴西方法治建设经验而发展起来的中国现代初期法学和法治，在理论基础上明显缺乏传统文化土壤的滋养"②。英国法学家哈特在《法律的概念》一书中提出了法学理论的三个核心问题，即法律是否一定是具有权威性的，法律是否一定是具有体系性的，以及法律是否一定是具有道德性的。要回答上述问题，就必须在中国本土的法律问题上给予科学的解释和理论的说明。笔者尝试将少数民族习惯法和中央王朝制定法联系起来分析，从法律社会史的角度回答这些问题。

其次，本研究是法律社会学研究在少数民族法制问题上的一种继续，是对少数民族习惯法的一种"我者"（本民族学者）研究。就法律社会学而言，如果不是土生土长的当地人或者长期在少数民族地区进行田野调查，其研究很容易停留在表象上。有学者提出，"一个民族的历史文化研究，如果没有本民族学者的参与，不仅是该民族人才短缺的问题，更重要的还在于这个民族缺乏引领该民族发展的精英"③。苗族地区的经济发展、法制建设和文化传承离不开本民族学者的深入研究，从小成长于苗族聚居区的研究者有熟悉地理环境、语言文字、社会结构和文化传统的先天优势，能够克服"他者"（非本民族学者）研究的局限性。

本研究是对传统少数民族法律史研究的一种检验和推进。有学者曾指出："清政府对苗疆的立法，既有约束防范苗民的严厉措施，也有保护安抚苗民的宽缓内容；既有着重维护清朝官府利益的条文，也有禁止官吏为

---

① 张文显.法理：法理学的中心主题和法学的共同关注 [J].清华法学，2017，11（4）：12.

② 赵子尧.文化法理：构建自主性中国法理学的历史维度 [J].广西社会科学，2021（3）：102.

③ 文新宇.三十年来苗族习惯法研究回顾与展望 [J].甘肃政法学院学报，2012（11）：34.

非作歹肆意欺压苗民的措施。"① 这种特色是清朝统治者对苗民剿抚并用的民族政策法律化的体现，他进而得出一个推论："由这种特色的法制所造成的苗疆地方的社会环境，是既有严酷的压迫封锁，也有安定的发展交往的社会环境。这种社会环境既不是一个无争无斗的其乐融融的民族大家庭，也不是一个只有刀斧枷锁的所谓民族的牢狱。"② 这个推论是否成立，需要社会经济方面的更加确切的史料加以证成，结果或许出人意料。在对清代的苗疆立法进行研究的时候，我国学者刘广安注意到，清廷有专门的《蒙古律例》《回疆则例》却没有类似的"苗疆则例"，且并没有给出原因。徐晓光在其基础上进一步分析认识到，清政府根据苗疆各民族的实际情况，定下了"因俗而治"的基本原则，并进行了多种形式、多个层次的立法探索，规定了富有弹性的管辖方式与审判方式，"因俗而治"的背后是"因地而治"。笔者不是地理决定论者，但是在红苗聚居的武陵山区和黑苗聚居的苗岭山区，地理因素确系影响地区法律秩序的首要要素。历史研究既要看到"同"又要看到"异"，因此，对研究对象进行区分，对湘西苗疆进行南北划分不仅是必要的，更是问题的关键所在。不仅如此，中央王朝在苗疆立法的具体适用也是需要司法实践验证的。相比之下，清代统治者比其前历代中央王朝统治者的高明之处就在于，清廷认识到了地理（地缘）因素对政治统治乃至对法律统治的影响，这是清廷有专门的《蒙古律例》《回疆则例》而没有类似的"苗疆则例"的根本原因。

　　总体而言，对湘西苗疆的法律社会史的研究还是一块开阔的处女地。我国历史悠久、文化灿烂，各族人民通过贸易等形式长期交往，民族间的政治、经济和文化得以不断发展，在此过程中积累了大量史料，相关研究也应当与时俱进。

---

① 刘广安.清代民族立法研究[M].北京：中国政法大学出版社，2015：89.
② 刘广安.清代民族立法研究[M].北京：中国政法大学出版社，2015：89.

第二节 作为中华民族共同体"一元"的南方山地民族

"多元一体"是中华民族共同体的基本格局和特色，这个论断为费孝通在 20 世纪 80 年代提出。"多元"指的是不同民族的起源、形成和发展有其历史文化的特殊性，从而形成区别于其他民族的特点，呈现出形态上的多样性；"一体"是指各民族之间在历史进程中相互关联与相互依存，体现出中华民族共同体的统一性和整体性。

但是，后续的法学研究对于"多元"是如何融为"一体"的，特别是"一体"格局中某一元的社会发展图景并没有给予太多整体性关注，因此南方山地民族作为"多元"中的"一元"，其社会形态及其与中央王朝的关系同样缺乏较为清晰连贯的整体性描述，相关的法学研究往往体现出猎奇式的碎片化特征。目前法学界对湘西苗疆的研究整体上是对北部土家族特别是土司的研究比较充分，而对南部苗族的研究则相对较少。造成该研究状态的原因，笔者认为有以下两点。

第一，湘西苗疆的人民崇武。苗族和土家族作为中华民族共同体的一部分，常常与恶劣的自然环境打交道，因此都是粗犷而注重力量的，即使是文如沈从文，身上也带着一股武将的硬气。但是与崇武的精神不协调的是，湘西苗疆的文教事业相对汉族地区较为落后，而文教事业的落后是对于湘西苗疆学术研究相对落后的重要原因。

第二，湘西土家族比湘西苗族更为"汉化"一些。相比较于湘西苗族，湘西土家族位置上更靠东北一些，与中央王朝的冲突和交往要比苗族更早。有明一代，湘西苗族与明廷冲突不断，而湘西土家族则已经形成了大的封建主，永、保二土司更是以朝贡形式进入明廷的边疆开发计划当中。清代对湘西苗疆土家族聚居区的开辟始于康熙后期雍正前期。改土归流后，北面永顺府的开发政策谨慎而睿智，民族间融合得更早一些。

明白此两点，就可以具体分析湘西苗疆法律社会史的研究历史和现状了，笔者分两段分别述之。

一、学术视野中的湘西苗族

目前，虽然没有学者对湘西苗疆的法律社会史进行整体性的研究，但是对湘西苗族所做的相关研究却不少，有不少研究也涉及法律制度问题，按照研究的角度和方法，大致可分五种学术研究范式。

第一类是从维护地方政治治理角度进行的研究，笔者将这类研究统称为军政史学派。军政史学派的历史最早可以追溯到明代。进入明代以后，人数不多、处于湘黔边界、历史上很少记载的苗族成了史志中的"常客"，苗族的活动成了政府的一块心病。正如明将孙均铨所言："自明以前所患者在蛮不在苗；自明以后所患者在苗不在蛮。"①由于苗民起义不断，明廷使出浑身解数仍然无法彻底平息这种起义，苗族问题便逐渐成为学者们的研究对象。现存最早的民族志资料应推《边防议》，成书大约在万历前期，由时任辰沅分守道游震得所著。以后又陆续出现了此类文献（表1.1）。

表 1.1　明代文献一览

文献名称	作　者
《边防议》	游震得
《苗地屯粮议》	王士琦
《读史方舆纪要》卷八十一	顾祖禹
《边哨说》	侯加地
《边哨疆域考》	侯加地
《抚治苗疆议》	蔡复一
《新建五寨城记》	刘　皋
《五寨司新建参将戎署碑记》	刘　皋

明代的上述文献多是为了朝廷镇压苗民起义而作，在本质上属于军政类文献。这些军政类文献呈现如下特征：首先，这些文献论述了明廷开发苗疆的计划。前人往往认为湘西苗疆的开发始于改土归流，其实改土归流是明代开发苗疆的继续，而不是开端。早在明代中叶，朝廷就鼓励汉民到苗疆各哨所附近开垦荒地，目的是更好地平息湘西红苗对明廷近百年的骚

---

① 黄应培，孙均铨.道光凤凰厅志[M].长沙：岳麓书社，2011：180.

扰，只要愿意参加开垦，明廷就给予户口，并免十年赋税，开垦成绩好的，还给予奖励。开垦者如系基层官员，明廷还给予一定官职。正因为汉民土地开发在明代苗疆边墙的东南方向，所以湘西苗疆的范围也固定在边墙的西北方向。其次，明人基本摸清了湘西苗疆的范围。明朝军队在苗疆安营布哨，并且以这些营哨为基础，打造了一堵边墙，也就是现在所谓的"南方长城"，虽然不能彻底剿灭苗民起义，但至少也是很好地控制了地方局势。当然，在这种隔离模式下，苗民在其内部逐渐积累起了一整套维持社会秩序的习惯和制度，也就是"自然的法律秩序"。

清代军政史学派的杰出代表人物是鄂海、严如熤、傅鼐和但湘良。清代军政史学派和明代军政史学派不同，呈现出如下特征：第一，清代军政史学派侧重于"政"，明代军政史学派侧重于"军"。明廷并没有赋予苗族与汉族同等的待遇，仅仅采取军事弹压的办法进行地方治理，从而积累了苗汉之间长期的矛盾。到了清代，关于治苗理苗的文献就不再是纯粹的兵书了，清代军政史学派侧重于"政"，从明代军事层面的"剿"与"堵"的角度转向政治层面的"抚"与"治"了。康熙年间鄂海的《抚苗录》是清代军政史学派的第一部代表作，这部著作是鄂海担任湖广总督期间在抚定湘西苗疆的过程中与康熙皇帝以及其他大臣的往来公务文件汇编而成，涉及湘西苗疆地理、寨落、兵刑及税收等多方面的内容。清嘉庆时期，作为剿苗第一谋士的严如熤所著《苗防备览》则摆脱了前人治苗"剿"与"抚"的二元框架，他认为湘西苗疆治理的核心是湘西苗疆各民族生存空间、传统文化以及各民族与朝廷的政治经济关系问题，他创造性地将上述问题综合起来审视苗疆，将湘西苗疆的研究推向了一个前所未有的高度。清咸丰时期无名氏的《苗疆屯防实录》和但湘良的《湖南苗防屯政考》因袭了严如熤的精神，清代军政史学派研究并身体力行的苗防屯政，不仅是对近代苗疆研究的一次创新，而且是中央王朝对少数民族政策的一次战略调整，一种变相的封建法律秩序在他们的研究和实践中得以确立，并一直延续到民国中后期。第二，清代军政史学派侧重于"攻心"，明代军政史学派侧重于"守城"。不过，无论是明代还是清代，军政史学派对湘西苗疆的研究都是立足解决当时湘西苗疆的苗防问题而产生的，具有鲜明的时代特征。尤其是以严如熤为代表的清代军政史学派，对湘西苗族的民族性的把握之准，法律政策用力的程度拿捏之准，令笔者惊叹。

第二类对湘西苗疆苗族聚居区进行的研究可以归结为地方志派。地方志派产生的历史也很早，最早可以追溯到清代。地方志多由时任地方官或者地方官员的幕僚编撰完成，记载了湘西苗疆地方的地理、历史、政治、经济、风俗、军事等情况。清乾隆年间，湘西苗疆各厅县涌现出大量的地方志，对湘西苗疆行政的建制、沿革、人口、寨落、风俗进行了更加全面而细致的介绍，代表性著作有乾隆本《凤凰厅志》《乾州厅志》《永绥厅志》等书，特别值得重视。而清代中后期在这些地方志的基础上撰写的《松桃厅志》《辰州府志》以及《湖南省通志》等也可以作为重要的补充。

第三类深入湘西苗疆进行研究的是民族志派。民族志派的活跃期大约在民国中后期和中华人民共和国成立后的前三十年。民国时期的文献，以纯学术性调查研究为主。其中以凌纯声、芮逸夫二人成绩最为突出，二人是我国著名的民族学家，深受法国民族志学派的影响，对湘西苗族做了细致入微、最忠实的记录，具有列维·施特劳斯所特有的素描特征，二人所著之《湘西苗族调查报告》也是当代研究湘西苗疆的经典书籍。另外比较有代表性的著作是石宏规的《湘西苗族考察纪要》，该书也是当代研究苗疆法律秩序非常宝贵的第一手资料。这一时期，湘西本地人以作家身份出现，用文学形式描写湘西苗疆，代表人物为沈从文，其著作涉及湘西苗疆社会生活的方方面面，虽为文学作品，其实在一定程度上也可被视为民族志资料的一个旁证。

中华人民共和国成立后的民族志文献，侧重历史考据。这种方法以学院派伍新福、吴荣臻为代表。伍新福多年来一直从事苗族历史文化研究，成绩显著。《苗族史》（古代）、《苗族历史探讨》等著述出版后获得广泛好评，其代表作《中国苗族通史》有大量篇幅讨论湘西苗疆的有关问题。

吴荣臻、吴曙光主编的五册、六部、二十四卷的《苗族通史》则是中华人民共和国成立以来研究苗族历史的集大成者，其中也有不少篇幅专章讨论湘西苗疆的法律问题。另外，有些湘西本地人虽然没有经过专门的学术训练，但属于爱好民族传统文化的热心人，也对湘西苗疆的法律秩序有所提及，比如花垣苗族龙庆和所著的《湘西苗疆志》以及周明埠等人所著的《湘西风土志》等作品，虽然没有建立理论体系，但是收集的素材却有不少，因此也不能忽视。

第四类是社会人类学派，也可以称为社会民族学派。此派注重文化研究，其理论路径是从文化结构、文化融合以及文化功能中探讨民族特质与社会习俗。这种路线在黔东南苗疆法律秩序的研究上已经比较成熟了，在湘西苗疆则以刘一友为代表，渐渐成为现在湘西苗疆研究的主流。刘一友多年来一直从事沈从文研究与湘西文化研究。他以人类学的方法探讨湘西文化，另辟蹊径，见解独到。其代表作有《沈从文与湘西》。另外，刘一友的研究在吉首大学产生了一定的示范效应，从而促成了一大批湘西苗族研究的力作，如《回归自然与追寻历史——沈从文与湘西》（向成国著，湖南师范大学出版社 1997 年版）、《文化的伦理剖析——湘西伦理文化论》（郑英杰著，贵州民族出版社 2000 年版）等。另外，民族学家谭必友的《清代湘西苗疆多民族社区的近代重构》一书，是笔者目前见到的论述清代湘西苗疆社会结构最为详细的一本书，对不少法律问题都有精彩论述。比如，作者认为湘西苗疆人地矛盾是湘西苗疆陷入动荡和不稳定的根本性矛盾，说明其把握住了湘西社会历史周期律的关键。实际上，该书的每一章节都可以做成一张内容丰富的知识小卡片，而每一张小卡片都有其独到见解，不过各章节内容比较松散，将其中某一章节从文中抽出，读者会觉得少了点什么，多叙述而少议论。易言之，缺少一根主线将这些知识小卡片串联起来，缺少一个完整的理论体系。

第五类是从法律史的角度对苗疆的法律制度和法律与社会的关系进行分析。具体而言，刘广安是最早对苗疆的法律秩序进行论述的学者。刘广安的法律秩序是指体现在立法中的规范秩序，在其作品《清代民族立法研究》中，刘广安将清代适用于苗疆地区的法律法规归纳为五类：第一类为条例。条例是根据皇帝针对苗疆地区的谕旨以及地方流官关于苗疆之奏议而定，内容涉及刑事、行政和民事诸方面，以刑事法律规范所占比重为最大。第二类为则例。清廷为我国西藏和西北地区的少数民族量身定制了《理藩院则例》《回疆则例》等系统化的法规，但是对西南地区的"苗疆"地方的苗、瑶、壮、彝等少数民族没有编纂专门的则例，反而是《吏部则例》中有涉及"苗疆"地方土官的相关规定。第三类是禁约。禁约是清政府针对湘西苗疆和黔东南苗疆地方治理出台的最早的法律渊源。如清康熙中后期，偏沅巡抚赵申乔就制定了一些对湘西红苗的单方面禁约。第四类是章程。章程是清廷针对苗疆颁布的系统性专门法规，多是地方流官为更好地经略苗疆针对当地现实问题拟定的。第五类是上谕和奏议。清朝历代皇帝针对苗疆颁发的具有法律规范性质的上谕也是适用于苗疆地区的重要的法律形式。

由此可见，刘广安关于苗疆的立法研究侧重于法律形式和文本，如前所述，这种法律规范和社会实践之间的调和情况如何，尚未得到其他史料的检验。后来徐晓光对清代苗疆的法律规范秩序有进一步的分析，并认为："'因俗而治'是清廷针对苗疆进行法律控制的总体方针，与藏区、蒙古、回疆等地域较为集中且民族成分较为纯粹的情况截然不同，清代苗疆地区的地理和民族分类非常复杂。所以从地理上讲，苗疆有广狭之分，广义'苗疆'泛指今云、贵、川、两广等省区各少数民族居住之地，《清世宗实录》卷第一百四十七就有'云、贵、川、广等苗疆地方'之记载。狭义的'苗疆'单指黔东南以古州（今贵州榕江县）为中心的黑苗聚居区，可称之为'黔东南苗疆'。就民族结构而言，黔东南苗疆的民族成分比较简单，除少数侗族外，绝大多数是苗族。而广义的'苗疆'民族结构相对复杂，包括今天的苗族、土家族、瑶族、彝族、侗族、壮族、水族、布依族等二十多个民族。清廷将居住于上述地区的各少数民族泛称为'苗夷'或'苗蛮'。这些少数民族居住地域不同，居住方式有杂居有聚居，风俗各异又分属不同的地方管辖，清廷欲以一两个成文法调整这样复杂的民族关系是相当困难的。"①徐晓光对苗疆进行了广义和狭义的区分，基本是沿用刘广安的分类，对苗族和西南其他少数民族进行了区分，但是没有进一步区分贵州苗疆和湘西苗疆，而在论述时则常用湘西苗疆的案例论证贵州苗疆的结论。其结论为：法律文本体现出苗疆各族人民不断斗争的过程和成果，清朝的法律调整符合苗疆的社会发展与进步。

　　除了上述两位学者外，潘志成的《清代贵州苗疆的法律控制与地域秩序》一文也是一篇有代表性的研究成果。虽然该文的研究对象是贵州苗疆（即黔东南苗疆），但是在三个问题上突破了刘广安的研究框架：其一，该文将苗族习惯法和中央王朝制定法结合起来研究，这是对研究苗族法律问题只单方面研究贵州苗族习惯法或者只研究中央王朝制定法的一次突破，习惯法和制定法两个巴掌拍起来了，开始脱离了碎片式的孤立研究；其二，该文首次将研究对象压缩在贵州苗疆，是故脱离了刘、徐不分区域的传统研究路线，使得研究对象更加清晰具体；其三，该文实际上否定了刘、徐二人将清廷对"苗疆"的立法和对回疆、西藏、蒙古等少数民族地区的立法相比较的研究范式，该文认为清代苗疆与蒙古等地的政治地位不可同日而语，以"因俗而治"的传统观点不能充分解释苗疆法律秩序的"内在张力"。但是该文也有两处不足：第一，虽然该文将研究对象压缩在贵州苗疆，但是在下结论时，其论据常常用湘西苗疆的例子，在没有比较湘西苗疆和贵州苗疆之"异"的前提下先求"同"，没有注意到黔东南苗疆和湘西苗疆各自不同的社会历史进程。第二，该文论述贵州苗疆的法律秩序的时候，跳跃性较大，对婚姻法秩序、家庭法秩序、交易规则、军政措施等方面没有进一步区分类别和分析梳理，往往从一些局部材料得出一个全局性结论，所以论文逻辑不够通畅。

　　另外，厦门大学崔超的博士学位论文《清代贵州苗疆司法制度研究》则是另一篇专门论述黔东南苗疆的法律史论文，该文以司法制度为主线，

① 徐晓光.清政府对苗疆的法律调整及其历史意义[J].清史研究，2002（3）：32.

围绕黔东南苗疆司法制度的沿革、特点、法源、竞合等问题进行了详细论述。① 程泽时的《清代苗疆的法律儒家化与理讼》一文，通过对款约、契约及涉苗司法案件的分析论述了清代黔东南苗疆的法律儒家化进程，提出理讼是化苗成俗、沟通大小传统、形塑小传统的重要渠道，是苗族人法律意识的鬼神化向儒家化逐渐转变的重要媒介。② 黄国信对清代在湘西苗疆适用的"苗例"进行了分析，"苗例"和"官法"曾经出现过二元并立的时期，乾嘉以降，随着湘西苗疆不断走向"化内"，加上清末法律西方化，"苗例"才在《大清律例》中被废除。③ 谢晖的《清代治理苗疆的独特法律——"苗例"》一文，则是从法律规范秩序的角度考察了"苗例"与苗族习惯和大清律例的关系，并比较了"苗例"和其他方向边疆治理规范之间的同异。④

综上所述，近年来，法学学者对湘西苗疆法律秩序的研究做了较丰厚的学术铺垫，已经开始注意到法律文本的实施效果，然而整体上仍显现出偏重文本的特征，司法案件是作为对于法律文本的佐证材料，零散地进入研究过程中的。因而，笔者意图将法律文本和社会秩序结合，并探究其在历史中的角色，不将法律文本预设为凌驾于具体生活、生产之上的"意识形态"去看待，而是将它作为人类生活和生产行为的结构去理解。

二、学术视野中的湘西土家族

虽然目前尚无很多对湘西苗疆苗族聚居区的法律社会史进行仔细研究的文献，但对湘西苗疆土家族聚居区的法律社会史的相关研究文献则有不少。依照学术流派大致可分为以下几类。

第一类研究是从民俗学角度对土家族现有风俗习惯进行介绍和分析。近年来比较新的研究有从土家族古歌的内容对土家族人传统习俗进行分析的，土家族古歌大致可分三种，一是梯玛神歌，二是毛古斯，三是摆手歌。

---

① 崔超.清代贵州苗疆司法制度研究[D].厦门：厦门大学，2018：230.

② 程泽时.清代苗疆的法律儒家化与理讼[J].民间法，2017，19（1）：102.

③ 黄国信."苗例"：清王朝湖南新开苗疆地区的法律制度安排与运作实践[J].清史研究，2011（3）：37.

④ 谢晖.清代治理苗疆的独特法律："苗例"[J].西昌学院学报（社会科学版），2019（3）：1.

梯玛神歌是湘西土家族在祈神的法事中由仪式主持人所唱古歌,李达菲认为土家族的梯玛神歌中蕴含着团结互助和祭祖孝亲的伦理原则。①毛古斯、摆手歌是湘西土家族在"舍巴日"祭祀土司先王及其臣下时所唱古歌,彭梅认为在"舍巴日"表演的摆手歌舞揭示了土家族人对传统民俗文化的自由选择,官员和儒生在历史流变中扮演了重要角色。②另外,也有从土家族哭嫁歌的情感表达对土家族人传统婚俗进行盘点的,有的哭嫁歌表达了对父母包办婚姻的怨恨,有的则表达对未来生活的惶恐。③另外,有学者对土家族的各种传统制度文化进行总体概括,认为改土归流之后土家族的传统制度文化发生了急剧的变迁完成了转型。④

　　第二类研究主要围绕湘西土司地方治理问题展开。例如在土司和中央政府的关系问题上,陈东通过对明代的土司朝贡制度的考据和分析,认为朝贡制度加强了中央政府对土家族聚集区的影响力,加强了湘西土家族聚集区与汉族地区、土家族与汉族之间在政治、经济、文化等各方面的交往,强化了湘西土司的国家认同。⑤土司与中央王朝发生的关系是以经济关系为首,下一个问题就是土司统治的经济基础问题。永顺土司就其社会经济来说,传统研究认为农业和手工业为永顺土司的经济开发提供了基本的生产生活来源,商业交往则是其从外界获取资源的重要方式和控制广大土家族人的重要手段,但通过朝贡和服从中央政府的军事征调获取的物质赏赐占据了永顺土司经济收入的绝大部分,实际上是中央政府的转移支付维系了土司在地方统治上的稳定。⑥

　　第三类研究侧重改土归流前后土家族聚集区在社会经济文化层面的比较研究。其中一派侧重于改土归流后地方经济社会的发展,如郑丽娟认为

① 李达菲.从梯玛神歌看湘西土家族的伦理道德[J].中国民族博览,2018(2):6.
② 彭梅.民俗主义视角下的湘西土家族舍巴日研究:以洗车河镇为田野调查点[D].昆明:云南大学,2018:43.
③ 田君.浅析湘西土家族婚姻文化"哭嫁"的音乐特色[J].牡丹,2021(16):115.
④ 宋仕平.土家族传统制度文化研究[D].兰州:兰州大学.2006:227.
⑤ 陈东.明代湘西土司朝贡研究[D].吉首:吉首大学,2018:57.
⑥ 陈桂辉.明清时期永顺土司的经济研究[D].长沙:湖南师范大学,2021:74.

改土归流后，湘西地区迎来了农业开发的高峰时期，改流后清廷通过对土家族人劝课农桑，鼓励汉人垦荒，引进外来高产作物，传播内地农耕技术等措施，实现了湘西土家族聚集区的农业大发展。① 另外有研究认为，改土归流前中央王朝在土家族聚集区是通过朝廷控制土司、土司控制土家族人等方式间接管理地方，改土归流后地方政府推行与内地一致的行政、赋税、军事制度，力求改易土俗以夏变夷。② 改土归流之后的土家族聚集区，在文化和意识形态上也有长足进步，郗玉松在《改土归流后湘西民族地区教育快速发展之因》一文中指出，改土归流后土家族人突破了封建领主的控制，具有了人身自由，新的政治秩序奠定了稳定的社会环境，同时土家族人在经济上的负担大大减轻，农业经济的发展和商业的日益繁荣为当时教育的发展提供了可靠的物质基础。③ 另一派则侧重于改土归流带来的一些负面效应，如成臻铭认为，在看到改土归流积极面的同时不应忽视改土归流后原土司管辖区遇到的一系列社会危机事件，他通过对1505年到1949年原土司辖区的重大危机事件进行统计分析，发现改土归流的负面影响是民间组织活动过于频繁，地方选官制度受到严重挑战，边界地盘得不到尊重，同时现实政策悖逆地方实际，这是清代中后期和民国年间土家族聚集区乱多治少的重要原因。④ 另有学者从民族整合的视角，梳理"修齐治平"与"以蛮治蛮"的对立统一关系，引出改土归流对湘西少数民族整合的促进作用和存在的历史隐患。⑤

　　第四类研究主要是从区域经济社会史的角度对土家族聚集区域数百年的变化进行宏观分析。早期研究认为，土司是封建领主，土司经济自然是领主经济。对此有学者提出质疑，比较早的如伍新福，他认为湘西各土司

① 郑丽娟.改土归流后湘西地区的农业开发研究[D].吉首：吉首大学，2020：76.

② 邱科.改土归流前后湘西社会控制的变迁研究[D].吉首：吉首大学，2013：64.

③ 郗玉松.改土归流后湘西民族地区教育快速发展之因[J].湖北民族学院学报（哲学社会科学版），2012（1）：68.

④ 成臻铭.改土归流与社区危机：主要以湘西土司区危机事件为例[J].怀化学院学报，2005（1）：1.

⑤ 张传跃.民族整合视野下的湘西改土归流[J].遵义师范学院学报，2017（6）：14.

的经济基础是建立在地主土地之上的私有制，不存在领主经济。① 有研究将重点放在改土归流后原土司管辖区的集市贸易上，改土归流后内地商人可以沿沅水和酉水逆流而上扩展贸易，这逐渐改变了土家族聚集区的经济形态，湘西地区得以与全国市场连接，不仅促进了商业的繁荣也更好地巩固了湘西脆弱的农业基础。② 另有研究认为应当将湘西苗疆土司社会经济的变迁放入传统卫所的衰微、内地白银的进入、内地汉人入幕土司等复杂的历史进程中加以理解，土司统治的合法性来源在相当程度上影响了湘西北土家族人的国家认同，使得永保二土司治下的土家族聚集区由一个重视姻亲联盟与兄弟结盟的社会逐渐转变为强调父系传承、编修族语和修筑祠堂的社会。③

第五类研究主要集中在土家族习惯法以及土家族习惯法和国家法之间的关系。彭秀祝通过对湘西州保靖县的一个土家族传统寨落进行调研，发现了土家族尚存在一种名为"偷梁"的习惯法，并认为这种"偷"不能从字面意思理解，反而是一种礼尚往来的文化表达和特有的生活方式。④ 在习惯法和国家法关系方面，有学者通过田野调查对土家族的婚姻习惯法进行分析，发现习惯法逐渐向国家法靠拢，导致这种局面的关键因素在于基层的治理模式。⑤ 另有研究认为，清廷将内地的司法制度移植到原土司辖区，逐渐改善了司法制度，使得土家族聚居区的司法状况逐渐与内地趋同，司法的趋同过程就是国家法对习惯法的替代过程。⑥

从上述对湘西苗疆苗族聚集区和土家族聚集区的分类研究中可以得知，目前关于湘西苗疆的法律社会史的研究出现了微观和宏观两个方向。问题

① 伍新福.试论"改土归流"前湘西土司地区社会经济：关于"领主经济"论质疑 [J].吉首大学学报，1987（1）：25.
② 贺乐.改土归流后永顺府市镇经济发展研究 [D].吉首：吉首大学，2014：42.
③ 谢晓辉.联姻结盟与谱系传承：明代湘西苗疆土司的变迁 [J].中国社会历史评论，2012，13（00）：306.
④ 彭秀祝.盗亦有"道"：湘西土家族"偷梁"习俗的文化逻辑 [J].西南边疆民族研究，2018（4）：155.
⑤ 潘磊.湖南省T村婚姻习惯法调查：兼论习惯法与国家法的关系 [D].长春：吉林大学，2018：30.
⑥ 贺益.论清代土司地区司法一体化建设 [D].贵阳：贵州师范大学，2020：64.

在于：微观层面的研究太过碎片化以至于缺乏可比较性和可检验性；宏观层面出现的区域化研究就其本质而言则是对法律内史（法律制度史）范式的研究，并未涉及法律法规的社会效果，并且少数民族习惯法对政府决策影响的研究成果仍然较少。少数民族习惯法作为民族文化的表现和传承形式之一，应当会对政府决策产生或多或少的影响，但因为宏观层面的研究与微观层面的研究缺乏互动，使得习惯法和国家法如何相互影响及影响程度的问题之谜尚难以揭开。

第三节　通过什么方法来理解湘西苗族和土家族

如果要从法律社会史角度理解习惯法和国家法的互动，史料必定是研究的基础。中央民族大学、中南民族大学等单位的专家学者，集十余年之功，搜集整理了 1949 年以前历代有关反映武陵山区的政治、经济、文化情况，体现各民族政治、经济、文化交流和联系的史料文献 90 余种，汇编成"湘西苗疆珍稀民族史料集成"丛书。该文献分为"苗疆地方志汇编""明清民国苗疆稀见杂著文献汇编""苗疆档案文献汇编"和"苗疆珍稀民间文献汇编"等四大部分。其中，"明清民国苗疆稀见杂著文献汇编"33 种；"苗疆档案文献汇编"收录了民国时期苗疆档案文献 300 余条；"苗疆珍稀民间文献汇编"收录了民间家谱资料 20 种，民间宗教经书、民间歌曲和戏剧资料 7 种（见附录）。此外，还搜集和重点关注了土司墓志铭和民族学田野调查产生的第一手资料。

然而，不管史料如何丰富，若不能从中有所体悟，其价值就远逊能给予人深思熟虑的知识。史料是别人写的东西，只能称之为"知"，而法律史的结论是自己的东西，可以称之为"识"。要将他人的"知"变为自己的"识"，需要以适当的研究方法当作"引绳"。

研究方法是学术研究的生命力，在论及元明清时期湘西苗疆的法律社会史时，笔者侧重于以下几种方法。

第一种方法是规范分析法。规范分析是法学研究的基础，也是法学特有的研究方法，简单理解就是查看法律规范的内在逻辑和外在效果。所谓内在逻辑，是对法律规范的范围界定及其所设立的权利义务之间的相互关系。范围界定就是看法律规范除包括规则外，是否还包括原则和政策，另外需要考察规则之间的关系、规则和原则之间的关系、原则和政策之间的关系，从而确定主体之间的权利义务关系。以中央王朝制定法为例，比如律或者条例的规定中，湘西苗疆的土家族人或者苗族人具有何种义务，这些权利义务构成的体系在法律规范秩序的范围内的效力是怎样的，孰先孰后。所谓外在效果，是分析法律规范和社会实践之间的相互关系。因为湘西苗疆的苗族社会和土家族社会相对同时代的内地，具有发展程度上的差异，所以在内地适用的中央王朝制定法之于湘西苗疆的社会实践就具有一定程度的空隙，由此导致在法律规范层面上如何适应社会需要而发展出一定的法律方法的问题。中央王朝及其地方流官应用的法律方法包括三种，依照逻辑上的递进关系分为"法律拟制""法律衡平"和"法律创设"。法律拟制是最直接的方法，即将本来不同的事实拟定为相同，即"去异求同"。法律衡平则是基于经验主义原则而解决法律问题的方法、规则和标准，法律衡平不同于法律拟制，法律拟制提供解决法律问题的条件，法律衡平提供解决法律问题的标准，可以简单理解为依法"看着办"。法律创设就是立法，和法律衡平不同，法律创设提供解决法律问题的内容而不提供标准。

第二种方法是时段分析法。时段分析最早为法国年鉴学派历史学家布罗代尔提出。布罗代尔认为研究历史的主要途径就是将历史视为一个长时段，并借助时段分析揭示过去、现在甚至未来的社会结构与社会生活。[①]在一个较长的时段中，普通人的社会生活是相对稳定的，社会结构也是相对稳定的，因此长时段反映的就是社会史。与此相对应，短时段研究则将注意力集中在重大历史事件上，它体现的是事件史和人物史。本书研究的是法律社会史，因此笔者主要采用长时段分析法，将元明清时期湘西苗疆

① ［法］费尔南·布罗代尔. 论历史［M］. 刘北成，周立红，译. 北京：商务印书馆，2021：220.

的法律社会史划分为三个中等长度时段，即土司时代（大致为 14 世纪到 17 世纪）、改土归流后时代（大致为 18 世纪）以及乾嘉苗民起义后时代（大致为 19 世纪），一方面探讨法律社会史在各个中时段中的变化，另一方面将这三个中时段置于一个更大的长时段中去评价。然而，这并不意味着本书不重视短时段研究，相反对于影响甚至决定法律社会史进程的重大历史事件和重要历史人物也进行重点探究，以评估这些历史事件以及重要的历史人物对湘西苗疆法律社会史的影响。重要的历史事件包括土司设立、改土归流、乾嘉苗民起义等，重要的历史人物包括忽必烈、王阳明、永保土司司主、康熙皇帝、鄂海、雍正皇帝、乾隆皇帝、和琳、傅鼐、严如熤、张修府等皇帝和派驻苗疆的地方官员。

第三种方法是比较分析法。此处的比较分析是建立在田野调查基础上的横向比较，区别于长时段分析中的纵向比较。田野调查本来是研究涉苗法律问题微观方面的一个常用办法，但是因人的精力总是有限的，田野调查要深入势必缩小调查的范围。现在的田野调查范围往往出不了村，比如周相卿所著《黔东南雷山县三村苗族习惯法研究》，就选取了贵州省雷山县三个比较有代表性的苗族村寨作为田野调查的对象，将黔东南古歌中的"佳歌"作为研究的对象。这种研究的优势在于能够获得第一手材料，其局限性在于所谓的"代表性"严格说来只能代表这三个村，而不能推及其他地区。如果将这三个村的研究看作"因"，将其他地区的结论看作"果"，则二者之间缺乏必然的因果联系。另外，除非其他的研究者也下到那个村子进行田野调查，否则单纯的碎片式叙事会使得学术交流和学术争鸣成为不可能。而一个研究对象和学科如果长期没有交流和争鸣是很难提高的。故本书将湘西苗疆南部的苗族聚居区和北部的土家族聚居区相互比较，求同存异，既不沉湎于宏观叙事，也不执着于微观描述，试图在宏观和微观之间搭建一座桥梁，这样可在一定程度上避免以偏概全和无可验证的问题。

第四种方法是语义分析法。既然是研究苗族和土家族法律的相关问题，则从民族语言文字上进行分析是必不可少的。然而令人吃惊的是，在三十多年的相关论文中，除了第一位提出苗族习惯法的苗族学者李廷贵外，没有多少学者沿着这种方法继续走下去。除了"他者"的身份之外，是否也有田野调查不够的原因呢？田野调查作为研究涉及苗族法律问题的基本方法之一，应用得并不成熟，法学界专门论述田野调查方法的专著并不多见，我国学者高其才曾对田野调查的经验做了一些总结，①严格说来是一些思路和经验。故对涉苗族涉土家族法律的研究多描述性的，而少分析性的。本书将在论证时加入对苗语及土家族语环境的分析解释，力求发现少数民族语言尤其是一些专有词汇背后体现的社会规则，重点放在社会族群、群体和阶层的相互关系上。

第五种方法是经济分析法。理论乃是对特定研究对象的抽象和方法总结，是建立在假说基础上的，前提假设的错误会导致推论的错误。"目前少数民族习惯法研究总体上仍处于混乱状态……存在两种理论假设……一种理论假设认为，人类社会是不断进步的并且这种发展是有迹可循的，都是一种由低级向高级的进化过程，当代中国各少数民族的进化序列代表了人类社会不同发展阶段及其过渡时期的诸种情况，因此，研究少数民族习惯法可以弥补我们在认识上的盲区。"②笔者认为不能机械照搬历史五段论模型，因为五段论是在参考欧洲历史素材基础上的理论抽象，该理论是否适用于中国法律史特别是少数民族法律社会史的研究，不应预设为前提，关键在于坚持历史唯物主义和辩证唯物主义的框架下的多样性。故笔者将相关史料分为三部分，第一部分系社会经济类，第二部分系政治法律类，第三部分为意识形态类。在中国古代，政治是法律的目的，法律是政治的工具，政治法律本质是一体的，两者作为上层建筑，是受社会经济因素的决定和制约的。笔者尝试在此大框架内引用微观经济学和宏观经济学的一些理论包括经济理性、统计方法、机会成本原理、博弈论、社会成本理论来考察、研究湘西苗疆法律秩序的形成、结构、变化和社会效果。易言之，政治经济分析是笔者力图贯穿全书的一条主线。

---

① 高其才.习惯法研究的路径与反思 [J].广西政法干部学院学报，2007（6）：17-18.
② 吴大华，潘志成，王飞.中国少数民族习惯法通论 [M].北京：知识产权出版社，2014：10.

第二章
三个基本概念：
湘西苗疆、法律规范与法律秩序

本书研究的对象是元明清时期湘西苗疆的法律秩序，为了正确认识这个研究对象，需阐述清楚三个基本概念，一是湘西苗疆，二是法律规范，三是法律秩序。

第一节　湘西苗疆

在历史文献中，"苗疆"一词是看似较为含混的地理概念。在不同文献中所指相去甚远。

一、苗疆的概念和范围

谢晖教授认为"苗疆"是与族群和地域相关的概念。[1] 刘广安教授曾在《清代民族立法研究》一书中提出"苗疆"的概念，他认为苗疆有广狭之分。一种为广义的苗疆。这种广义的苗疆，泛指云、贵、川、湘等四省有少数民族居住的地方。另一种为严格意义上的狭义"苗疆"。清雍正时期的云贵总督鄂尔泰曾经给雍正皇帝递交过一道奏疏，上面提及所谓的"苗疆"在贵州省的东南部的清水江流域（沅江的上游在贵州的那部分），方

---

① 谢晖.清代治理苗疆的独特法律："苗例"[J].西昌学院学报（社会科学版），2019（3）：1.

圆有三千多里的地方，盘桓有苗寨一千三百多寨，人口计有数十万人，这些苗寨像星星一样环绕拱卫着古州（今贵州榕江县），沿着清水江往下游地方向东去，就可以来到湖南省的辰州（今湖南怀化市），另外有一条都江可以往南通向两广，由于苗岭地方群山阻隔，久而久之居住在这里的苗族就成了不闻礼仪教化的"化外人"。据此刘广安教授认为，严格意义上的苗疆是指今贵州黔东南苗岭山脉以雷公山为中心的苗族聚集区，持此观点的学者还有徐晓光教授。可见清代对黔东南苗疆地域的判断大致相当于今天的黔东南苗族侗族自治州，包括今天黔东南自治州的首府凯里市和麻江、丹寨、黄平、施秉、镇远、岑巩、三穗、天柱、锦屏、黎平、从江、榕江、雷山、台江、剑河等 15 县，其中又以雷山县为中心。

不过，对所谓狭义的"苗疆"也有不同看法。有人认为狭义的苗疆应当是指黔东北整个腊尔山区，湖南的凤凰、乾州、永绥等厅县，贵州的松桃也属于苗疆范畴。湖南溆浦人严如熤于乾隆六十年（1795 年）由友人推荐给湖南巡抚姜晟做幕僚，协助前往湘西镇压乾嘉苗民起义，在其专著《苗防备览》中，就明确提出湘西红苗居住区属于苗疆。嘉庆元年（1796 年）之后，清廷在湘西的苗防屯政就出自他的设计，他的工作就是要搜集整个湘西苗疆的所有情报，为清廷的善后事宜提供智力支持。其著作《苗防备览》一书，对地处黔东北的铜仁府、松桃厅和湘西的凤凰厅、永绥厅、乾州厅、古丈坪厅、保靖县、泸溪县、麻阳县的地理、村寨、险要、道路、风俗、营汛等情况进行了描述和总结，从中可以看出当时人对湘西苗疆大致范围的认识。这样看来，不仅广义的苗疆和狭义的苗疆有差别，且对狭义的苗疆理解也是不统一的。

其实，要把握好"苗疆"的概念，需要了解以下三点：其一，历史文献中反映的历代封建统治者对西南诸少数民族都有一种鄙夷蔑视的傲慢态度，正是这种态度导致了"苗疆"概念的模糊性，并且由这种模糊性"衍生"出一个"广义的苗疆"。元明清以前，人们把南方诸多氏族、部落和部落联盟泛称为"南蛮""苗蛮"集团。凡苗者，都属于"蛮"，但是"蛮"者未必是苗。元明清时期，"苗"之语义与今天的苗族有很大的区别。当时的人们仍然使用"夷蛮""蛮夷""苗蛮"这样带有侮辱性质的名词泛称西南各少数民族。可见，历代封建统治者认为西南少数民族的生活如同畜类，所以往往在谈及这些少数民族时，前面一律加反犬旁，比如瑶族写作"猺"，侗族写作"狪"，仡佬族写作"犵狫"。总之这些民族都属于"有苗"一类。统治者对这些南方山地民族的生活并不关心，对其所居住的地方也只有大致的、模糊的了解。其二，随着汉民和苗民冲突和交往的加深，"苗疆"是个不断变化、不断缩小的概念，而在此变化和缩小中，此概念才从模糊变得清晰起来，从而又渐渐衍生出一个个"狭义"的苗疆。其三，生苗与熟苗的差别是汉化程度的差别，所有的熟苗都差不多，但是不同地区的"生苗"之间的联系被切断，各地"生苗"各有各的"苗法"。

清廷对苗疆的治理，就基于不同区域内的"苗法"采取不同的措施，其背后的动因是一种"因地制宜""因俗而治"的理念。这种治苗理念一方面继承了中国历代中央王朝治理周边少数民族所谓"修其教，不易其俗；齐其政，不易其宜"的政治智慧，而将不同民族统一纳入中央王朝的统治秩序之下，另一方面又将中央王朝的权力下沉至地方，完成了对国家疆土的巩固并促进了不同区域社会经济的发展。

如开篇所说，苗族不仅人口众多，历史悠久，地域分布也十分广阔，各地苗族的发展又很不均衡，故文化呈现出多样性特征，准确地讲，"苗疆"不是一个单一概念，而是一个集合概念。所谓"苗疆"其实并没有广狭之分，它是一系列不同的且在汉文化的渗入中不断缩小的苗语区的集合。这个集合中的子集有的很大，如黔东南的黑苗区和湘黔边的红苗区；而有的子集却很小，可能只有一个乡甚至几个村的范围，它由一系列苗语圈和一系列的苗语点组成。笔者研究的是苗疆这个概念的一个子集——湘西苗疆。有时为了行文方便而使用"红苗区"一词指称"湘西苗疆"，特此指出。

二、湘西苗疆的概念和范围

湘西苗疆本身也有狭义和广义之分。就狭义的湘西苗疆而言，是湘西的苗族人所聚居的区域。元明清时期，随着中央王朝的统治不断深入西南地区，史料对西南诸少数民族的分类也日趋细致。就苗族而言，甚至出现了所谓"百苗"的说法，不过就规模而言，可以分为红苗、黑苗、白苗、青苗、花苗五大分类。

湘西苗族是生活在湘西苗疆的苗族。湘西苗族在明清两代史料中常被称为"红苗"①。作为生活在中国腹地武陵深山中的少数民族，明代以前一直没有详细确实的史料对其进行描述。然自明清以来，"红苗""楚苗""腊尔山苗"等词却突然频繁出现于史料当中，这是明清中央集权在少数民族地区得以强化的表现。明清时期随着封建中央集权的强化，湘西苗疆也开始建厅置县，湘西苗族受到了中央王朝政治法律制度的深远影响。要对湘西苗疆有正确的认识，需要明白以下几点。

第一，湘西苗疆并非行政概念，而是文化概念。所谓"湘西苗疆"，随着历史的治乱兴衰而不断变动，并无绝对的地域界定。乾隆年间段汝霖在其永绥同知任内编撰《楚南苗志》，对"湘西苗疆"的称谓沿革和地理范围做了详细考察，划定了湘西苗疆的范围，其界："东自湖南永顺府保靖县地、名古铜溪起，西至贵州铜仁府地、名官州场民地止，计程三日。南自湖南乾州厅起、名镇溪所起，北至四川红安民地止，计程二日半。东西广二百余里，南北袤百五十余里。"②外接三省民地。随着清代中央政权控制力的强化，湘西苗族的活动范围日益缩小，逐渐被压缩在以腊尔山台地为核心的周边地带。清代的湘西苗疆不等于如今的湘西土家族苗族自治州，而是指红苗这个类型的苗族的生活区域。这个区域以腊尔山台地为

---

① 所谓"红苗"，据学者罗康隆、张振兴二人考证，生息在武陵和五溪北部地区的苗族大体上都属于苗族中的湘西支系，通用苗语湘西方言。在历代典籍中对他们的称谓各不相同。"红苗"是一种他称，其依据是湘西支系的苗族妇女都穿着鲜红色的短褶裙。这种裙子是用茜草和明矾染色而成的。明代开始将他们称为"红苗"，原因全在于平定播州土司叛乱之后，需要联兵清剿四川、贵州、湖广诸省之间的"生界"。而这些"生界"内生息的苗族又分属不同的支系，往往交错定居，采取军事行动时，征伐的对象很难交代清楚。从而引发了书写报告和奏章审查中的混乱。是出于军事行动的需要，才正式启用了"红苗"这一名称，以便和苗族中部支系即"黑苗"严格区分开来。入清以后，这一惯例一直沿用，详请见罗康隆，张振兴. 苗防备览风俗考研究 [M]. 贵阳：贵州人民出版社，2010：20—22.

② 段汝霖. 楚南苗志 [M]. 段汝霖，谢华. 楚南苗志，湘西土司辑略. 长沙：岳麓书社，2008：32.

中心，包括清代贵州铜仁府、湖南永顺府、辰州府及沅州府的部分地区，其中南部靠近贵州的永绥、松桃、凤凰、乾州四厅苗族最多。保靖、古丈坪两地系苗土交界地带，在苗疆北部靠近湖北的永顺、龙山、桑植等地基本与土家族人插花居住，苗疆南部靠近晃州、靖州两地系苗侗交界处，苗侗两族插花居住。

第二，湘西苗族居住在湘西苗疆，但湘西苗疆不仅有苗族居住，还居住着不少汉人和土家族人。如果对湘西苗疆进行大的地理区分，则南部以苗族人居多兼有土家族人和汉人，而北部以土家族人居多兼有苗族人和汉人。如果就居住的地理环境而言，则开阔的平坦的或者靠近水边的交通要道是汉人居多，而偏僻崎岖的高山峡谷地带则以苗族人和土家族人为主。这种居住的二元结构与元明清时期湘西苗疆的法律秩序的建构和嬗变有直接的因果关系。

第三，居住在湘西苗疆的苗族人内部有很多分类，其姓氏、服饰、风俗、习惯各有不同，语言也不尽相同，不同地方的苗族人各有各的"苗法"。从总体的社会进程而言，此地苗民历来彼此不相统属。

广义的湘西苗疆则不仅包括以苗族人为主的聚居区，也包括以土家族人为主的聚居区，这样就至少要将现在湘西北部的龙山、永顺、保靖以及桑植的部分地方算进来，本书中的湘西苗疆是指广义的湘西苗疆。

第二节　法律规范

所谓法律规范，是指人类在社会交往的过程中所形成的具有强制力或者约束力的规则、原则及政策。在中国古代，由中央王朝立法机关制定的法律规范都是内含"强制性"的规范，这种强制力的保障就是封建国家的暴力机关，这种法律规范是由国家的统治阶级人为制定的。与此相对应，由少数民族在生产生活的过程中自然形成的法律规范都是至少具有"约束性"的规范，而其约束力的保障就是自然神祇，这种法律规范是由少数民族先民们在生产生活中自然形成的。具体在元明清时期的湘西苗疆，主要存在两种形式的法律规范，即内含"强制性"的中央王朝制定法以及内含"约束性"的少数民族习惯法。"强制"或者"约束"是法律规范的必要条件，是法律有效性的来源。当然"强制"和"约束"是相对而言，"约束"是弱一点的"强制"，"强制"是强一点的"约束"，两者效力上的强弱差别在于产生原因和受到规制的主体不同。

一、中央王朝制定法

本书所称中央王朝制定法，是指中央王朝及其地方代理人通过专门的立法程序发布的针对湘西苗疆苗民、土民和客民的具有强制性的法律规范。与苗族或者土家族习惯法相对，在中央王朝制定法所涉及的事务中，具有三个本质特征：一是制定法具有权威的承载者——中央王朝及其在地方的流官，其与处于服从地位的人包括苗族人、土家族人或者客民处于对立位置；二是体系性，即经过一系列的社会实践总结出的可以反复适用的命令或者晓谕体系，这些命令或者晓谕带有法律性质上的差异性；三是道德性，这种制定法是通过中央官员的人为的精心的设计形成的命令，它体现出礼仪性和道德性，具有鲜明的儒家意识形态。从法律渊源看，包括律、条格、条例、则例、章程、事宜、上谕、奏议、劝谕和禁约等。中央王朝制定法按照不同的分类标准可进行不同的划分，大致可以分为以下几种分类。

（一）基础规范与衍生规范

中央王朝制定法可以根据效力来源是否具有终极性划分为基础规范和衍生规范。凯尔森认为，"不能从一个更高规范得来自己效力的规范，我们称之为基础规范"①。基础规范是其他法律规范的效力来源，也是将事实与规范联系起来的纽带，在一个共同体中，如果存在一个最高权威，那么该权威所规定的就是人们应普遍遵从的。基础规范的形式不仅包括规则，也包括原则和政策。在君主专制时期，凡是直接出自皇权的规则、原则和

---

① ［奥］凯尔森.法与国家的一般理论 [M].沈宗灵，译.北京：商务印书馆，2013：175.

政策都属基础规范范畴，而君权神授则作为既定事实为臣民所接受，成为法律规范的终极效力来源。在中央王朝的制定法的法律渊源中，上谕和奏议就是典型的基础规范。上谕是皇帝针对湘西苗疆颁发的具有强制力和执行力的意旨，如雍正六年（1728年）雍正帝针对湘西苗疆刑事案件办理期限发布的上谕，又如乾隆十年（1745年）乾隆帝针对土官迁徙而颁发的上谕，再如某些关于湘西苗疆地方流官任免升降和蠲免苗疆赋税的上谕，等等。奏议则是地方官对皇帝的汇报，奏议以皇帝批准为生效条件，如果皇帝批复准奏则代表皇帝本人的意志。清代有关湘西苗疆的奏议出现得很早，数量也不少，如康熙四十三年（1704年）时任湖广总督余成龙上奏有关治理湘西红苗的奏议经康熙帝批准，就成了适用于湘西苗疆的重要法律渊源。上谕和奏议的灵活性使其具有"衡平法"的某些特质，对18世纪湘西苗疆的社会结构和社会生活产生了深刻影响。作为对应，衍生规范是可以从更高规范中得到自己效力的法律规范，它是基础规范的具体化和衍生，律、条例、则例、章程、事宜、劝谕和禁约都属于基础规范的具体化。

（二）高级规范与低级规范

法律规范按照效力层级和位阶划分可以分为高级规范和低级规范。规范之间可以表现为高级和低级的纵向空间关系。

高级规范是效力和位阶较高的法律规范，通常是皇帝和中央官员制定的。条格和律是元明清时期最重要最稳定的高等规范。元代中央王朝重要的制定法有《大元通制条格》《至元新格》《至正条格》等，但是这些制定法是否在湘西苗疆得到贯彻执行要打问号。因为在元代，湘西苗疆的实际控制权，在北部土家族聚集地区是掌握在土司手中的，在南部苗族聚集地区基本停留在自然状态。明清两代中央王朝最基本的高级规范是律，典型的就是《大明律》《明会典》和《大清律例》中的法律条文。条格和律通常是皇帝和中央官员反复讨论后制定的，因此位阶最高，适用的属地范围最广。檄示是中下级地方流官以布告形式颁布的在该流官辖区内遵照执行的一种法律渊源，它属于低等规范，包括劝示和禁约两类。劝示具有正面积极和提倡的意义,如乾隆二十一年(1756年)由桑植知县颁布的《劝民筑塘制车示》,就是为劝导桑植县人民兴修水利、发展生产而颁布的。禁约是禁止性的,例如雍正八年(1730年)由永顺知府袁承宠颁布的《详革土司积弊略》对于改土归流进行了强制性规定。因为檄示灵活多样、可操作性强,为湘西苗疆各厅县广泛采用,并逐渐成为清廷治理湘西苗疆的一种最重要的法律渊源。

(三)一般规范与特殊规范

根据法律规范是否可以单独地、不重复地产生效力,可以将法律规范分为一般规范和特殊规范。

一般规范的意义是,当某种条件具备时,类似现象就应当反复适用相同标准。在涉及湘西苗疆的问题上,条例和则例就属一般规范。条例是清廷对湘西苗疆进行法律治理的最普遍的法律渊源,是处理某一大类法律问题的概况。《大清律例》中有专门适用于湘西苗疆的条例,通常附于律文之后,是律文在湘西苗疆适用的变通性规定,多数是以与皇帝有关湘西苗疆某一问题的谕旨或地方流官的上奏为依据而制定,亦有少数从明代继承而来。比如乾隆五年(1740年)编纂的《大清律例》中,有关苗疆的条例共二十四条,而涉及湘西苗疆的条例占了大部分。其内容涉及民事、刑事、行政多方面,其中以刑事法律规范所占比重最大,不过因清代对条例多次修改增删,所以在引用条例的时候,需要查证该条例所存在的时期。则例是由清廷系统编纂的一种行政法规。针对回族、蒙古族等西北部少数民族,清廷专门编纂了《回疆则例》《理藩院则例》,但是清廷并未针对南方山地民族编纂专门的则例。适用于湘西苗疆的则例,主要包括《钦定吏部则例》(嘉庆朝)中涉及苗疆地方土官的相关规定,以及《钦定户部则例》中关于湘西苗疆各厅县应缴土地税的数量的相关规定。

特殊规范是指针对某种特定情形才有效或者只能被适用一次的法律规范,章程和事宜就属于此类规范。章程是关于某地区专门事项的处理办法,一般由巡抚奏报皇帝同意批准实施,章程并不是清廷治理湘西苗疆的独有的法律渊源，对其他地区也有相应章程。清代针对湘西苗疆的章程一般是由经略湘西苗疆的封疆大吏拟定，逻辑严谨且体例清晰，具有相当程度的系统性。章程的内容涉及苗疆的行政建置、职官制度、土地户籍制度以及司法制度等各个方面，以行政法律规范所占比重最大，据苗疆的具体情况而制定，比如《苗疆善后章程六条》就是针对乾嘉苗民起义后的苗疆善后工作而制定的，具有很强的针对性和适用上的稳定性，流官在拟定章程后，同样要奏请皇帝审批。皇帝有两种处理方法，一是皇帝将奏请审批的章程转给六部或军机处讨论，如认为可行就批准实施，如认为不可行或需要改动则予以批驳、指正。二是皇帝认为该章程无须交六部议处，则直接批准实施。事宜与章程类似，而更灵活一些，是关于某地区某项事情的专门规定，通常比章程更为细致一些。事宜的具体名称根据它的拟定者和内容确定，比如《云贵总督鄂尔泰疏奏经理仲苗事宜十条》。内容上，事宜以行政法律规范所占比重为大，也包含部分军事法律规范，如雍正九年（1731 年）的《六里善后事宜》清楚地表明了一个清代少数民族地区基层政权——"永绥厅"的建立过程。

二、少数民族习惯法

本书所称少数民族习惯法，是指湘西苗疆的苗族人或者土家族人在社会交往中自然形成的以鬼神权威为后盾保持其约束力的法律规范。与中央王朝制定法相对应，少数民族习惯法在其所调整的社会关系中，体现出三个特征：一是约束性，习惯法是由灵体、精灵、鬼神等"精神实体"保障其在社会成员之间的约束力的，既包括事前的"约束"也包括事后的"惩罚"；二是对称性，即习惯法原则上只在一定血缘范围内具有权利义务，其适用范围可以从家庭扩展到家族、宗族或者整个民族，如果超过民族的界限，则由习惯法进行反向的"法律拟制"生成对等的权利义务，没有纵向的等级也没有部门法性质上的差异；三是自然性，即习惯法是在苗族和土家族的社会生活中自然自发形成的，并非人类自觉设计的产物，所以不具有道德性，特别是不具有儒家意识形态上的道德性，反而具有巫术和祭祀的特征。

在明清文献里,湘西的传统习惯法被称为"苗例"或者"土司旧例","苗例"即苗族习惯法,"土司旧例"即土家族习惯法,两者与清廷针对湘西苗疆专门制定的成文法对立。如乾隆五年(1740年)的《大清律例》就规定:"苗人与苗人自相争讼之事,俱照苗例归结,不必绳以官法,以滋扰累。"①此条文类似于国际私法中的准据法,它清楚地表明了适用法律的路径,条文中的苗例就是苗族习惯法,而该条文本身则属于制定法。苗族和土家族习惯法也可以根据不同的标准划分为不同种类。

(一)对称规范与等级规范

根据苗族、土家族习惯法是否是相互对等与并立,可以分为对称规范和等级规范。

对称规范是主体之间呈现法律规范的对称性的规范。苗族习惯法的很多种类都具有对称性特征。习惯法是构成"苗例"的法律渊源,但并非所有习惯法都是"苗例",只有对苗族的寨落社会有约束力并且得以反复适用的习惯法才能被国家法承认,才能被称为"苗例"。一个习惯,是经由社会中人们日积月累的遵守而形成的行为规则,但是在其还没有惩罚机制的外在形式的时候,仅仅是实际存在的一种规则,比如说"跳鼓脏"就是一种适用于苗疆地区的习俗,各个寨落的青年男女可以在"牯脏节"以"跳月"的形式择偶,"跳鼓脏"是一种反复适用的风俗习惯,但是"跳鼓脏"不是必需的,没有约束力,即如果不去也不会受到什么惩罚,因此不能称为习惯法。一个行为规则之所以成为习惯法是由于有对称的行为规则的存在,比如"穴斗""还谷种""抢亲""倒骨价""理老裁判"等习惯法之所以有效力,是由于法律关系中另一方的制约。

等级规范是主体之间权利义务不平等的法律规范。以"土司旧例"为代表的土家族习惯法多是等级规范,这是因为土家族在元明时期已经形成了比较完善的封建领主制度,虽然没有成文法律规范,但普通土家族人和土司在服饰、婚姻、见面、丧葬等各方面的权利义务都呈现出等差排列的

---

① 徐本,三泰.大清律例:卷三十七·断狱下·断罪不当 [M].北京:法律出版社,1999:602.

特征。如土家族土司相对于普通人就具有婚姻上的优先权，即土司作为贵族可以娶平民女子为妻妾，但是反过来平民男子则不能娶土司的女儿。土司之间是可以相互通婚的，如保靖宣慰司和永顺宣慰司就经常相互通婚，在纠纷产生时，按照血缘关系由宗族共同体的头人"舍把"负责处理，超出宗族范围的纠纷则由上一级的土司负责处理。

（二）行为规范与禁忌规范

根据是否单纯地调整人与人之间的关系，习惯法可以分为行为规范（行为规则）和禁忌规范（禁忌规则）。

单纯地直接调整人与人之间关系的习惯法是行为规范，其作用在于可以之规范苗民或者土家人日常的交往行为并用来评判对错。"行"从双人，行为本质上是人与人之间的行为，如血族复仇规则，姑舅表婚的嫁娶规则，"偷梁"习惯法中的偷借规则都是处理血缘共同体中血缘关系的行为规则，其规则的效力不是由鬼神权威保障的。如苗族的"理老调解"规范和土家族的"舍把司法"规范，其约束力或者强制力就是"理老"和"舍把"保障的，理老调解的权利来自争议双方当事人的授予，而"舍把"的权利则是从父辈来的，是世袭的。总之，行为规范的效力实际上是来自人的权威。

禁忌规范则是由鬼神权威作为保障的间接调整人与人之间关系的规范。需要注意的是"苗例"（苗族习惯法）中包含大量禁忌规范，但并非所有禁忌规范都属于"苗例"的范畴。单纯地调整人和鬼神之间的禁忌规范不能称为习惯法，比如苗族人忌踩火坑上的三脚架，虽然这禁忌规范也有约束力，但是不调整人和人之间的关系，而是调整人与鬼神之间的关系，因此不能构成禁忌规范，只有那种通过鬼神的权威调节人与人之间关系的禁忌规范才能称为禁忌规范。禁忌也是属于风俗习惯中的一类观念。不过禁忌与现代法律意义上的"禁止"有着明显区别。在风俗习惯中，"禁忌规范"构成的制裁是建立在共同的鬼神信仰基础之上的，比如苗民之间普遍存在"姨表不婚"的禁忌，违反者要受到神判或者天罚，天罚的表现便是"其生不蕃"。但实际上，禁忌规则的法律后果本质上并不是一种行为，而是事件，如违反"倒骨价"习惯法的约定而导致了死亡、疾病或者厄运等不利后果，苗族人会认为这是自然神祇的惩罚行为，但事实上苗族人只是从与他们有关的利益来看待自然事件的，有利事件他们以为是自然神祇的奖赏，不利事件则解释为自然神祇的惩罚。所以，苗族人由于心存忌惮而表现出来的对因果报应的敬畏是其禁忌规范存在的基础。

第三节　法律秩序

什么是法律秩序？这个问题备受中西法学家关注，西方法学家对此给出了各有特色的定义，而我国法学界也在 20 世纪 80 年代末 90 年代初进行过全方位讨论。综观对法律秩序含义的多种表述，有人概括为三种学说。①不过在笔者看来，在谈及法律秩序时，必须严格注意法学和社会学在观察方式上的区别，前者研究法律的规范意义，即如何在逻辑上正确地赋予某种行为模式以一定的价值，后者侧重观察社会成员或者社会共同体因法律的实施而实际发生了什么样的事情。因此，按照法律秩序的作用分类，可以将其分为法律规范秩序和法律社会秩序。

一、法律规范秩序与法律社会秩序

湘西苗疆的法律秩序可以分为法律规范秩序和法律社会秩序。法律规范秩序可等同于适用于湘西苗疆的法律规范体系（包括苗族社会内生性的法律规则体系和中央王朝在湘西苗疆强制实施的法律规范体系），而法律社会秩序则是指法律规范通过司法、行政、守法、教育等方式在湘西苗疆社会形成的社会秩序。

（一）法律规范秩序

对法律规范秩序，中西方学者分别给出了自己的定义，大致又可以分

---

① 胡仁平 . 法律社会学 [M]. 长沙：湖南人民出版社，2006：232–236.

以下两种类型。

第一类是把法律规范秩序视为法律制度或法律规范的同义词，这种看法为分析法学派所持有。因此，法律规范秩序就等于法律制度本身。奥斯丁、凯尔森和哈特是这种学派的代表人物。虽然奥斯丁、哈特的理论分析路径不同于凯尔森，但两者在将古典自然法观念中的"乌托邦"式的社会理想图景抹去这一点上是高度一致的。奥斯丁认为法律就是主权者的命令，"法律是强制约束一个人或一些人的命令"①。哈特则将法律规范分为义务性规则和授权性规则，易言之，法律是一种规则体系，义务性规则构成初等规则，授权性规则构成次级规则。义务性规则具有不确定性、静态性和无效率性的缺点，故一个具有法律的社会还需要"确定规则""改进规则"和"裁判规则"组成的授权性规则支撑，这表明他是一个规则论者。凯尔森直接将法律规范等同于法律秩序，他在《法与国家的一般理论》一书中写道："法律秩序就是规范体系。"②等同于说把法律秩序归结为法律文本，因为法律秩序是法律实施的结果，而法律规范又是法律秩序产生的前提，所以该说具有一定的合理性。但两者不能完全画等号，不仅因为就逻辑而言法律文本乃是一种规则或者规范，而且从理论上看，两者的等同必然影响法律秩序理论的发展，如果把法律规范与法律秩序完全等同的话，人们对法律秩序理论的研究就会局限于狭窄的法律制度上，而置更为重要的法律秩序的结构、体系、方法和形式的完善于不顾了。

第二类是将法律规范秩序视为民族精神的表现形式，这种看法为历史法学派所独有。首先，历史法学派的法律观源自古典自然法学派，所不同者在于他们坚持认为法律秩序是被发现的而不是被"人类理性"预设出来的，自然法学派的学者们将法律规范秩序等同于自然秩序在人类社会的表现形式，如孟德斯鸠就说："先于所有这些法则和规则的存在是自然法；之所以称之为自然法，是因为除了我们的存在本质外，自然法再没有任何

---

① [英]奥斯丁.法理学的范围[M].刘星，译.北京：北京大学出版社，2002：33.
② [奥]凯尔森.法与国家的一般理论[M].沈宗灵，译.北京：商务印书馆，2013：173.

其他渊源。"① 这可能与他们的个人经历有关。古典自然法学派的人物大多是"不安分"的人，格劳秀斯自小就有"荷兰神童"的美称，青年时代曾卷入政治斗争被捕，之后漂泊于欧洲各国，最终客死他乡。霍布斯与格劳秀斯相比，更加老成谋国，英国内战时期，霍布斯就担心《利维坦》的出版会引来英国当权派的政治迫害，无奈流亡法国，在接下来十一年内都没有再返回英伦诸岛。约翰·洛克由于被怀疑刺杀英国国王查理二世，被迫逃亡至荷兰。卢梭更是一生坎坷。即使是好好先生的斯宾诺莎，也一度卷入荷兰的教派争斗。与此相反，历史法学派的代表人物基本上是教书先生，比如萨维尼放弃了普鲁士王朝大臣的职务而进入学校任教，梅因几乎一生都在大学中度过。这使得他们有时间接触大量的史料，让他们从中发现"法律秩序"，如萨维尼就认为《民法典》这样的法律文本因为体现着德意志的民族精神，故在德国统一之前不能仓促颁布。其次，历史法学派的哲学基础是黑格尔的唯心主义历史哲学，黑格尔说："法的体系是实现了的自由的王国，是从精神自身产生出来的作为第二天性的精神的世界。"② 历史法学派非常强调法律规则背后的社会压力，而这种压力来自本国的民族特性，这使得历史法学派所谓的"法律秩序"缺乏了古典自然法学的那种跨民族的普适性，而转向于关注各民族内部产生的"民族精神"。事实上，黑格尔、萨维尼等人的"民族精神"是古典自然法学家提倡的"人类理性"在德国的另一种形而上学表现。

　　本书中的法律规范秩序是指由法律规则、法律原则和法律政策构成的有机统一体。它首先是形而下的，诚然，由规则、原则和政策组成的法律规范秩序自然体现出一定的共同体意识，但不能将该意识等同于历史法学派所谓先验的"民族精神"或者自然法学派所谓的"人类理性"，它是实际存在于此界而非彼岸的。如果承认"民族精神"或者"人类理性"的存在，那就势必将法律规范秩序进行二元论划分，即在实在法的基础上再创造一

---

① ［法］孟德斯鸠.论法的精神［M］.许明龙，译.北京：商务印书馆，2016：12.

② ［德］黑格尔.法哲学原理［M］.范扬，张企泰，译.北京：商务印书馆，2016：12.

个上位的"自然法"或者体现一国民族性的"自然法"的概念，这就类似于柏拉图关于现实和理念的形而上学，需要将法律规范秩序看作是为居上位的"自然法"在现实世界的不完善的投影，这种处理就将问题复杂化了，因为这种分类在中国这样的一元论国家是没有法律实践支撑的，故本书中的法律规范秩序是实在地存于此世界的法律有机整体。

另外，法律规范秩序也不完全等同于分析法学派的"命令说""规则说"和"体系说"。奥斯丁的"命令说"无法涵盖习惯法，哈特的"规则说"及凯尔森的"体系说"则忽略了原则和政策在调整社会关系方面的实际作用。因此，本书的"法律规范秩序"是由法律规范构成的有机整体，首先包括法律规则，即包括假定条件、行为规则和后果所组成的规则体系，但法律规范不仅包括哈特所谓的规则体系（即凯尔森的"法律规范体系"），也包括法律原则。原则不一定都体现在立法中，也体现在司法判决和对法律的宣传等过程中，如中央王朝在处理涉苗纠纷时所采取的"因俗而治"就是一种法律原则，也属于法律规范的范畴。其次，"法律规范秩序"还包括政策，它是指统治阶级为了实现对社会的控制而作出的有儒家意识形态的政治决定和策略，如中央王朝针对湘西苗疆的"剿抚并用""以苗治苗"等政策。

从形式上看，"法律规范秩序"接近德沃金的"法律整体说"，德沃金也认为法律作为一个统一整体应当包括规则、原则和政策，不过他认为规则是保卫自由主义的基础，因此原则和政策只是作为辅助存在的，在三者出现冲突时，原则和政策要让位于规则。但湘西苗疆的法律社会史体现出一种相反方向，即同样是法律规范的整体，当三者出现冲突时，规则往往让位于原则，原则往往让位于政策，这是两者的本质区别。

因此，就法律规范秩序的分类看，则可以根据其演进性分为静态的法律规范秩序和动态的法律规范秩序。静态的法律规范秩序是一系列对称性的行为规则组成的集合，这种法律规范秩序就没有法律原则和政策，如苗族习惯法秩序就属此类。行为规则之间没有效力高下之分，也没有性质上的差异。动态的法律规范秩序中法律规范是多元化的，既包括规则体系，也包括原则和政策。动态的法律规范秩序还存在效力等级，基础规范是动态法律规范秩序的权威性、终极性规范，其他一切原则和规则要服从此基础规范，该秩序在纵向上具有一定的效力等级。动态的法律规范秩序还具有不同性质意义上的法律规则，在横向意义上，它等同于由不同法律部门组成的法律体系，中央王朝的制定法秩序就属于此类。因此，在动态法律规范秩序中，一个法律条文很容易在法律规范秩序中找到自己的坐标。

（二）法律社会秩序

法律社会秩序，是指通过中央王朝制定法和少数民族习惯法的实施而形成的社会结构秩序和社会生活秩序。任何社会，无论其处在何种历史时期，其法律文本都是为了维护和巩固其政治统治和社会秩序而制定的，法律规范是作为社会控制的手段而存在的。

以庞德为代表的社会法学派并不认为仅靠法律文本就能建构法律秩序，立法只是法律实施中的一个方面，行政、司法等方面的活动，也旨在通过规定个人可以安全地行使自己的权利来保障各种利益。因此，"法律秩序是一种条理化或者有序化的过程，其中一部分是经由司法而实现的，又一部分是通过行政机构而实现的，最后一部分则是通过提供以法律命令的方式来指导人们各种行为而实现的"①。从广义上讲，马克思和马克斯·韦伯虽然都不是严格意义上的法学家，但是他们应当不会太反对庞德的这个定义。和庞德专注于法律不同，马克思和韦伯始终关注的是法律规范和社会经济的相互关系。马克思和韦伯在大学时的专业都是法律，不同的是马克思更强调经济基础对上层建筑的作用，因为马克思的经济学不是以边际这个心理学概念为基础的心理经济学（西方经济学），而是以阶级这个社会学概念为基础的社会经济学，而法律秩序作为上层建筑的一部分，总归是受到经济基础影响和决定的。比较之下，韦伯更注重意识形态、社会结构对法律的作用。可见，"法律秩序"是动态的概念，法律秩序不仅是法律

① ［美］庞德．法律史解释［M］．邓正来，译．北京：商务印书馆，2016：209.

文本秩序，也是执法、司法、守法乃至法律监督的有序循环的动态过程。这一过程的实现既离不开法律文本，更离不开法律文本与其他社会因素的相互制约、相互影响和相互促进。

　　研究法律史首先要立足对法律文本的分析，但仅研究和关注法律条文的法律史是一种相对封闭的"法律内史"①，除此之外更应当注意法律的实施效果。社会法学派的观念是辩证而中庸的，所以多数中国学者都有意无意地与庞德的法律控制论保持接近，如我国学者谢晖就认为法律秩序是法律在调整社会关系时在人们之间所产生的动态化、条理化、规范化、模式化和权威化的社会生活方式。②又如我国学者孙国华认为法律秩序是根据人们社会生活的需求在对法律实践的基础上，设计出法律规范，并通过在社会生活中实践得以实现的一种秩序。③学者汪太贤认为，法律秩序应当包括法律规范秩序和法律社会秩序，体现出行为和关系两个维度特征。④学者周旺生认为，法律秩序是一种社会状态，一种由实体性的制度和观念化的意志所合成的社会状态。⑤此外，还有肖北庚、李屯、张仁善等学者对法律秩序的概念进行了界定，都比较重视法律制度与社会秩序的相互关系。笔者也认为，如果只注意法律条文，而不注意条文的实施情况，只能说是条文式的表面的和僵硬的研究，而不是社会的、深入的而有活力的研究。所以，还应该知道法律对社会经济的影响，推行的程度如何，对人民的生活有无影响，造成了什么样的影响。"法律是社会产物，是社会制度之一，是社会规范之一。它与风俗习惯有密切联系，它维护社会经济和诸种意识形态，它反映某一时期、某一社会的社会结构，法律与社会的关系极为密切。"⑥

---

① 韩铁.美国法律史研究领域的"赫斯特"革命[J].史学月刊，2003（8）：92.

② 谢晖.论法律秩序[J].山东大学学报（哲学社会科学版），2001（4）：88.

③ 孙国华.法理学教程[M].北京：中国人民大学出版社，1994：106.

④ 汪太贤.法律秩序研究[J].西南民族学院学报（哲学社会科学版），1998（6）：27-28.

⑤ 周旺生.论法律的秩序价值[J].法学家，2003（5）：34.

⑥ 瞿同祖.中国法律与中国社会[M].北京：商务印书馆，2010：Ⅻ.

由此可见，法律社会秩序应当包含两层含义。

第一层含义是指一种相对静态的结构秩序，在该秩序中社会成员或者社会共同体处在什么样的位置，扮演何种角色，社会成员间的相互关系又形成了什么样的社会结构。将法律秩序视为法律实施对社会的效果以及由这种效果形成的社会结构，从社会学角度看，就是社会成员或者社会共同体在该社会中的地位受到实际经济状况的限制而形成的。因物质产品的创造和分配是社会结构得以形成的前提，所以法律规范之于社会财富的分配规则尤其是与财政税收有关法律的实施是本书关注的重点之一。

第二层含义是一种相对动态的生活秩序，即社会成员在该社会是如何生活的。实际上，将法律秩序视为一种社会理想的生活方式，这种看法很早就为古代自然法学派所持有，在欧洲的奴隶社会时期，斯多葛学派就认为宇宙间万事万物的运行就像人体血液循环一样，受到"自然法则"的调整。人之所以能活动身体并非因为人有肉体，而是因为人有灵魂（或理性），与此一致，宇宙（或自然）的运动变化的根本原因不是宇宙（或自然）本身，而是因为宇宙有灵魂（理性），于是世界就被斯多葛学派划分为几个等级，最低等的无机物只是物质，植物有一点知觉，动物比植物又高级一点，因为动物有感情，人类比动物又高级一点，因为人类有灵魂和理性，而最高级的就是"宇宙灵魂"（"宇宙理性"或"逻各斯"或者"道"或者"自然法"），因为人类的灵魂和理性是"宇宙灵魂"（"宇宙理性"）掉到人体中的那部分，自然要受到宇宙理性的制约，"宇宙理性"是本体，"人类理性"是宇宙理性的一种不完美的表现。如果将这种哲学推及社会领域，则等级高一档的"自然法"就是地上的罗马法的本体，而作为制定法的罗马法就是"自然法"在地上不完美的表现，受到"自然法"的制约。欧洲的封建时期的神学家如奥古斯丁和阿奎那基本沿用了斯多葛学派的二元论，经过斯宾诺莎的一元论改造（"上帝"就是"自然"），后来的古典自然法学家们有意识地淡化了"上帝"的作用，突出了"人类理性"的作用，在卢梭那里这种社会理想模式是以契约为基础的社会状态（与自然状态相对应），最终在康德那里"自然法"成了一种道德律令。事实上，以自然法理论为依据的法学家或多或少是"通过参照一种有关特定时空之社会秩序的理想图景以及一种根据该理想化的社会秩序而形成的法律目的的观念去评估情势和努力解决各种问题的。"① 也就是说，自然法学派眼中的法律秩序或多或少带有乌托邦的性质，这种乌托邦恰恰构成了社会生活的精神产品，而精神产品的创造和传播又构成了社会生活的支柱，当然这种支柱是内在于一定的社会共同体的意识中的。

总之，法律史的研究不能仅仅是研究法律文本自身的演变，文本的变化只是表象，重要的是要探讨法律文本之演变和社会秩序等外在文化因素之间的联系，并对法律文本的功能和社会作用作出解释。因而，笔者将法律规范视为一个集合，它包括了规则、原则和政策。法律规范与社会秩序的关系好比一个映射，即社会秩序是一面"镜子"，法律规范的实施效果是自身投射到这面"镜子"上而形成的"镜像"，通过这种素描式的观察和分析，僵硬的"法律内史"（法律文本史）才有转变为鲜活的"法律外史"（法律社会史）的可能。

研究法律社会学关键还在于"镜"是否能明。只要对这些社会"镜像"的审视是清晰的，反过来就可以看清法律文本自身的性质，在这些"镜像"中，我们可以看到的不仅是自己的"镜像"，而且还可以看到过去所有人的"镜像"。易言之，对历史进行法律社会学的研究也是可以处理和解释法律规范的一般性法理问题的，这些问题包括：第一，行为规则的建构方式及效力规则的形成条件，规则、原则和政策之间的相互关系；第二，基础规范的产生和衍生规范的形成，法律等级体系和法律部门体系的形成条件；第三，法律与伦理、正义、道德的一般关系。

按照前面给湘西苗疆作出的界定，则湘西苗疆的法律秩序包括两层含义：第一层含义是指在湘西苗疆此地，中央王朝通过对法律规范的制定或者少数民族对自然形成的习惯规则予以承认而形成的法律规范秩序，在此含义上它等同于法律规范体系；第二层含义是指通过立法、行政、司法等

---

① ［美］庞德. 法律史解释［M］. 邓正来，译. 北京：商务印书馆，2016：9.

方式实施法律规范而形成的社会结构秩序和社会生活秩序。本书所谓的"法律秩序"取第二层含义，是指法律社会秩序，是法律规范在社会生活中的实现（通过立法、司法、行政等方式）而形成的社会结构秩序以及在社会结构中所体现的生活方式，其中包括婚姻法秩序、家庭法秩序、兵刑法秩序、税收法秩序等"镜像"。在本书行文中，法律秩序、法律社会秩序及社会秩序是同义语，即取第二层含义；第一层含义的"法律秩序"则用法律规范秩序或者法律规范体系表述。

二、家族法秩序与国家法秩序

众所周知，中国的社会基本形态是家国同构的，家国同构是一种超稳定的社会形态，也是一种法律秩序，它呈现出与西方市民社会及其法律制度不同的类型化特征。因此我们可以将家和国从法律社会秩序中分别取"镜像"，使得家族法秩序与国家法秩序成为法律社会秩序下的子分类。研究此二者首先需要确定，制定法或者习惯法赋予了社会成员或者社会共同体在一个社会中处何种地位并扮演何种角色。另外就是，各社会成员或者社会共同体之间形成了一种什么样的关系，相互之间是如何交往的。

由此，本书为论述方便，从最基本的社会单位"个人"入手，将社会结构简化为两组关系。第一组分为个人和家族，并考察两者之间的相互关系，即调整家族和个人的关系的过程中所形成的法律社会秩序就是家族法秩序。第二组分为家族与国家两个共同体，并考察两者之间的相互关系，通过法律规范的实施，在统治阶级治理国家的过程中所形成的法律社会关系就是国家法秩序。

需要注意，家族法秩序和国家法秩序并不完全等同于现代意义上的"私法秩序"和"公法秩序"。"私法"则可以视为这样一种法律规范的总和，即法律规范所赋予的法律行为与国家强制机关无关，而调整私人之间的相互关系，"私法"产生的前提是市民社会的存在，由"私法"的实施形成的社会秩序才是现代意义上的"私法秩序"，元明清时期的湘西苗疆不存在这种"私法秩序"。"公法"大致可以这样界定，即法律行为涉及国家的强制机关，它服务于国家机关本身，或者调节国家机关之间的相互关系，或者调节国家机关与被管理者之间的相互关系，由"公法"的实施形成的社会秩序就是"公法秩序"，苗族和土家族的某些调整公共安全关系的习惯法具有某些"公法"的特征。从法律的演进看，古代国家法秩序是现代公法秩序的基础，古代家族法秩序也是现代私法秩序的基础，但两者不能完全画等号。

还需要注意的是，古代国家法意义上的那种管理与被管理的关系，在家族法层面也同样是存在的，一方面，在家族中有长辈对晚辈人身权、财产权的管理权和处罚权；另一方面，家族法意义上家族成员之间关系的调整逻辑在国家法层面也同样是适用的，此即所谓的家国同构。在后面的论述中，我们将看到家族法的原则是如何超过原始氏族的范围，和国家法实现同构的。因此本书对家族法秩序和国家法秩序的划分也仅是相对的。

（一）家族法秩序

家族法在本书中等同于家法，简而言之就是"家管人"的法，此处的人是指家族成员。有学者认为，汉字是古华夏族人纯粹感官的产物，这种观点是片面的。笔者认为，在将感官抽象为概念后，表达抽象概念的汉字，大多具有理论要点提示，即使由古汉字演变出的现代汉字仍然保留着大量的"理论要点提示"的遗迹。以"家"为例，"家"是会意字，甲骨文"屋内有豕"即为"家"。古代生产力低下，所以房子里有猪就可以成为财产的象征。故从字形可以引申出构成"家"的两个理论要点提示，一是同居，二是共财，即在同一个屋檐下按照血缘关系或拟制血缘关系组织起来共同生活并且共有财产的共同体。

"家"要在一定的血缘关系或者拟制血缘关系内解决两个基本问题，一是家族的繁衍，二是内部的人身关系及财产分配。一个家庭组建后，亲戚之间按照关系远近划分权利义务。农业时代的家族法具有依照血缘关系划分亲疏的特征，湘西苗疆的家族法同样要在血缘关系基础上解决上述两个问题。

一是如何组建家庭。湘西苗族和土家族都是南方山地民族，其生产方式主要是刀耕火种。土家族、苗族都是依山傍水聚寨而居，其同居的范围通常在山区的狭小的平地、峡谷、山腰或者山顶，即一个小地方居住着很多血缘关系很近的人，"家"的范畴远远大于内地父子两代或者三代的家庭或者家族，而往往扩大到以寨落为基本同居方式的宗族的范畴。同时，共财的范围也随之扩大。因此，家族法也可根据亲属范围的大小进行狭义和广义两种解释，狭义的家族法就是家庭法，广义的家族法不仅包括家庭法，也包括宗族法。元明清时期以前，苗族和土家族社会基本是自治的，农业社会宗族自治的安全保障主要取决于成年男性的数量，数量越多安全就越有保障，而人口数量的先决条件就是婚姻法秩序。

二是要考察家族内部的身份关系和财产分配。需要注意的是，这里所谓的身份关系和财产关系不是现代民法中的那种建立在个体基础上的身份和财产关系，而是建立在家庭或者家族基础上的身份和财产关系，在元明清时期的湘西苗疆，土家族和苗族的财产关系是依附于人身关系的。

本书的家族法秩序即指中央王朝通过颁布制定法及少数民族对自身习惯法的遵循所形成的婚姻法秩序和家庭法秩序。

（二）国家法秩序

国家法，简单理解就是"国管家"的法。所谓"国"，从语义上看，也具有多个"理论要点提示"。"国"字旧体写法为"國"，外面的"口"字，指领土疆域，国之所以成国首先须拥有一个完整的疆域，它必须像"口"字一样四面包围。里面"戈"字，象征军队，它构成一国的暴力机器。第二个"口"字，指的是国家的人口，一个国家之所以称为国必须拥有一定数量的人民，有人方可立国。简体的"国"，里面有一个"玉"字，此"玉"可作玉玺解，玉玺是至高无上的权威的象征。因此，"国"字中隐含了四个"理论要点提示"，即大"口"（疆域）、小"口"（人口）、"戈"（暴力机器）、"玉"（权威），将其稍拓展成现代汉语，"国"就是一个政治共同体，即一片领土范围内的统治阶级按照地缘关系组成的以暴力甚至武力为后盾，对该片土地的居民（户或家）进行管理统治而不被其他共同体管理统治的至高无上的政治实体。

任何国家的统治阶级在对其居民（户或家）进行管理统治的问题上至少要具备两种基本能力：一是能够为居民提供公共安全保障，保障其不被他人伤害人身或者侵害财产，在被伤害后能够从国家得到法律救济；二是能够从其管辖区域获取资金来源以维系其统治。国家法是围绕上述两个核心问题形成的，因此可以定义为，调整国家在管理社会公共事务的过程中所产生的社会关系的法律规范的总称。由国家法构成的法律体系就是国家法的文本秩序，由国家法的实施而形成的社会结构和社会生活就是国家法的社会秩序，简称国家法秩序。

帝制时代的国家法具有鲜明的阶级性特征，帝制时代的国家基本等同于专制主义中央集权政府，它是皇帝、中央官员及其派出到地方的流动性官员组成的官僚体系，也可以用"中央王朝"一词指代。一个新政权建立后，一些原本属于底层的家族可能上升为统治者，以前的统治者也可能沦为社会底层。新的统治者将自己的意志以法律形式表现，故这些法律规范自然要体现两个特征：一是国家对居民人身或者财产的保护，特别是对统治阶级的人身和财产的保护；二是能够从其管辖区域的居民那里获取资金来源以维系其统治。

元明清时期的国家法，因为存续于中国帝制时代最后一个大一统时期，其压迫性较前代更甚。在彼时的湘西苗疆，由于土家族、苗族杂居，民风彪悍，统治者不得不通过严酷的刑事法律甚至是长期的不间断的军事镇压来实现对自己人身和财产权益的保护，故无论从中央王朝对地方土家族人、苗族人的治安管理来说，还是苗族人、土家族人对中央王朝的回应来说，国家法秩序都首先体现为一种兵刑法秩序。另外，由于湘西苗疆山多地少，土地贫瘠，财政收入时常入不敷出，以地方税收来维系地方统治秩序往往难以实现，故封建国家往往在税收问题上派发福利反哺苗族和土家族，以法律形式保障地方资金来源，这就形成了有地方特色的财税法秩序。本书的国家法秩序主要指中央王朝通过颁布制定法及承认习惯法的方式所形成的兵刑法秩序和财税法秩序及两者构成的循环。

第三章
土司时期的法律社会秩序

在元代以前，湘西苗疆土家族和苗族两族人民的生活是相对宽松的，因为中央王朝对于西南诸少数民族聚居区的管控还只是基于羁縻制度。进入元明时期，随着中央政权对地方管控的强化，湘西苗疆的历史突然变得清晰起来。这种突变表现在土司制度的建立与发展，从元明到清初，土司是湘西苗疆的实际统治者。

就土司制度作为一种法律制度而言，这种制度在西南少数民族地区建构了一种法律秩序、一种法律屏障。其以元代为开端绝非偶然，它是君主专制的中央集权得以强化的表现。① 这种强化首先表现在土司时期的立法上。元明清三代中央王朝针对湘西苗疆制定了各种内容多样且形式灵活的法律规范，如清代《大清律例》中就存在对湘西苗族适用的各种"苗例"，又如地方流官颁布的各种章程和檄示，等等。就这些法律规范的实施形成的法律社会秩序而言，在苗族聚居区和土家族聚居区是有很大不同的。

湘西南部"红苗"与北部土家族人不一样的地方在于，苗族人不独在元明清时期是朝廷的心病，相对于中原文明来说，自唐虞时代起，就一直与华夏文明在不同的历史道路上演进，因而一直与中央王朝保持着相当距离。故土司时期苗族聚居区的法律秩序表现为中央王朝对苗族固有习惯法

---

① 以中央王朝对少数民族地区的控制力度而言，元明时期中央王朝对土司的控制力度是远远强于隋唐时期的羁縻州的。

的被动认同与适用，表现为中央王朝的法律文本与苗族社会的固有习惯之间的物理隔离，以及在这种物理隔离下形成的"自然的"法律秩序。

湘西北部的土家族此时已经进入土司时代，严如熤曾对"苗"和"蛮"作出区分，有酋长者称为"蛮"，湘西地区的"蛮"主要是土家族人，无酋长者称为"苗"。到了元代，很多有酋长的南蛮就成了土司，本质上如果要给土司辖区的法律规范定性的话，可以总结为封建的法律秩序，这种法律秩序是具有等级性的。

第一节　苗族习惯法与苗族社会

根据湘西苗族古歌的歌词记录，在上古时代苗民本来大致居住在古云梦泽一带，在与华夏族的竞争失败之后，苗族的十二大宗支开始了从洞庭湖沿沅江向西南的迁徙过程，最终在湘黔边界的深山老林中重新扎根。《苗族古歌》中记载的落脚点有桃源（今湖南桃源县附近）、溆浦（今湖南溆浦县附近）、湖北（今湖北恩施自治州附近）、龙山（今湖南龙山县附近）、辰州（今湖南沅陵县附近）、浦墟（今湖南泸溪县浦市镇附近）、泸溪（今湖南泸溪县附近）、麻阳（今湖南麻阳苗族自治县附近）、吉首（今湖南吉首市附近）、吉介（今湖南花垣县附近）、保靖（今湖南保靖县附近）、坪旷（今重庆秀山县附近）、酉阳（今重庆酉阳县附近）、吉齐（今湖南凤凰县附近）、铜仁（今贵州铜仁市附近）、料高（今贵州松桃县附近）、姜遑（今贵州思南县附近）、姜迁（今贵州印江县附近）、婺川（今贵州务川仡佬族苗族自治县附近）、婺戎（今重庆武隆区附近）、靖州（今湖南靖州苗族侗族自治县附近）。[①]

---

① 这些地点有一个共同的特征，基本是在沅江流域的支流酉水和上游清水江两岸，所以笔者大体推断苗民是从洞庭湖附近沿沅江而上西迁的，因为苗民古时既然住在水乡，迁徙时的生活必然离不开水，并且苗民是在沅江干流支流两岸边走边扎根的，最终落脚在武陵山脉、苗岭山脉、南山山脉等山区。从迁徙的落脚点也反证《战国策·魏策》中"三苗之国，左洞庭而右彭蠡"的真实性。

在康熙四十二年（1703年）以前，湘西生苗区尚处于无人管束的情况。不仅中央王朝没有控制住生苗区，而且就连附近的土司也没有真正实现过有效的管辖。在湘西苗疆建厅置县以前，苗民的社会生活通过习惯法调整，土司时代是习惯法的时代。由习惯法的实施所形成的法律秩序可以称为"自然"的法律秩序或者神权法秩序。所谓"自然"的法律秩序，顾名思义，就是自然形成的法律秩序，也可直接理解为人类社会的自然法则。

一、生苗聚居区的家族法与社会秩序

湘西苗族聚居的武陵山区是"九山半水半分田"的地方，由于山多田少，苗民的众多家庭聚族而居，开山为田，或扎于深谷，或依于河畔，或蠢于悬崖，或立于山巅，形成了独特的寨落社会。小的寨落十几户人家构成一个大家族，大的寨落则有几十户上百户人家构成宗族，这种寨落社会是以农业生产为经济基础的。所谓"苗"者，"田"字头上一把"草"，与汉族一样，从上古时代起就是栽种水稻的民族，农业经济的固定模式决定了一个寨落的规模少可达数十户，多至数百户。在考察家族法及其影响时，要将个人置于家族之中，分析个人之于家族的权利义务，同时要注意物质产品和精神产品的生产和分配。因为家族法建立在血缘关系基础上，而血缘关系又建立在两性关系基础上，所以我们考察的起点放在婚姻制度的行为规则上。

（一）婚姻法秩序

婚姻是形成家庭的基础，苗族人遵循一定的行为规则使得个人结成婚姻，并通过婚姻形成家庭，又通过家庭形成寨落，从小群体到大社会慢慢形成了秩序，其内在的演变乃是人们遵循一定行为规则并趋于繁荣的扩张过程。婚姻就是这种行为规则的起始。苗族婚姻习惯法作为湘西苗疆最基本的行为规则体系，从上古时代到土司时期，苗民经历了不同的婚姻行为规则，总体上表现出对称性特征，其婚姻法秩序的稳定性是通过不同家族之间的对称性控制实现的。

1. 血缘婚

关于苗民婚姻制度的文献中,最早可以追溯到大洪水之后的兄妹开亲。根据摩尔根和恩格斯的研究,在原始社会的群婚制时期,婚姻的禁忌首先是同辈不婚,从而形成若干个通婚等级,各通婚等级内部的兄弟姐妹之间是可以通婚的,是为血婚制。血婚制度在苗族古代社会也是存在的,湘西苗族古歌《年巴年兰》便唱道:

相传古时洪水患,洪水滔滔涨齐天。多少生灵水中藏,多少族人遭水淹。玉皇大帝下圣旨,差遣金星下凡间。金星捅个天星眼,洪水慢慢才消干。世人不知何处出,惟有年巴和年兰。太白金星开口讲,满目苗山人迹光。苍天不断苗人后,事关苗民之存亡。为使苗民免绝代,上皇钦命配鸳鸯。年巴为此心不畅,兄妹怎能为妻房。年兰心地最善良,含羞带愧对兄长,世间只有我两人,族祀怎能断了香。太白金星说,你俩虽是亲兄妹,原是金童玉女仙,眼下苗山人绝迹,委派你俩下凡间,兄妹成亲实为戏,放竹滚磨意在天。①

在贵州清水江流域,那里的苗族人也有同样的传说,只是细节略有不同:"在洪水泛滥之后,世上的人都被淹没,只剩下兄妹两人,兄向妹求婚,妹提出了不可能实现的条件,即是同她的哥哥从山顶上各以石磨的一片滚到山谷去,如两片合拢在一起即可结婚,或兄取一线,妹取一针共投向山谷中,倘线穿入针孔内,妹可答应这个要求。后来都得到实现,兄妹遂结成夫妇。可是生下的孩子却是一个无腿无臂、不言不语的怪物。经过神仙的启示,把生下的怪物砍成若干块,各地抛散,以后就变成各族的祖先。"②

这些古老的歌谣告诉我们,在一场史前灭世大洪水之后,苗族祖先为了种族的延续,出现了兄妹通婚的现象,而这对兄妹成了后世苗族人的始祖。关于湘西苗族始祖,另一部古歌《中国苗族古歌》第一部"远古纪源"中就这样说道:

① 田仁利. 湘西苗族婚俗 [M]. 长沙:岳麓书社,1996:196–197.
② 《民族问题五种丛书》贵州省编辑组,《中国少数民族社会历史调查资料丛刊》修订编辑委员会. 苗族社会历史调查:卷 3[M]. 北京:民族出版社,2009:79.

开始出现龙身人首的乌基，出现了人首龙身的代基，后来才生洛保造啊，后来才生闷造冷，才开始生养阿剖抖炭，才来生养阿娘抖滩，阿剖抖炭才生男国王，阿娘抖滩才生女国王；男国王生养豆奈，女国王生养旺几。豆奈生养奶归，旺几生养玛光。奶归玛光生养几个佬雄佬夷，奶归玛光生养几个代扎代坎，奶归玛光是佬雄佬夷的祖先，奶归玛光是代扎代坎的祖宗，几个佬雄苗人繁衍了十二个宗支，佬雄苗人生息了一百四十八姓。[1]

上述内容大致反映出苗族人祖先母系氏族的族内婚的发展壮大以至于变成父系氏族的族外婚的过程。姨表不婚是在母系社会族内婚制度下形成的禁忌。因母系氏族的发展，使得血缘婚姻的禁例越来越复杂，血缘婚渐渐过渡到对偶婚，并最终过渡到姑舅表婚的专偶婚。从《古歌》的内容看，"闷造冷"和"洛保造"都是由龙人乌基和代基生的，可见"闷造冷"和"洛保造"是兄妹或者姐弟的关系。这和"年巴"与"年兰"的兄妹开亲是一致的。兄妹或者姐弟开亲，他们生下了"阿剖抖炭"（男）和"阿娘抖滩"（女）。这是血缘婚姻第一阶段的对称行为规则，如图 3.1 所示。

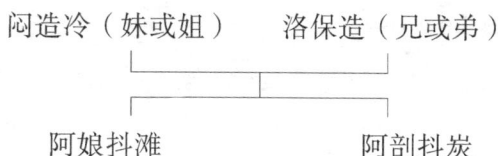

闷造冷（妹或姐）　　洛保造（兄或弟）

阿娘抖滩　　　　　　阿剖抖炭

图 3.1　"闷造冷"和"洛保造"的血缘婚

第二阶段，是"阿剖抖炭才生男国王，阿娘抖滩才生女国王；男国王生养豆奈，女国王生养旺几"。其中，阿剖抖炭和阿娘抖滩还是兄妹或者姐弟开亲，便生下了第三代的"男国王"和"女国王"。这里的"男国王"和"女国王"不能解释成父系氏族和母系氏族的意思，而应该理解为在同一个母系氏族内，男女之间有了明显的社会分工，从而使得男人因为某些分工（如狩猎）经常在一起，女人因为某些分工（如煮食）而经常在一起，这些分工必须要有领头人，所以男女各有一个领头人，

① 中国苗族古歌：第 1 部 [M]// 谭必友，贾仲益.湘西苗疆珍稀民族史料集成：第 34 册.北京：学苑出版社，2013：336.

像国王一样统辖其下的男人和女人。而对所谓"男国王生养豆奈，女国王生养旺儿"合适的理解应该是氏族内部的男人和女人相互通婚，他们生下了很多"豆奈"（男）和"旺儿"（女），因为"豆奈"是男人，所以从小跟随男国王打猎，"旺儿"是女人，所以从小跟随女国王煮食。但这时候的婚姻还是血婚制。

2. 对偶婚

对偶婚是血缘婚到姑舅表婚的过渡阶段，其行为规则的标准是一个男性有几个通婚对象，一个女性也有几个通婚对象，呈对偶关系，但在几个通婚对象中，有一个是主妻或者主夫。

从《中国苗族古歌》看，从同一对兄妹（"闷造冷"和"洛保造"）所生的后代中确立一对姐妹"阿娘抖滩1"和"阿娘抖滩2"，分别成立不同的母系氏族。假设姐姐为A，妹妹为B，其兄弟"阿剖抖炭1""阿剖抖炭2""阿剖抖炭3"……均可以与A、B通婚，又因为A、B的兄弟"阿剖抖炭1""阿剖抖炭2"……任意与A、B通婚，所以A、B的后代男国王和女国王都只知道自己的母亲而不知自己的父亲到底是"阿剖抖炭1"（设为X1）还是"阿剖抖炭2"（设为X2）还是"阿剖抖炭3"（设为X3）还是"阿剖抖炭4"（设为X4）……于是其后代就有这样的排列组合：AX1、AX2、AX3、AX4、BX1、BX2……假设AX1为女，AX2为男，AX3为女，AX4为男，BX1为女，BX2为男，BX3为女，BX4为男，则AX1（女）可与BX2（男）、BX4（男）通婚，但不能与AX2（男）、AX4（男）通婚，因为AX1和AX2（或AX4）为同一个母亲所生，如果通婚，"其生不蕃"，于是有了同母的兄妹或者姐弟间不能通婚的禁忌。在这样的禁忌下，就排除了同母兄妹（姐弟）间的通婚，便是恩格斯所说的普纳路亚婚制。后来这个规则演化成同一个母系祖先的人不能通婚，这是湘西苗族姨表不婚的渊源。

通婚继续，于是有了AX1BX2、AX1BX4、AX3BX2、AX3BX4和BX1AX2、BX1AX4、BX3AX2、BX3AX4的通婚组合。其实就是"一对多"的对应关系，这里的"多"排除了同母的兄弟姐妹，即同母的兄弟姐妹及其后代是不能相互通婚的。在上述排列组合中，凡是女的就属于"旺几"这个集合，凡是男的就属于"豆奈"这个集合。而在这样的"一对多"的伙婚制下，"旺几"和"豆奈"的后代和后代的后代们仍然还是只知道母亲而不知道父亲的，这样一直延续到"旺几"和"豆奈"生养的后代"玛光"和"奶归"。《中国苗族古歌》第一部"远古纪源"唱道：

> 远古的时候啊，男人在男国，女人在女国，几个苗汉兄弟，只知道奶归是母亲，不知道生父是谁？①

虽然旺几和豆奈还是兄妹通婚，但在这里出现了明显的变化，即后代中出现了几个"仡雄仡夷"和几个"代扎代坎"。为方便论证，假设各两个的话，很明显，"仡雄仡夷"是与"代扎代坎"不同的氏族。从《古歌》的内容看，这种对偶婚制一直延续到"旺几"和"豆奈"，所以即使到了"旺几"和"豆奈"的儿女那辈，也还是不知道自己的父亲是谁。因为对偶婚的表现就是"一妻多夫"或者"一夫多妻"，从女方的角度看就是"一妻多夫"，从男方的角度看就是"一夫多妻"，其实两者是一个意思。

明代以后，湘西苗族这里是专偶婚制，体现为一个家族和另一个家族的姑舅表婚，一个家族和另一个家族的姨表不婚，原因是家庭已经从大氏族中分开了，但是姑舅表婚和姨表不婚的基本法则却不会有根本变化。家族之间的婚姻关系是相互依赖和相互制约的对称关系。

3. 姑舅表婚（还谷种）

问题在于，"一对多"的伙婚是如何演化成"一对一"的专偶婚的呢？翦伯赞先生认为是生产力发展的原因，笔者则认为不是经济的因素导致的这种变化，因为在远古时代生产方式为共产制，男女在选择自己的配偶时不像现在要考虑对方的经济条件，当时选择配偶应该主要还是看样貌，配偶是通过相互博弈形成的。笔者尝试从博弈论中的"纳什均衡"② 来说明

---

① 中国苗族古歌：第1部 [M]// 谭必友，贾仲益.湘西苗疆珍稀民族史料集成：第34册.北京：学苑出版社，2013：350.

② 纳什均衡是西方经济学中博弈论的术语，表示一种策略组合。该策略组合要求在同一时间内，每个博弈参与人的策略都是对其他博弈参与人策略的最优策略。

这个问题。假设一个博弈存在 2 人 M 和 N，M 有一个策略 m 是克制 N 的最优办法，N 也有一个策略 n 是克制 M 的最优办法，则这一组策略组合（m、n）就构成一个纳什均衡。

现在假设 AX1BX2（a1）为女，AX1BX4（a2）为男，AX3BX2（a3）为女，AX3BX4（a4）为男和 BX1AX2（b1）为女，BX1AX4（b2）为男，BX3AX2（b3）为女，BX3AX4（b4）为男。再简化一下，则是 A 氏族的 a1（美女）、a2（美男）、a3（丑女）、a4（丑男）和 B 氏族的 b1（美女）、b2（美男）、b3（丑女）、b4（丑男）相互通婚。则 A、B 氏族的男女在找对象的时候就存在博弈。虽说是"一对多"，但是这种"一对多"的机会从来不是均等的。以 A 氏族的美女 a1 为例，她有两个可通婚对象，一个是 B 氏族的美男 b2，一个是 B 氏族的丑男 b4，爱美是人的天性，她应该会选择美男 b2 作为自己的主要通婚对象，而丑男 b4 很不幸地沦为备胎。现在看 B 氏族的美男 b2，他也有两个通婚对象，一个是 A 氏族的美女 a1，另一个是 A 氏族的丑女 a3，爱美是人的天性，他应该会选择美女 a1 作为他的主要通婚对象，而将丑女 a3 当作他的备胎。但是作为备胎的丑女 a3 和丑男 b4 不是傻瓜，与其做他人的备胎，还不如放下身段，主要选择丑男和丑女作为自己的主要通婚对象，偶尔也与美男和美女通婚。这样就像恩格斯在《家庭、私有制和国家的起源》中说的那样，会在"一对多"的对偶婚中形成一个"主夫"或者"主妻"（有"主夫"和有"主妻"就自然有备胎）。

现在，检验一下上述战略选择的组合是否构成纳什均衡，我们首先标记首位参与人 A 氏族美男 a2 的战略选择为 x（x 为选择 B 氏族的美女 b1 作为配偶），第二个参与人 A 氏族丑男 a4 的战略选择为 y（y 为选择 B 氏族的丑女 b3 作为配偶）。给定第二个参与者 a4 选择 y 战略，我们需要知道 A 氏族的美男 a2 能否通过作出 x 以外的其他选择使得自己在博弈中占到最大的优势。类似的，给定 A 氏族的美男 a2 的战略选择为 x，我们需要知道 A 氏族丑男 a4 能否通过 y 以外的其他战略选择项而使自己的情况变得更好。如果对于首位参与人而言，没有比 x 更好的战略选择项来对付第二个参与人的战略选择项 y，同样对于第二个参与人而言，也没有比 y 更好的战略选择项来对付第一个参与者的战略选择项 x，则这个战略组合就是一个典型的纳什均衡。

这种博弈一直持续到形成一对一的专偶婚的均衡状态为止，即 a1（美女）和 b2（美男）通婚，a2（美男）和 b1（美女）通婚，a3（丑女）与 b4（丑男）通婚，a4（丑男）与 b3（丑女）通婚，这是对这些参与者来说最好的战略选择，这样便形成了不合作博弈中的纳什均衡。在"跳月"中我们还将看到这种博弈（后详述）。

一旦形成族内的"一对一"的专偶婚，族内婚的通婚范围就更窄了。假设 A 氏族 a1、b2 通婚的后代 a1b2 为女，a3 和 b4 通婚的后代 a3b4 为男，B 氏族 b1、a2 通婚后代 b1a2 为男，b3、a4 通婚的后代 b3a4 为女，则 a1b2 只能找 b1a2 通婚，这时候的 A 氏族的 a1b2 和 B 氏族的 b1a2 就是姑女和舅子的关系，而 A 氏族的 a3b4 和 B 氏族的 b3a4 也是舅子和姑女的关系。于是他们的后代只能在这个狭窄的范围内通婚了。其通婚的模式如图 3.2 所示。

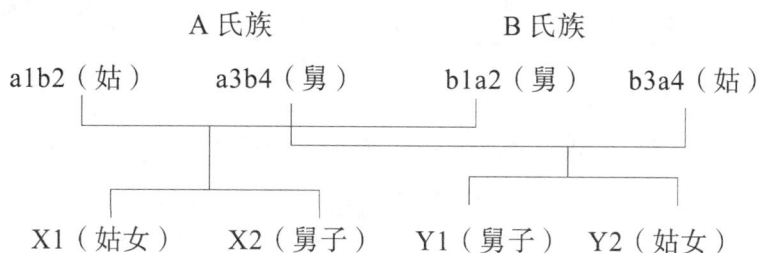

A 氏族　　　　　　　　B 氏族

a1b2（姑）　　a3b4（舅）　　b1a2（舅）　　b3a4（姑）

X1（姑女）　　X2（舅子）　　Y1（舅子）　　Y2（姑女）

图 3.2　姑舅表婚的循环

可见，a1b2 和 b1a2 是姑女和舅子的关系，他们的女儿 X1 要许给 a3b4 和 b3a4 的儿子 Y1，也即舅子 Y1，X2 和 Y2 的情况一致。这样 A、B 两个氏族就在两个族内进行姑舅表婚（"还谷种"的循环）。《中国苗族古歌》中这样唱道：

从古代西龙阿肯的时期，兴一个火坑有两姓人同住，从仕良关依的时候啊，兴一房要有两姓人同居。从那时候你养的送我，从那时候我养的送你，兴做亲戚生育儿女，兴做亲戚来繁衍子孙。①

所谓"西龙阿肯"时期，就是二合族内婚时代。这时期的姑舅表婚既是二合族内婚也是专偶婚，这样他们的后代就知道自己的父亲是谁了。固定的由二合族内婚所维系的关系固定在两个婚姻集团之间，必然产生姑舅表婚。在该制度下，舅父之子有优先娶姑母之女的权利。每当苗族少女到了及笄之年，母亲就到娘家去问孩子的舅父是否要娶为儿媳。若舅父不想要，这个少女方可嫁给别人。如果舅父想要她为儿媳，她就不能嫁给别人。如果这位苗族少女不肯嫁给她舅舅的儿子，她必须征得舅父的同意方可另择配偶。不过，她母亲在她结婚时还要交给舅舅一笔"外甥钱"（也称"舅父钱"）。这笔钱的数额在古时的刻木上有过记载，是白银三百两、骡马三百匹、水牛三百头、鸭子三百对、花布三百块。作为法执行，少女家若交不出来，就只能让少女嫁到舅父家。经过无数次的反抗，这笔钱缩减到只交三百两银子，其余免交，又经无数次反抗和理老们再议榔，刻木上的规定终被取消。一般只需二三两银子，加上一些酒肉作为象征性的舅父钱，也就了事。当然，如果舅父家的儿子和姑母家的女儿年龄相当，情投意合，双方家仍然要优先考虑他们之间的婚姻。

这种姑舅表婚是一个划时代的事件，它标志着母系氏族的解体和父系氏族的来临。英国人类学家马林诺夫斯基就认为使暂时的父系纽带得以携私渗入母权制之中的最为重要的安排，就是姑舅表亲互婚制度。②

在马林诺夫斯基看来，舅权制乃是母权制向父权制过渡的一个中间阶段。而湘西苗族在改土归流前，甚至在改土归流后的很长一段时间内，一直处在舅权时代。"还谷种"的特征是舅表有优先权。"还谷种"是群婚制向专偶婚过渡的必然结果。这与摩尔根对原始社会婚姻制度的论述中所提及的澳洲

---

① 中国苗族古歌：第1部[M]//谭必友，贾仲益.湘西苗疆珍稀民族史料集成：第34册.北京：学苑出版社，2013：369.

② [英]马林诺夫斯基.原始社会的犯罪和习俗[M].原江，译.北京：法律出版社，2007：73.

卡族人的姑舅表婚的婚姻形式如出一辙。①但有一点与湘西苗族不同，摩尔根所谓的澳洲卡族人的社会是群婚制社会，其姑舅表婚的对称行为规则存在于两个氏族中，而随着群婚制向伙婚制再向专偶婚的发展，两个氏族男女之间姑舅表亲的关系从"多对多"变成"一对多"或者"多对一"，最后变成"一对一"。在湘西苗族古歌《求婚》中有这种体现，我们截取一段：

今天择得吉祥的良辰，今日算得如意的佳期，限期到了又来走访你家，日子到了又出入你的门庭。你按期限来到我的门上，你又按时走访我家，你来做媒说亲，你帮我找得了亲戚？

我是来做媒说亲的，我帮你们寻得了亲戚，求得一个姑娘去做媳妇，找得一个后生来做女婿。

我叫你帮讨一个姑娘，怎么你讨了一个后生？这事怎么解释？这话如何说明？

那是古时候定下的俗规，那是古时传下的风习。你有姑娘就找后生，你有后生就讨个闺女，俗规从古时这样传下，我才来做说亲的媒人。别人没有说通我要把它说通，别人没有说成我要把它说成。

你如此熟悉俗规，这俗规是谁兴起的？你如此明白世理，你是跟谁学会？

那是在很久以前，那是在很久的年代——是西龙阿肯兴起的，是仕龙关英兴起的，是保灌大仁兴起的，他们兴做媒说亲代代相传，他们兴一男一女的婚配。

那是在很久以前，那是在久远的年代，他们兴起这样的世理，立一架三脚的火坑，要由两个氏族的人同住，立了门庭的房户，要有两姓人同居，野兽要有两只才能守住高山，锦鸡要有一双才能守住森林，雁鹅要有两只才能守住湖泊，秧鸡要成一对才能守住禾田。

这是那几个古人兴起的俗规，你养的送我我养的送你。有九个朝代了

---

① 摩尔根在《古代社会》一书中曾举出澳洲的母权社会卡米拉罗依人的例子，证明了在母权群婚制社会中，两个不同氏族之间存在大量姑舅表亲关系。这与湘西苗族的"还谷种"的隔代对偶的通婚规则在原理上是完全一致的。

是这么做的，有十个朝代这样传下相承，如今你两家啊，养了姑娘就送去做媳妇，养了后生就送来做女婿。柴刀和镰刀相交换，姑娘和后生相交换。我们说亲像讴歌要让它成调，我们说亲像诵诗要让它成为诗篇。①

从上述材料可见，这种一一对应的婚姻关系是通过母系大氏族变成母系的单个小家庭来实现的，表现出一家对另一家的对称行为规则，从现存的苗族民谣中还能找出一些线索。如湘西苗族的接亲歌《唱给新娘》就这样唱道：

Deb npad seid nzenl lies geud jangt,

女儿生成要拿放，

deb nit seid nzenl nes gheat bloud。

男儿生成娶进屋。

Ndoul yangb xab doul bot ghaob nhangs，

似秧下在畦里面，

jid peab geub jangs chad blong noux。

分开拿栽才出谷。

Deb npad seid nzenl lies geud jangt,

女儿生成要拿放，

deb nit seid nzenl nes gheat gheul。

男儿生成娶进村。

Ndougl yangb xab doul bot ghaob nhangs，

似秧下在畦里面，

jid peab geub jangs blongl leb beul。

分开拿栽出稻谷。②

在苗语湘西方言中，"geub"有"拿"的意思，而"jangt"有"放出""开放""离开"之意，如"放歌"称为"jangt sead"，"开炮"称为"jangt

---

① 石宗仁. 中国苗族古歌 [M]. 天津：天津古籍出版社，1991：292-294.

② 石启贵. 湘西苗族实地调查报告 [M]. 长沙：湖南人民出版社，1986：280.

paot"，因此"geub jangt"没有"嫁出"的意思，而是"留下"的意思。"嫁"这个词在苗语中对应的词为"jiab"，如果是女儿嫁人的话，可说"jiab deb npad"或者直接说嫁女的专属名词"songt qub"，不必说"geud jangt"。故此处的"geud jangt"应当指女儿长大了要"放"下来或者"留"下来，要让她离开原来的大家庭组建一个新的家庭，乃从大家族分家之意。组建新家庭的办法是将外族的男子娶进村，和本寨的女子组建新的家庭。

这首歌还做了一个形象的比喻，说女子和男子组建家庭就好像秧苗谷种撒在田间一样，要撒开了才结得出果实。"还谷种"还的是女子，好比谷种是果实的延续一样，女子也是生命的延续。也就是说，女子成人要与父母分家，但不离开本寨，反而是将别寨的男子娶到本村来，而本寨的男子成人后则离开本村嫁到别村去。其结果必然是本寨女子和其未成家的兄弟在本寨中掌握着重大话语权，因为本寨所有女子的丈夫都是外来户。湘西苗族即使现在还是"男以舅爷为尊，女以兄弟为大"。久而久之，因为在内部循环姑舅表婚的缘故，就会形成一个村寨有两个人口大约相等的主要姓氏或者一个村寨全为一姓的局面，根据民族学者谭必友的考证，康熙五十一年（1712年）的数据资料表明，在当时有统计的128个村寨中，有35个村寨是两姓村，分别是盘塘窝（龙和吴）、桐木寨（吴和龙）、重寨（吴和龙）、鬼疑溪（龙和吴）、排邦寨（杨和石）、夯补西（龙和杨）、龙朋等29寨（石和龙），其余都是一姓村寨。[①] 在两姓氏寨落中，两姓氏之间按姑舅表婚法则交换血缘关系，一姓氏寨落则和邻近寨落按姑舅表婚法则交换血缘关系。

除了姨表不婚之外，在湘西苗族的婚姻理念中，父亲兄弟的儿女是同一氏族的成员，他们之间的关系也是兄弟姐妹关系，自然也不能通婚。汉人见有苗族人同姓可通婚，又见有的苗族人异姓却不通婚，认为奇怪。其实苗族人的姓有汉姓与苗姓之分。有的苗族人依汉姓是同姓，但苗姓所属的系别不同。比如石姓与石姓可通婚、龙姓与龙姓可通婚、吴姓与吴姓可

---

① 谭必友.清代湘西苗疆多民族社区的近代重构[M].北京：民族出版社，2007：301–306.

通婚，又有廖姓与石姓不通婚，吴姓与藤姓、龚姓不通婚，如果只从汉姓看显得十分混乱。其实湘西苗族本来只有苗姓，没有汉姓，汉姓是清廷在开发湘西苗疆编户齐民创设保甲时，为登记造册的方便而填写的。以石姓为例，石姓有两种，一种为大石，苗姓系别为"禾瓜"（ghaob ghueas），另一种为小石，小石又叫"时"，苗姓系别为"禾卡"（ghaob khad）。所以大石和小石是可以通婚的。以吴姓苗族人为例，大多数的吴姓苗族人都是苗姓"禾孝"（ghaob xot）这一族的，而有些"禾孝"这一族的在填报汉姓时，写的是藤、龚，所以吴姓与藤、龚两姓是不能通婚的。

"还谷种"是一种自然形成的专偶婚，从婚姻的角度看，是族内婚向族外婚过渡的一个中间环节，因为这种规则具有对称的约束力（即姑女必须嫁舅子）。关于土司时代湘西苗族婚姻形式比较可靠的史料最早出现在明代。在明代中叶，湘西苗族有"姑家之女，必字舅氏"的婚姻习惯法。成化年间的沈瓒编纂的《五溪蛮图志》载："如张女嫁李，候李生女，仍还嫁张之孙为妻。世代相传，虽老少妍媸贫富不能易。俗名'还谷种'。父子兄弟，一或死亡，遂纳其妻妾。唯子于生母有别焉。"[1]张三家的女儿嫁给李四，如果李四生了女儿，要"还"给张三的孙子做妻子，是为"还谷种"，又叫"扁担婚"。"扁担婚"是一种形象的比喻，表示在两个家族之间的相互通婚关系，可见"还谷种"是姑舅表婚的别称。

清代情形与明代大体一致。因是近亲结婚，朝廷自然认为"还谷种"是陋俗，故姑舅表婚在改土归流后屡遭禁行。湖南靖州苗族在康熙五十年（1711年）以合款立碑的形式，禁止"舅霸姑婚"[2]。湖南永顺府知府王伯麟于乾隆七年（1742年）颁布《禁陋习四条》，第一条就是"禁勒取骨种"。道光二十一年（1841年）靖州苗族立"群村永赖"碑，以禁"舅霸姑婚"，其碑文云：

生蚁地方，人蒙作育，向化有年。惟鄙风陋俗，未蒙化改。即论婚姻，

---

① 沈瓒.五溪蛮图志[M].长沙：岳麓书社，2012：73.
② 胡彬彬.靖州"群村永赖"碑考[J].民族研究，2009（6）：80-81.

礼之大者，择婿配偶，今古无异。奈生蚁地方，不循伦理，所育之女，定妻舅之媳，他姓不得过门。若亲舅无子，堂舅霸之，凡为舅氏者，皆得而霸之。闻有舅氏无子，将女另配，舅氏索钱，少则三五十，多则百余金，一有不遂，祸起非小。①

　　清朝虽禁止"舅霸姑婚"，但姑舅表婚仍在苗族社会存在，并且延续到清末民初甚至解放初。民族学家凌纯声、芮逸夫合著的《湘西苗族调查报告》一书中有记载："婚嫁姑女定为舅媳，舅无子必重献银钱，无则终不得嫁。"② 湘西苗族学者石启贵描述："舅家有子，姑家有女，家境和年龄不相上下者，只要舅家提出，姑家一般均乐意将女儿许给舅家，甚有姑家主动者。"③ 苗族学者龙庆和所著《湘西苗疆志》亦载："由于苗族宗支不多，两姐妹往往嫁给同一姓氏的丈夫，为此，古往今来都严禁开'姨表'亲；但可以开'姑表'亲，因为与父同胞的姑母，决然是择异姓而婚配，其与'姑父'产生后代，当是异姓'姑表'，可以通婚是属其然。解放后，这种近亲血缘的'扁担婚'，已为婚姻所不允，为了族群的'优生优育'，如今苗族已渐行消除了这种婚俗。"④ 由此可见，这种舅表优先权从明代有记载以来一直延续了几百年，不过实行的范围是在不断缩小的，明代时还是非常普遍的，到了民国时候只有在一些非常偏僻的山区才能偶尔见到。

　　因此，"还谷种"作为一种行为规则，是作为姨表不婚对立面而出现的。湘西苗族社会通行的一条重要的婚姻禁忌是姨表不婚。其实所谓"姨表"乃是汉人的说法，实际苗语中姨家之间丝毫没有"俵"的意思。东部苗语（即苗语湘西方言）中，同辈男女之间的称呼只有"那构"（nab goub）、"亚构"（yas goud）和"不求"（bad qub）三种。"那构"（nab goub）是指兄弟，"亚构"（yas goud）是指姐妹，"不求"（bad qub）是姑表、舅表，至于姨表兄弟姐妹也互称为"那构"（nab goub）和"亚构"（yas

---

① 胡彬彬.靖州"群村永赖"碑考 [J].民族研究，2009（6）：80-81.

② 凌纯声，芮逸夫.湘西苗族调查报告 [M].北京：民族出版社，2003：20.

③ 石启贵.湘西苗族实地调查报告 [M].长沙：湖南人民出版社，1986：183.

④ 龙庆和.湘西苗疆志 [M].香港：天马出版有限公司，2007：71.

goud）。易言之，凡姐妹之夫，无论同姓还是异姓，彼此都互称兄弟，姐之夫为兄，妹之夫为弟。从流官或者汉人的角度看就搞不清楚情况，以为"连襟必相好"，实际上苗族人没有连襟一说，不仅同辈之间称为兄弟，而且姐妹的子女称长辈为伯和叔，姐妹的子女之间也互称兄弟姐妹，不能通婚。

不仅湘西苗族如此，贵州黔东南从江苗族"凡同胞姊妹婚后所生的子女，都互称为兄弟姐妹，彼此不能通婚的。正如他（她）们所说'姐妹的子女好像共一个爹妈一样，兄妹结婚不好看。'所以在一般男女社交的场合下，都以兄妹相待，既不能互开玩笑，更不能谈及爱情。"[1] 姨表不婚是母系氏族社会的通婚禁忌，是随着婚姻形态的发展而出现的。

表 3.1　湘西苗族苗姓和汉姓的关系

序号	苗姓	汉姓
1	禾孝（ghaob xot）	大吴
2	禾弄（ghaob hlongb）	小吴（伍）
3	禾芈（ghaob miel）	大龙
4	禾瓜（ghaob ghueas）	大石、廖
5	禾卡（ghaob khad）	小石（时）、麻
6	禾扁（ghaob biant）	小龙（隆）
7	禾枷（ghaob kheat）	杨
8	禾列（ghaob lel）	田

表 3.1 中的八个苗姓都经历了从母系到父系的转化。因此，"还谷种"作为一项长达数百年的婚姻制度是原始社会血亲制度的一种遗留，与其说是一种婚姻制度，不如说是一种婚姻事实，是对称性自然选择的结果。这种事实是古代所有婚姻形式的源泉。在当时湘西苗族近似自然状态的生存条件下，"还谷种"是普遍的，是一种专属血亲集团内部舅子的身份权利，血亲集团越封闭，"还谷种"便越盛行。"还谷种"是一个历史的进步，相对于之前的对偶婚，人口繁衍的速度大大加快了。两姓氏的寨落在苗族聚居区也普遍存在，它是由一族及亲属联合组成的村落，是由姑舅表婚制度形成的。可以说是通过相互联姻而出现的普纳路亚家庭的延续，由小到

---

① 《民族问题五种丛书》贵州省编辑组，《中国的民族社会历史调查资料丛刊》修订编辑委员会.苗族社会历史调查：卷 2[M].北京：民族出版社，2009：60.

大，逐步发展组合而成。开始是兄弟、堂兄弟与姐妹、姐夫、妹夫同村，继而姑表姐妹兄弟或者姨表姐妹兄弟同寨，再则姑表的姑表、姨表的姨表、姑表的姨表、姨表的姑表，彼此再相互婚配，最后形成二合族内婚的姑舅表亲，并滋蔓繁衍，形成大寨。他们积极从事生产，扩大产业，征服自然和繁衍子孙。世代相互通婚，保持亲属关系。《古歌》这样唱道：

这样啊，人口才象草木长满了陆地，人众象竹子长遍了丘陵；……苗人养了很多的姑娘，苗人养了很多的后生，姑娘多了啊，站满了九层山九层岭，后生多了啊，站满了九大坝九大坪。①

人口膨胀以后，苗族形成了十二个大的支系，在湘西目前还有八支（其余四支，疑在贵州）。问题在于姑舅表亲是族内婚，按此行为规则进行通婚，时间久了也必然会因近亲繁衍而"其生不蕃"，湘西苗族如何解决这个问题呢？答案是"抢亲"。

4. "抢亲"

"抢亲"又叫"跳月"，顾名思义是在月亮之下唱歌跳舞的意思，是一种风俗的两种叫法而已，其本质是一种族外婚的行为规则。严格地说因为有鬼神作为强制力的来源，所以也是一种习惯法，属"苗例"之一。明代的文献没有提及，清乾隆初年，段汝霖所著《楚南苗志》中有记载：

至于男女相悦，先赴桑间，然后遣人通其父母，于跳鼓脏日，男拉女归，成其匹偶，另议牛马、财物者有之。苗俗所谓"抢亲"是也。②

名为"抢亲"，但具有自愿性。从段汝霖的话看，"男女相悦"之后再遣人通其父母，更像是自由婚，段汝霖却称之为"抢亲"，如果光从字面意义上看着实令人费解。嘉庆年间的严如熤在《苗防备览》中描述：

富厚之家，见他苗有女美者，令其子牵其背，名曰抢亲。女家亦利其有，不更许人。既亦通媒妁，议财礼。③

---

① 中国苗族古歌：第 1 部 [M]// 谭必友，贾仲益. 湘西苗疆珍稀民族史料集成：第 34 册. 北京：学苑出版社，2013：369.

② 段汝霖. 楚南苗志 [M]// 段汝霖，谢华. 楚南苗志 湘西土司辑略. 长沙：岳麓书社，2008：168.

③ 罗康隆，张振兴.《苗防备览·风俗考》研究 [M]. 贵阳：贵州人民出版社，2011：153.

这里的"牵其背"单从字面含义看也十分令人费解。所以要正确地理解它不能只从文献出发，还要结合湘西苗族的恋爱文化。清康熙年间陆次云所撰《峒溪纤志》中对"跳月"有详细而生动的记载：

> 跳月者，乃春月而跳舞求偶也。……其父母各率子女，择佳地而为跳月之令。父母群处平原之上，子与子左，女与女右，分别于荫之下，原之上，相宴乐，烧生兽而啖焉，操口以不箸也，鹿呕酒而饮焉，吸管不以杯也。原之下，男则椎髻当前，缠以苗帕，袄不适腰，裤不适膝，裤袄之际，锦带束焉。植鸡羽于髻顶，飘飘然当风而颤。……女并执笼，未歌也，原上者与之歌而无不歌。男并执笙，未吹也，原上者与之吹而无不吹。其歌哀艳，每尽一韵三叠，曼音以绕绕之。而笙节参差，与为缥缈而相赴。吹且歌，手则翔矣，足则扬矣，睐转肢回，首旋神荡矣。是时也，有男近女而女去之者，有女近男而男去之者，有数女竞争一男而男不知所择者，有数男竞争一女而女不知所避者，有相近复相舍，有相舍仍相盼者。回许心成，笼来生往，忽然挽结，于是妍者负妍者，媸者负媸者，媸与媸不为人负，不得已而后相负者，媸复见媸终无所负，涕以归，羞愧于得负者。彼负而去矣，渡涧越溪，选幽而合，解锦带而互系焉。相携以还于跳月之所。各随父母以还，而后议聘。①

从陆次云的描写看，湘西苗族的"跳月"（跳鼓脏）与现代举办的大型相亲活动类似，所不同者，男女"解锦带而互系"之后，婚姻便有了合法性了，所以"抢亲"并不像字面意思那样让人误以为是非法的，其实是有其合法性的。"抢亲"发生在跳鼓脏日，在跳鼓脏日"男拉女归"便能"成其匹偶"。易言之，"跳鼓脏"是婚姻合法化的前提，而"财物""牛马"算是另议的，不是结婚的必要条件。那"跳鼓脏"到底有什么魔力，竟然使得"抢亲"有了合法性基础呢？

明代沈瓒《五溪蛮图志》对"跳鼓脏"有这样的记载：

> 疾病、兵战、出行、远归，皆有祀事。……或三年、五年一祭，屠宰牛、羊、

---

① 陆次云.峒溪纤志[M].铅印本.上海：仿聚珍，1908（光绪三十四年）.

犬、豕及诸禽兽。一日，为羊鬼。二日，为猪鬼。三日，为牛鬼。为巫之人，戴三山帽，持铃刀歌唱祷祝，盘旋百转，掷筊以占吉凶。必得吉筊，喜跃。遂彻祭物，燕饮如是者三日。蛮客接踵旋转舞蹈，名曰"舞鬼"。积薪于门外，燃燎而散。其有延诸蛮长，暨外客与宴者。各屠一牛，赠以金银器皿，锦缎、人口牛马。盖贫富多寡不同。俗名"做鬼"。做大鬼在"鬼门"，做小鬼在屋西角。其有追祀远亡宗祖，必会聚亲族，各备一牛，构结庐舍于旷野，请青年男女二人为尸，设座于上，日夕不敢俯寐。男女击鼓，歌唱，戏舞，三昼宵而毕。名曰"鼓脏"。是时，乡党邻里，远近咸至，虽妇女为人淫秽，亦不加较。①

清乾隆初年段汝霖所纂的《楚南苗志》载：

苗俗又有所谓"跳鼓脏"者，乃合寨之公祀。……另盖草蓬于旁，列米饼、牛肉，以祭祖先。……苗人"跳鼓脏"后，则必继以"放野"。……鼓脏之事跳至戌刻方罢。然后择寨旁旷野处，男妇各以类相聚，彼此唱苗歌，或男唱女和，或女唱男和，往来互答，谓之"对歌"。其声渐沥，有能辨之者云。皆淫亵语也。相悦者，男以银钱、手镯、戒指赠女，女以花帕、苗衣赠男。甚至乘夜偕赴林间，为桑中濮上之行，也不较。所谓"放野"也。天明乃散。其中，男未有室，女未有家，愿谐夫妇者，即相逐私奔。苗俗谓之"抢亲"，然后央牙郎通知女父母，议牛马酬之。②

严如熤《苗防备览·风俗考》载：

苗祭五月，逢子寅午日专祭祖先。……男左女右，旋绕而歌，迭相唱和，举首顿足，疾徐应节，名曰跳鼓藏。或有以能歌斗胜负者，男子出绌绢，女子出簪环，以为彩，结队对歌彻夜不休，以争胜负。胜者收取其彩，不善歌者不入队。……歌已，杂坐牛饮，欢饱戏浪，甚至乘夜相悦，而为"桑中濮上"之行。虽知亦不禁，名曰放野。③

由此可见，"跳鼓脏"其实是对祖先的祭祀，在跳鼓脏后又有"放野"，

---

① 沈瓒.五溪蛮图志[M].长沙：岳麓书社，2012：81.

② 段汝霖.楚南苗志[M]//段汝霖，谢华.楚南苗志 湘西土司辑略.长沙：岳麓书社，2008：172.

③ 罗康隆，张振兴.《苗防备览·风俗考》研究[M].贵阳：贵州人民出版社，2011：153-154.

时间是比较晚了，所以"抢亲"有时又被称为"跳月"，即在月亮下唱歌跳舞之意。"放野"中有男女对歌，是"各以类相聚"的，即青年男女分左右聚在一起，其对歌的对手是另一寨的青年男女，而敢参加对歌的都是能歌善舞的高手，不然对方放歌自己接不上是要出大丑的，而跳月时所唱的歌曲也都是情歌。从这样的情歌里可以看出苗族婚俗背后的浪漫主义情怀，试举几例：

情歌 1 蝴蝶思花

思想妹，蝴蝶思想也为花。蝴蝶思花不思草，兄思情妹不思家。

情歌 2 相思曲

妹相思，不作风流到几时。只见风吹花落地，不见风吹花上枝。

情歌 3 妹娇娥

妹娇娥，怜兄一个莫怜多。已娘莫学鲤鱼子，那河又过别条河。①

上述情歌，朗朗上口，首首堪颂，感情真挚浓烈，毫不矫揉造作，比《诗经》中的名篇也不遑多让。像这样的情歌在彼时的苗族多得无法统计，有很多是在"跳月"的时候脱口而出的。而"跳月"作为一种婚俗则是被祖先神认可而具有合法性的习惯法。有苗族歌曲《赞扬歌师》为证：

Sand qend ngheud guat dab hned goud,

三厅② 唱过几天路，

hnangd lanl nangd nbut sib het yangl。

听亲戚的名四海扬。

Teat hmangt jid zoux nib rangs noud,

今晚相逢在此初，

hnangd nzhut sead nbaot beit gaod njangl。

听咏歌密本高强。

Mongb tongb lit nib sanb nzel zout,

---

① 陆次云.峒溪纤志[M].铅印本.上海：仿聚珍，1908（光绪三十四年）.

② 即永绥、凤凰、乾州三厅。

你通礼义算才子，

lot ndeub nangb dnt mongb lioub yangl。

上书的话你熟练极。

Jangt sead jid daot ghaob ped doub，

放歌不得办法接，

gial niaox yaot lot ghaob qib huangb。

笨嘴皮少嘴肚子慌。①

这首歌中的第三句表明是初相逢，此处对歌的青年男女就肯定不是同宗同寨的，这与"见他苗有女美者，令其子牵其背"的"他苗"相一致，即不同宗的苗民。既然跳鼓脏本是对祖先的祭祀，其主要目的在于家族的延续。苗族全民信巫崇鬼，认为在跳鼓脏当天，逝去的祖先会以某种实体形态回来，俗名"躲鬼"，还要给祖先修个临时性的住房，米饼（糍粑）、牛肉也少不了。不过家族永久延续不辍才是对祖先最好的祭祀。因为近亲通婚，其生不蕃，如果无后，祖先岂不是要成了无祀之鬼了？所以父母默认"抢亲"这种婚姻形式乃是因为其规避了"还谷种"近亲结婚其生不蕃的缺点，这才是对祖先最大的孝敬，父母自然是"虽知不禁"了。易言之，祖先神在"跳鼓脏日"以某种实体的方式来到"跳月"的场所，苗族男女的自由婚，不但是被无所不能的祖先看在眼里，更是被祖先所认可和鼓励的。

因此上文中的"牵"并不是"牵手"之意，而是男女双方在对歌中"相悦"，在相悦的基础上"男拉女归"，而"背"也不是"背负"的意思，而是"背离"的意思，即这个苗族女子背离其本来要嫁给舅子的使命，这是婚姻上的自由选择，自然"背离"了姑舅表婚的内婚制传统。从《古歌》的时间段来看，跳月是在姑舅表婚出现后人口大量增多的基础上出现的。

所以，"抢亲"不是字面意义上的违背妇女意志将妇女强抢下来做压寨夫人，而是抢了姑舅表亲的优先权之意。但是因为舅舅在本寨中有很大

---

① 苗语歌后附通俗译本，"三厅唱过路几天，久闻大名四海传。今逢与你初相会，名不虚传真非凡。你是才子通礼义，引经据典多熟娴。放歌给我没法接，不才嘴笨心打颤。"参见石启贵.湘西苗族实地调查报告 [M].长沙：湖南人民出版社，1986：288-289.

权威，就必须用重金对舅家的优先权进行赎买，所以还要另议"牛马""财礼"。"抢亲"与其字面意思正好相反，是对相对狭窄的姑舅表婚的一种突破，使得婚姻关系从族内的羁绊解脱到族外的相对自由宽松的环境中，其本质是一种族外婚。实在地说，"抢亲"压根不是抢，非但不是抢，还很自由。但是需要注意的是，"抢亲"作为自由婚，与现代婚姻法中提倡的那种自由婚有根本区别。它的本质是族内婚向族外婚过渡的表现，其特点有三。

首先，从恋爱对象的自由选择的行为规则上看，"跳月"也呈现出"多对多"到"一对多"再到"一对一"的对称性。在湘西苗族"跳月"的过程中，任何一个小伙子都有权利向非本宗的任何一位姑娘表达自己的爱慕之情，同时任何一位姑娘也都有权利向非本宗的任何一位小伙子表达自己的爱慕之情，这便是所谓"多对多"。"多对多"的特征有些类似恩格斯所谓的普那路亚家庭的特征，恩格斯说："按照夏威夷的风俗，若干数目的姐妹是她们共同丈夫们的共同的妻子，不过在这些共同丈夫中，需要排除她们的兄弟……同样，一列兄弟则跟若干数目的女子（只要不是自己的姐妹）共同结婚。"[1]随着跳月的继续，出现了"有数女竞争一男而男不知所择者，有数男竞争一女而女不知所避者"的情况，翻译成现代文就是一个年轻美貌的女子有权利同时和几个男子唱歌、谈情说爱，一个男青年也可以同时和几个女子唱歌、谈情说爱，从而形成"一对多"的局面。而在此"一对多"中，"有相近复相舍，有相舍仍相盼者"，通过一轮心理活动，在青年男女的心中，出现了从多个对象中倾向于一个对象的情形。这种有倾向的"一对多"类似恩格斯所谓对偶婚的特征。在"一对多"的对偶婚制度下，"一个男子在许多妻子中有一个主妻（还不能称之为爱妻），而他对于这个女子来说是她的许多丈夫中的最主要的丈夫。"[2]最后，经历了几轮波澜起

---

① ［德］恩格斯．家庭、私有制和国家的起源 [M]// 马克思，恩格斯．马克思恩格斯选集：第4卷．北京：人民出版社，2012：47.

② ［德］恩格斯．家庭、私有制和国家的起源 [M]// 马克思，恩格斯．马克思恩格斯选集：第4卷．北京：人民出版社，2012：47.

伏的心潮涌动后，"一对一"的纳什均衡就出现了，故有"回许心成，笼来生往，忽然挽结，于是妍者负妍者，媸者负媸者，媸与媸不为人负，不得已而后相负者，媸复见媸终无所负，涕以归"。于是喜剧的一幕出现了，出现了4种对称配对情形：第一种是俊男和美女配成一对；第二种是丑男和丑女配成一对；第三种是有一些丑男和丑女一开始相互瞧不上，经过几轮选择后，还是将就在一起了；第四种是另有一些不肯将就的丑男和丑女最终找不到配偶，只好各自哭着回家，但也不要紧，十月的时候还有机会，或者来年还有机会。

这样"一对一"的族外婚便形成了，这里婚配的过程也是一个纳什均衡的过程。因此，笔者认为在繁衍后代的基本诉求得到保障的基础上，男女之间恋爱的心理活动可能也是推动对偶婚向专偶婚过渡的一个重要因素，"跳月"是一个后出现的间接证据。

其次，"跳月"婚和氏族时期的对偶婚的不同处体现在时间上。实际上我们可以用"跳月"反推氏族时期的制度。"跳月"从"多对多"到"一对多"再到"一对一"之所以出现得非常快，那是因为跳月的时间只有一个晚上。如果我们做一个高度抽象，使"跳月"的时间不断延长，这样男女之间"多对多""一对多"和"一对一"的时间也会慢慢延长。"跳月"这样的大型集会活动集中在"春月"（农历五月）这样的农闲时间举行，时间集中而短暂。而在苗族祖先所处的渔猎时期，则无所谓农忙农闲，每天的生活都差不多，所以类似"跳月"的活动可能经常甚至每晚都举行，当然范围应该也不大，这可能造就了一个变化缓慢的氏族婚姻制度的基础。清代的苗族是农耕民族，平时下田劳作，只有农闲才可能有集会的时间。

第三，参与"跳月"的青年男女在氏族时期应当是同宗的，只是后来才出现分化而成为异宗之间的婚姻习俗。"跳月"是在跳鼓脏日进行的，而清代湘西苗族于跳鼓脏日之前有"椎牛"之祭。石启贵先生对湘西苗族的椎牛之祭有详细的记载：

椎牛，俗称"吃牛"。苗谓"弄业"（nongx niex）。亦是吃牛之意。古有"椎牛而祭"之俗，本题特定椎牛，是仿古时之意义。吃牛为苗族最大祭典，历时四天三夜。不仅家族邻里参祭，亲朋亦参祭之。吃牛耗费甚巨，多需数千串，少则千余串。①

椎牛是湘西苗族"禾瓜"（ghaob ghueas），汉姓大石、廖一族的祭祀活动。以此推论，"跳月"的男女在更早的时期应当也是同宗的，只是在后来随着同宗开始分化，在同一氏族中分裂出了多个不同氏族，随着通婚范围的不断缩小，形成姑舅表婚，而随着交往范围的扩大，他宗也逐渐参与到本宗的椎牛活动中，以至于成为整个民族的节日。

可见，从远古到土司时代的苗疆的婚姻制度完全是一种基于自然选择形成的行为规则，以风俗的形式为后代所继承。就程度上而言，部分地区还处在姑舅表婚的族内婚时代，部分地区处在"跳月"的族外婚时代。如果将这种婚姻法秩序对应到家庭法秩序上，就不难得知土司时代的苗族的家庭法秩序已经处在舅权向父权的过渡时期了。

（二）家庭法秩序

婚姻是产生家庭的前提，而直系血缘关系是家庭赖以延续和发展的条件。湘西苗族的亲属关系从父亲方面来计算，但是母亲方面的亲属也不算是外戚，也属内亲。家庭是婚姻的延续和拓展，由两性的持久关系所确立的母亲、父亲和孩子的三角关系组成了上下两代的小家庭，但是在土司时代的苗族聚居区，苗民家庭是由平行对称的夫妻关系与垂直的亲子关系构成的社会基本单位，也是劳动、繁衍、休息和维持社会延续的最小单位。

在土司时代，苗族家庭的结构形式与汉族的并无太多差别，然而在家庭成员的地位权利、亲戚制度以及丧葬等问题上，苗族具有明显不同于汉族的地方。湘西苗族的家长与同时期的内地比较有很大不同，并不是父亲，而是舅舅和母亲，其权利通过人身权、财产权和祭祀权等方面体现。准确地说湘西苗寨寨落共同体是家族共同体，小家庭尚未完全从带有舅权色彩的家族共同体中解脱出来。

---

① 石启贵.湘西苗族实地调查报告[M].长沙：湖南人民出版社，1986：288–289.

1. 妻权

和传统的汉族社会不同，女子在苗族社会的家庭中具有举足轻重的地位。苗族女性的这种独特性，也被严如熤观察到了。

首先，妻子具有人身自由权。在《苗防备览》中，严描述介绍了"火床"，接着再说在"火床"的右方，是为"待字"的女儿专设的床铺。严如熤注意到为"待字"女儿所设的床铺紧靠住房入口处的那面墙壁，或者说"待字"的女儿在这样位置的床上睡觉。透过布满缝隙的茅茨墙壁，可以直接看到屋外的情况，也可以和屋外的人打招呼甚至相互交流。

清代文人包括严如熤在内不明个中原因，往往带着儒家的有色眼镜看人，比如段汝霖就说："苗女未娴闺训，间有弗惜廉耻者。……未嫁时中篝，或不慎，父母兄长颇弗为嫌。"[①] 虽如此，具体的恋爱行为却不允许在父母兄弟的眼前发生，需要有所规避。将"待字"女儿的卧榻设置在朝向屋外的墙壁处，目的正是方便她与异性朋友交往。在苗族的伦理观中，对家庭成员的内外区分与汉族有所不同，女儿丝毫没有"外"的意思。儿子固然是永久的家庭成员，但女儿却并不是自家的暂住成员，从长远来看，她们也还是本家的成员。这也反映出苗族的家庭关系大致处于母权到父权之间。

不仅"待字"的女儿是如此，已婚的女儿也是如此。已婚的女儿不去夫家立即与丈夫同房，而是经两到三年，甚至更长的时间，才到丈夫家居住的习俗，称为"不落夫家"。这"不落夫家"也是苗族传统习惯法，亦属"苗例"之一。

《苗族古歌》中也有关于"不落夫家"习俗形成的介绍。"不落夫家"不仅曾存在于湘西苗疆，在黔东南苗疆一度持续到改革开放前。周相卿教授在黔东南苗疆进行田野调查时也注意到这一现象："在整个雷公山地区，苗族村寨中传统的公开式结婚也一样，在结婚当天，双方几乎没有同房的机会。除了个别地区外，一般新娘并不在夫家常住。而有的地区，新娘在大婚之日到夫家走了一趟后，当日就回娘家；有的地方，姑娘婚后与夫家

---

① 段汝霖.楚南苗志[M]//段汝霖，谢华.楚南苗志 湘西土司辑略.长沙：岳麓书社，2008：181.

住上几日就回娘家住。夫家只有在农忙时或者逢年过节才能派人去接新娘来夫家居住，住不上几天就又需回娘家。以前这种两边居住的状态常常要维持两三年甚至更长时间。"①

可见，在家庭关系中，妻子和丈夫的地位是平等的，或者妻子的地位可能更高一些。对于这点，段汝霖也注意到了，他甚至注意到苗女"颇具灵性"，这种灵性正是苗女在家庭地位方面的体现，但是他总是不自觉地用儒家伦理观的有色眼镜看人，得出一些看似自相矛盾的记录，其《楚南苗志》云：

> 苗妇鲜娴闺训。男子多畏妻，毕生罕蓄须，恐妻生恶。连襟必相好，因妻之故。子死收媳，兄亡收嫂，弟亡收弟妇，子孙收父祖妾，颇弗为嫌。妇女适夫，丑陋、家贫，辄私奔所悦者。②

既然段说苗族"男子多畏妻"，而因为妻子的原因，连襟也相好，说明妻子在家中的地位很高，但是段汝霖后面又说"子死收媳，兄亡收嫂，弟亡收弟妇"，这样看来，男子的地位似乎又高过女子一头，接着段汝霖还说，"妇女适夫"往往"私奔所悦者"，这样看来，男子的地位似乎又变得很低了。实际上，所谓"子死收媳，兄亡收嫂"是站在儒家父权家长制角度而得出的结论，而从女性的角度看就会发现，苗族妇女在家庭关系中占有主动权，或者至少不吃亏。段汝霖用所谓"收"来形容这种变化，但其实本质并非男子对女子的"收"，而是女子对男子的"择"，女子有嫁人的自主权和选择权，这一点为段汝霖所忽视了，所以他看到了一些表面现象，其实并不是男子想"收"就能"收"的，关键还得看女子是否愿意再嫁，这一点在湘西土家族那里也是一样的。段以为苗女"私奔所悦者"的原因是丈夫丑陋、家贫，隐隐有些批判的意思，但其实关键还是女子在家庭中的优势地位发挥着作用。

其次，妻子具有家事抗辩权。由湘西苗族古歌汇编的《中国苗族古歌·婚

---

① 周相卿.黔东南雷公山地区苗族习惯法与国家法关系研究 [M].北京：民族出版社，2014：166.

② 段汝霖.楚南苗志 [M]// 段汝霖，谢华.楚南苗志 湘西土司辑略.长沙：岳麓书社，2008：191.

姻纠葛》中有一首是对家务纠纷的司法处理，实际上是一个司法案例，讲的是一对青年夫妻闹矛盾请人来调解的事情。对该案做深度解析会对家庭中女子的地位有更为直观的认识，其案如下：

> 婆家请了两位理郎，婆家请来了两位理老，两位理郎的智心象光辉的北斗，两位理老的慧眼象眩目的辰星，……请你俩象木匠拿起斧头，来削好不规整的竹木。你俩要象裁缝剪掉那垂吊的布筋，要剪掉那难看的碎片，象木匠要把弯的削成直的，要把歪的修成正的，不让它偏离人间的德行，不让它偏离人生的轨迹。请你们来啊，帮忙评议善恶好丑，请你们来啊，帮忙辨明曲直是非。①

理郎、理老是苗族民间调解各类纠纷的中间人，不仅是民事纠纷，人命纠纷也由其进行调解，有时候还负担部分税收工作，在苗族民间社会中的地位不低。本案事由为：

> 讲的是娘家的这个姑娘啊，她有难以启齿的行为，说的是他家的女儿啊，她的品德实在不正。我家才把她打了一顿，请两位能说会道的理郎，帮我把她送回她的娘家。②

娘家得知姑娘被送回来后，也请了两个理老。这种制度有点类似于现代的仲裁，双方都可以选择对自己相对有利的理老进行评理，奉行一裁终局的原则：

> 我的姑娘有什么过失？我的女儿有什么差错？你们招摇过市把她赶回来了，你们这样做有何道理？我娘家也要请两个理郎来，我娘家就请两个理老来。用耳来听我娘家的歌，用眼看我们两家来论理，娘家请来了两个理郎，娘家请来的是两个名流。③

婆家请的两位理老和娘家请的两位理老，一共四人组成一个类似仲裁庭的组织，双方对"仲裁"的费用、程序、胜负的标准甚至所坐方位都做了规定。从古歌中发现双方本来约定费用为八百八十钱，但后来降价为

---

① 石宗仁 . 中国苗族古歌 [M]. 天津：天津古籍出版社，1991：311–312.

② 石宗仁 . 中国苗族古歌 [M]. 天津：天津古籍出版社，1991：311–312.

③ 石宗仁 . 中国苗族古歌 [M]. 天津：天津古籍出版社，1991：311–316.

四百四十钱，原因系：

　　四个理郎又来相商，四个名流又来计议。你们的理规定得太高，你们的理金定得太大，要是拿这笔钱打官司去了，我们理郎就会落空。……输理的要出八百八十钱财，输理要输掉八百八十钱米，他若把钱财背去官府，他若把粮米送去衙门，有那么多钱财粮米，官家会把衙门开得很宽很宽。他若用钱去塞官吏的衣兜，他若用钱去打通官家衙门，有这笔钱去告状，他可走遍通街，有这笔钱去打官司，他可打个常年累月。这样，钱米象甩进水里，我们也看不见起泡，钱财象扔入地窟，我们再也看不见钱影。这样啊，我们理郎也就无油来抹嘴，我们四位理郎，哪来酒肉来落肚肠？酒肉的气味也闻不上了，钱粮的影子也看不见了。①

　　可见，理老调解的市场价格比官府的规定价格要低，但是也不会太低，因为太低了"理郎也就无油来抹嘴"了。另外，从古歌中反映出官府的存在，说明这首古歌反映的纠纷应该发生在康熙四十二年（1703年）后，即散厅在湘西苗疆建立后。而理老调解的市场价格之所以比官府规定的价格低，是因为理老的供给相对较多，苗疆各厅的同知只有一个，而苗寨的理老却不止一个，供给和需求决定了理老调解市场价格的高低。而"仲裁庭"的座次如下：

　　娘家就坐在贝宗这边，那是朝火坑的这方，婆家就坐夯果那边，那是朝火坑的那方，我们四个理郎啊，就坐在你们双方的中间。②

　　"贝宗"和"夯果"，是苗语的音译，分别指火坑的左右两方，系苗语方位词。婆家作为原告一方，首先列举了妻子的十二项过失：

　　你女儿在我家不肯干活，你姑娘在我家不愿做人。她没有好的德行，她实在不成样子，这是她的一条罪过。

　　还要说啊，你家姑娘的第二条过失，她白天推磨乱泼五谷，晚上春碓乱撒粮米，她常常打通我家的米桶，她常常打烂我家的谷仓。

---

① 石宗仁.中国苗族古歌 [M].天津：天津古籍出版社，1991：347–348.
② 石宗仁.中国苗族古歌 [M].天津：天津古籍出版社，1991：336.

你姑娘的第三条过失啊，她挑水为何不挑满水桶，她挑水为何只挑半桶？姑娘的第四条过失，她打猪草为什么不打满背蒌？她打柴为何不装满背笼？

还要说姑娘的第五条过失，你家姑娘爱拨弄是非，当面说这背地说那。

还有第六条过失啊，她整日嘻嘻哈哈，行为实在轻浮，在屋里装做人样，在外面尽干着丑事。

你女儿的第七条过失啊，见家里的姐妹妯娌，她不喊一声，外来的宾客她不打招呼，不接待我家的亲友，不迎送我家的客宾。

她还有第八条过失，你女儿常常串村游寨，你姑娘浪游四乡四里，坐在让人看不见的角落，站在让人看不清的暗处。

还要说啊，姑娘的第九条罪过，她上山常吹传情的木叶，她上坡常打起风流的口哨，你家姑娘干着男盗女娼，你女儿满肚子的瓜瓜豆豆。你的女儿象鸡啊，常常夜不进笼，你的姑娘象家猪，常常晚不归窝，她不肯替丈夫洗衣，她从不帮丈夫洗裤。

你家女儿的第十条过失啊，她放牧放往远村的山界，她拔笋爱去远远的地方。

她的第十一条过失啊，她是个狠心的巫婆，她是个歹毒的蛊妇，闹得我家没有一夜安宁，吵得我家无一日清平。

你姑娘的第十二条过失啊，她做工偷懒要死不活，做不完工夫她不着急，阳春赶不上季节她不操心，上不管天下不管地啊，你女儿喜欢去哪里玩就去哪里。……

她象一把生了赤锈的刀啊，要你们帮忙擦白，象一把卷刃的钝刀，你娘家要帮忙磨利，这是我婆家要说的十二条理，这是你女儿的十二条罪过。①

苗族女子出嫁后也参加体力劳动，但是并不是唯丈夫和公婆之命是从。婆家的"指控"共有十二项，都是家庭琐事，里面有重复的。第一条所谓的"不愿做人""没有好的德行"和第七条的"不待亲友宾客"实际上是无德而

---

① 石宗仁.中国苗族古歌[M].天津：天津古籍出版社，1991：361–364.

不顺父母；第二条"乱泼五谷""打通米桶"是指浪费和盗窃；第三条的"挑水不满"、第四条的"打猪草不满"、第十二条的都是指懒惰；第五条是"搬弄是非"，相当于七出中的"多言"；第六条的"行为轻浮"、第八条的"串村游寨"、第九条的"吹哨传情"、第十条"放牧远山"都是明指或暗指"淫乱"。可以说，除了无子外，七出之条基本尽犯，若换了是汉家，恐早已扫地出门了，但是还有更厉害的指控，第十一条"放巫蛊"的指控已经越过家务纠纷，上升到刑事指控的程度。因为苗疆全民崇鬼信巫，只要被认定为放蛊之女，就没有人格和生存的空间了。可见婆家的指控言之凿凿，刀刀见血，总结起来有"懒惰""盗窃""多言""不事舅姑""淫""巫蛊"等条，看来妻子是凶多吉少了。

但是，妻子的回应却显示出自己特有的勇气、智慧和灵性，体现出苗族女子在家庭关系中特有的独立人格。妻子是这样应对指控的，先看对"懒惰"的回应：

姑娘回答说："做人"我真的没有"做人"，我怎么做成一个人呢？做人要用手去捏造一个泥人，那是远古时候的神话，那是远古时候的传说。做人要用泥做两只脚，做人要用泥做两只手，还要做面庞和眼睛，还要做牙齿和嘴，我是不会"做人'的，这些活儿我从没做过。

理郎又来问姑娘：你不会做人做什么去了？

姑娘回答说：晴天我去砍柴，雨天我去打草，晴天一身汗涔涔，两天啊浑身的污泥。我没有象远古传说那样，去捏泥巴做人啊，我做这些砍柴打草的活，请你们四个理郎，请你们四位理老，慢慢来相商，细细来辨明。①

接着理老问妻子挑水为什么不挑满，妻子回应：

为了整治媳妇啊，婆家做的水桶太大，为了撵媳妇啊，婆家做的水桶太重，挑满桶太重了，挑半桶又轻了，我才挑水挑不满桶，我才一担分做两担挑。②

---

① 石宗仁.中国苗族古歌 [M].天津：天津古籍出版社，1991：369–371.

② 石宗仁.中国苗族古歌 [M].天津：天津古籍出版社，1991：382.

理老又问为什么打猪草不打满:

姑娘说:说我割草不满背篼,那是假话。说我打柴不满背篼,那是对我冤枉,割满了背篼背回到家,他家用脚踏紧才没满背篼,打柴装满背篼背回家里,他用脚踏紧才没满背篼。我打草他用脚踩,我割柴他用脚踏,这样满背篼的草,变成了不满背篼,满背篼的柴堆得象山一样,被他踏平只齐背篼。①

现在看第二条的"盗窃",理老问妻子是否推磨乱泼粮,舂谷丢谷物,还打通谷仓:

姑娘回答说她没有撒谷,姑娘说她没有泼米,我泼了他家的多少谷物?我泼了他家的多少粮米?叫他家说出斤两来,叫他拿出证据来。说我打通他家的米桶,说我打通他家的谷仓,是说我偷他家的谷米,是说我盗他家的谷粮,他捡得我偷的小包没有?他抓得我盗走的大包没有?婆家快拿出脏证。②

实际上是妻子将举证责任推到了婆家身上,婆家辩解说媳妇一次播撒一些,无法算出具体数量,故四理老判就"盗窃"一条婆家输。

现在看"不事舅姑",理老问妻子为什么不和亲友打招呼:

姑娘回答说:我才来还没认识所有的宾朋,我来不久啊,还没认识所有的亲友,他家没有人事先告诉我,不知道把来人称呼什么?无眼孔的针叫我如何来穿线,无水叫我怎么来通船。我从来没见过的来客,叫我怎么个喊法?③

理老问为什么妻子要多嘴多舌"搬弄是非":

姑娘回答说:我嫁到婆家啊,婆家的胞姐妹不少,婆家的俵姐妹很多,她们常常来和我说这,她们常来和我说那。女人啊,自然有不便当着男人说的话,姑娘啊,有不便当着爹娘说的话,悄悄话是和姐妹讲的,嘀嘀咕

①　石宗仁.中国苗族古歌 [M].天津:天津古籍出版社,1991:383.

②　石宗仁.中国苗族古歌 [M].天津:天津古籍出版社,1991:383.

③　石宗仁.中国苗族古歌 [M].天津:天津古籍出版社,1991:385.

咕是同侪姐妹说的。①

还有关于"淫"的指控，有明指和暗指，明指是"吹哨传情""坐落暗处"，暗指是"串村游寨""放牧远山"，妻子是这样回应的：

上山吹木叶啊，是我爬坡累了，才吹木叶散心歇气，上坡打口哨啊，是天热得我满脸汗流，才打口哨让风吹动，吹木叶来消除疲劳，打口哨叫风吹来好乘凉。

……还说我坐在看不清的暗处，还说我站在不让人看见的地方。是太阳大了啊，我才去树荫处躲避灼人的阳光。是太阳放出火一样的热啊，我才往树荫处去乘凉。

我要问婆家啊，我坐在看不清的暗处，是在什么地方？你婆家说啊，我站在看不清的处所，看不清的处所是在什么廊场？看不见的地方，你婆家又怎能看见？看不清的暗处，你婆家又怎能看清？在看不清的地方你又有何证据？在看不见的处所你又有何把柄？②

……

说我游村走寨，说我串村走乡。我是去妯娌家问针线活儿，我是去四邻借图案花样，就为这去走村，就为这才去走乡。③

……

姑娘又接着说，说我放牧放过远处的荒山，说我拔笋越过边远的峻岭，我要问你婆家——我越过哪座远处的荒山？我越过哪座边远的峻岭？茂盛的牧草不长在远处的荒山，要问婆家啊，牧草长在什么地方？野笋不长在边远的峻岭，要问你婆家啊，野笋长在什么地方？牧草要是长在你家的堂屋，我还去远处的荒山，那就是我的不对。④

而关于"巫蛊"一项指控，因为苗民全民信巫崇鬼，比如婆家指责妻子吹口哨是会情人，而妻子解释说吹口哨是等风来，这其实是一种模拟巫

---

① 石宗仁.中国苗族古歌[M].天津：天津古籍出版社，1991：392.

② 石宗仁.中国苗族古歌[M].天津：天津古籍出版社，1991：394-395.

③ 石宗仁.中国苗族古歌[M].天津：天津古籍出版社，1991：392.

④ 石宗仁.中国苗族古歌[M].天津：天津古籍出版社，1991：384.

术。① 因为这项指控很重，所以也彻底激怒了娘家：

你婆家说我姑娘是巫婆，你有何把柄？

你说我姑娘是蛊妇，你有啥凭据？

哪家的小鸡跛脚是她巫的？谁家的小猪瞎眼是她蛊害？

今天来定个杀款——

我们破开姑娘的肚肠，我们掏出姑娘的六脏，

若有毒蛇算姑娘是巫婆，若有蝎虫算姑娘是蛊妇。

要是没有毒蛇，要是没有蝎虫，这事你如何来了结？

这人命你怎么来赔偿？

自古男命三千两白银，自古女命八百两银子，

就这样说定去把刀面磨白，就这样说好去把刀口磨利；

捆着姑娘让你杀，看你敢不敢动刀？

绑着姑娘让你砍，看你敢不敢动剑？

你若不敢动刀啊，你要是不敢用剑，

请就座的有名望的理郎，请在座的见多识广的理老，

看人命的事怎么结果？看这场理如何了结？②

可见，娘家作为被告一方，并不是一味被动防守的，娘家也列举了婆家的十项不是进行"反诉"，足见妻子及其背后的娘家在家庭纠纷中的地位：

我的姑娘嫁到你家啊，

你婆家不把她当人看待，

你不把她当做儿媳。

你家嫌弃我的姑娘，

她盛饭的时候，

---

① 英国人类学家弗雷泽在《金枝》一文中论及各种不同的时代和国家，人们都曾企图通过破坏或毁掉敌人的偶像来伤害或消灭他的敌人。他们相信，敌人将在其偶像受创伤的同时，本人也受到伤害，在偶像被毁掉的同时，本人也会死去。这种根据"同类相生"这个原则形成的巫术他统称为模拟巫术。《古歌》中的苗族姑娘认为吹口哨可以引风来，正是这种相似性原则的表现。

② 石宗仁.中国苗族古歌 [M].天津：天津古籍出版社，1991：395-397.

你要数落一顿，

她夹菜的时候，

你一家人对她翻着白眼。

我要讲的第三条理啊，

你家有好吃的肉荤，你们躲着她吃。

你家有好酒啊，你们背着她饮。

第四条理啊，

你家糟踏她的青春，

她日夜遭受你家的折磨。

我讲的第五条理啊，

她割草回来你踩她的背苑，

她割柴回家你踩她的背笼。

第六条理啊，

你让她吃你家吃剩的冷饭，

你送她吃你家馊了的冷菜。

我要说的第七条理啊，

我姑娘嫁到你家的时候，

原来是鲜花一朵，

如今去你家做媳妇，

被折磨得瘦骨伶仃。

我还要说啊，我有第八条理，

姑娘在你家，白天常挨你家的棍棒，

晚上啊，常挨你儿的脚踢。

第九条理啊，

我女儿常受你家的气话，

我女儿常挨你家的巴掌。

还有第十条理啊，

你家常常朝她骂天骂地，

你家对着她辱骂亲戚。①

可见，苗族女子在家庭中颇为平等和自由，不受父母、丈夫、公婆、姑嫂等人的欺凌和约束。劳动既是自己的义务，也是权利，不需强迫。苗族女子于未嫁之时多受父母之呵护，一般从事纺织、刺绣、家务以及嫁妆的准备，重要体力劳动主要由父兄承担。女子在娘家丝毫没有外人的意思，即使嫁出去的女儿也一样。此次纠纷从结果上看，婆家非平即负，不但反映出妻子应对婆家的能力和灵性，也体现出妻子在夫家的地位着实不低。而到了中年，男女双方须共同负担田间劳动、抚养子女的重任，再加上家务劳动，所以此时是苗族妇女一生中最繁忙、劳累的时光，到了老年，特别是那些会唱古歌、能说古道今的老年妇女，备受众人的尊敬。

第三，苗族女子还有财产处理权。苗家成员共同生活，家庭虽然没有严密的宗法制度，然亦不稍紊乱。一者是夫妻有别，却地位平等。二者是长幼之间有序，地位平等。实际上苗族家庭成员之间没有尊卑贵贱之分。在当时的湘西苗疆，苗族家庭并不存在父权家长制，有的是男子当家，有的是女子当家，共同商量办事。

在生产生活上，一般安排生产以男子为主，而家务和经济管理则往往是妇女当家。至于其工作分工担任，女子在家挑水煮饭、纺纱织布，男子在外犁田耕种、除草插秧。《苗防备览》载：

苗民依山结茅，屋室苦湫隘间，亦有瓦屋者。每屋三五间，每间五六柱。无层次定向，亦无窗牖，墙垣缭以茅茨。檐户低小，出入俯首，右设一榻，高四五尺，中设火炉，炊爨坐卧其上，曰"火床"。翁姑、子妇、兄弟、妯娌，群处无避。惟夫妇同被，女长则别设一床于右，客民宿其家，任其杂处，不怪。牛马鸡犬之属皆居其下，相习莫知其秽。②

可见，清代初期苗族人的生活还处于一种大家庭阶段，恶劣的自然条

---

① 石宗仁.中国苗族古歌[M].天津：天津古籍出版社，1991：365-368.

② 严如熤.苗防备览[M].刻本.[出版地不详]：绍义堂，1843（道光二十三年）.

件使得大家庭尚不具备分为小家庭的基础，所以生产生活都在一起。黔东南苗族古歌《跋山涉水》中所唱的情形与严如熤的记录极为相似：

> 奶奶住的村，像个什么样？公公住的村，像个什么样？奶奶住的村，又小又狭窄。公公住的村，房屋都不大。像个小蜂窝，挤得黑麻麻。麻雀生多了，窝窝挤不下。子孙生多了，寨子住不下。我们五支奶，共用几口灶？我们五支奶，共有一口灶。早上做早饭，一个让一个。晚上做晚饭，一个等一个。先做早吃过，后做饿着等。我们六支公，火坑共几个？我们六支公，火坑共一个。烤的身上暖，等的身上寒。我们五家嫂，一个春米房。一个忙又忙，四个站一旁。我们六家姑，几对挑水桶？我们六家姑，一对挑水桶。一个担水吃，五个等水用。①

另外，关于苗族的分家析产方面，前人著述很少。清代严如熤在其《苗防备览·村寨考》中记载："按苗民父子兄弟无共处一室者，子长分爨，架数椽为屋即另一户矣。不能聚族而处，往往旧时一寨，数十年辄分成数寨，沿本名而别之曰老曰新曰上曰下曰中，或即所处地形别自呼其寨曰某某。"②在《湘西苗族实地调查报告》中也有记载："苗人有子多至二、三数人，时例有分居之义务。……其有分法，先除父母养赡田，余归其子均分之。照例小子不出门，随同父母而居，外来之姑表姐妹及亲友等，均集于此。每分产业时，还须多划十之一二田地与之。家境富裕者，女子须送女婿田。倘无子女，至亲家族为继承人。有女而无家族者，概归其女享受之。其余赘婿，除提少数给家族外，下余尽属该女所有，他人不得出头而争。但入赘之女婿，几同附名，一切主权，概归女人，并听女子指挥。待至生子继承时，始享完全利益也。"③

可见，虽然这种大家庭是父系的，但无论是从生产生活还是从分家析产的行为规则看，男女关系是比较平等的，或者说家庭关系呈现出男女对称的特征，而男女之间的对称性平等是以家族为后盾的。

---

① 因兵.苗族古歌[M].贵阳：贵州人民出版社，1979：281.

② 严如熤.苗防备览[M].刻本.[出版地不详]：绍义堂，1843（道光二十三年）.

③ 石启贵.湘西苗族实地调查报告[M].长沙：湖南人民出版社，1986：171.

2. 舅权

在苗族社会，一直有"娘亲舅大"的原则。舅权是指舅甥之间的一种权利和义务的关系，产生于母系氏族社会及父系氏族社会的早期，是伴随姑舅表婚一起出现的。在母系氏族制时期，舅舅是外甥和外甥女最亲的男性长辈。他同他姊妹一起承担着抚育下一代的责任。当他丧失了劳动能力以后，外甥和外甥女就承担起赡养的义务。苗族的舅权，在母亲家族的权利中最为突出。无论在婚丧、财产分配、节日庆典，还是祭祖等活动中，舅父都享有一定的权利。土司时期湘西苗族的家庭是舅权家长制，与汉族不同，父祖不是统治的首脑，祭祀权和人身权等大权都集中在舅舅的手中。

首先，舅舅有家族中的祭祀权。苗族最重大的祭祀活动就是"椎牛"，主要目的：一是除病，二是求子，三是求丰收。苗族本来贫困，要"椎牛"的花费自然是很大的，而且要持续好几天，故有苗谚云："吃牛难，大户动本钱，小户卖庄田。"但正是为了这三个目的，苗民往往倾家荡产也在所不惜。后来"椎牛"在乾嘉苗民起义之后被官府严厉禁止，一年省下的耕牛多达一万多头，由此可见"椎牛"在苗民心中的地位何等重要了。"椎牛"活动中，舅辈的地位是最能得以体现的。"椎牛"之前的第一步，夫家先要选定良辰吉日，并将选定的时间告诉舅家。这是必须履行的程序。报信的人先至舅爷家，请舅爷届时前来椎牛，然后再去其他姑姐妹家请她们前来抬牛腿。舅父来到本家大门口时，本家须将早已备好的一对牛角杯斟满美酒，敬请舅父饮下。《湘西苗族实地调查报告》记录：

迎接舅辈，大异常人，礼节极为隆重，舅至村头，炮鸣喧天。行至坪外，暂不入屋。此刻，主家执肉端酒，伏俯磕头，一面作揖一面喊："啰！啰！啰！喂！"（lol！lol！lol！Weit！），即"来！来！来！喂！"连喊三遍毕，鸣火炮九响，鞭炮数十万响。接着十六人端着肉盘，一人拿着酒坛，二人拿着灯笼，两人举着火把，叩请舅爷进屋。叩毕，全场宾主齐呼："呼！呼！呼！喂！"众每喊一次，甥退一步，舅进一步。一直将舅客迎到大门口。舅临门前，主饬歌师二人，一人执杯盘，一人执酒壶，肉盘摆有熟肉二片，花杯两个，杯内醢酒。①

　　舅父从左到右先把酒敬给长辈们，第二杯也让请敬酒人喝。斟第三杯时，舅父先表示谢意，才一饮而尽，这程序苗语称为"果仲答竹包兵"（ghaob jongx dal zhux baos bloud），直译为"舅辈踏门进屋"。这是"椎牛"之前的第二步。另外"椎牛"之前还有一个打鼓跳舞的活动，打鼓的第一响，也必须要由舅辈打响。在"请舅辈""进屋"和"鼓舞"等前置程序完成之后，便可以"椎牛"了，"椎牛"由舅父操持，《楚南苗志》对其过程有如下记载：

　　于门前左、右各置一桩，用黑、白牛各一只，白者系右，黑者系左。男妇环绕，鸣金鼓，呐喊三声。每牛用三人各持杆枪，从左肋刺之，且刺且走，以牛倒之向背定吉凶。……杀牛后，割腿馈亲朋。②

　　祭祀用的水牛的四条腿（如果是两头牛则为八腿）要分给亲朋。四腿之中，有头腿、二腿、三腿、四腿之分。谁抬头腿、二腿，谁抬三腿四腿是有先后顺位的，极为讲究。按照苗族的传统习惯，是"男以舅爷为尊，女以兄弟为重"。这里的所谓"兄弟"是指女方的兄弟，说法不同，其实都是指舅辈。苗语称舅辈为"果仲兵高"（ghaob jongx bid gaod），直译是植物的根和蔸，意译为舅辈才是家族的根。牛腿是按照血缘关系来分的。顺序为：父亲的舅辈称为"仲打"（jongx dat），意为"椎牛舅"，抬头腿（后腿一定要带尾巴）；儿子的舅辈称为"仲且"（jongx qed），地位次之，故抬二腿（不带尾巴的后腿）；余下三腿、四腿送姑，姑以大小排列，无姑则送姐妹，先姐而后妹。有直系亲属给直系亲属，没有则给堂舅或者堂姑姐妹。如果是椎双牛的话，一定要一只白牛，一只黑牛，父舅椎白牛，抬白牛首腿，子舅椎黑牛，抬黑牛首腿。违者犯禁，社会舆论要予以谴责，可见"椎牛"的规则对家族成员是具有约束力的。

　　"椎牛"完毕之后，还有一个后置程序，称为"收牛柱""敬牛头"，

---

① 石启贵.湘西苗族实地调查报告[M].长沙：湖南人民出版社，1986：466.
② 段汝霖.楚南苗志[M]//段汝霖，谢华.楚南苗志 湘西土司辑略.长沙：岳麓书社，2008：171.

其实质是欢送舅辈亲朋等。走的时候也不是大家一哄而散，必须舅辈先走，然后其他亲友方可依次离去。故椎牛祭的权利义务顺位依次为父舅、子舅、姑、姐妹、堂舅、堂姑。假设一对吴姓父子吴大、吴小在甲寨落请客椎牛，其父舅为石老、子舅为石大，姑则姓吴，姐妹也姓吴，则处在父舅位置的石老（实际就是石家）总是对吴家有优先地位的，之所以姑可以抬走三腿，是因为姑或姑之女有嫁给舅子的义务，所以虽姓吴但也算是石家人，也即是说舅所在的石家才是本家人，吴家则是依附于石家的，吴家就类似现代的上门女婿，夫家是没有很多话语权的。反过来，如果是石家请客椎牛，则是石家依附于吴家，两家成对称格局。

其次，舅舅具有对外甥的人身权。祭祀权的顺位逻辑体现在人身权上就表现为舅舅对姑女婚姻的优先权。在母系氏族社会逐渐向父系氏族社会过渡后，婚姻关系也发生了根本的变化。原先，女子的子女与自己母系氏族住在一起，但当女子出嫁到男方氏族后，其子女就同舅父分开了。子女随着出嫁的女子住在其夫的家族之中。于是舅父的权利便突出起来。这一条在前面有详细论述，不重复。

另外，舅父对于本家人的情况有知情权。家中有人亡故，夫家要去舅父家报丧，外甥先要跪拜，然后叙述事由。若是其母亲去世，舅父或者舅方的人有权"审问"外甥，要让夫家讲清死因，然后才能办丧事。《古歌》这样唱道：

你家的老人啊，是失手打死的？或是受辱含恨死去？他是因滚下陡山离开人世？或是掉下崖底而别离亲人？是落河被淹死断气？或是病魔缠体丧生？象牵布要给我们理出头绪，象积麻要给舅方理出头尾；你家要说清老人死去的原委。①

也即是说，舅家有权像公诉人一般对夫家进行指控，不过不是进行"无罪推定"，而是进行"有罪推定"，而夫家则有自证其无罪的义务。《古歌》这样唱道：

---

① 谭必友，贾仲益.湘西苗疆珍稀民族史料集成：第34册[M].北京：学苑出版社，2013：401.

智翁为此啊，来我家给我安上罪名；智郎为这啊，来门前寻觅我家的过失；老人断气了，难道我有何过错？

……

老家来的病魔找上了老人，老家来的死神找上了死者；病根钻入老人的心内，病魔缠体不离他身；他才在被子的一头断气。①

不仅丧葬如此，苗族女子生育婴儿后，首先也要通知舅家。舅家有义务把婴儿衣物用具送来，好像自己的家庭增添人丁有了喜事一样，这也是母系社会的遗风，因为这本来就是自己家族的人丁。可见，苗族的家庭法秩序与姑舅表婚和"跳月"的婚俗相互对应，乃是一种大家庭制。家庭中男女双方的地位是平等的。大家庭中以舅权为大，说明原始的母系氏族公社已经慢慢过渡到父系氏族公社，并且从氏族公社中分化出了许多大家庭。在大家族的继续发展中，苗族男子的地位渐渐有了提高，然而女子的地位也并没有很快衰落，所以便形成了一种平等且对称的家庭法秩序格局。

二、生苗聚居区的宗族法与社会秩序

湘西苗疆的苗族寨落有小有大，小的寨落十几户人家构成一个大家族，大的寨落几十户上百户构成一个宗族。随着寨落规模的扩大，人口增多自然有纠纷，有纠纷就有解决纠纷的规则，这就产生了调整寨落与寨落之间相互关系的宗族法。

寨落之间需要一定的法律规范进行调整，这种宗族法就带有所谓"公共性"的特征，可以将之纳入"公法"的范畴，但是这里所谓"公法"与封建社会的国家法是不同的。封建社会的国家法是调整封建国家在管理社会公共事务的过程中所产生的社会关系的法律规范的总称，此处的"封建国家"是该国的统治阶级按照地缘关系（里甲关系）以武力为后盾组织起来的，血缘关系只是处在次要的地位。寨落社会的宗族法虽然也具有公共管理的特征，有些大的寨落有时也组成一个类似政府的政治共同体，但是

---

① 谭必友，贾仲益.湘西苗疆珍稀民族史料集成：第34册[M].北京：学苑出版社，2013：401.

这种政治共同体只管理寨落内部事务。该政治共同体是按照血缘关系组织起来的，各寨落之间因长期的相互通婚，彼此具有血缘关系，与建立在地缘关系基础上的中央王朝有本质区别。

对一个属于某寨落的苗民来说，如果自己的利益受到他人特别是其他寨落的人侵害时应当如何解决，这就涉及公共安全的维护以及维护公共安全的权威如何构建的问题。在土司时代的湘西苗族聚居区，前者是通过复仇制度解决的，后者是通过巫觋法则奠定的，这些制度和法则与婚姻法秩序和家庭法秩序一样，也体现出法律关系的对称性。

（一）复仇习惯法

复仇制度是一种典型的对称行为规则，它是建立在血缘基础上宗族之间的一种赔偿程序，它有四个特点：一是它建立在血缘关系基础上；二是复仇制度具有严格的程序规则；三是复仇制度并没有将个人需要复仇的罪行和具有赔偿义务的侵权行为进行区分，也没有将犯罪行为与宗族之间的战争行为进行区分，它是兵刑民三位一体的；四是表现出强烈的权利义务的对称性。

首先，复仇制度建立在血缘关系基础上。湘西苗寨多是一姓的，一寨一姓乃是血亲部落之习惯的遗传，一个寨落就构成一个家族，一个家族就是一个寨落。寨大人多的寨子，可能由于数个家族构成一个大宗，导致他们往往敢与官府抗衡。吴、龙、廖、石、麻五姓为湘西苗族巨姓，与土家族彭、覃、向、冉、田五大姓类似，其所住区域，几乎遍及整个湘西苗疆。严如熤云："苗姓吴、龙、石、麻、廖五姓为真苗。其杨、施、彭、张、洪诸姓乃外民入赘，习其俗，久遂成族类。"[①]单一姓氏的寨落在苗族聚居区普遍存在，此种寨落多集中于山巅，是以血缘关系为纽带而结成的单一氏族大家庭，属于同宗的叔伯兄弟子孙数代人所组成的宗族体系，都是以同一姓氏命名。如石家冲、田家坝、龙家塘等等。所谓"真苗"是指历代居住于此的苗族，而杨、施、彭等姓，则是苗化了的其他

---

① 严如熤.苗防备览 [M].刻本.[出版地不详]：绍义堂，1843（道光二十三年）.

民族。苗族各大宗之间是相互竞争的战争关系，但是战争不是漫无目的的，战争法则是苗族各寨落按照血缘关系呈现出的对称性义务，因为这时候的习惯法只有义务规则。

1. "穴斗"

在湘西苗疆四厅建立以前，湘西苗族的各个寨落处于无人管束的情况。但是并不等于对违反寨落公共秩序的行为，苗族社会没有一套规则加以规范。目前最多的关于湘西苗疆侵犯人身行为的处理是寨落间的同态复仇，文献称之为"穴斗"，寨落之间的"穴斗"通常由理老来解决。在明代《五溪蛮图志》已有记载：

（苗人）语言财利一有不平，怒气相加，遂成争斗。言告蛮长，剖析曲直。唯以曲者财物偿其直者，名曰"包裹"。有杀人之仇不能报复者，种植树木以纪岁月，祖孙相承，必杀其人而后息。[①]

这种宗族间的同态复仇是以血缘关系而不是以地域关系为基础的。因为湘西苗疆寨落多以血缘关系建立起来，所以一人之仇必然演化为一族一寨之仇。清人陆次云将当时的西南地区苗族按照所穿着的服饰分为白苗、花苗、青苗、黑苗和红苗五个大类，而实际上"苗类之多"远不止这些，他们像稻谷一样撒在西南的山间谷底，聚集成寨，"睚眦杀人，警报不已"。苗家有谚云："苗家仇，九世休。"当然，在寨落成员"言告蛮长"后，寨落中的其他成员对参加"穴斗"者所负的义务不是同样的，血缘关系越近的亲属所负的义务越重。

2. "拿人抵事"

"拿人抵事"也叫"伏草捉人"，汉人叫作"勒赎"。土司时期，苗族人侵犯财产的行为主要是抢劫、抢夺、盗窃等。《楚南苗志》云："苗人狼子野心，贪利忘义，见财物辄起杀机。倘孤身携资，遇于旷野，若不早为之所，则必罹祸。"[②]另外还有盗窃，《楚南苗志》中记载，苗族人

---

① 沈瓒.五溪蛮图志[M].长沙：岳麓书社，2012：73.

② 段汝霖.楚南苗志[M]//段汝霖，谢华.楚南苗志 湘西土司辑略.长沙：岳麓书社，2008：179.

唯利是图，性好偷窃。"虽明知之，亦毫无愧怍之意。尝于深夜，赴同类之家，持铁锹穴壁以入，窃取财物及牛马等类而遁，将锋利竹签长一二尺者，沿路向事主家插之，以御追者。倘值惊起尾随，则必触之受伤。惟从径道伏路邀截，则可弃赃免害。至近苗民寨，高筑墙垣，彼此团结，互相守望，防范严密，多畜猛犬，有响即吠。苗畏有备，不敢入矣。"① 这种记录其实是汉人对苗族人的不理解，苗族人之间的"拿人抵事"更是家常便饭，有时候苗族人将这种抵赎的习惯法用在汉人身上。比如一个苗族人如果从某汉人甲处买了一把铁铲，如果觉得该铁铲质量不好，自己上当了，苗族人通常的做法不是找这个汉人甲去理论，而是在汉族聚集区绑架另一个汉人乙，然后要乙的家属通知甲，甲如果不换一把好的铁铲，则苗族人就不放乙回家。易言之，苗族人将汉人拟制为苗族人，用对待其他苗族人的方式来对待汉民，这是一种典型的"法律拟制"，即将本来不是苗族人的汉人当作苗族人对待。地方政府对苗族人的这种做法当然是深恶痛绝的，在散厅建立后，严厉打击"拿人抵事"的苗族人。

在清初《楚南苗志》中有更详细的关于"拿人抵事"的记载：

苗人偶有夙忿未释，及旧逋未清，途遇其人之父兄、族党、亲友、邻居，即拿归寨中，以长木岐尾者为枷，谓之碓马枷。将人颈置岐处，以横木为拴，拘禁之。然后告于人曰：吾拿某者，所以抵某人某事也。故谓之抵事。一时，被拿之家，即转寻原与拿人者有夙忿，及旧逋之家。②

"拿人抵事"是苗族解决纠纷的一种习惯法，也是苗例之一。湘西苗疆的基本单位是寨落，一个寨落就是一个共同体，寨落成员基本是一个氏族的，这是建立在血缘基础上的一致对外的共同体，它根据血族复仇之义务，建立每个寨落成员个人在对付他寨别宗的第三者时的团结一致。易言之，寨落内部成员的相互斗争是禁止的，同时寨落内部成员根据血缘关系的亲疏远近相互承担血亲复仇的义务和连带责任，如果 A 寨中某一个人被

---

① 段汝霖 . 楚南苗志 [M]// 段汝霖，谢华 . 楚南苗志 湘西土司辑略 . 长沙：岳麓书社，2008：179.

② 段汝霖 . 楚南苗志 [M]// 段汝霖，谢华 . 楚南苗志 湘西土司辑略 . 长沙：岳麓书社，2008：175.

B 寨的人殴打，只要 A 寨被打的这个人提议，A 寨中的其他人都有义务帮被打之人出口气，而如果找不到一开始打人的那帮人，则找到 B 寨中的其他人打一顿也算出气。

> 苗人偶遇争竞不平，深仇夙愿，欲拿人抵事，骤难即得，而忿不可释，则有所谓打冤家者。即定例所云"穴斗"也。椎牛酾酒，邀致亲朋，或数十，或百余众。既集，乃明告以故，欲得甘心，碗酒、脔肉之间，无不许以捐躯致命者，谓之"帮兵"。①

"帮兵"是寨落共同体成员落实血族复仇义务的表现形式，与现代的聚众斗殴不同的是，湘西苗疆的"穴斗"还带有一定的巫术特质。"打冤家"之前，还有请神"帮兵"的仪式，体现出复仇制度的程序性特征：

> 临发，插纸旗五面，击竹筒、摇铜铃，祭告飞丧鬼、口舌鬼、四官神、街临鬼。祭毕，执旗以行。彼家闻信，亦置酒肉，请亲友"帮兵"抵敌。各戴铁盔，衣生牛皮甲。无甲者，水湿棉絮蒙身，以御枪子。各用火枪、杆子、环刀等械厮杀。两兵相望，先放火枪。苗妇随后接枪、注药，以俟再放。苗人各舞长杆枪以进。如不胜，则弃杆枪，拔环刀，短兵相接。如又不胜，则收刀持匕首，扭抱互戳。盖苗性轻生，死不惜也。必该管巡司、汛弁、百户、兵役，婉劝调停，始得解散。有被伤身死者，尸亲即为掩埋，不肯报官。且云：恐报，则相验，动鬼致祸也。②

"打冤家"所请的鬼神包括"飞丧鬼""口舌鬼""四官神""街临鬼"等，还有程序要求，首先是防火枪远程对轰，其次是持长杆枪中距离对抗，然后是拔刀短兵相接，最后是持匕首扭抱互戳。由于有鬼神权威作为该规则的约束力保障，所以双方都不敢报官，苗族人头脑中的各种鬼神是保障各种习惯法的强制力的源泉。"穴斗"之后如果双方死伤不一样，苗族人也有自己的处理办法，称为"倒骨价"。

3. "倒骨价"

"倒骨价"是一种由神灵干预的终止仇杀的办法，双方达成倒骨价之

---

① 段汝霖. 楚南苗志 [M]// 段汝霖，谢华. 楚南苗志 湘西土司辑略. 长沙：岳麓书社，2008：175.
② 段汝霖. 楚南苗志 [M]// 段汝霖，谢华. 楚南苗志 湘西土司辑略. 长沙：岳麓书社，2008：175–176.

后，就不能再相互报复，否则会受到神灵的惩罚。这时候的苗族习惯法组成的体系是受到原始巫性影响的一种发育不完全的神权法律秩序。不过，这里的"倒骨价"并不单纯体现原始巫性，有时还表现出一定的经济理性：

> 总计两家所死之数，除一命一抵之外，余者乃为人命，议牛马财物以偿之，谓之"倒骨价"。其骨价之数，亦视凶手之贫富以为差等。富者，每一命，从三百三十两减至二百二十两，递减至一百一十两、九十九两、八十八两、七十七两、六十六两，至五十五两而止。贫者，从四十四两，减至三十三两，递减至二十二两而止。其中老劣之牛、羸瘦之马，以及破衣旧物，俱可口算，核其实，不得半价耳。又除"骨价"外，另有开口牛银三两三钱，买牛宰杀，使尸亲食之，乃可开口议和也。又有"踩血银"三两三钱，乃与本寨头人，并牙郎等，酬其往来传语也。又有"眼泪钱"三两三钱，与死者父母妻子，酬其哭泣也。又有"泡茶银"三两三钱，买米煮粥，分送死者之族戚友朋也。又有收"先亡银"三两三钱，送苗巫，使超度死者也。又有"衣板银"三两三钱，为收葬死者之费。又给在事人"背箭银"各一两。乃骨价骤难如数，故需人"背箭"，乃担承也。又有赔礼银簪一根、红腰带一根、衣一件、马一匹，凶手亲送死者之家，然后可以释去仇怨。以上种种费用，名色缺一不可。盖缘苗人重财物，而轻人命，由来旧矣。倘官斯土者，不依苗俗，必欲抵偿，则杀一人，又添一仇。死者之子若孙，植树墓旁，以记其恨，转相仇杀，滋蔓无已矣！①

复仇制度的第二个特征是严格的程序性，即对请神、清点、赔偿数额等方面都有严格的要求，甚至显得机械。此处的"牙郎"是中间人之意，也就是作为调解人的"理老"。"牙郎"的存在表明了调解制度有了相当的发展。"牙郎"收了双方的钱，自然要详细清楚地向"穴斗"双方阐述消除寨落之间紧张局势，维系寨落之间秩序平衡的意义。"牙郎"通常由酋长担任，被认为是一个"准大众"的官员。但是"牙郎"并没有固定的

---

① 段汝霖.楚南苗志[M]//段汝霖，谢华.楚南苗志 湘西土司辑略.长沙：岳麓书社，2008：176.

办公地点，只有"穴斗"的寨落请他时，他才扮演某个具体案件的调停者。各寨落也并没有推选"牙郎"作为司法官。"牙郎"不是法官，不做判决，也不是仲裁人，也不做裁决。他仅仅是一个有一定能力的中间人，一个权力有限但是常常具有好口才的说客。我们大致可以推断，后世的法官最早可能源自这类"牙郎"。在大多数具体案件中，"牙郎"都是被害人一方选择的。对于"穴斗"案件，任何一个和双方当事人没有利害关系的"牙郎"都可以作为调停者。而对"牙郎"来说，先不说他有着服务于民众的兴趣，以及因成功的记载提高了自己的声誉而产生的自我满足，每一次成功的调解都给"牙郎"带来新案，而每个新案又都给他带来新的酬劳。这些酬劳是从被侵犯人一方的费用中来的，费用是固定的。

在"倒骨价"中，对现代法意义上的侵权行为和犯罪行为不加区分，甚至不区分刑事和民事，这是复仇制度的第三个特征。不区分民事与刑事的表现是"打死人不赔命而赔钱"，"牙郎""裁定"案件时，有几个重要因素需要考虑：一是"罪行"的性质，二是诉讼当事人双方的地位，三是卷入这一纠纷的双方当事人亲属的相同利益和态度，四是双方主要当事人的脾气和名望，五是双方当事人的经济基础。所以不同的当事人赔偿的数额也不同，此处的"凶手"不是实际打死对方的那个人，而是"打冤家"的发起者，发起者家庭如果造成对方寨落比己方寨落多死一人，如发起者为富人，则其赔偿对方的数额从三百三十两到五十五两不等，如系贫困人家，则赔偿的数额从四十四两到二十二两，赔偿的数额与家庭的富裕程度成正比，没有银两的也可以用实物折算。苗族人把现代意义上侵犯人身的犯罪当作侵权来处理，只要赔偿一定的金钱即可终结纠纷，对和解侵权行为来说，习惯法上的费用和损害赔偿金是非常固定的。另外，复仇制度对个人的犯罪行为和宗族之间的"战争行为"也没有明显区分。如果赔偿金钱无法抵消怒气的话，则往往用"拿人抵事"的习惯法解决，这时候"牙郎"（"理老"）的调解便失效了，取而代之的是一种"伏草捉人"的习惯法。

苗族习惯法不对行为的性质进行明确界定，除基本的行为规则之外，甚至没有构成法律的要素之一的法律后果的存在。这主要是因为人的权威没有树立起来，寨落共同体没有形成具有强制执行力的稳定输出暴力的机构，不具备法律制裁的条件。在此情况下，区分民事和刑事，区分侵权与犯罪都是没有意义的，有意义的是社会纠纷的解决。苗族人从因果报应的观念理解违反"倒骨价"约定的后果，即视死亡、疾病等厄运为违反约定的不利后果，视长寿、安康等好运为遵守约定的有利后果，报应来自自然神祇的权能。苗族人是根据因果报应法则去理解法律后果的，不利的视为惩罚，有利的则视为奖赏。

第四，"穴斗""打冤家"和"倒骨价"等习惯法是建立在血缘共同体基础上的对称性义务规则。如"穴斗"的本质不是两个人甚至两个家庭之间的义务，而是两个寨落共同体的义务，"打冤家"在两个寨落之间有对等的程序要求，又如"倒骨价"追求两寨人数的相互抵消，只有不能抵消时才赔偿"骨价"，而"银簪""腰带""衣马"等物由"凶手"亲送死者之家，然后可以释去仇怨，由打冤家的"死者"替代与对方寨落的"凶手"的仇怨。可见此类习惯法在寨落内部成员之间确系相互负担连带义务，你对我负什么样的义务，我也对你负什么样的义务，所以苗族习惯法不具有以强力暴力机关为后盾的那种强制力，仅仅具有在法律关系中的主体之间相互制约的约束力。也就是说，习惯法注重法律关系，其约束力是通过平等法律主体的相互关系实现的制约；制定法注重法律后果，其强制力是以国家机关的权威为后盾实现的强制。

4. 理老裁判

从现有湘西苗疆的史料看，没有发现苗族人有神明裁判的传统，虽然在解决纠纷时，也借助鬼神的权威，如"倒骨价"之类的习惯法有鬼神的干预，但苗族人也并非事事依赖鬼神的直接干预，而是希望获得鬼神的授权通过人来解决问题。实际上，解决纠纷主要是依靠人，主要是通过理老来裁判的，只是解决纠纷的合法性来源于鬼神，并体现出不同的权能，理老除了调解寨落间的穴斗，还可以调解和裁判财产纠纷。

因为寨落内部都是本族人，所以有了争议往往请有见识有威望的寨老来调解，"理老"是纠纷双方当事人选择产生的，多由辈分高、德望重又能维护本寨利益且具有一定领导能力的"寨老"担任，一般是争议双方各请两位"理老"。除遵守本族的宗族规约以外，寨落中人在农忙季节也常交换劳动力和畜力，遇有婚丧嫁娶之事也相互帮助，友好往来。寨落内部的耕地、山林、河流均归寨落集体所有，这种集体所有和现在的土地承包经营权很相似。寨落家庭内部的园地、牲畜、生产工具、房屋属各大家庭私有。双方有了争议，也请"理老"调解，《中国苗族古歌》中的《纠纷》有歌词这样唱道：

> 我要对你们说啊，如今有人占了我的良田，我要对你们讲，如今有人霸了我的沃土；我和他田地是有界限的，我和他山岭立有界碑，我们两家要以界线来耕管，我们双方要以界线来经营。他占了我一抱大的竹子，他霸了我一抱粗的大树；霸了我田边的地角，……请理老理郎去问他啊，看他退我还是不退？我不怕官司也不怕动武，两条路他愿走哪条？①

可见，解决纠纷的方式无非文武两条，甲方提出"诉讼请求"，由理老将"诉讼请求"转达给乙方，乙方也委托理老，并提出要甲方承担举证责任：

> 他说上边我占了他的地方，他说下边我霸了他的田土，说我占了他的田边地角，说我占了他的田坎土坎，……他说的有谁来作证？他说的有什么凭据？②

乙方指出，如果有证据证明乙方确实占据了甲方的田土，乙方就认输。可见，那时候的财产纠纷案件本质上和现在的并无太大区别。理老在寨落内部的工作是力图做到公平公正，和家庭纠纷的解决机制类似，目的都是"内不相凌"。

不过，迷信犯是理老调解的一种例外。有一种公认的"犯罪"不需要理老的公正，一旦发现，举寨群起而攻之，即所谓"放草鬼"和"放蛊"案件。"放草鬼"和"放蛊"都是严重罪行，不过两者略有不同，因为"草

---

① 谭必友，贾仲益. 湘西苗疆珍稀民族史料集成：第34册 [M]. 北京：学苑出版社，2013：466.
② 谭必友，贾仲益. 湘西苗疆珍稀民族史料集成：第34册 [M]. 北京：学苑出版社，2013：466.

鬼"是无实体的，而"蛊"是有实体的，两者很好区别。《楚南苗志》云：

苗族人有草鬼之术，能施放杀人。亦犹岭南诸处之造畜蛊毒也。但蛊之毒尝见，他说聚诸蛊为之。而草鬼乃法术，则熟于心，而应于口与手者。①

苗族人中，习得这两种邪术的人多是妇女，"放草鬼"的叫"草鬼婆"，"放蛊毒"的叫蛊妇，蛊妇和"草鬼婆"通常是同一人。由上一代的"草鬼婆"传给下一代，传授之前，下一代一定要"吃血赌咒"，终身不能透露教者姓名，然后方可学习邪术。《楚南苗志》云：

练习既精，或草，或纸，或食物，对之说咒画符，令人食之，或潜置他处，令人践触之，即中其毒病。腹痛黄瘦，腹中胀满，似有物焉。饮食不能进。速则十余日，迟则奄奄二三月必毙。②

从段汝霖的话看，这两种邪术是一种典型的接触巫术。英国人类学家弗雷泽将巫术分为两种类型，一种是模拟巫术，另一种就是接触巫术。在人类原始社会时期，当时的人们企图通过破坏和毁掉敌人的偶像来达到消灭他们的目的，比如照着某人的模样画一个木偶，然后对这个木偶扎针，这是一种模拟巫术。另一种就是先对某一个物体进行诅咒，然后让敌人接触这个物体，这种巫术便是接触巫术。具体到湘西苗疆，"放草鬼"是典型的接触巫术，因为"草鬼"没有实体，所以不可能对被害人造成真正的伤害，两者之间没有必然的因果关系。"放蛊毒"则因为有"蛊"（毒虫）这个实体，接触了以后是有可能造成身体上的伤害的。如果"中蛊"之人再加以某种不祥的心理暗示，考虑到古时的医疗条件，是很可能会造成死亡后果的。如果被害人家属找到了"放草鬼"或者"放蛊"之人，一定会将其打死，而被杀的亲属，也不敢多说什么。这是寨落内部的纠纷中唯一不用理老调解的案件。

可见，理老制是解决不同寨落之间个人与个人纠纷的一种常见机制，但如果有理老不能解决的纠纷，则还是会回到同态复仇的解决方案，用现在的

---

① 段汝霖.楚南苗志 [M]// 段汝霖，谢华.楚南苗志 湘西土司辑略.长沙：岳麓书社，2008：183.
② 段汝霖.楚南苗志 [M]// 段汝霖，谢华.楚南苗志 湘西土司辑略.长沙：岳麓书社，2008：183.

话说就是能调解就调解，调解不成就以寨落为单位一直对称地打下去。理老调解维护地方治安秩序需要一定的权威，巫觋法则是这种权威的来源。

（二）巫觋法则及其社会控制

本书所谓巫觋法则，是指人类在自然神祇与家族之间形成的一种交换规则，人类通过一定的方式模仿自然、接触自然及感知自然，以获取自然神祇对自己家族农业生产或者军事征伐上的照顾。巫觋法则类似后来的朝贡规则和税收规则，是苗族人社会地方治安秩序的支柱，本质上也体现出对称性，只不过对称关系建立在人和神祇之间。与复仇制度一样，巫觋法则也是建立在互惠互助的基础上，复仇制度体现为人与人之间的对称与互助，而巫觋法则则体现为人与自然神祇之间的对称与互助。

弗雷泽在《金枝》一书中把原始巫术按照其赖以建立的思想原则划分为两类。第一类是同类相生，即类似的行为导致类似的结果，第二类是物体接触，即在中断物体实体上的接触后，还会继续起着远距离的相互作用。弗雷泽称前者为"相似律"，称后者为"交感律"。由此引申出两种巫术，一种是"模拟巫术"，另一种是"交感巫术"。"模拟巫术"是根据事物相似的联想建立起来的，虽然这种模拟巫术是一种被歪曲了的自然规律的体现，但是很多人却根据这套理论指导行动，中国古代宫廷之中，使用这种巫术的人不在少数，汉武帝晚年崇信江充的巫蛊之言，大兴蛊狱，牵连者上万。此外，南朝宋严道育，陈长沙王、隋太子以及康熙皇帝的大阿哥胤禔都是搞这种巫术的有名人物。古代法律把这种邪恶巫术列入十恶之中的"不道"，处罚极重。"交感巫术"则是根据相互感知的联系建立起来的，比如要一个妇女做饭生火，女巫或者草鬼婆来到灶台说了一句咒语后该火熄灭了，则认为是该妇女接触了灶台导致火焰熄灭的。此外湘西苗疆还有放蛊的巫术，也是因为被害人接触了蛊之后导致的被害结果。

由此可见，巫觋法则本身就是一种对称规则，它是人类通过施咒或者献祭的方式获得来自鬼神的奖惩，人和鬼神之间是一种互惠互助的关系。

在土司时期的湘西苗疆，"模拟巫术"和"交感巫术"是普遍存在的，这与苗民居住的地理环境有关。无论是湘西苗族还是黔东南苗族，都是长期处在封闭的时空维度中的山地民族。故苗族人的思维受制于深山老林的时空维度，产生出独特的客体和主体。苗族的活动从根本上看是受处在山区的地理环境和社会环境影响的。于是我们就要问，外部环境对苗族精神世界的影响是怎么样的？苗族人的精神世界又对这种外部刺激作出了怎样的反应？湘西苗族人最初对世界的理解是建立在什么样的起点和基础上的？

湘西苗族是在严峻的自然条件下进行活动的，其所思所想都受到饥寒、疾病、凶灾、险难的影响，这是产生巫觋思维的现实基础。对湘西苗族的生存环境，段汝霖所著《楚南苗志》一书中有记载：

苗人所居，皆溪山重阻之处。地高则风劲，谷深则气寒。故暑月有雨则凉，冬间冷冻尤甚。……即以永绥一隅而论，花园乃平原之地，冰雪尚少，七十里至吉多坪，建城之所，则岚气郁蒸、毒雾时作。当其衃濛之际，寻丈之间，亦莫能辨。虽盛夏，风雨偶至，必着棉衣。季秋，即可服裘。冬月，雪霜、冰凌凛冽，几如北地。①

在这样可惊可怖的世界中，苗族人的求生意志迫使其不得不用主观心理来理解万事万物，即通过心灵直接感知、思考和认识万物以适应这种恶劣的环境，这是生存的首要问题。当苗族人主观感受外界事物的时候，外界的一切事物、对象也都在这种感受中成了有生命、有灵魂的东西了。比如，明代沈瓒就记录湘西苗族人在"其山林溪涧，虽有獐麂兔鹿行走及鱼鳖跳跃，人不得名言其物，犯者即死"②。苗族存在一种"以己度物"的认识论，因为自己是有生命的和有灵魂的，所以就认为其他一切事物也都是有生命和有灵魂的，而不论是动物、植物或者石头。

因此，巫觋法则为湘西苗疆寨落之间的纠纷解决提供了一种权威，它是公共安全秩序的合法性来源。在很多苗族习惯法上如榔款制度、椎牛之俗及理老制度上都可以观察到巫觋法则，上述习惯法的约束力来源巫觋法

① 段汝霖.楚南苗志 [M]// 段汝霖，谢华.楚南苗志 湘西土司辑略.长沙：岳麓书社，2008：46.
② 沈瓒.五溪蛮图志 [M].长沙：岳麓书社，2012：45.

则中所产生的"自然神袛"。

1. 榔款

在土司时代的湘西苗疆，每个自然寨基本都有苗目寨头，寨头主要负担本寨的生产、生活、外交等责任。如果处理事务的范围扩大到了各寨之间，则主要由"榔款"组织解决。"榔"是"议榔"，是中部苗语方言（黔东南）的叫法，"款"是"合款"，是东部苗语方言（湘西）的叫法，叫法不一，组织形式一致。

首先，"榔款"是以家族共同体为组成单位的寨落联盟。易言之，"榔款"仍然是建立在血缘关系基础上的契约。合款的职能有内务外事之分。苗疆的"榔款"组织既是一种内部自治的法权组织，又是一种抵御外辱的军事组织。就内务而言，"榔款"管理苗族社会，组织经济生活，解决民众纠纷，维护社会秩序，制定并执行习惯法，包括对家庭、婚姻、生产、生活、教育以及祭祀等问题的处理。"款约"定好了以后，便将一块石碑"栽种"到土里，在一两代之间还是可以修订的，因为苗族没有文字，不少埋岩就是一块石头，但是后来也有的地方用汉字记录"榔款"，然后再"栽种"到土中。苗族的"榔款"类似于土家族的"旗"，但与"旗"不同，"榔款"不是自上而下的政治实体，而是平等寨落之间的松散契约或者联盟。"榔款"对内职能主要是通过执行款规来体现的，违背款规者要受到惩罚，惩罚的方式，轻者赔礼道歉，重者罚款，再重者驱逐，对处罚不服的可以申请"神判"。就外事而言，榔款还具有复仇功能，以及维护民族利益的职能。在黔东南苗疆的雍乾起义和湘西苗疆的乾嘉起义时，苗族都曾组成"榔款"组织联合数厅的上百甚至上千个苗寨举行反抗。

其次，"榔款"的合法性来自神明授权。需要指出的是，此处的"神"是阴阳不测谓之"神"，只是一种精神实体，而非人格化的神。"榔款"组织的强制力来源于原始巫术。"榔款"组织与苗族文化蕴含的原始巫性是密不可分的。苗族文化从经济上看是一种农耕文化，这种农耕文化由于地处山区的原因，其生产方式为刀耕火种，与汉族那种精耕细作的农业文化尚有不少差距，文化上的差距则更大一些，尚带有浓厚的原始巫性特质。

法律虽然具有进化特征，但是每个民族的发展道路并不是直线性的。每个民族的习惯法在其发展的过程中都各有其特殊性，虽然并不都经过相同的道路和阶段，但是仍然有规律可循。在苗族社会，"榔款"组织本身带有浓厚的原始巫性，榔款的主要形式是通过寨落会议制定规约形成习惯法，进行的方式因地有别，在黔东南苗疆是"祭酒议事"，在湘西苗疆是"吃血盟誓"。所谓"吃血盟誓"，就是数寨乃至数十寨结盟共同议定大事。通过吃血酒对天地、神灵发誓，使之成为神圣不可逾越的戒律。

"吃血盟誓"何以有这样大的威力呢？这与苗族的巫性思维方式大有关联。如果说盟誓的内容是具有强制力的，则这种强制力的解释权是控制在巫师"巴代"手中的，具体是通过埋岩制度奠定的。

在黔东南苗疆和湘西苗疆，"榔款"组织所议各事，每以碑石刻记，石碑埋入地下，永远遵守。这种称为"埋岩"的习惯法的效力是通过"接触巫术"维系的。一般而言，岩石都具有相当程度的重量和硬度，这些本来是物质上的属性在苗族人看来，也具有精神上坚固的神圣属性。

在"埋岩"习惯法中，苗族各寨之间相信其"款约"能像岩石一样坚固。这其实是一种"顺势巫术"，它属于"交感巫术"的一种。通过人与约定的载体比如一张纸或者一块岩石相互接触，从而使得岩石坚硬的属性与灵魂渗入各寨的约定中，违反约定者必然受到具有精神属性的某些"精神属性"（神明）的惩罚。当然有些地方的"款约"是直接刻在石头上的，这种"款约"的强制力是由石头坚实的精神属性赋予的，违反"款约"的行为会受到石头精神属性的惩罚，但是执行这种精神属性惩罚的则一定是寨落中的苗族人。比如在黔东南的芭莎苗寨，便有古理规词讲，如果寨中哪个人有乱砍滥伐，或者滥杀宰牛羊，又或者烧山烧屋，盗牛盗羊等犯罪行为的，寨落中人便有权将犯罪之人用绳索捆起并活埋，这权利是"埋岩"中的精神属性授予的。可以说"埋岩"在苗族人集体和神明之间建立了一种对称性权利义务关系，是参与埋岩的苗族人作为共同体和鬼神之间签订的契约。

苗俗中有一种灵魂寄附于实体中的观念，以为各种灵魂能够在或短或长的时间内，寄存于体外某一安全地方。苗族人以为灵魂可以藏在一条河中，可以藏在一棵树中甚至可以存在于房屋中的某一个位置。这种思想并不是为了讲故事而虚构的，而是真实存在于苗族人的思维当中，形成了苗族人集体信巫崇鬼的一整套习俗。湘西苗族之前几乎全民崇鬼信巫，当代的湘西苗寨仍然保留了这样的神秘主义传统。《五溪蛮图志》中就记载苗族人有畏鬼神的传统：

正屋中门为鬼神门，以草木拥蔽于外。其旁另设一门，朝夕出入。如有争斗，持磨刀石至其门，即曰："犯其鬼矣！"遂结为仇敌。有疾病，不识医药，皆以为鬼神致之，凛然而畏，必屠牛羊求祀焉。六月，以辰日起，小暑居中，至巳日止，忌穿红张伞、吹响器，忌言诸物名。其山林溪涧，虽有獐麂兔鹿行走及鱼鳖跳跃，人不得名言其物，犯者即死。是时，禽兽诸物出游偏多，亦不敢取。①

《楚南苗志》中也记载苗族人有畏鬼神的传统：

苗地林深菁密。苗人之性，每多畏鬼。有病，则百计祈禳。即平居无事，亦须频频祭赛。非此则为祟，名曰"鬼差"。故贫者，恒多每至鬻子女，以厌鬼欲，弗惜也。斯固习俗使然。而天阴之日，与深夜之时，山谷间偶有声息，断续若悲哭，及微火隐现。俗传"苗鬼"。②

清代严如熤所撰写的《苗防备览》中也有关于苗族人崇鬼信巫的传统：

苗中以做鬼为重事，或一年、三年一次，费至百金，或数十金。贫无力者，卖产质衣为之。此习为苗中最耗财之事，亦苗中致穷之一端也。近日，革去此俗，苗中称便。③

凌纯声、芮逸夫合著《湘西苗族调查报告》一书，这份调查报告以法国人类学派的素描临摹方式详细地记载了湘西苗族崇鬼的传统：

---

① 沈瓒.五溪蛮图志 [M].长沙：岳麓书社，2012：79.

② 段汝霖.楚南苗志 [M]// 段汝霖，谢华.楚南苗志 湘西土司辑略.长沙：岳麓书社，2008：193-194.

③ 罗康隆，张振兴.《苗防备览·风俗考》研究 [M].贵阳：贵州人民出版社，2010：142.

湘苗畏鬼，据《永绥厅志》所载综计苗乡所察之鬼，有七十余堂之多。我们曾研究过四十堂。虽不能说完全，然重要者已多在其内。对于湘苗宗教的内容，已可明了其十之八九。……在我们调查所得的十六堂苗教祭鬼仪式中，"祭祖"与"吃猪"两堂是常祭；"打家先""赎魂""祭疤鬼""椎牛"是因病求愈；"打干锣""退古树怪""洗猫儿""洗屋"是因见怪异及不祥而求祛除；"吃血"是因纠纷而求解决；"超度亡人"是因人死而求解罪。以上除"椎牛"同时为求子外，都是为避祸而举行的祭典。①

中华人民共和国成立初期，苗族学者石启贵编写的《湘西苗族实地调查报告》中也重点提及湘西苗族对鬼神的崇拜，他提道：

苗民思想守旧，信鬼成俗，相沿至今。人们每因病痛或缺子嗣者，动辄祭鬼，绝少服药。即有服药者，仍要酬鬼祀禳解随之。苗乡鬼神类多，有谓三十六神，七十二鬼。②

苗族是崇鬼信巫的民族，在湘西，即使现在都还有不少"鬼师"。周相卿教授在《黔东南雷公山地区苗族习惯法与国家法关系研究》一书中也指出："在当地人的观念中，'鬼'是实际的存在。"③传统观点认为崇鬼信巫乃是一种迷信活动，往往对此没有深究。但"迷信"本身是很值得研究的，至少它比表面看上去的要复杂很多。苗族几乎全民信巫，苗族人相信周围一切的存在和其存在本身都是神秘的。在苗族人的思维中，每一个表象、每一样东西、每一种自然现象都可能与其他任何表象、任何东西和任何自然现象相互联系。这种联系是神秘的，并使得所有的事物都综合在一起，乃是一种综合性的思维方式。

因为苗族人相信灵魂可以寄宿于无生命体中，违反榔款的规定自然会遭到山神或者石神的惩罚，当然前提是这些神明受到苗族人咒术的控制。石启贵在其《湘西苗族实地调查报告》中就提及了数十种鬼神，我们这里取一种"罗孔山神"来说明灵魂寄宿于非生命体中的情形：

① 凌纯声，芮逸夫.湘西苗族调查报告 [M].北京：民族出版社，2003：90-91.

② 石启贵.湘西苗族实地调查报告 [M].长沙：湖南人民出版社，1986：462.

③ 周相卿.黔东南雷公山地区苗族习惯法与国家法关系研究 [M].北京：民族出版社，2014：11.

苗人每因病重失魂，即敬此神，俗又谓之赎大魂，苗谓"帕渣"（pead zheal）。用牛猪羊均可祭，必须鸡、粑粑等项，并剪纸车纸衣，用墨画之，请觋师鸣锣角鼓，杀牲以祭，交生上熟，腑脏杂煮，装碗陈列，酒碗饭碗，与肉相等。凡帮忙人，除己项下应有肉碗外，余则悉数切煮锅中，一堂共食。①

又有一种"淘砂神"是寄宿于水边的：

祭淘砂神，俗谓"喊骇"，苗谓"奶杯"（hnant beil）。凡患此病，多于山谷或水边及阴邪之处，惊骇得之。②

可见，苗族人认为灵魂是可以在无生命体中存在，也是可以寄宿于植物体中的，比如湘西苗族人在门前从来不种樟树，因为苗族人认为樟树中是寄宿着灵魂的。当然，起初石头中的精神或者树木中的精神还只是一种属性，还没有人格化，所以还没有位格。但如果苗族的"万物有灵"论向多神论发展的话，违反这"款约"便要受到某个神明的惩罚（比如石神或者山神），因为这种精神属性已经质变为神明了。而如果多神论继续向一神论方向发展的话，违反这样的"款约"便要受到某个至高无上神的处罚，这种性质的"约"不仅是人与人之间的约，也是人与神之间的约，签订契约的双方是"山神""石神"等自然神祇和榔款所涉及的苗族人，其效力是由自然神的权威保障的，这山神或者石神就成为参与此约的苗族人的保护神。

2. 椎牛

灵魂除了寄宿于无生命体和植物体中，还可以寄宿于动物体中。苗族的祭祀仪式如"椎牛""椎猪"和"接龙"等祭祀活动都体现出灵魂在动物体中的转移，易言之，对称性关系也存在于苗族人和动物神之间。

苗族最重要的祭祀仪式无疑是"椎牛"，无论是湘西苗族还是黔东南苗族都有"椎牛"吃鼓脏的习俗。"苗人生长边荒，多疑畏鬼。凡遇疾病灾害，则必延师，私宰耕牛，聚众禳解，名为做鬼。及至秋冬，淫祀繁兴。

---

① 石启贵.湘西苗族实地调查报告 [M].长沙：湖南人民出版社，1986：481-482.

② 石启贵.湘西苗族实地调查报告 [M].长沙：湖南人民出版社，1986：482.

小则附近寨落，百十为群；大则聚集邻省苗人，盈千累万。巫师妄言祸福，以惑愚顽。从前癫苗滋事，皆从此起。且每岁秋成，必将所蓄耕牛恣行宰杀，次牛耕作则又称贷买牛。遂至穷困，流而为匪。"① 清廷从经济理性的角度出发，考虑的都是生产问题，是成本和收益问题，苗族人把牛杀了，必然影响农业生产，进而影响国家的税收，因此对苗族人椎牛的习俗不屑一顾，自嘉庆九年（1804 年）开始，便严禁苗族人宰杀耕牛。

然而在苗族人看来，"椎牛"自有其正当性，其第一个目的是免灾。《中国苗族古歌》中讲到这样一个故事，在远古时期，"仡雄"苗族人和"代卡"汉族人本是兄弟，他们都不知道自己的父亲是谁，有一次他们联合杀了自己的父亲，害怕母亲追究责任，于是逃往远方，后来母亲追上了"仡雄"，"仡雄"承认自己的罪行，为了表示向父亲赎罪，以免上天降下灾祸，母亲便要"仡雄""椎牛"以作赎罪祭，这被椎的牛就有点类似于西方的替罪羊，是为"替罪牛"，即代替苗族人承受老天爷的审判的意思。

"椎牛"的第二个目的是求得丰收。弗雷泽在《金枝》一书中提及俄罗斯的堪察加人有杀熊和吃熊的习俗。堪察加人在杀熊之前都要对熊说不要害怕，并请求熊的原谅，在杀掉熊并吃完熊肉之后，他们还要举行仪式送走熊的灵魂，让熊的灵魂回家，还在路上给它吃的粮食和驯鹿肉，② 杀熊的仪式能够保证堪察加人物质上的丰收。苗族人的"椎牛"和杀熊类似，"椎牛"通常历时四天三夜，耗费很大，通常是用买来的牛"椎"，因为苗族人本身并不富裕，故苗谚语有云："吃牛难，大户动本钱，小户卖庄田。"所不同的是堪察加人是狩猎民族，故熊的地位非常重要，而苗族是农耕民族，没有任何动物能与牛的重要性相提并论。他们认为牛的身体会衰亡，但灵魂是不灭的，只不过是换了一个身体继续存在，而人吃了牛肉就会获得牛一般的力量，这样可以促进农业生产，这是一种典型的接触巫术。《湘西苗族调查报告》记载："水牛买回后，择期聚众家族，请觋师来家'果业'（ghod niex），

① 佚名.苗疆屯防实录 [M].长沙：岳麓书社，2012：190.

② ［英］弗雷泽.金枝 [M].汪培基，徐育新，张泽石，译.北京：商务印书馆，2013：818-819.

即定吃牛之意。如法通呈，报告祖先，转奏'果打'（ghao bndeat），即天公，俗称天老爷。送牛神知闻。"① 可见苗民乃是抱着一种"我给是希望你也给的"的心态来祭祀的。在苗语环境中，鬼和神没有区别，"牛神"就是"牛鬼"，在杀死牛后，苗族人认为牛的灵魂会升天，所以要告知老天爷，又寄希望于老天爷和祖先，保佑家族亲友丰衣足食，故虽吃牛祭期长，规模大，亲多客重，事前也必周密筹划，"黄牛牯、水牛牯、猪鸡祭物不可少"②。可见，苗族人不仅把自己的生命同无生命的物体以及植物相互交感地联系在一起，这种对称关系也存在于人和动物之间，两者祸福与共。

其实，苗族的椎牛习俗和清廷的禁椎禁例在目的上是一致的，除了免灾祸之外，还可以求吉祥。易言之，苗族人认为杀牛是可以带来丰收的。③官府则认为牛是重要的生产工具，农业生产不应该依靠自然神或者动物神，应该依靠政府，政府是一种政治神祇。

"椎牛"的程序大体分为椎牛和吃牛两个环节，家族成员在椎牛仪式中的地位是不同的，椎牛时下椎和吃牛时拿走牛腿都极有讲究，下第一椎和抬第一腿的家族成员是"仲打"（jongx dat），汉译为椎牛舅，是父亲的舅舅，下第二椎和抬第二腿的是"仲且"（jongx qed），是儿子的舅舅，抬第三腿的是姑姑，姑以大小排列，无姑姑则送给姐妹。有直系先送给直系，无直系亲者给堂舅、堂姑、堂姐妹。如果将下椎当作义务，抬牛腿当作权利，则血缘关系越近者，义务权利就越大。因除去父亲的舅舅这个长辈外，根据舅舅顺位先于姑姑，可以推知母亲的顺位是在父亲之前的，所以如果一个二代家庭有母亲、父亲、子、女四人的话，则权利义务的顺位依次为母亲、舅舅、父亲、姑姑、姐妹。但是长辈中没有叔伯和晚辈中没有兄弟，

① 石启贵.湘西苗族实地调查报告[M].长沙：湖南人民出版社，1986：463.
② 石启贵.湘西苗族实地调查报告[M].长沙：湖南人民出版社，1986：464.
③ 弗雷泽提及在非洲的游猎部落中有杀死神性动物的习俗，而这些游猎部落居民选定与之建立联系的动物不是温顺的野兽或者家养的畜生，而总是凶残的猛兽比如斑豹、黑蟒、鳄鱼、河马、野猪或秃鹰。所有这些动物要么非常强大有力，要么极易潜藏水底或丛林。选择这类动物为友或者做帮手，是期望靠着这些动物战胜敌对的势力。

说明叔伯和兄弟本身并非族内成员，而是作为外人入赘到本族中的。这种权利义务规则是以祖先神为强制力的来源，所以椎牛之时必须祭祀祖先。

苗族人靠着"交感巫术"与植物、动物甚至无生命体的直接感知、"相互交流"，逐渐积累了一些共同的"东西"。这种"东西"从一开始就具有二重性，既具有客观的物质属性，也具有主观的精神属性。动物是像人一样的生灵，植物会生长和死亡，云在风中会不断飘动，天空和河流也都是不断运动的，它们都是"活着的有生命的东西"，即使静止的山峦在不同时辰的面目留给苗族人的印象也各不相同。对用主观感受来理解世界的苗族人来说，甚至运动本身就是有生命的，运动着的"东西"就是有灵魂的，于是这个世界存在着形形色色的鬼神。湘西苗乡神鬼种类繁多，有三十六神、七十二鬼的说法，其实这只是个约数，实际数量尚不止于此。实际上之所以有这样多的鬼怪，是因为这些鬼怪的灵魂是不火的，可以存在于任何地方，因此也自然可以寄宿到人当中，这样除了自然神和动物神之外，活着的"人神"也就产生了，也就是所谓的"苗王出世"（后详述）。但"苗王出世"只是在苗民起义时才产生，因此影响虽然很大，但并不常见。

总之，苗族习惯法是在万物有灵论信仰支配下的法律规范体系，这种体系包括三个特征：第一，在寨落共同体集体生产生活中自然形成了有约束力的对称行为规则，而且此类规则被寨落共同体成员承认是神灵的意愿而普遍服从，这构成了哈特所谓的初级规则，但此时仅有行为规则，尚未出现典型的后果规则，也没有出现法律原则和法律政策；第二，该体系中的法律规范不具备强制力，只具有约束力，违反被普遍遵守的对称行为规则的后果的规定主要通过两种方法解决，一是在法律关系中施加对称性义务如血族复仇和姑舅表婚，二是通过"理老裁判"，理老是临时委托产生的，所以法律后果的确定性和强制性并不高，而法律关系中的权利义务则是根据血缘关系的亲疏远近确立的；第三，该法律规范体系是一系列习惯法的集合，该体系是静态的，没有基础规范作为终极效力规范，也还没有形成法律文本和性质上的分类，但不能说苗族社会是没有法律规范加以调整的。

现在，如果我们对土司时期的湘西苗族法律社会秩序作出描述，那么我们会发现苗族人处在一种相对宽松的环境中。同一个寨落内的苗族人在长大后或者依照"还谷种"的传统娶自己的表妹为妻，或者可以在牯藏节到来时以歌声为媒娶族外女子进入本寨。婚后他是农夫，必须尊重妻子和舅舅在人身和财产上的权利。作为寨落的一份子他又是战士，如果他所在的寨落和其他寨落发生冲突时，他基于血缘关系有义务带刀带枪参加"穴斗"，他也相信鬼神授予了理老相应的权柄解决寨落纠纷，在一般的家庭纠纷中，他也可以以送礼的方式请几位理老进行调解和评判，他服从调解和判决。在物质匮乏的情况下，他所在的寨落可能自己也可能与其他寨落以合款方式结成联盟，越过边墙向东南方向的汉族聚居区劫掠。这样的生活方式，苗族人坚持了很长一段时间，直到清朝中央王朝带着绿营兵准备到湘西开辟新的厅县为止。

第二节　土家族习惯法与土家族社会

元朝统一全国后大力经营位于长江中上游的西南地区，强化对西南各少数民族的控制。随着湘西永、保二土司被逐渐纳入新的中央王朝的大一统格局中，具有土家族特色的等级化的法律秩序也开始形成。从法律逻辑上讲，湘西苗疆的土家族人可能会受到中央王朝对两个方面施加的影响：一是作为家庭或者家族成员，他可能在夫妻关系或者父子关系等问题上发生变化；二是作为国家的成员，土家族是如何接受中央王朝的统治的。总体而言，在湘西苗疆长达 500 年的土司时代，土司管辖区的法律呈现封建化的特征，与之相对应的则是一个相对封闭的封建社会。

一、土家族聚居区的家族法与社会秩序

这一时期的土家族的家族法秩序仍然建立在血缘关系基础上，但是相较于苗族，土家族的家族法具有封建等级化特征。要明确，这里所谓的"家族法秩序"并非现代市场经济意义上的私法秩序。因为市场经济意义上的

私法如民法、商法等等是以雇佣劳动的货币交换为前提，即是以劳动力市场的存在为前提，在湘西土司时代不存在这样的市场，因为每个附属于上级的土家族人都不是把自己当作可以出卖劳动力的劳动者看待的，而是将自己当作是所有者，同时也是进行劳动的封建体系的共同体成员看待的。易言之，不能从个人的角度看待婚姻和家庭制度，而要从个人与家族的相互关系来理解婚姻和家庭制度。

（一）婚姻法秩序

元明土司时期土家族人的婚姻制度的行为规则与苗族相似，具有母系社会的遗留。其表现形式包括"还谷种""坐床婚""歌谣婚"等。关于土司时代土家族人的"还谷种"，《永顺县志》第六卷载：

> "土司旧例，凡姑氏之女必嫁舅氏之子，名曰'骨种'。无论年之大小，竟有姑家之女年长十余岁，必待舅氏之子成立婚配。"①

之前在分析苗族婚姻习惯法时，对"还谷种"婚有比较详细的介绍，此处土家族人的"骨种"婚就是苗族人的"还谷种"，是族内通婚的范围越来越窄的最后表现。舅家享有对姑女婚姻的优先权，只有当舅家放弃优先权时，姑女方可嫁给他人。姑女在嫁给他人时，还须给舅家财物作为补偿。反过来，违反"生女先尽舅家定亲"的行为，舅家要得赔偿金，称之为"骨种钱"，这和苗族人的"谷种钱"本质上没有区别。需要注意的是作为"骨种婚"替代形式的"坐床婚"和"填房婚"。

1."坐床"与"填房"

土司时代，湘西土家族聚居区，"坐床"也是常有的。"坐床"是从男方家族角度而言，它是指女子在嫁给丈夫后，丈夫如果亡故，则该女子再嫁给丈夫兄弟的一种婚姻形式。《永顺府志》记载："坐床尤乘伦理，凡兄亡收嫂，弟亡收弟媳。"② 这种婚姻形式在湘西土家族地区十分流行。

其实，这种"坐床婚"就是段汝霖观察苗族婚姻所提到的"兄亡收嫂""弟

---

① 黄德基.乾隆永顺县志：卷六 [M]// 吴起凤.靖州直隶州志永顺县志.长沙：岳麓书社，2012：21.
② 张天如.永顺府志：卷十一徼示 [M].刻本.[出版地不详]：[出版者不详]，1763（乾隆二十八年）.

亡收媳"的翻版。"坐床婚"即兄亡以后，如其弟尚未结婚，则弟弟就与其嫂结婚，俗称"弟坐兄床"；反之，如果是弟亡在先，未结婚的兄长就与弟媳结婚，俗称"兄坐弟床"，若兄或弟皆不愿履行"坐床"义务，寡嫂媳才可以外嫁他人。但是土家族和苗族不同，因为土家族人受汉族人影响更深，所以丈夫死后，女子必须为丈夫守丧三年方可再嫁，而在苗族人处没有此习惯。女子再嫁时，表面上看丈夫家族内的男子享有与其结婚的"优先权"，但事实上，男子坐床既是权利也是一种义务，即婚姻顺位的递补是一种义务。

"填房婚"和"坐床婚"的观察角度是相反的。"填房婚"是从女方家族看，是指嫁出女子亡故后，由女方家族再出一女子填补空缺履行婚姻义务的婚姻形式。"填房婚"即姐亡，其妹与姐夫结婚，称为"妹填姐房"；或者妹先亡，其未成婚的姐与妹夫结婚，称为"姐填妹房"。在传统的对土家族婚俗的研究中，普遍存在这样一种观点，认为"妇女明显地被当作一份动产和一种生儿育女传续香火的工具"，认为"坐床婚"和"填房婚"是严重限制妇女婚姻权利的婚姻形式。

事实上，"坐床"也好，"填房"也罢，这两种婚姻形式其实是对偶婚向专偶婚过渡时期在土家族社会遗留的一种表现形式。对偶婚是一种二合族内婚，其表现形式从男方家族看就是一个丈夫有多个妻子，这多个妻子中有一个主妻，而从女方家族看就是一个妻子有多个丈夫，在这多个丈夫中有一个是主夫。

在族内的通婚范围越来越窄后，对偶婚最终会演化成姑舅表婚这样的专偶婚，主妻或者主夫就变成了专妻或者专夫，而主妻之后的婚姻关系第二顺位的次妻或者次夫，就只能在其姐妹或者兄弟死亡后才能与姐夫妹夫或者兄嫂弟媳结合以填补顺位，所以当男子的专偶死亡后，女方家族有义务提供女子来填补该专偶的位置，故称之为"填房"；而当女子的专偶死亡后，男方家族也有义务提供男子来填补该专偶所缺之位置，这是"坐床"的真正含义。

另外，土家族还有一种与坐床相同逻辑的称为"拦门"的习惯法，在现在该习惯仍然适用。"拦门"分为两个阶段。第一阶段是"女拦男"，即男方家族中选派一男性为总管率领迎亲队伍到女方家迎亲，此时女方家族的外戚中同样选派一女性为总管代理女方家族成员（均为新娘同辈之未婚女性）在大门口进行"拦门"，其法如下：

用一张大方桌挡在大门中间，将迎亲队伍拦住，双方总管对歌或对白。如果男方总管唱赢了或讲赢了，就把桌子搬开，让他进门；如果男方总管唱输了或讲输了，则要从桌子下面爬过去。①

拦门后，女方的拦门官和男方的接亲官开始盘唱答辩，接亲官给拦门官"行礼钱"，也要给新娘同辈的家族成员"行礼钱"，钱给到位后才能拜见女方家长。

第二阶段是"男拦女"，同样是在男女双方各选一名总管，带领新郎新娘家族内同辈未婚男女进行拦门，只是将第一阶段的过程颠倒过来。这种风俗是古代对偶婚的遗迹，实际是对偶婚时期的主夫或者主妻以"行礼钱"的方式赎取对方家族未婚者在婚配顺位上享有的权利。

2. 歌谣婚

当然，"骨种婚"也好，坐床婚也好，都是族内婚，长时间近亲结婚必然导致很多遗传疾病，为解决这个问题，需要突破族内婚的限制，形成族外婚。"歌谣婚"就是一种典型的族外婚。所谓"歌谣婚"是指土家男女以歌谣为媒介的一种自由婚，其作用类似苗族的"抢亲"，它是将土家族婚姻形式从族内婚变为族外婚，是姑女对舅子婚姻义务突破的一种方法。《永顺府志》记载描述了土司时代的歌谣婚：

凡耕作出入，男女同行，无拘亲疏，道途相遇，不分男女，以歌声为奸淫之媒，虽亲夫当前，无所畏避。……二三月间，妇女结队负背篓往山探胡葱、竹笋，合唱山歌答和为乐。②

土家族也是南方山地民族，以户为单位进行农业生产，在耕作的过程

---

① 向美蓉. 湘西土家族婚姻习惯法的当代变迁 [D]. 北京：中央民族大学，2010：31.

② 张天如. 永顺府志：卷十一檄示 [M]. 刻本.[出版地不详]：[出版者不详]，1763（乾隆二十八年）.

中唱山歌一则是休息调节身体，二则是给自己打广告向异性推荐自己，歌声起到媒人的作用。在以歌定情的婚俗文化背景中，土家族女性在婚姻决策中同苗族女性一样具有鲜明的自主地位。

与苗族不同的是，因为土家族人已经建立起相对完整的封建等级制度，所以其婚姻制度也带有等级性特征。永保土司历代奉行等级婚制，其表现形式就是同级土司或者下属土司之间可以联姻，但低等级的土家族人之间不能通婚。学者瞿州莲、瞿宏州从永顺土司的墓志铭中考证，明代永顺彭氏家族与周边的桑植土司向氏家族、保靖土司彭氏家族及酉阳土司冉氏家族具有频繁的通婚关系，在土司之间的通婚中，也发现有姑舅表婚的对称形式①，这可以视为对称规范在等级社会的一种遗留。

另外，土司时期的土家族同姓没有不能通婚的禁忌，这也与苗族不同。如永顺土司和保靖土司都姓彭，又如保靖司和南渭州司的长官也都姓彭，但是相互之间也通婚，只是将女方的姓氏从"彭氏"改为"蓬氏"以示区别。这当然是出于门当户对的等级化政治婚姻需要，也就是说，同等级之间仍然维系对称婚姻规则，不同等级之间则是高等级占优势地位。

（二）家庭法秩序

从土家族的家族法看，土司已经大致确立了父权家长制，这比苗族的舅权家长制更加前进了一步，土司的家长按父系计算，但是土司时代的一般土家族家庭中，究竟是女子地位更高还是男子地位更高，则缺乏相应的资料佐证。故在分析家庭法秩序时，暂时只能以土司的家谱为依据，土司家族的父系家长对家族成员具有祭祀权、身份权、财产权，从广义的家族法，即宗族法的"宗"字看，该字也有两处理论要点提示，一是屋檐，二是"示"，可见祭祀权起到统领其他权利的作用。

1. 祭祀权

与苗族人类似，土家族人最重要的权利当属祭祀权。祭祀权归属于家

---

① 瞿州莲，瞿宏州.明代永顺土司的婚姻习俗及其特点：以湖南永顺老司城碑刻为中心的历史人生学考察[J].广西民族研究，2015（1）：116.

族的父系家长。每逢土家族的冬至祭祀日，家人必在房长的统领下，赴宗祠参加祭祖活动。祭祀期间，家长须照仪式虔诚跪拜，不得违反祠规有喧闹等行为。土家族和苗族土司时代的祭祀对象是有区别的，苗族崇拜的对象是自然神祇，接近于一种万物有灵论，除了祖先之外，动物和自然也可能成为崇拜对象，如在苗族"椎牛祭"中，涉及的对象包括天神、动物神和祖先神；而土家族人祭祀的对象也包括动物和自然，如土家族也有对白虎的崇拜，但最主要的祭祀对象则是人鬼——祖先神；这说明土家族人的祭祀对象已经从为数众多的自然神、动物神向为数较少的祖先神收敛。我们以土家族规模最庞大的"摆手祭"为例说明，据乾隆二十八年（1763年）版《永顺府志》载：

土俗，各寨有摆手堂。每岁正月初三至初五六夜，鸣锣击鼓，男女聚集，摇摆发喊，名曰摆手，盖被除不祥也。①

嘉庆二十三年（1818年）《龙山县志》记载：

土民设摆手堂，谓是已故土司阴署，供以牌位。黄昏鸣钲击鼓，男女聚集，跳舞唱歌，名曰摆手。有以正月为期者，有以三月六月为期者，唯董补、五寨、二里最盛。②

光绪三十三年（1906年）《古丈坪厅志》也有相关的记载：

土俗各寨，有摆手堂。每岁正月初三至初五、六夜，鸣锣击鼓，男女聚集，摇摆发喊，名曰摆手，以被不详，此旧俗，今亦不尽有此堂。惟人死不用僧道，只用土老司作法，神为旧宣慰社把，如彭王、田大汉、向老官人云，皆彭王之臣云。客籍每从所在为祭。③

当代土家族还有"舍巴节"的民族节日，有些地方叫作"社巴节"，这个节日就是祭祀以"舍把"为代表的祖先的。祭祀的时间是在农历正月、三月及六月，祭祀地点是在所谓"摆手堂"。仪式过程主要包括：献祭敬祖、摆手降祖、歌舞颂祖和扮演毛古斯四个部分。过"舍巴节"的目的是祈求

---

① 张天如.永顺府志：卷九·土司[M].刻本.[出版地不详]：[出版者不详]，1763（乾隆二十八年）.
② 洪际清.龙山县志：卷七·风俗[M].刻本.[出版地不详]：[出版者不详]，1818（嘉庆二十三年）.
③ 董鸿勋.古丈坪厅志：民族（下）[M].铅印本.[出版地不详]：[出版者不详]，1907（光绪三十三年）.

祖神降临，保佑来年风调雨顺，人畜兴旺。据民族学者彭梅考证，土家人的"舍巴节"按其规模和内容可分为"大摆手"和"小摆手"，大摆手属于几个村寨联合举办的大型村寨祭祀仪式，主要的祭祀对象是"八部大神"，参与祭祀的人员多达千人甚至万人；小摆手是以姓氏或一村一寨为单位进行的祭祀活动，主要祭祀的对象是"彭王""向老官人""田大汉"等，参与祭祀的主要人员多为本村落的成员，规模较小。[1]

"八部大神"，也称"八部大王"。土家族口碑相传的《梯玛歌》就记载了八部大王的名字，分别是：熬潮河舍、西梯佬、西呵佬、里都、苏都、那乌米、拢此也所也冲、接也费也那飞列耶。[2] 这里的"八部大王"的名字不是一个人的名字，而是指土家族古代的八个部落，这就类似于古代草原民族的契丹族，契丹起初也是由八个部落组成的，直到耶律阿保机出现后才统一了契丹八部，建立政权。而土家族人由于分散在西南山地的原因，则一直没有建立统一巩固的政权，现在的土家族是由古代八个大的宗族发展而来的，在保靖县拔茅乡水坝村境内的酉水河北岸黔山下，现存清乾隆二年（1737）前所建的八部大王庙遗址，亦即首峒遗址，这是湘西唯一的八部大王庙遗址，遗址尚有一块残缺的截石碑，其碑文清楚地记载："首八峒，历汉、晋、六朝、唐、五代、宋、元、明，为楚南上游……故讳八部者，盖因威震八峒，一峒为一部落。"[3] 可见，八部大王是土家族人集体记忆中最早的祖先，死后上升为祖先神，因此在舍巴节中，祭祀的人数最多、规模最大。

土家族摆手祭和苗族的椎牛祭最大的不同在于前者的祭祀权是在父系家长手中，而苗族的是在母系家长（舅）手中。

---

① 彭梅.民俗主义视角下的湘西土家族舍巴日研究：以洗车河镇为田野调查点 [D].昆明：云南大学，2018：43.

② 湖南少数民族古籍办公室.梯玛歌 [M].长沙：岳麓书社，1989：37.

③ 博雅文化旅游网.湖南湘西州保靖县八部大王庙遗址 [EB/OL].[2022-10-27].http：//www.bytravel.cn/Landscapel/21/babudawangmiaoyizhi.html.

"彭王"是永保土司的司主，就是典型的父系家长。^①这里的"彭王"和"八部大王"一样，不是仅指某一代家长，而应该包括了从第一代到最后一代的永保土司司主。"向老官人"如是彭王之臣，则自然是永顺、保靖二土司之下的二级土司，最有可能是腊惹洞长官司向氏或者驴迟洞长官司向氏，但也不完全排除附近桑植土司向氏和柿溪司向氏的可能。"田大汉"按隶属关系则应当是施溶州田氏。因为支系较小，所以祭祀的规模也相对较小，称为"小摆手"。

就土家族人的祖先崇拜而言，"八部大王""彭王""向老官人""田大汉"等构成其祖先崇拜的上层，但是构成其祭祀基础的最小单位依然是"舍"，所以祭祀活动才称为"社巴"节或者"舍巴"节。从构成民族共同体的角度来说，"八部大王"是土家族人民族共同体的记忆，"彭王""向老官人""田大汉"等是构成民族之下的宗族共同体的记忆，而"舍把"或者"舍巴"则是构成宗族之下的家族共同体的记忆。"舍巴祭"和苗族椎牛祭的相同点都是为了祈求丰收，而最大的不同在于祭祀人的资格，在苗族人那里，第一顺位的祭祀人始终是舅舅，因此其祭祀记忆带有母系一族的基因，而土家族人的祭祀主体是父系家长，其祭祀带有父系的基因。父系的家长除了参加全族祭祖活动"大摆手"之外，对自家的祖坟也要扫墓。在全族两项最大的祭祖活动中，家长均有义务出席参加。这样，作为一个"主客体"兼备的双重角色，家长的祭祀权利和义务是相当重要的。

2. 身份权

身份权是祭祀权在家族共同体中的延伸。"家"是同居共财的共同体，对家族而言，需要有一个家长对同居产生的身份关系和共财产生的财产关

① 就土司制度作为一种法律制度而言，它是中央集权在西南少数民族地区得以强化的表现形式。元代设立土司最初是出于战略上的考虑，为震慑长江中下游"南人"的反抗，元代打起了长江中上游的主意，有意识地强化了对西南地区少数民族的管理，广设土司，并将土司纳入行省的管理之下，这就强化了中央与地方的联系，而元代的行政区划和土司制度基本为明清两朝所因袭。元代对湘西苗疆的管辖可分为南北两部分，北面是隶属于四川行省的几个土司管辖，南面由隶属于湖广行省的思州土司和辰州路管辖。不过这些土司和流官对湘西苗疆的控制力度就不得而知了，大体上生苗区的控制力比其他土司要弱。

系进行管理。家长在个人意义上并不重要，但是家长在整个家族意义上十分重要。不仅作为家长重要，而且作为家长继承人的身份同样重要。在父系家长对家庭成员的身份权中，最重要的是立嫡子的权利，因为土司家族家大业大，需要及早确定第二顺位的家长，以结束在身份上和财产上的不确定状态。这里说永顺、保靖土司需要注意，土司家族中身份的确定既具有家族法的意义又具有国家法的意义，因为土司司主也是家主，但我们这里的分析是仅就家族法意义而言的。

以永顺土司为例，在《永顺土司族谱》中，从五代后梁开平年间到清雍正年间，共计 35 任家长，父系家长身份确立的情况具体为：

1. 彭瑊—2. 彭士愁（瑊子）—3. 彭师裕（士愁长子）—4. 彭允林（师裕长子）—5. 彭允殊（师裕次子）—6. 彭文勇（允林长子）—7. 彭儒猛（文勇子）—8. 彭仕羲（儒猛季子）—9. 彭师宴（仕羲长子）—10. 彭师宝（仕羲次子）—11. 彭福石宠（师宝子）—12. 彭安国（福石宠子）—13. 彭思万（安国子）—14. 彭胜祖（思万子）—15. 彭万潜（胜祖子）—16. 彭天宝（万潜子）—17. 彭源（天宝子）—18. 彭仲（源子）—19. 彭世雄（仲子）—20. 彭瑄（世雄子）—21. 彭显英（瑄子）—22. 彭世麒（显英子）—23. 彭明辅（世麒子）—24. 彭宗舜（明辅次子）—25. 彭翼南（宗舜次子）—26. 彭永年（翼南子）—27. 彭元锦（永年子）—28. 彭廷机（元锦子）—29. 彭弘澍（廷机子）—30. 彭肇桓（弘澍长子）—31. 彭肇相（弘澍次子）—32. 彭廷椿（元锦弟元钲之子）—33. 彭弘海（廷椿长子）—34. 彭肇槐（弘海长子）—35. 彭景燧（肇槐长子）①

保靖土司共计 40 任家长，家长身份确立情况如下：

1. 彭师杲—2. 彭允禄—3. 彭文通—4. 彭儒毅—5. 彭仕隆—6. 彭从云—7. 彭翼—8. 彭凌霄—9. 彭邦宏—10. 彭勇—11. 彭泰定—12. 彭师孔—13. 彭定国—14. 彭思善—15. 彭本荣—16. 彭齐贤—17. 彭博—18. 彭廷珪—19. 彭世雄—20. 彭万里—21. 彭勇烈—22. 彭药哈俾—23. 彭勇杰—24. 彭南木处—

---

① 张天如. 永顺府志：卷九·土司 [M]. 刻本 . [出版地不详]：[出版者不详]，1763（乾隆二十八年）.

25.彭显宗—26.彭仕垅—27.彭翰—28.彭九霄—29.彭虎臣—30.彭良臣—31.彭苠臣—32.彭守忠—33.彭养正—34.彭象乾—35.彭象周—36.彭朝柱—37.彭鼎—38.彭泽龙—39.彭泽虹—40.彭御彬 [1]

土司家族中，家长的身份不是中央王朝制定的，而是由上任家长确定的，家长确定后在朝廷那里只是备案和承认而已，所以绝大多数情况，家长就是土司司主，即使发生篡位情形，中央王朝也并不轻易干预。例如，保靖彭氏在第22任家长彭药哈俾时期出现了彭大虫可宜杀死彭药哈俾事件，该事件虽造成了深远影响，但保靖彭氏家长身份的确定依然是在同宗产生，中央王朝并不因此直接干预。

那么，直系的身份权采取何种规则确立呢？

首先，由上任家主以立嫡子作为家长接班人。在传子中，绝大多数情况是传嫡长子，因为彭氏一族最早是从江西迁徙到湘西苗疆的，严格说是土家化了的汉族，应当是受到汉族在家族法方面的影响。随着土司家族的扩大，同居共财的范围就越大，支系就越多，如果家长身份关系无法确定，就会出现"诸子争产"的情况。在土司家族中，家长身份意味着拥有教育权、财产权和司法惩戒权。在"诸子争产"这种情况下，如何设定家主传承的序列就显得极为关键，"立嫡以长不以贤"成为位序传承的基本准则自然不难理解。需要注意的是，在上述家长身份父传子的传承中，有一些情形是父亲传给次子的，不过都是一些例外情形，如，第25任家长彭翼南是第24任彭宗舜的次子。

其次，也有家长立弟为家长接班人的情形。改家长之弟作为下任家长，这种情况也出现过几次，如永顺彭氏第4任彭允林传家长位给第5任彭允殊，第9任彭师宴传给第10任彭师宝，第30任彭肇桓传给第31任彭肇相。在土司家长身份的确定中，可能由于没有儿子或者儿子身体方面的原因，除此之外均是家长无嗣的情况。又如，保靖彭氏第29任家长彭虎臣传位给弟弟彭良臣（第30任），彭良臣又传位给弟弟彭苠臣（第31任），第34

---

[1] 张天如.永顺府志：卷九·土司 [M].刻本.[出版地不详]：[出版者不详]，1763（乾隆二十八年）.

任彭象乾传位给弟弟彭象周（第 35 任），上述情况发生在永保土司接受朝廷征调对外征伐的过程中，如果哥哥阵亡，则由弟弟继承家主之位。

再次，家主从同宗旁系选定家长接班人。如永顺彭氏第 31 任家长彭肇相无嗣，则确定彭肇相的叔爷爷彭廷椿（第 27 任家长彭元锦弟彭元铤之子）为第 32 任家长。保靖彭氏也出现过类似情形，洪武六年（1373 年），当时还是元廷保靖安抚司的彭万里（第 20 任家长）率族人内附明太祖朱元璋，朱元璋将保靖安抚司升为宣慰司，统领大小江等二十八村寨，彭万里去世后，其子彭勇烈继位（第 21 任），彭勇烈去世后由其子彭药哈俾继位（第 22 任）。第 20 任家长彭万里有个弟弟叫彭麦谷踵，彭麦谷踵有儿子叫彭大虫可宜，按辈分他是彭药哈俾的堂叔父，在彭药哈俾时期已经做到永顺副宣慰使同理司事。宣德年间，彭大虫可宜以彭药哈俾年幼将其杀害，欲取而代之，后事发被逮下狱，死于狱中。因彭药哈俾无嗣，以彭勇烈弟彭勇杰继位（第 23 任），其家长之位仍然是彭万里一系。需要注意的是，宣德四年（1429 年），兵部奏："保靖旧有二宣慰，一为人所杀，一以杀人当死，其同知以下官皆缺，请改流官治之……帝以蛮性难驯，流官不谙土俗，令都督萧授择众所推服者以闻。"[①] 由此可见，第 23 任家长是推选出来的。

3. 教育权

教育权是身份权的延伸，此处教育权包括两层含义：一是在家族成员犯错之前的教育引导权，二是家族成员犯错之后的惩戒权。当然，此处的教育惩戒同时也是家长对家族的义务。

一方面，新的家长继位后，对家族所有成员都有教育的权利，这种教育权随着土司的不断汉化得以加强。以保靖宣慰司为例，宣德年间彭大虫可宜的仇杀事件造成了恶劣影响。因彭大虫可宜一系的彭氏已经占据永顺宣慰司一半的土地人口，虽然彭勇杰系传承家长身份并得到朝廷背书，但是彭大虫可宜系和彭勇杰系的彭氏后代相互之间依然仇杀不断，直到弘治年间第 26 任家长彭仕垅时期才基本解决争端。时为湖广巡抚阎仲宇、巡按

---

① 张天如.永顺府志：卷九·土司 [M].刻本.[出版地不详]：[出版者不详]，1763（乾隆二十八年）.

王约等奏请："以后土官应袭子弟，悉令入学，渐染风化，以格顽冥。如不入学者，不准承袭。"① 可以想象，将入学学习儒家经典作为袭承的前置条件对彭氏一族家风家长的树立产生了深远影响。

　彭氏一族作为土司，对下辖区域内的其他家族应当是具有示范效应的。正因为认识到对子女教育的重要性，可以想象土司时代一般家族的家长都会在教育上下大功夫。有条件者，家长都会模仿土司家族送子女入学读书，让孩子从小就接受学校的正规教育。家长们大都会按儒家理论，讲解尊卑长幼的一套礼貌等级秩序，教育孩子要尊敬长辈和懂得孝敬父母老人等基本伦理知识和观念。在生活常识教育中，家长主要是教以日常生产生活中的经验、技巧和禁忌规范等常识，如在家中教孩子怎样做洗衣、弄饭等家务活，女孩子如何纺纱、织布、做"女红"，男儿怎样学耕田种地、打柴伐薪，生产生活中有哪些需要注意的禁忌，等等。在为人处世教育中，家长主要是教子女"修身"经验，基本上也是教以儒家的"仁义礼智信、温良恭俭让"等修养理念，同时也讲解族训族规中的训诫内容。家长对子女的教育，从司法角度而言还负有很重要的教化职责。这种教化更多体现在未发生纠纷诉讼前，要经常进行正面的耐心劝导，使子女明白做人的道理，不做违法的事。同时对已犯了错误的家人要进行帮助和教育，使其受到感化尽快转变。

　另一方面，家长作为家族的司法者，对家族成员不服从管教的行为还有一定的惩罚权。惩戒是通过"舍"来完成的。在土家族家庭共同体之上还存在被称为"舍"的血缘共同体，一"舍"之长在古代文献中被称为"舍把"。"舍"是由数个家庭共同体组成的家族共同体，"舍把"因此具有族内司法权。"舍把"的司法权可能在后来也适用于不同族系的土家族人，但最早应当只能适用于同族纠纷，这一点与苗族的"理老"裁判是一致的，所不同的是"理老"是因事由当事人临时选出的，而"舍把"则是世袭的。因为是家族内部事务，所以无论何种纠纷"舍把"都有权处理。

---

① 张天如.永顺府志：卷九·土司 [M].刻本.[出版地不详]：[出版者不详]，1763（乾隆二十八年）.

4．财产权

土家族人内部的财产划分不具有现代意义上的私法含义，因为一个人总是作为家族成员立足社会的，其劳动创造的价值是以户为单位进行评价的。就财产权而言，是依附于人身权存在的，即一定的人身关系是财产关系产生的条件和基础。

在土司辖区，一定的生产关系对应一定的血缘范围和关系，同时带有封建等级特征。

首先，"户"作为最小的单位与土地的家庭占有对应。构成土家族社会结构基础的是所谓的"户"。土家族占有制中，土家族人是宗族共同体"旗"的成员，所以他们不像生苗区的苗民那样是共同财产的共有者，土司之所以能够对土家族人征税，说明土家族人不是小自耕农，而是宗族共同体"旗"的一份子，土司是站在宗族共同体的角度向土家族人"按户索取"的，所以土司或者知州不能自己直接索取，而是要通过各旗的"旗头"间接征收，"旗头"再通过"舍把"向下落实到位。

其次，"舍"与土地的家族占有具有对应关系。易言之，调整土家族人财产关系的法律制度也是封建式的，最基础的是以"户"为单位的家庭占有，其次是以"舍"为单位的家族共同体占有，再次是以"旗"为单位的宗族共同体，再上升到更大的宗族共同体"州""洞"，到了永保宣慰司那里，就形成了代表土家族人的民族共同体。

在同时期的苗族人那里，寨落共同体本身既是一种政治存在也是一种经济存在，它是一种独立的有机体。在土家族人那里，以宗族共同体"旗"为例，各旗首先是作为军政单位存在，而后是作为经济单位存在，这从各旗的地理分布就可以看出来。《湘西土司辑略》记载了土司对军事据点的设置情况和原因：

> 峰尖岭畔，准其垦种，平原处荆棘蔓塞，不许开垦，土司之法，所以守险而戒敌也。①

---

① 谢华．湘西土司辑略 [M]// 段汝霖，谢华．楚南苗志 湘西土司辑略．长沙：岳麓书社，2008：350．

　　各旗之所以被土司和土知州分置在地势险要的山岭，其主要目的首先不是从事生产，如果真是为了农业生产，那在平原地区进行耕作更容易。只是在军事防御态势比较稳定后，才由各旗子弟以家族为单位在上一辈的防守驻地上进行耕作，这些地方的负责人就是所谓的"舍把"。"舍把"就是家族族长，这些"舍把"散居在山岭中，彼此相隔遥远，久而久之就形成了不同的寨落，所以从社会生活上看土家族人和苗族人一样，也是以家族共同体的方式聚寨而居的。从外表上看，以"旗"为代表的宗族共同体只有通过"舍把"的集会才能组织起来，才具有存在感和意义，集会的表现形式就是"舍巴节"，虽然宗族共同体"彭氏""田氏""向氏"包含在土家族人的血缘关系、语言、共同的过去和历史之中，"舍"向上形成旗、州、司，向下则由户组成，以"舍"为单位的家族共同体才是构成土家族社会秩序的基础，这与苗族的寨落共同体显然是不同的。

　　"舍"是以家族为单位的共同体，在寨落范围内具有一定程度上的同居共财关系，可以是同姓的数个家庭组成，也可以是异姓的数个家庭组成。但是，"舍"中的财产分配，即土地及其上的附着物的财产权并非完全平等的，而是按照家族血缘关系的亲疏远近各有分别。如果假设构成一个"舍"的家庭有十个，则这十个家庭之间的权利义务相互之间是平等的，但如果以某一户作为参照系，则其他各户对该户在生产生活上的帮扶义务是按照血缘关系的远近各有分别的。

　　在现代的某些土家族寨落中，还有一种被称为"偷梁"的习惯法。所谓"偷梁"，即一舍之中的某户需要修建新房，其木质房屋上的"梁"需要从同寨中血缘关系比较远的其他户所属的山林中砍来。土家族学者彭秀祝通过在保靖县夕铁村调查发现，"偷梁"不同于一般的"偷"，一般的偷多发生在陌生人之间，是"偷生不偷熟"，而"偷梁"习惯法则是"偷熟不偷生"，但是此处的"熟"又不能太熟，三代以内的血缘亲属关系是被排除在外的，而"偷生"也不能太生，偷梁通常是在本寨落范围内进行，有同姓之间相互偷的，也有异姓之间相互偷的，但也就是在一个"舍"这样的家族共同体范围内才能偷，基本不去别的寨子偷，当地土家族人这样说道：

既然是偷，就应该去别人家啊！自家内偷梁怎么回事？那不叫偷，那叫借。我们这里起屋架梁，讲的就是个"偷"字，偷梁图的是个吉利，要的就是外"柴"（财）入室！①

"偷梁"习惯法也是这个寨落或者"舍"的血缘关系的一个区分要素，首先，必须是同寨（同舍）之中，其他寨或者不同舍的家庭之间是没有"偷梁"的资格的，否则就真的成小偷了。其次，三代以内的血缘亲属也没有"偷梁"的资格，否则就是本家人的事情。这说明，是否具有"偷梁"的资格是区分同族内"本家"和"外家"的标准。假设土家族的一个家族共同体某舍中由十户家庭甲、乙、丙、丁、戊、己、庚、辛、壬、癸组成，甲户修新房在乙户的山地砍乙户的树做梁木，其所偷之"梁木"对于甲户来说就属于一种相对的"外财"。一方面，此"梁木"确实属于乙户所有；另一方面，甲户之于乙户的梁木有第二顺位的所有权或者使用权。反过来说，乙户在修新房时也可以向甲户"偷梁"或者"借梁"，甲乙之间成对称的交换关系。在这里"梁木"是一种礼物，即"你偷我，我偷你，大家互偷互助"，"互偷"是相互之间的权利，"互助"是相互之间的义务。这种同舍之间互偷互助的关系，其逻辑和"还谷种"以及"坐床"或者"填房"一致，将"梁木"当作人（新郎、新娘）或者将人（新郎、新娘）当作"梁木"其实并无区别。

家族共同体内部的成员对一件外来的事物都有共同享有的权利（也是义务），只是随着家族的不断分化，不同家庭之间对属于共有的事物具有享有上的先后顺位。如果以一舍中的甲户为中心，其血缘关系的远近从乙户到癸户依次递减，则甲户就需找离自己血缘关系最远的癸户开始偷，甲和癸互为第一顺位的"偷梁"人，同理甲户和壬户互为第二顺位的"偷梁"人，甲户和辛户互为第三顺位，依次类推。甲户和其他户可能是同姓的，也可能是异姓的，但同舍之内的财产（土地及其附着物）的占有顺位是按血缘关系从最远处开始计算的。这和对偶婚的婚配规则是完全一致的，在同族之内找血缘关系最远的进行配对，直到通婚范围越来越窄以至于只能

---

① 彭秀祝.盗亦有"道"：湘西土家族"偷梁"习俗的文化逻辑[J].西南边疆民族研究，2018（04）：154-155.

进行姑舅表婚为止。

再次，"旗"作为宗族共同体与土地的宗族占有保持一致。与封建关系相适应的是以家庭为单位的劳作制度，在这种劳作制度下的个人是自给自足的宗族共同体——"旗"的成员。《桑植县志》卷二《田赋》记载：

> 土司时，土司及土知州，皆自有山及田，役佃户种之，佃户者，皆其所买人，如奴仆然。土民则自耕其土，土司如有横敛，则责之旗头，按户索取之，其役使亦无时。①

在这种财产所有制形式下，土家族人就在"旗"这个血缘范围内具有贵族和平民之分，于是产生了两种类型的财产制度。封建社会中贵贱对立是非常显著的，儒家关于君子和小人的区分是封建社会的中心思想，"土司旧例"承认两者之间优越与卑贱的对立，承认他们不同的特权与义务，承认他们不同的生活方式和社会地位。土司和平民的社会地位是与土地占有制度成正比例关系的。

"旗"是建立在"舍"之上的一种宗族共同体，就财产关系而言，"旗"表现为一种松散的联合体而不是紧密的联合体，类似苗族人的"椰款"，区别在于"椰款"是临时性的，而"旗"是世袭的，而且具有军事政治职能。它表现为以土地所有者为相互独立的主体的统一，而不是表现为统一整体。因此土家族的宗族共同体"旗"事实上不像同时期苗族的寨落共同体，苗族的寨落既作为军政单位存在又作为经济单位存在，而"旗"是作为单纯的军政单位而存在，只在有战事时才组织起来，至于经济单位则由更小的家族共同体"舍"来承担。

土司时代，宗族共同体才是土地真正的实际所有者，财产只是作为公共的土地财产而存在。在土家族的土地制度中，这种形式的基础是孤立的、独立的数个家庭——"户"组成了家族共同体——"舍"，这种"舍"通过家族之间血缘交换维系，数个"舍"结成宗族共同体——"旗"。土家族的各旗通过管辖自己的上级共同体"州"或者"峒"在西南地区的镇压苗

---

① 顾奎光.桑植县志：卷二·田赋[M].抄本.[出版地不详]：[出版者不详]，1764（乾隆二十九年）.

民的战争或者在东南的抗倭战争中强化自身的血缘认同。

另外，这些"舍"也通过解决诉讼纠纷强化自己的血缘认同，比如《永顺府志》卷十一就记载：

> 土司恶习，凡舍把准理民间词讼，无论户婚田土，以及命案，未审之先，原被告各进贿赂，审后，胜者必送谢恩礼，负者亦有赎罪钱。①

土司的习俗实际上是土家族的习惯法，因为"舍把"是家族共同体的族长，所以土司允许"舍把"在家族范围内进行民事案件和刑事案件的审理，但是因为这种审理不是专门性的而是兼职性的，审理案件又是劳心劳力的事情，所以在审理之前需要从原告和被告那里收取一定费用，这种收费是公开的，不能说是一种"贿赂"。与其说是土司安排"舍把"处理案件，不如说是原被告聘请"舍把"解决纠纷。这种习惯法和苗族人的"理老"断案类似，"理老"断案同样收取费用，同样也没有明显的刑事民事之分，命案也是被当作侵权纠纷处理的，当然这种审理只限定在"舍"所控制的家族范围内，如果超出了家族范围涉及汉人，则由知州或者土司审理。《永顺府志》记载：

> 土人有罪，小则知州治之，大则土司自治。若客户过犯，则付土经历，以经历为客官也。文书俱会土经历。②

在这里，"土人"可以理解为土家族民族共同体的一份子，如果是土家族人犯罪，要分案件大小，如果超出了家族共同体"舍"的范围，但是没有超过宗族共同体"旗"的范围，就是小型罪案，由知州处理；如果罪案超出"旗"的范围上升到宗族之间的刑事纠纷，则属于大型罪案，需要由宣慰司处理；反过来说，汉人即"客户"犯案不交给"舍把""知州"或者宣慰司审理，而改由品级不高的文职土官"土经历"（五等土官，汉人）处理，说明这种审理方式只限于土家族人的民族共同体内，也是以一定血缘关系为基础的。这就类似于苗族舅父对本家家族成员所具有的族内司法

---

① 谢华.湘西土司辑略 [M]// 段汝霖，谢华.楚南苗志 湘西土司辑略.长沙：岳麓书社，2008：349.

② 谢华.湘西土司辑略 [M]// 段汝霖，谢华.楚南苗志 湘西土司辑略.长沙：岳麓书社，2008：349.

权，所不同的是司法权掌握在父系族长"舍把"手中。

最后，是司州与土地的民族占有。此处的民族占有是指土家族相对于其他民族而言，特别是对生活在土司辖区的苗族和汉族而言。要承认，在土司时代的土家族社会内部是有贵贱之分的，宣慰使或者土知州、洞主是土家族贵族，在较高的程度上代表更大的民族共同体"宣慰司"或者"州""洞"（州、洞的等级一般为长官司），所以他们是封地的占有者，并且通过自己的佃农来利用自有土地，而普通的土家族人则受到本宗宗主的管辖。土家族五大姓氏彭氏、田氏、向氏、冉氏、覃氏相互之间是建立在血缘关系上较为平等的同居共财关系，即使这种同居共财关系的范围很大，也不改变其血缘上的平等性质。所以，普通土家族人一般不做佃农，基于血缘关系土司不能强迫土家族人成为自己的佃农。与其说是佃户，不如说是农奴，他们是土家族贵族们买来的或者招募来的，或者是生活不下去了，或者根本就是流窜到苗疆的苗民或者客民，这些佃农没有人身自由，主要工作就是给贵族种田，除了能够维系自身生存的口粮外，没有任何属于自己的东西。"佃农"通常是由苗族人来做，乾隆时期的永顺府知府张天如曾经推断：

府属皆土司旧所治，其民为土人，若苗户约十之一，盖前时土司所招为佃及遁逃于此者。①

在土司辖区，就土家族这个民族来说，没有所谓个人的土地财产，或者说个人的土地财产权不表现为同血缘共有土地财产相对立的形式，而是相反，只存在于这些土地所有者"户""舍""旗""州""洞""司"本身的相互关系中，这种相互关系已经不具有苗族寨落共同体那样的对称性（平等性），反而体现出一种等级上的不平等性，当然它们的相互关系仍然是建立在血缘基础上的。因此，宗族共同体"旗"的土地本身只表现为各"舍"所占有土地的公共附属物，类似西周的宗法分封制式的公有，其发展也达到了西周分封制的水平。

---

① 张天如.永顺府志：卷十一檄示[M].刻本.[出版地不详]：[出版者不详]，1763（乾隆二十八年）.

二、土家族聚居区的国家法与社会秩序

所谓国家法秩序，是一种古代的公法秩序，即通过土司习惯形成或者中央王朝制定的带有公共管理性质的法律规范的实施，在土司管辖区形成的一种社会管理秩序。土司管辖区的范围和现在湘西土家族的聚居范围基本一致，大致为永顺、保靖、龙山和桑植等县。

元明清三朝为确保土司制度行之有效，充分借鉴前朝"治边""治夷"中利用、任用土著、土酋、土邦、土豪的经验教训，从国家层面对少数民族地方实权派的利益给予承认。如元世祖时期，四川行枢密院事昝顺就曾对忽必烈建议，对西南地区的土酋进行招降并最大限度维持其固有权利，他说："绍庆府、施州、南平及诸蛮吕告、马蒙、阿永等，有向化之心。又播州安抚杨邦宪、思州安抚田景贤未知逆顺，乞降诏，使之自新，并许世绍封爵。"① 忽必烈听从建议，即通过诏书的形式承认少数民族地方实力派的合法性，并在此基础上建立自上而下层层分封金字塔式的政治体制，同时确保土司在其统治区域顶端的种种特权，这样有益于元廷的统治。

湘西苗疆元明至清初几百年，最重要的国家法秩序就是土司封建政体的创造。永保二土司的封建政体，主要是出于当时的实际需要而逐步形成，同时也是中华民族共同体在地方的一种表现形式，与西周的封建天下一样，都富于一种伟大的气魄。这种国家法在公共管理上有两种表现形式，一是兵刑法秩序，二是贡税法秩序。

（一）兵刑法秩序

土司时代的土家族社会的兵事与刑事并无严格的区分，也没有区分的意义，因为兵事和刑事都是建立在同族同宗的血缘关系基础上，所以对州旗这样的宗族共同体而言，小一点的兵事可以理解为刑事，对"舍"而言，大一点的刑事案件也可以理解为兵事，兵刑法秩序其实也可以用地方治安秩序来替代。与苗族寨落共同体之间的血族复仇制度的对称性规则不同，

---

① 宋濂.元史：卷八·世祖五 [M].北京：中华书局，1999：115.

土家族的地方治安秩序是由军事机构的强制力保障的。土司管辖区的治安秩序有两种表现形式，第一种表现形式就是州旗制度，另一种是血族复仇，前者作为原则，后者作为例外。

1. 州旗制度

首先，永顺、保靖二土司是其土家族聚集区最高等级的封建领主。所谓领主，就是在其统治区域有最终军政大权的领袖，不仅有权管理地方，也能够征兵和带兵打仗。比如保靖土司，起源于五代十国时期江西彭氏西迁溪州，在溪州之战后逐渐演化为永顺彭氏和保靖彭氏，宋朝在保靖设羁縻州，保靖彭氏以保靖地区为基本盘巩固势力，逐渐成为湖南土家族聚居区内的两大军事政治集团之一，在羁縻州时期彭氏一直是保靖州的世袭刺史。元代朝廷创设土司制度，明代土司制度进一步发展，土司又分文职和武职。武职土司根据规模大小和品级从低到高依次是长官司（正六品）、招讨司（从五品）、安抚司（从五品）、宣抚司（从四品）和宣慰司（从三品），保靖司在元代是安抚司，明洪武二年（1369年）升级为宣抚司，洪武六年（1373年）升为宣慰司。

作为保靖宣慰司宣慰使的彭氏在明代就下辖五个地方政治实体，分别为"芦荻、杜望、宋沱、乌引、白涯五洞"①。所谓"洞"有时候也称为"寨"，五洞控制的地方大小大致相当于现在的保靖县。换句话说，保靖宣慰司可以调动五个宗族共同体的人民组成军队。从元代起，保靖司司主自上而下推行附加条件的土地分封制，这种制度类似于中世纪欧洲的采邑，其下的"洞主"在获得封地后必须要对保靖司效忠并承担一定军事义务。在明朝近300年的时间里，保靖司都从下辖的五寨征兵为中央王朝效忠，因此保靖土司跟明廷的关系是比较融洽的，参与了很多明廷在南方的对内对外重要的军事行动。

其次，在宣慰司之下，设立州或者洞，以知州或者洞长为行政长官，隶属于永保二司，形成第二层级。比如，保靖司下就设有大喇司，在今龙

① 谢华.湘西土司辑略[M]//段汝霖，谢华.楚南苗志 湘西土司辑略.长沙：岳麓书社，2008：349.

山县西南地区，最早只有舍把留守，后来升为长官司（正六品），明正德十五年（1520年）改为大喇巡检司。相比之下，永顺司①政治上的等级划分发展得比保靖宣慰司更为充分，在宣慰司之下分三州六洞。

以永顺下辖三州为例，第一州为渭州彭氏，渭州是永顺土司自行设立的，其封地在永顺县城西南方向白砂保地附近。由于地理位置已经比较靠近南边的保靖，所以又叫作"南渭州"。南渭州知州在元代时候本来隶属于新添葛蛮安抚司，该司撤销后就隶属于永顺司。据《湘西土司辑略》记载，"洪武二年（1369年），有土知州彭万金者，偕其子内附，从明太祖征鄱阳有功，升南渭州知州，世隶永顺。彭万金卒，子金胜袭知州。……金胜卒，子什才袭职。保靖宣慰司见其势强，以女妻之"②。本来按照品级，保靖宣慰司在南渭州之上，但因为南渭州实力一直比较强大，才有保靖司嫁女的事情，可见该州虽隶属于永顺司，但确实具有相对独立的地位。

第二州为施溶州田氏，其封地在永顺县东南方向，即现在湘西州古丈县罗依溪附近，靠近沅陵县。施溶州的初代知州是田万顷，据《辰州府志》记载，田万顷在元世祖时本来是白岩洞的洞主，在至元二十一年（1284年）擒获另外两洞的洞主献给朝廷，忽必烈就将白岩洞升为施溶州了，由田万顷任知州。明洪武二年（1369年），以田健霸为土知州，之后一直世袭。

第三州为上溪州张氏，该州同南渭州一样也是永顺彭氏自设自封的，其封地在近龙山县一带，也是历代世袭。

洞的设置和州的设置类似，只是规模比州要小，比如保靖宣慰司其下只有洞没有州。隶属于永顺宣慰司的六洞都是长官司（正六品），级别比知州（从五品）低，分别是腊惹洞向氏、麦着黄洞黄氏、驴迟洞向氏、施溶溪汪氏、白岩洞张氏，以及田家洞田氏。这些知州、洞主与永顺宣慰司之间具有采邑关系，知州、洞主获得封地之后必须要向永顺宣慰司效忠并

---

① 溪州之战后，彭士愁病故，彭士愁有两子，长子名师裕，世袭下溪州刺史兼都督主，形成永顺司系；次子名师杲，其子孙分掌州事，世守保靖，形成保靖司系。

② 谢华.湘西土司辑略[M]//段汝霖，谢华.楚南苗志 湘西土司辑略.长沙：岳麓书社，2008：317–318.

承担一定的军事义务。

第三，在州、洞下还设有旗，旗是最基层的军事政治单位。按《湘西土司辑略》记载，永顺三知州、六长官地方分为五十八旗，"旗各有长，管辖户口，生男女辄报名于册，长则当差。各旗分隶各州司，而统属于总司。有事则调集为军，以备战斗，无事则散处于民，以习耕凿。"① 显而易见，从"旗"的称谓可知"旗"最早是一种偏军事的军民一体的政治军事单元，但是"旗"是从"州"处获得的土地财产和农业生产构成宗族的经济基础。因此，这个自上而下的封建体系存在两个特点：首先，土地是宗族的前提。对劳动的自然条件的占有，即宗族成员对宗族公有地以及公有地内部的小块土地的占有是劳动和军役的前提。其次，宗族是家族的前提，家族是家庭的前提，家庭是个人的前提。因为土地是劳动的先决条件，所以个人从一开始就不表现为单纯的劳动个体，而是作为宗族成员的一员存在的。因此，说永顺土司彭某拥有一块地在当时的条件下是不可理解的，正确的说法是永顺司彭氏某一个支系占有一块土地，南渭州彭氏、施溶洞田氏也是同样逻辑，宗族是个人的前提。这些旗长多是土司的亲戚，不但如此，土司之间也有亲属关系。比如，永顺宣慰司彭氏和保靖宣慰司彭氏都是由一个共同的父系祖先彭士愁分化下来的，又如保靖宣慰司和永顺南渭州也存在通婚情况，只是因为两者都姓彭，所以为了区别，嫁过去的女方都改称姓"蓬"。因此，孤立的个人是完全不可能拥有土地财产的，反过来说，个人本身作为宗族成员的一份子是以家族为中介的。个人或者某户对宗族共同体来说不是独立的，生产的范围限于自给自足，农业、手工业是按照血缘关系结合在一起的，军役的范围也是根据户口计算而固定的。

需注意，"旗"作为宗族共同体是军事政治单位而非经济单位，其经济职能由"舍"来承担，"旗"则是作战单位和征税单位。土家族各"旗"通过管辖自己的上级共同体"州"或者"洞"在西南地区的镇压苗民的战争或者在东南的抗倭战争中强化自身的血缘认同。在嘉靖年间，永顺、保

---

① 谢华.湘西土司辑略[M]//段汝霖，谢华.楚南苗志 湘西土司辑略.长沙：岳麓书社，2008：351.

靖二土司承朝廷调令开赴东南抗倭，一上战场就表现出令人吃惊的战斗力，比如嘉靖年间的石塘湾之战：

> 倭二万余据柘林川沙洼，其党方踵至。经日选将练兵，为捣巢计。以江、浙、山东兵屡败，欲俟狼土兵至用之。明年三月，田川瓦氏先至，欲速战，经不可。东兰诸兵继至。……会侍郎赵文华以祭海至，与浙江巡按胡宗宪比，屡趣经进兵。经曰："贼狡且众，待永、保兵至夹攻，庶万全。"……方文华拜疏，永、保兵已至，其日即有石塘湾之捷。①

在石塘湾之战前，明朝在抗倭战争中处于守势，在局面上非常被动，东南沿海是明朝赋税的主要来源地，长时间让倭寇劫掠对明朝政权的稳定会造成严重影响。实际上，倭寇骚扰我国东南沿海，从明太祖统治时起就时有发生。不过，由于明初国力强盛，将才济济，政府亦重视东南沿海边防，故未酿成大祸。自明朝中后期起，政治日益腐败，武备日趋松弛。另一方面，日本正处于南北对抗时代，长期的军事斗争使得倭寇战力空前强盛。此消彼长，明军战力被倭寇反超，表现就是江苏、浙江、山东的明军在与倭寇的战斗中屡遭败绩，倭寇肆虐东南，可谓横行无阻，连俞大猷这样的名将也不敢轻易出战。后来经南京兵部尚书张经请示，调广西狼兵和湘西土家族士兵增援，广西狼兵先至，但是没有和倭寇交手，而永顺、保靖土家族士兵到达松江后立即与倭寇交手，经过激战击溃倭寇，明军气势稍振，终于稳住阵势。不过，石塘湾之战仅仅是永保土家族士兵和倭寇的初次遭遇战，不能完全说明土家族士兵的战力，真正具有代表性的是嘉靖三十四年（1555年）的王江泾之战：

> 至五月朔，倭突嘉兴，经道参将卢镗督保靖兵援，以大猷督永顺兵由泖湖趋平望，以克宽引舟师由中路击之，合战于王江泾，斩贼首一千九百余级，焚溺死者甚众。自军兴以来称战功第一。②

王江泾之战是一次明朝与倭寇之间的主力会战，在该会战中永顺、保

---

① 张廷玉.明史：卷二百五·列传九十三·张经传 [M].北京：中华书局，1999：3061–3062.
② 张廷玉.明史：卷二百五·列传九十三·张经传 [M].北京：中华书局，1999：3062.

靖宣慰司士兵作为明军主力，打了一次歼灭战，打破了倭寇不可战胜的神话，扫除了明军长久以来的畏倭心理，一举扭转东南抗倭大局。同年，朝廷以永顺、保靖土家族士兵为主力围剿倭寇首领徐海并取得决定性胜利。面对同样的敌人获得不同的结果，这说明永保土司的兵制在组织结构、战法、武器上都有独到之处，不仅远强于同时期的明朝各路中央军，也强于倭寇。

土司兵制最值得注意的是组织结构。永保土家族士兵是以"旗"为作战单位的，永顺彭氏第 25 任家长彭翼南曾经使用过一种叫"铁塔阵"的战法，永顺土司将士兵按照血缘关系分为不同的"旗"，该阵法以 24 旗为一阵，每"旗"有 23 人，呈"锥形"排列，总计分为五排，第一排 1 人，第二排 3 人，第 3 排 5 人，第 4 排和第 5 排都是 7 人。① 在作战时，如果前排人牺牲，则由后排递补，因为"旗"是由各"舍"构成，各"舍"之间又存在血缘关系，所以旗内之人如果牺牲，实际是其有血缘关系的族内亲的牺牲，所谓"打虎亲兄弟，上阵父子兵"，亲属的牺牲能够激发土家族士兵更大的战斗意志。另外，虽暂时没有明确的材料证明土家族士兵中包含苗族士兵，但也不排除这种可能，苗民曾作为土司佃户，随同土司出征也不排除是土司治下苗民的义务。此外，就土家族、苗族士兵使用的武器看，主要是"钩""镰""枪""弩""刀"。因为对倭寇作战表现很好，永保土司的兵制，可能对俞大猷和戚继光都有启发，不排除抗倭中产生的阵法"鸳鸯阵"和武器"苗刀"都受到永保土司的影响。②

这种州旗制类似西周时期的封建制，《左传》载西周"故封建亲戚以蕃屏周。管、蔡、郕、霍、鲁、卫、毛、聃、郜、雍、曹、滕、毕、原、酆、郇，

---

① 姚金泉.试论"永保土兵"在抗倭斗争中的功绩 [J].吉首大学学报（社会科学版），1992（01）：140.

② 关于苗刀，现在主流说法为形状似禾苗的刀，是俞大猷、戚继光等抗倭将领从倭刀改进而来，与苗族无关。不过也不能排除苗刀起源于苗族人所用之刀的说法，据南京中央国术馆《国术周刊》1935 年 12 月 15 日第 146-147 期合刊《苗刀考证》云："苗刀或谓系苗人之刀，查苗人始祖，相传为盘瓠子孙，或谓黄帝曾孙卜明之后，按黄帝战蚩尤时，制造刀戈，传之后世，卜明子孙善刀法，始谓之苗刀，但考诸文史野乘，均无记载，想系矛刀之误，亦未可知。矛者，古兵也，长柄有刀，刀弯曲，用以利敌者，长二丈曰酋矛，二丈四尺曰夷矛，三隅曰厹矛。苗夷亦ричπ蛮之属，至后世短其柄，仅一尺二寸强，刀如倭刀，微弯，远胜单刀，及其他短兵，迨明季戚继光将军，改铸精绝，传之于部下，杀敌致果，斩将搴旗，赖此刀法，威震华夏。"

文之昭也。邘、晋、应、韩，武之穆也。"①而从永顺土司下各旗的名称来看，这种封建偏重于军事，当然也有固定封地，只是规模上比西周封建小得多。可以肯定的是，这种封建是建立在血缘基础上的等级制度。

2. 血族复仇

土司时代的湘西土家族社会，已经建立起比较完善的州旗制度，但这并不是说州旗制度能够涵盖一切地方公共安全秩序上的纠纷，对一些带有刑事案件性质的纠纷，土家族同苗族一样，仍然是通过血族复仇解决的，与"苗家仇，九世休"的苗族相比也不遑多让。尤其是土司家族内部围绕政治权利的斗争，州旗制度是难以解决的。

如保靖土司自明朝初年彭大虫可宜和彭勇烈结仇之后，其后代相互攻讦不止。仅《明史》上记录在案的有，"正统十四年，保靖宣慰与族人彭南木答等相讦奏"②，"弘治十二年，永顺宣慰司奏，仕珑（垅）擅率兵攻官彭世英，仇杀多年，构祸不已，乞发兵征剿"③，"正德十四年，保靖两江口土舍彭惠既以祖大虫可宜与彭药哈俾世仇，至是与宣慰彭九霄复构怨。永顺宣慰彭明辅与之连姻，助以兵力，遂与九霄往复仇杀，数年不息，死者五百余人，前后讦奏累八十余章"④。

以安全为要求的社会利益驱使中央王朝不断摸索能够彻底规制土司及其内部纠纷的原则与政策，进而使一种稳定而坚实的社会秩序得到保障。本来，对于湘西的地方治安秩序，中央王朝是不愿意多管的，通常以安抚为主，但是对严重危害治安秩序的情形，明朝政府还是将其作为刑事案件对待，考察双方是非曲直再最后决定。如宣德年间保靖宣慰司内彭大虫可宜和彭药哈俾之间的族际纠纷，就是将杀死司主的大虫可宜下狱治罪，并在彭氏一族中再选任司主。正统年间保靖宣慰与彭南木答的相互攻讦，最后以双方讲和并向朝廷输米赎罪收场。弘治年间保靖司主彭仕垅与彭世英

① 左丘明.左传：僖公二十四年 [M]// 孟子，等.四书五经.北京：中华书局，2009：637-638.
② 张廷玉.明史：卷三百一十·列传一百九十八·土司 [M].北京：中华书局，1999：5355.
③ 张廷玉.明史：卷三百一十·列传一百九十八·土司 [M].北京：中华书局，1999：5355.
④ 张廷玉.明史：卷三百一十·列传一百九十八·土司 [M].北京：中华书局，1999：5356.

的族际仇杀，连永顺宣慰司司主彭世麒也牵扯进来，最后对参与仇杀的永顺司主彭世麒准许以功赎罪，彭仕垅和彭世英则"一并逮问治罪"。正德年间彭惠与保靖司主彭九霄的仇杀，则以彭惠"以土舍名目协理巡检事"为解决方案。但是总体来看，彭氏之间的复仇一直以小规模存续。

（二）贡税法秩序

贡税法秩序是专制政权实现公共管理的基础。朝贡规则最早起源于巫觋法则，如果说巫觋法则是调整人与自然神关系的法则，朝贡规则则是调整人与政治神的规则，它是人与自然神祇之间的对称行为规则渐渐为人与政治神之间的非对称行为规则替代的典型表现。

朝贡规则及其秩序的雏形是夏商时期的畿服制度。那时中央王朝的统治者便已建立了"越在外服，侯甸男卫邦伯"的内外服制度。在该制度当中，中央王朝的君主是内外服的共主。根据《尚书·大禹谟》的记载，九州之内的各地根据地方远近向中央王朝承担不同的进贡责任以换取中央王朝对各地方的保护。以内外服为代表的朝贡规则的出现，是政治神崇拜替代祖先神和自然神崇拜的关键一步。在中央王朝，此过程始于夏商，成熟于西周，在湘西苗疆，此过程是在明朝初年形成定例。

1. 朝贡法秩序

朝贡制度源自祭祀规则。祭祀活动的经济本质是活人与逝去祖先之间的一种交换关系，在固定祭日由具有血缘关系的后代按照一定仪式向祖先提供一定祭品，作为交换，祖先用自己的能力保佑后代农业丰收、人丁兴旺，即提供一种公共产品。祖先神享有的权利是获得后代提供的贡品，无论是苗族的椎牛祭还是土家族的"舍巴节"都需要后代提供包括肉类、谷物、酒类等在内的祭品，而祖先神的义务是向其后代提供涉及农业生产、对外战争、族际纠纷解决方案在内的各种公共产品。

然而，这种祭祀只在一定的血缘关系内进行，按照血缘关系的亲疏远近承担不同的义务，比如苗族椎牛祭中下第一椎的是母系家长，舅舅在祭祀中是第一顺位的，祭祀范围仅限于宗族共同体，不同的姓氏有不同的祭祀规则。在土家族"舍巴节"中，第一顺位人则是父系家长，祖先提供公共产品的范围也仅仅限于一定血缘范围内。梅因曾在其《古代法》中论述："在每一个社会制度中，都有一种神的影响作为它的基础，并支持着它。……那时候所有的根本制度如国家、种族和家族都是假定为贡献给一个超自然的主宰，并由这个主宰把它们结合在一起的。在这些制度所包含的各种不同关系中集合起来的人们，必然要定期举行公共的祭祀，供奉公共的祭品。"① 本族内的长辈去世后，成为本家族的祖先神，家族成员按照血缘关系组织起来，对祖先进行祭祀，随着家族的扩大，家族共同体形成宗族共同体，宗族共同体再扩大形成规模更大的民族共同体。

表面上看，以五服或者九服制度所确立的中央王朝和各地方势力之间的权利义务关系随着地缘的远近呈现一定差等特征，而实际上地缘关系乃是血缘关系的一种扩大化。最初起主导作用的当然是血缘关系，后来则随着四周各种血缘关系不断融入中央，朝贡制度就不再以血缘为纽带，而变为以地缘关系为纽带。而土家族和苗族则是在元明清时期开始与中央王朝逐渐融合的。

根据《明史》关于土司的记载，在五代两宋时期，羁縻时代的湘西土家族与中央王朝就有物质上的交换关系，不过永保彭氏作为地方实力派只是在名义上服从中央王朝的管辖，表现形式是由中央王朝赐予彭氏官印或者职位，但是中央王朝很难调动永顺彭氏，如宋乾德二年（964年），宋太祖下诏"溪州宜克五溪团练副使刻印赐之"②，又如乾德五年（967年）宋太祖以"溪州团练使彭允足为濮州牢城都指挥使"，"溪州义军都指挥使彭允贤为卫州牢城都指挥使"，这是宋廷加强中央集权将彭氏调离溪州的表现，但是彭氏已经在湘西土家族聚居区经营多年，即使在彭允足、彭允贤被调走后，弟弟彭允殊仍然牢牢把握溪州的军政大权。太平兴国七年（982年），宋太宗下诏命辰州不得移动部内由马氏所铸"溪州铜柱"③。

---

① ［英］梅因. 古代法［M］. 沈景一，译. 北京：商务印书馆，2010：5.

② 张天如. 光永顺府志：卷九·土司［M］. 刻本.［出版地不详］：［出版者不详］，1763（乾隆二十八年）.

③ 后晋天福四年（939年），溪州刺史彭士愁与当时占据湖南的楚王马希范发生溪州之战。彭士愁战败后，于后晋天福五年（940年）与马希范议和，把战争的经过和议和的条款镌刻于铜柱之上，史称"溪州铜柱"。

彭允殊立刻上书称"以刺史旧三年则为州所易，请朝廷禁止"，宋廷只好赐敕书安抚之。当然彭氏一族也向中央王朝进贡，但并不是定例，其进贡的目的是希望中央王朝能够承认彭氏等地方实力派在湘西的世袭特权，《永顺府志》记载：

至道三年，上溪州刺史彭文庆来贡水银黄蜡。景德二年，辰州蛮攻下溪州，刺史彭儒猛击走之，擒首以献，诏赐锦袍银带，儒猛言母老，愿被恩典诏加邑封。①

两宋朝廷原出于五代武将，故从宋太祖开始就对地方割据势力进行削弱，但数代以后，中央王朝势弱，只好对彭氏在湘西的权力予以承认。因此中央王朝也不需要为彭氏提供公共安全保障。在至和元年（1054 年），溪州刺史彭仕羲趁着中央王朝式微，居然自号"如意大王"做起土皇帝来。在整个两宋时期，溪州方面对中央王朝的朝贡都是时有时无，加之两宋暗弱，中央王朝无法建立起与溪州的稳定贡税法秩序。湘西土家族的物质产出很多还是祭祀给祖先神，少部分象征性进贡给中央王朝统治者，而公共产品的提供者仍然以祖先神"彭王"为主，这与彭氏一族在湘西的强势是分不开的。元朝以前，土家族人也有特定的祭祀规则，但是与苗族人巫觋法则朝拜的多是自然神不同，土家族人崇拜的对象以祖先神为主，其中以"八部大王""彭公爵主""向老官人""田大汉"最为重要。土王祭祀仪式主要有集体性的"跳摆手"与个体性的"服司妥"（还土王愿）两种类型，这表明了公共安全的提供者是土王及其祖先，而需求者则是普通土家族人。

土家族人的朝贡法秩序替代祭祀秩序，中央王朝作为政治神替代土家人的祖先神是随着元明清时期中央王朝的控制力度不断加强而出现的。进入元明时期，随着中央集权的强化，土司制度在彭氏一族的控制地区开始建立比较稳定的朝贡法秩序，祖先神逐渐让位于政治神。不过物质产品的流向还是以向上为主，即土司向下获得一定的物质产出，再以朝贡或者纳

---

① 张天如.光永顺府志：卷九·土司 [M].刻本.[出版地不详]：[出版者不详]，1763（乾隆二十八年）.

税的形式将之缴给中央王朝。

永保土司在其辖区内都有独立的征税权。这里所谓的"税"是实物地租。土司及其下辖的土知州都有自己的田土,他们"役佃户种之,佃户者,皆其所买人,如奴仆然。土民则自耕其土,土司如有横敛,则责之旗头,按户索取之,其役使亦无时"①。可见,土司可算是封建领主,处在对立地位的是"自耕农"和买来的"奴仆"。因为商品交换不发达,土家族人向土官缴纳的税体现为粮食、鸡鸭、蜂蜜、盐米实物地租,有檄示为证:

土司旧例,每年每户,派送食米并鸡鸭肉肘,自土官、家政、总理以及该管舍把四处,断不可缺,虽无力穷民,亦必拮据以供。商贾客人,每逢年节,俱须馈送土官、家政、舍把、总理等礼物,名曰节礼。倘有不周,非强取其货物,即抄掠其资本。

土司向日凡养蜂之家,每户每年征收蜂蜜黄蜡若干,令家政经理。迨日久生弊,每有无蜂之家,因其曾经畜养,俱令买蜜供给。

凡外县穷民,来至土司地方挖山种地,该管舍把,每年勒送盐米,并四时节礼。②

除了实物地租外,也有作为"税"的劳役地租,"每用人夫,即令各舍把照户摊派,并无夫价,名曰当差"③。土司有军权、财权,还有对其下农奴的人身权,和西周时期的封建贵族也没有多少差别了。在这个体系中,物质资源的流向是纵向的,即土家族人按照等级将自己的产出以赋税的形式上缴给土司以换取土司对其土地使用权的承认和保护,接着土司再以朝贡的形式将物质产出上缴给中央王朝,土家族士兵服从中央王朝征调则是一种变相的兵役,以换取中央王朝对土司治理地方权力的承认,同时还有一定的回馈和封赏。

可见,朝贡制度与祭祀规则一样,都是具有交换性的行为规则,最初

---

① 谢华.湘西土司辑略 [M]// 段汝霖,谢华.楚南苗志 湘西土司辑略.长沙:岳麓书社,2008:351.
② 谢华.湘西土司辑略 [M]// 段汝霖,谢华.楚南苗志 湘西土司辑略.长沙:岳麓书社,2008:349.
③ 谢华.湘西土司辑略 [M]// 段汝霖,谢华.楚南苗志 湘西土司辑略.长沙:岳麓书社,2008:350.

的交换是对等的，是行为规则的对称性在物质上的体现。如果说土家族人祭祀土司是土家族人对祖先崇拜的一种延续，那么向中央王朝的朝贡则使得祭祀的对象发生了变化，由"八部大王"这样的祖先神变成了中央王朝的政治神——皇帝。需要指出的是，在元朝以前的羁縻时代，彭氏和中央王朝的交换关系尚未实质性建立，彭氏一族只是名义上服从中央王朝领导，其朝拜对象都是地方土王。进入元代情况发生变化，以永顺土司为例，元朝初年时中央王朝对湘西苗疆北部土家族聚居区最初设立"路"，后来改为"永顺保靖南渭安抚司"，至正十一年（1351年）升为宣抚司，作为交换，中央王朝授予彭思万武德将军的称号，同时还确认其直系或者旁系后代世袭土司职位。进入明朝，这种交换变得频繁，并形成定例，试举几例：

洪武九年，永顺宣慰彭添保（天宝）遣其弟义保等贡马及方物，赐衣帛有差。自是每三年一入贡。

永乐十六年，宣慰彭源之子仲率土官部长六百六十七人贡马。①

永顺土司是在洪武九年（1376年）建立与中央王朝稳定的朝贡关系的，保靖土司则在洪武元年（1368年）建立与中央王朝稳定的朝贡关系。又据《大明会典》载："湖广、广西、四川、云南、贵州、腹里土官，遇三年朝觐，差人进贡一次，俱本布政司给文起送，限本年十二月终到京。"② 定期朝贡实际上是一种变相的税收，因此是具有强制性的，如果进贡不按时，正常情况是要追究法律责任的。这是土司和中央王朝确立的一种交换关系，土司通常以贡马或者进贡大木的方式换取中央王朝对地方的精神支持和物质支持。而中央王朝在财力允许时，通常给予土司的要远多于土司进贡的，也即是说，在明代中央王朝和土司之间的交换已经不是对称或者对等的了，土司已经在物质上和精神上开始依附于中央王朝。

另有一种朝贡形式是不定期的，是中央王朝因为永保土司对外剿倭或者对内镇压所立战功先予以嘉奖，而后由土司作出对中央王朝嘉奖的回馈，例如：

---

① 张天如. 永顺府志：卷九·土司 [M]. 刻本 .[出版地不详]：[出版者不详]，1763（乾隆二十八年）.
② 李东阳. 大明会典：卷一百八·朝贡四 [M/OL].[2022–10–29].http：//www.zhonghuadiancang.com/xueshuzazhi/daminghuidian/18131.html.

正德元年，以世麒从征有功，赐红织金麒麟服。世麒进马谢恩。二年，进马贺立中宫，命给赏赐如例。

正德十三年，世麒献大楠木四百七十。子明辅亦进大木备营建。诏世麒升都指挥使，赏蟒衣三袭。仍致仕明辅授正三品散官，赏飞鱼服三袭。①

土司在除中央王朝制定法规定的必须要履行的朝贡义务外，仍有自行上奏以进献方物的，且进贡频率很高。永顺土司在这方面颇为积极，作为南方山地民族，土司最不缺的就是木料，所以永顺土司在整个有明一代，经常向明朝皇帝进贡大木。如果说中央王朝制定法规定的朝贡属义务性朝贡，那么这种类型的朝贡则是土司主动的自愿性朝贡。强制性朝贡和自愿性朝贡构成了地方和中央的朝贡体系的基本结构秩序。所以，永顺土司通过这种奏献大木的朝贡方式极大地密切了与明王朝的关系，并多次得到了朝廷的嘉奖。

2. 税收法秩序

在朝贡法秩序的基础上，税收法秩序也渐渐得以确立。《明史》记载："迨有明踵元故事，大为恢拓，分别司均州县，额以赋役，听我驱调，而法开始备矣。"② 土司开始向中央王朝纳税，是成化年间的事情。中央王朝也会因为某些原因免除土司辖区的赋税，如明廷于成化十五年（1479 年）、嘉靖三十二年（1553 年）就因灾及内乱免除了永顺宣慰司的赋役。可见，在整个彭氏作为地方实力派的时期，作为中央王朝的天下共主将彭氏纳入其管辖范围是随着中央王朝权威的衰弱与强化而有所不同的。整体而言，中央王朝强势时贡税秩序比较稳定，而当中央王朝衰微时，则贡税法秩序不太容易建立。

总之，土家族的习惯法是在祖先神信仰支配下的法律规范体系，这种体系包括三个特征：第一，是自然形成了的有强制力的等级化的行为规则而且被社会成员承认并普遍服从，是以一定血缘关系为基础的；第二，违反被普遍遵守的行为规则的后果的规定主要通过两种方法解决，原则上是

---

① 张天如. 永顺府志：卷九·土司 [M]. 刻本 .[出版地不详]：[出版者不详], 1763（乾隆二十八年）.
② 张廷玉. 明史：卷三百十·列传一百九十八·土司 [M]. 北京：中华书局, 1999：5345.

通过"舍把"裁判，舍把是世袭的，所以法律后果的确定性和强制性高于苗族习惯法，例外也有施加对称性义务如血族复仇，又如土司与中央王朝的朝贡关系早期也体现出一定的对称性，但总体上法律规则的对称性在减弱，强制性在加强；第三，该法律规范体系具有相对的确定性和集中性，虽还没有形成比较完善的法律文本，但是已经构成了哈特所谓的初级规则和次级规则的比较复杂的结合，法律的等级性出现，并不断向中央王朝法律规范体系靠近，因此土司习惯法更类似于西周的礼仪规范。

根据对土司法律社会秩序的分析，我们可以发现，在彼时，土家族人的生活和苗族人有相似之处，也是以姑舅表婚和歌媒婚为主要形式，在男子将女子娶进门后，女子在家庭中仍然有不低的地位，但等级婚也开始出现。与苗族人不同的是，土家族人以户为单位进行生产，他要接受家族共同体族长"舍把"的领导，"舍把"有族内司法权，但是他也要接受州、旗、洞长官的领导，而这些宗族共同体都要受到永保土司的领导，永保土司作为土家族民族共同体的象征则以朝贡方式接受中央王朝的领导，按照等级高低一层一层向上履行缴税义务和兵役义务。普通土家族人既是农夫又是战士，和平时期安心在家种田，动荡时期外出平定西南的内乱和抗击倭寇，在此过程中土家族人强化了中华民族共同体意识，他们渐渐受到儒家礼仪教化的影响，在土司的教导下开启了对汉族文化经典的学习过程。

第三节 家族法与国家法的第一次同构与解体

在土司时期,湘西苗疆没有被中央政府直接控制的地区分为两个部分，一是土司直接控制的辖区，二是土司无法控制的生苗区。

土司时期的湘西苗族聚居区，是中央王朝所谓的"化外之地"，历代中央王朝的政治统治都未曾达到过，土司也不能有效管辖，生苗地方的苗族人处于自然的法律秩序之下，社会秩序由自然形成的习惯法调整，可谓之自然的法律秩序。它的法律规范秩序由一系列的规则组成。作为"公法"

的宗族法和作为"私法"的家族法之间的同构主要是通过巫觋法则实现的。

在土家族聚居区则存在一种封建的法律秩序，就法律形式而言，具有西周时期"礼治"的某些特征，其本质是一种封建宗法制。土司在当地具有贵族的身份和权利，并在苗民和朝廷两边寻找平衡。

一、第一次同构：法律权威的同构

家族法秩序和国家法秩序的同构包括两方面内容：一方面，家族法秩序是如何影响国家法秩序的；另一方面，国家法秩序是如何反过来影响家族法秩序的。

法律必须稳定，但又不能一成不变，因此所有立法者都力图实现法律稳定性和适应性之间的协调。为了使法律在保持相对稳定的同时又能适应社会结构和社会生活的变化，土司时代的制定法的创造者和习惯法的维护者主要通过树立权威来实现家族法秩序和国家法秩序的协调。也即是说，个人和家族之间的关系是通过某种法律权威维系的，家族和国家之间的关系也是通过某种法律权威维系的，权威的形成和对权威的遵从是这种同构的充要条件，也是土司时代湘西苗疆社会秩序相对稳定的基石，法律权威也是一切法律规范的基础。所谓"国之大事，在祀在戎"，巫觋祭祀与军事征伐则是法律权威得以树立的途径。

（一）通过巫觋祭祀的同构

土司时代的苗族社会，维系家族法秩序的主要权威来自自然神祇或者说自然精神，苗族人主要是通过巫觋法则来维系自然精神的神秘感，并以此为权威，但这并不是说苗族人不重视祭祀祖先，其最重要的祭祀椎牛祭主要就是用来祭祀祖先的，总体上说苗族人的祭祀对象更多元。土家族人则是以祭祀祖先为主，兼有巫觋法则。巫觋法则和祭祀规则有一定区别，因祭祀的神祇相对确定，该神祇是有位格的、有意识的。

1. 从自然神到祖先神

首先，在涉及维护地方治安的静态法律规范秩序中，自然神的权威维系着法律的约束力。如调整宗族秩序的"倒骨价"习惯法中，纠纷双方所请的"四方神"就属于土地神的一种，类似的神祇还有苗家的"牛鬼"和土家的"白虎"，它们都是动物神。不过，自然神祇所发挥的作用是建立在对因果关系的错位认识的基础上，在土司时代的苗族人和土家族人的认识论看来，世界并非理性的，而是充满精灵的、人神不分的，这就类似华夏民族"绝地天通"以前的家家作巫的时代，《国语·楚语》中曾经描绘了这一时期的特征：

古者民神不杂。民之精爽不携贰者，而又能齐肃衷正，其智能上下比义，其圣能光远宣朗，其明能光照之，其聪能听彻之，如是则明神降之，在男曰觋，在女曰巫。……及少皞之衰也，九黎乱德，民神杂糅，不可方物。夫人作享，家为巫史，无有要质。民匮于祀，而不知其福。烝享无度，民神同位。民渎齐盟，无有严威。神狎民则，不蠲其为。嘉生不降，无物以享。祸灾荐臻，莫尽其气。颛顼受之，乃命南正重司天以属神，命火正黎司地以属民，使复旧常，无相侵渎，是谓绝地天通。其后，三苗复九黎之德，尧复育重、黎之后，不忘旧者，使复典之。以至于夏、商，故重、黎氏世叙天地，而别其分主者也。其在周，程伯休父其后也，当宣王时，失其官守，而为司马氏，宠神其祖，以取威于民。①

《尚书·吕刑》也有相似记载：

若古有训，蚩尤惟始作乱，延及于平民，罔不寇贼，鸱义，奸宄，夺攘，矫虔。苗民弗用灵，制以刑，惟作五虐之刑曰法。杀戮无辜，爰始淫为劓、刵、椓、黥。越兹丽刑并制，罔差有辞。民兴胥渐，泯泯棼棼，罔中于信，以覆诅盟。虐威庶戮，方告无辜于上。上帝监民，罔有馨香德，刑发闻惟腥。皇帝哀矜庶戮之不辜，报虐以威，遏绝苗民，无世在下。乃命重、黎，绝地天通，罔有降格。群后之逮在下，明明棐常，鳏寡无盖。②

根据上述文献记载，上古时代的人和神的互通没有界线，灵气充沛，

① 佚名.国语：楚语下·观射父论绝地天通 [M].北京：中华书局，2013：621–625.

② 佚名.尚书：周书·吕刑第二十九 [M]// 孟子，等.四书五经.北京：中华书局，2009：284.

万物得沾其辉光，在精神气质上具有"智""圣""明""聪"等特点，后来随着"灵气"的减少，苗蛮集团率先出现以刑法手段调整社会关系的方法，其结果是人与人乃至人与神的关系更加混乱。华夏集团受苗蛮集团影响，也出现了家家作巫的情形，人神关系的混乱局面一方面导致"民渎齐盟，无有严威"，神的权威无法树立，另一方面导致"神狎民则，不蠲其为"，人的需求得不到神的回应，人们将大多数物质产出用于祭祀神灵，这样导致了物质上的匮乏，等"绝地天通"后，人再要与鬼神进行沟通只能通过极少数的巫（女）和觋（男）进行时，鬼神已经退居幕后，而巫觋法则就成为古代先民们借助鬼神权威调整人与人关系的社会控制模式了。但是，三苗集团和华夏集团后续发展的路径不一致，三苗延续了民神杂糅的传统，保留了巫觋传统；而华夏集团在夏商时代继承"重""黎"分司天、地的职责，由此摆脱巫觋法则，后来发展出祭祀文化，程伯、休父就是他们的血脉传承，到西周时期，程伯、休父的后代通过祭祀的方式神化他们的祖先，强化自己的权威，即树立祖先神的权威以替代自然神。

就土司时代的苗族人和土家族人看来，如果自己对人神不分的精灵世界有洞察，他就可以使自己的行为适应该巫性世界的运行法则，对称性的行为规则处在绝对正义的巫觋和祭祀法则中，因为有自然神祇的存在，官府和成文法就都是多余的，调整社会关系只需要行为规则即可，连后果规则都是多余的。比如苗寨纠纷在"倒骨价"之后如果又再报官，在苗族人看来就好比下着大雨时再给农作物浇水一样愚蠢。

其次，在家族法中，相对稳定的法律秩序所依靠的权威是祖先神。祖先神的认可是婚姻合法性的来源。从苗民的上古时期存在兄妹开亲的血缘婚，后来通过合伙婚又形成对偶婚，最后形成"还谷种"的姑舅表婚，在姑舅表婚规则产生了大量人口后，"跳月"（"抢亲"）便开始出现。"跳月"是一种族外婚，因为打破了舅家对姑女婚姻的垄断，在"跳月"之亲成立之前"祭祀"是必经的程序，"祭祀"是"跳月"婚合法化的基础，祖先神的认可是婚姻成立的条件。土家族新人的婚礼意义同样重大。正式结婚这天，男方、媒人及执事者率领乐队、抬嫁妆及抬轿子的人到女方家迎亲，进入女方家之前还有拦门仪式。进入新郎家中后，"拜堂"就成为婚礼的核心仪式，男女双方凭天地祖宗拜堂成亲。在习惯法中，拜堂有着证明缔结夫妻关系的践成行为功能。

如果违反了婚姻或者家庭习惯法中的对称性义务，苗族人和土家族人认为有两种救济方式。第一种方式是由舅舅代表男方对女方进行制裁，比如要求姑家进行赔偿。第二种方式是在违反规则的一方出现了死亡、伤病、厄运等不利后果时，另一方会认为这是由自然神或者祖先神对其施加的制裁。在万物有灵的思维观念下，是不需要确立专门的后果规则的，因为制裁是无处不在的，这是将事实当成行为，将因果关系建立在错误的认识论基础上。因此，无论自然神还是祖先神，其权威并不是鬼神所赋予的，而是人所赋予的，这就是说，苗族人和土家族人的认识论本身是社会的产物，"全部社会生活在本质上是实践的。凡是把理论引向神秘主义的神秘东西，都能在人的实践中以及对这种实践的理解中得到合理的解决。"① 在彼时的湘西苗疆，纠纷的解决需要一种具有强制力的载体，在政治神的观念树立起之前，能够承担这一重任的只有观念中的自然神和祖先神。

只有在自然神和祖先神的权威被政治神逐渐替代时，对称性规则才趋向于解体；也只有在法律权威树立起后，法律规范秩序中的后果规则才能够出现；也只有在政治神的权威树立起后，事实和规范的区分才能得以出现，基础规范作为法律规范秩序的终极效力规范才能得以产生，一种动态的法律规范秩序才能够形成。

2. 从祖先神到政治神

苗族寨间纠纷以血族复仇的方式解决，其背后的权威最初是自然神或者祖先神，后来逐渐转移至政治神。

在宗族法层面，权威主要来自自然神或者祖先神。如苗族血族复仇解决机制的权威来源于"四方神"，如前所述，四方神是"地示"，属于土

① [德] 马克思.关于费尔巴哈的提纲 [M]// 马克思，恩格斯.马克思恩格斯选集：第 1 卷.北京：人民出版社，2012：135–136.

地神的一种。部分寨落之间的"穴斗"也可以由理老进行调解。但理老只负责调解，调解和好后双方如果再犯，其惩罚措施则不是由理老负责，如果理老也不能调和，则寨落纠纷会陷入血族复仇的循环，所谓"苗家仇，九世休"，正是这种复仇循环的表现，除非两寨通过"吃血"的方式排解仇怨，这时候的调停者就不是理老了，仍然由土地神解决。在理老化解纠纷时，必须有请神的仪式，其对象也是四方神，此处暗含着一种初级的自然神祇授权理老解决纠纷的权能，法律规范的权威是由神明授予的。在土司时代苗族反抗中央王朝的斗争中，很多次斗争都是以起义或者暴动的领袖自称"苗王"开始的。典型的如洪武年间的吴勉起义的吴勉就称"苗王"，永乐年间吴者泥的苗民起义也自称"苗王"，后来清乾嘉苗民起义领袖吴八月也自称是"苗王转世"。几乎每一次苗民起义都有一位"苗王"出世，只要苗族社会流传有"苗王出世"的传说，就知道该地苗民作为一个民族共同体整体要造反了，这时权威的来源则从"四方神"这样的土地神转换为"苗王"这样的人神或者说祖先神。只是苗民历次起义基本都以失败告终，所以"苗王"并不固定在某家某姓，而以"苗王"为代表的祖先神作为权威调整族际间纠纷的权威并没有稳定地树立起来，就苗族社会而言，其权威起于自然神，终于祖先神。

虽然"苗王"不是稳定的"人神"，但是"苗王"作为"人神"很可能是祖先神到政治神的过渡形态，"苗王"的灵魂可以寄宿于不同的人当中，虽不常见，但的确存在。最明显的案例就是乾嘉苗民起义的领袖石三保和吴八月。那所谓的"苗王"是如何出世的呢？清廷曾经将苗民起义的直接原因归结为"癫苗滋事"，但是对苗民是如何"癫"法，以及"发癫"和起事之间的关系则并没有继续深入分析。为了弄清这一点，我们不妨看看起义领袖的供述，首先看吴八月的供述：

> 小的是湖南苏麻寨人，年二十三岁，父母俱故，上年娶妻，并无子女，亦未充当百户、寨长。上年冬天，听见各寨都出了癫子，发癫的时候，就拖刀弄枪，要杀客民。又说，我们出了苗王，也不知是哪一个。今年正月，

苗子石三保纠约贵州的苗子石柳邓、湖南的吴登陇，说苗子田地都被客民占了，心里不甘，声言各寨的苗子都要帮他夺回耕种。所以远近各寨，都想趁此抢夺田地。

上年十月间，各处苗子发癫，嚷着要烧杀客民，夺回田土。到正月十六日，石三保、石柳邓到黄瓜寨会集，吴陇登说若肯帮我忙起事，不但可得田地，还可做官。①

吴八月的这份供述有修改的成分，比如"苗子"是对苗族的侮辱性称谓，苗族人从来不这样叫自己，还有所谓"小的"，明显是撰写供词的人为讨好上司而润色的，这样显得苗民起义领袖的形象猥琐而矮小，而官府的形象公正而高大。不过正因此反而突出了这份供述的真实性。从材料看，夺回苗族失去的田地是起义的主要目的，这很容易理解，怪就怪在为什么各寨都有人会"发癫"，"发癫"就"发癫"，但为什么"发癫"后还要起事？这两者之间究竟有何联系？

吴八月继续说：

如今苗子的田地多被客民盘剥占据去了，所以要杀客民，夺回田土。又有的说苗子里面出了苗王了，正应趁此聚起人来，占据苗地。②

吴八月的供述中出现了"发癫""苗王""夺地"和"做官"等关键词，而另一位起义领袖石三保也提及：

前年十月里，各苗寨先听说出了癫子，小的原也不信，到十二月里，侄子石由保癫起来，说家里出了苗王，小的就动了念。到上年正月初间，也得了癫病，叫喊起来，不由得小的做主，实在从前并没有起心谋反。至纠约众人，就是上年正月初四同吴八月商量了。他同小的写的传帖，那帖上不过说如今苗子的田地，都被汉人占去了，若肯帮我们烧杀客家，不但

---

① 中国第一历史档案馆.清代前期苗民起义档案史料：下册[M].北京：光明日报出版社，1987：121–122.

② 中国第一历史档案馆.清代前期苗民起义档案史料：下册[M]].北京：光明日报出版社，1987：141.

可以夺回田地耕种，还可做官，远近传说，人人情愿，所以越聚越多是实。①

石三保的供述中也反复出现了"发癫""苗王""夺地"和"做官"等关键词，从其供述的内容看，石三保以为自己就是"苗王出世"，这些反复出现的关键词之间具有一种怎样的逻辑联系呢？

我们先从最基础的"夺地"开始。在苗疆战争前线的清廷要员大多都承认"逐客民，复故土"具有一定的合理性，比如和琳在《苗疆善后章程六条》的第一条就提出"理清民苗界限，苗地归苗，民地归民"的法律原则。以前的研究者都注意到社会经济这一层。苗族学者谭必友还注意到，在社会经济之上，苗民起义还有一层政治法律上的要求，即苗族人也是可以做官的。他论述苗族人做官乃是当时苗族精英阶层的普遍要求，苗族精英阶层是并不愁吃穿的，比如吴八月"家里田地每年收得四百多挑谷子"，湘西苗疆山多地少，每年能收 400 挑谷子，至少证明吴八月不是穷人，显然其反清还有政治上的原因。②

用吴八月和石三保自己的话来讲——他们也想"做官"。想"做官"其实是苗语翻译成汉语的一种通俗说法，既然都造了清廷的反，如何还能做清廷的官？所以从语义上准确理解，苗族精英起义的蓝图是要建立一个苗族自己的部族政权，在这个少数民族政权中有苗族人自己的王——"苗王"，就像改土归流前苗疆北部的"土王"那样，有"州""旗"这样的部署，"苗王"之下也应该有苗族人自己的文官武牟，这是一个少数民族自治的朴素构想，只不过其政治要求是用神权方式表达的。虽然此前苗族人可以做"寨头"或"百户"，但这些官职不过是清政权要求苗族人纳粮当差的工具，苗族人没有什么社会地位。苗族人是被压迫的民族，而被压迫的弱势民族都容易产生一种被人拯救的心理。在乾嘉苗变之前，这种被救赎的心理一开始只是在少数几个寨子流传，后来"远近传说，人人情愿"，

---

① 中国第一历史档案馆.清代前期苗民起义档案史料：下册 [M]. 北京：光明日报出版社，1987：232-233.

② 中国第一历史档案馆.清代前期苗民起义档案史料：下册 [M]. 北京：光明日报出版社，1987：144.

最后蔓延到整个湘西苗疆，这样就不可避免地要产生出一个适应苗族群众需求的公平正义的人神——"苗王"。

然而，"苗王"的产生方式与殷商王族的程伯休父们及土家族"土王"的先人死后受人祭祀升格为神不同，它是灵魂转移附身到某一个人身上而产生的。"发癫"不过是神的灵魂附于人身上的一种表现而已，俗称"跳大神"，人类学者往往将这种半梦半醒的疯癫状态视为"人神合一"的表现。在乾嘉苗变时，起义的领袖石三保就认为"苗王"的灵魂附在自己身上。各寨都出现了发癫的现象也并不难理解，苗族人认为"苗王"的灵魂在离开某一个肉体转移到另一个媒介中，石三保认为自己是"苗王"，只不过是"苗王"的灵魂现在转移到石三保身上了，纵然"苗王"石三保在战争中会死亡，但是"苗王"的灵魂不会死亡，会转生到吴八月的身上。就这一点而言，石三保、吴八月与此前历代苗民起义领袖一样，都是"苗王"灵魂的载体，这当然是一种变相的王权神授。

可见，这个"苗王"自诞生起就具有浓厚的巫性和神秘主义色彩，这与苗族人信巫崇鬼的认识论是分不开的。宗教问题的本质是人的问题，苗族人的宗教情感本身也是社会的产物，但苗族人的宗教问题不是单个个人如石三保或者吴八月所固有的，而是一定血缘共同体的总和。因此，假如乾嘉苗起义成功的话，后来建立的苗族政权一定是以血缘关系为纽带的神权政体，也很可能成为世袭的，虽然远没有达到殷商的那种发达程度，但是至少和永顺彭氏土王已经非常接近了。假设"苗王"建立的神权政体能够存在，那么法律规范秩序就会从相对静态的一系列对称性规则的集合演变成一个包含不同位阶的规范等级体系和包含不同部门法的法律体系，"苗王"就是该秩序中基础规范的权威来源，"因为苗族人有至高无上的苗王，所有苗族人都应当遵从苗王的命令和意志"，事实和规范就这样联系起来，构成湘西苗族内部终极的基础规范。由该基础规范衍生出等级较低的规范，在该政权中做官的苗族人可能基于官员的等级高低和文武性质而制定等级有差且性质不同的规范，这样法律规范秩序就动态化了。而这一切的开始是基础规范的有效性，基础规范的有效又是以政治神权威的确立为条件的。

政治神权威的树立很可能与以万物有灵向多神阶段转化的进程有关，即巫觋文化转变为祭祀文化的产物。以殷商为例，其中后期已经出现由多神向少数神靠拢的收敛情形，从甲骨文的一些卜辞看，根据陈来的考证，殷人的神祇大致可以分为"天神""地示"和"人鬼"三类，[①] 而苗族尚处于万物有灵向多神过渡的阶段，所以大大小小的鬼神加起来不下几十个，"苗王"作为苗族的人神，勉强摸到了政治神的门槛，可以算是不太成功的政治神。

相比之下，在更为成熟的土家族社会，以"八部大王""土王""向老官人"为代表的少数几个祖先神则可以提供相对稳定的权威来源，这是土家族社会终极性的基础规范的效力基础，此权能以世袭的方式委托给现在活着的"土王"——永保土司司主。因此，土家族社会的政治整合较苗族更为成功，传承也更稳定。"土王"及其下辖的"州""洞""旗""舍"均可以在与之相对应的民族族长、宗族族长、家族族长的权威下解决涉及族内的矛盾，所以"土王"既是土家族的祖先神，也是比较成功的政治神，即土司习惯法的权威始于祖先神，终于政治神。

在国家法层面，兵刑法秩序和朝贡法秩序的法律权威均来源于"政治神祇"——中央王朝的统治者。政治神是祖先神的延伸与扩大。以物质供给为例，在自然神和祖先神占据祭祀主导地位的时候，物质产出是以纵向模式在一族内部流动的，苗族人和土家族人将自己在土地上的多余粮食产出以祭品的方式供给自然神和祖先神，巫觋和祭祀适用的对称规则旨在保护物质产出在自己家族或者宗族与保护神之间的内部流动，物质资源的循环维系在内部。然而在进入土司时代后，中央王朝作为新的政治神新的权威，开始介入苗族社会和土家族社会的物质分配，使得一部分物质产出以朝贡或者税收的方式流向外部，纳入中央王朝的整体物质循环中。通常是地方进贡中央王朝的相对较少，而中央王朝给予地方的回馈相对较多，在

---

① 陈来.古代宗教与伦理：儒家思想的根源[M].上海：三联书店，2009：111.

此经济基础上，地方的自然神祇和祖先神的权威逐渐被中央王朝这一政治神介入和取代。

因此，在土司时期，家族成员与家族共同体，家族共同体与宗族共同体，宗族共同体与少数民族共同体，少数民族共同体与以中央王朝为代表的中华民族共同体之间的权利义务关系都是通过以自然神、祖先神和政治神为权威的神权法来维系的，它是维系家国同构的法律秩序的基础。之所以能够形成家族法秩序与国家法秩序的同构，是因为维系神权法的权威即自然神、祖先神和政治神之间具有一脉相承的关系，一言以蔽之，基础规范的效力具有来源上的同一性。

中央王朝也曾经历过神权法时代。自然神、祖先神和政治神大致对应夏商周三代的巫觋文化、祭祀文化和礼乐文化。《礼记·表记》中就有相关线索：

子曰："夏道尊命，事鬼敬神而远之，近人而忠焉。先禄而后威，先赏而后罚。亲而不尊。其民之敝，惷而愚，乔而野，朴而不文。殷人尊神，率民以事神，先鬼而后礼，先罚而后赏。尊而不亲，其民之敝，荡而不静，胜而无耻。周人尊礼尚施，事鬼敬神而远之，近人而忠焉，其赏罚用爵列。亲而不尊，其民之敝，利而巧，文而不惭，贼而蔽。"[1]

从《礼记》记载看，夏朝脱离原始社会不久，所以仍是巫觋文化占主导的时代，夏人的生存之道也是巫觋法则，所谓"夏道尊命"应当是指尊天命，即通过占卜决策把握之意。虽在夏人的思想观念中存在鬼神的信仰，但是其敬而远之的态度表明夏朝时期的祭祀文化尚不发达，而所谓"先禄而后威""先赏而后罚"可能也是建立在血缘关系亲疏远近的基础上的，血缘关系越接近则相互之间越有信任感，所以孔子说夏人"近人而忠"。但正是因为这个原因，鬼神的权威没有完全地建立起来，故夏人相互之间是"亲而不尊"的。苗族社会更接近夏时，巫觋法则占主导地位，苗族并没有建立起一个稳定又相对固定的祭祀对象，虽然有历次所谓"苗王"起义，

---

① 佚名.礼记：表记第三十二 [M]// 孟子，等.四书五经.北京：中华书局，2009：434.

但不过是昙花一现。

殷商是祭祀文化占主导的时代，相对稳定的祭祀对象"神"作为权威已经出现，根据陈梦家对殷墟出土卜辞的研究，可知殷人的崇拜对象已经逐渐集中到"天神""地示"和"人鬼"三类，[①] 人鬼就是祖先神。又，殷商是强军权的中央王朝，它以军事征伐不断进行扩展，在征服四方各族后，将殷商先王、先祖神灵化和权威化，使之成为四方人民共同祭祀的对象。殷墟卜辞有殷人死去的祖先"宾于帝"的记载。

"宾于帝"的意思是先王"下乙""大甲"（殷的祖先神）死后灵魂客居在天帝之处，学者陈来认为这是商王死后上升为神的造神过程，殷之先公、先王死后升天，已经被天神化，当然这个神最早只是商族的族内神。[②] 之所以商人"先鬼而后礼，先罚而后赏"，是因为此时祖先神的权威已经建立起来，祖先神具有赏善罚恶的权能。随着血缘关系扩大为地缘关系，祖先神的权威越来越强化，血缘关系的远近已经不能再成为最重要的社会规则，贫富差距的扩大使得占据统治地位的家族及其祖先神更显尊贵，一些家族成为法学家奥斯丁所谓的"政治优势者"，而另一些成为弱势者，所以商人相互之间是"尊而不亲"的。土家族早期的祭祀更接近殷商，将祖先神作为主要神祇祭祀，也是土家族的特点，彭氏一族祭祀"彭王"（土王），向氏一族祭祀"向老官人"，田氏一族祭祀"田大汉"，此处的"彭""向""田"都不是指哪一个人，而是某族一系列的祖先，这大概表明土家族的历史中曾经有一阶段处在祭祀文化占主导地位的时期。

西周时期是礼乐文化占主导的时代，政治神在祖先神的基础上得以确立，虽然周人也有很多祭祀活动，但孔子说"殷因于夏礼，所损益，可知也；周因于殷礼，所损益，可知也"（《论语·为政》），从周人后来发展出的礼乐文化可以推知周人更注重祭祀活动的程序而不是祭品的内容，其所损者大致是祭祀的实际内容，其所益者大致是祭祀的形式，所以孔子说

---

① 陈梦家.殷墟卜辞综述 [M].北京：中华书局，1988：561.

② 陈来.古代宗教与伦理：儒家思想的根源 [M].北京：三联书店，2009：112.

周人"利而巧，文而不惭，贼而蔽"，重文不重实，这大概是周人的缺点。但是就祭祀的内容而言，周人也"有所损益"，一方面，周人在夏礼的基础上"扬弃"——去"亲"存"尊"，关注一族中占据优势地位的统治者家族；另一方面，周人也在殷礼的基础上"扬弃"——去"尊"存"亲"，将活人和去世祖先的距离拉大，使得人们更关注现世更关注与自己血缘关系接近的活人；通过两次扬弃，"亲"夏人之所亲，并"尊"殷人之所尊。这样，一方面，"祖先神"就越来越成为形式上的权威，该统治家族活着的享有祭祀权的父系家长则越来越成为实质性的权威来源。另一方面，血缘关系的亲疏远近也成为划分等级性权利义务的标准。周人进而发展出一套以血缘关系亲疏远近为基础的全新的"尊尊""亲亲"的等级礼仪规范。这使得巫觋时代族内以血缘关系亲疏远近为基础的双向等差权利义务最终演变成尊卑有序的单向等差权利义务。所谓"赏罚用爵列"，"爵列"就是贵族等级，西周分公、侯、伯、子、男五等，有功劳者则晋升爵位，犯过错者则降其爵位，这奠定了一种新的尊卑有差的等级秩序。另外，西周王朝的控制范围较殷商更大，其"祖先神"的权威逐渐让渡于中央王朝统治家族活着的天下共主——"天子"，由此中央王朝的统治家族就一族的祖先神及其在世的子孙成了天下人新的神明——"政治神"。

西周以后虽然有朝代的更替，但是中央王朝统治家族作为天下共同朝拜的政治神祇的模式则为后世所继承。所以当元明时期，湘西土司向中央王朝统治家族不定或者定期地上缴马匹、楠木等贡品时，自然要遵循有关进贡的程序要求（主体资格、数量、种类、时间等），土司也无缝衔接入国家法的统治秩序中。

湘西的土司也是有等级的，明朝曾将土司分为五等，"其土官衔号曰宣慰司，曰宣抚司，曰招讨司，曰安抚司，曰长官司。以劳绩之多寡，分尊卑之等差，而府州县之名亦往往有之。袭替必奉朝命，虽在万里外，皆赴阙受职"[①]。等级是礼仪的基础，只有最顶层的永顺、保靖宣慰司才有

---

① 张廷玉.明史：卷三百十·列传一百九十八·土司[M].北京：中华书局，1999：5345.

资格向中央王朝进贡，其下辖的州、洞则没有直接向朝廷进贡的法律资格。这既有礼仪上的考量，也有经济层面的算计，宣慰司进贡后朝廷必然要予以赏赐和回馈，如果允许宣慰司直辖的下级土官进贡，朝廷财政也是难以负担的。这种社会秩序就是周人"赏罚用爵列"在湘西苗疆的"山寨版"。实际就是湘西土司"祖先神"的权威逐渐让位于中央王朝的"政治神"的过程，或者也可以理解为中央王朝"天子"的权威——皇权——在湘西苗疆得以建立的过程，这是家族法秩序和国家法秩序得以同构的基础，彭氏"土王"作为土家族民族共同体的代表以朝贡的形式进入到国家法秩序中，接受朝廷的赏赐，履行中央王朝规定的义务。

林乾教授在《中国古代权力与法律》一书中，将中国古代法律所承载的权威的演变划分为三个历史时期。第一个时期发端于西周，激变于春秋战国，定型于秦汉，这一时期，权威从封建贵族的垄断中解放出来，表现形式为"权移于法"。第二个时期从秦汉至隋唐，法律在士族和皇帝之间形成的平衡，表现形式是"法与天下共"。两宋是过渡期，第三个时期则是元明清时期，这是皇权凌驾法律之上的时代，也是各级文武官员的法制时代。[①]承载这种权力的无论是封建时期的旧贵族，还是魏晋的士族，还是元明清时期通过科举走向政治舞台的普通读书人，都具有儒家那种修身、齐家、治国、平天下的理性主义精神，具有一脉相承的关系，他们都是中央王朝的权威代表，学而优则仕的读书人就成为政治神——中央王朝——在地方的代理人。

因此，在明朝洪武年间湘西土司向大明王朝纳贡之后，中央王朝及其在地方的代理人自然就具有了对彭氏一族内部仇杀攻讦行为进行惩处的权威和资格。因为"祖先神"和"政治神"本来是同源的，所以家国同构的法律秩序在湘西土家族社会推进时没有遇到太多阻碍。在弘治十年（1497年），针对保靖土司辖区内彭氏一族相互仇杀的情势，明朝政府还对永保土司世袭罔替进行了专门规定，即土司司主袭承必须以入学为前置条件，

---

① 林乾.中国古代权力与法律[M].北京：中国政法大学出版社，2004：1-7.

这对于以祭祀"祖先神"为主的土家族社会增强对中央王朝"政治神"权威的文化认同起到了重要作用，因为要成为土司就必须将学习儒家伦理道德和礼仪规范作为袭职的必修课对待。

实际上，早在洪武二十八年（1395年）朝廷就下令："诸土司皆立县学"，也足以说明土司办学确立于明代，不过永顺、保靖二土司是否遵从朝廷命令办学则没有证据表明，可能是没有或者即使有水平也不高，否则保靖土司彭氏一族仇杀几代的情况不会成为一种现象一直持续到明朝中叶。办学经费尚在其次，最主要的还是缺乏好的老师，即使数百年之后，永顺府知府张修府还在感叹苗疆文教事业的落后，不是因为苗疆缺乏有才智之人，而是缺乏好的老师。

将湘西土司和中央王朝在文化上串联起来，使得彭公爵者这一"祖先神"与中央王朝这个"政治神"相互靠拢的不仅有明朝皇帝，还包括朝廷派到地方的各级流官，其中最为有名且对湘西苗疆影响最大的官员当数明代大儒王阳明。永保二土司和晚年王阳明的关系非同一般，有王诗为证：

宣慰彭明辅，忠勤晚益敦。归师当五月，冒暑净蛮氛。九霄虽已老，报国意犹勤。五月冲炎暑，回军立战勋。爱尔彭宗舜，少年多战功。从亲心已孝，报国意尤忠。①

王阳明在晚年时，曾作为两广总督兼巡抚在广西平乱。在嘉靖六年（1527年），王阳明调永保二宣慰司土家族士兵入广西田州、思恩平乱，叛乱头目卢苏、王受听闻便投降朝廷，可谓不战而屈人之兵。接着，永保二司又在嘉靖七年（1528年）跟随王阳明平八寨、断藤峡匪患。王阳明给永顺土司所作之诗正是在广西平乱之时，对永顺、保靖二宣慰司的几任司主的报国热忱多有赞誉。诗中的彭明辅是永顺司第23任家主，彭宗舜是彭明辅之子，为永顺司第24任家主，"九霄"是彭九霄，为保靖司第28任家主。对湘西土司家族来说，一方面，彭氏不入学不读书就无法袭承，这是其学习儒学的内在压力；另一方面，就外在动力而言，要学习儒学，在

---

① 王守仁. 王阳明集：上册 [M]. 北京：中华书局，2016：700-701.

整个有明一代，对湘西土司来说还有比王阳明更好的老师吗？在永保土司司主成为王阳明的下级跟随王阳明平叛的过程中，向王阳明讨教学习是很自然的事情，而永保土司的英勇忠义也给王阳明留下了深刻影响，王阳明在《八寨断藤峡捷音疏》一文中仔细描写了永保土司的战斗事迹：

> 当有彭明辅、彭九霄、彭宗舜并头目田大有、彭辅等，督率目兵，奋不顾身，冲突矢石，敌杀数合，贼锋催败。当阵生擒斩获贼首并此贼徒、贼级六十九颗，俘获男妇及夺回被掳人口、牛只、器械等项数多。……照得宣慰彭明辅、彭九霄、官男彭宗舜等，皆冲犯暑毒，身亲陷阵，事竣之后，狼狈扶病而归，生死皆未可知。其官男彭荩臣者，亦遣家丁远来报效。两年之内，颠顿道途，疾疫死亡，诚有人情所不能堪者。而彭明辅等忠义奋发，略无悔怠，即其一念报国之诚，殊有所不可泯者。①

不仅土司司主，普通永保土家族士兵的牺牲也使王阳明肃然起敬，有《祭永顺保靖土兵文》为证：

> 呜呼！诸湖兵壮士，伤哉！尔等皆勤国事而来，死于兹土，山谷阻绝，不能一旦归见其父母妻子，旅魂飘摇于异域，无所依倚，呜呼痛哉！三年之间，两次调发，使尔络绎奔走于道途，不获顾其家室，竟死客乡，此我等上官之罪也。②

王阳明一生撰写祭文很多，但是对一支军队撰写祭文生平仅此一次。相应地，永保土司受王阳明的影响同样至深，以至于司主们将王阳明对自己的评价写入墓志铭中。事实上，早在弘治年间永顺司第21任家主彭显英开始，永顺土司司主乃至其妻妾、兄弟等人的墓志铭的撰写人就已经是明朝各级流官了，如第21任家主之妻《彭显英夫人彭氏墓志铭》的撰写人是"赐进士第、光禄大夫兼太子太保、兵部尚书……敕总制三省、德安府应城县西轩陈金"；第22任家主《宣慰使彭世麒墓志铭》的撰写人是"赐进士第、文林郎、广东道监察御史、乡生唐愈贤"；第24任家主《宣慰使彭宗舜墓

---

① 王守仁.八寨断藤峡捷音疏[M]//王守仁.王阳明集：上册.北京：中华书局，2016：457.
② 王守仁.祭永顺保靖土兵文[M]//王守仁.王阳明集：下册.北京：中华书局，2016：819.

志铭》的作者是"赐进士出身、中宪大夫、贵州等处提刑按察司副使、前兵部车驾司员外郎、辰郡大酉王世隆";第25任家主《宣慰使彭翼南墓志铭》的作者是"赐进士及第、特进、上柱国、金紫光光禄大夫、建极大学士、少师兼太子太师、吏部尚书存斋徐阶"。① 可见从弘治一朝开始,永保二宣慰司迫于朝廷以入学为世袭罔替前置条件的法令,确实开始向中央王朝在地方的代理人学习以礼仪文化为主基调的儒学,而王阳明起到的作用是最关键的,这使得为土司司主写墓志铭的官员等级也越来越高。

在第24任家主彭宗舜的墓志铭中写道:

上命阳明公率师征之,得轩与君以师隶帐下,日与太守人士更出迭入。讲"明良知"之学,盖日闻所未闻矣!比班师,阳明公以诗送之,曰爱尔彭宗舜,少年多战功。从亲心已孝,报国意弥忠。②

在《王阳明全集》中,也有同样的诗句,只是"弥"字变为"尤"字。在第25任家主宣慰使彭翼南的墓志铭中,徐阶写道:

余初从阳明先生游,闲论天下世族贵盛而悠远者,先生言及永顺彭氏可以当之。余曰:"何征?"先生曰:"迩者两役思田,宣慰世麒、明辅、宗舜三世咸征。及和门日侍讲宅。吾见其敏而勤,富而义,贵而礼,严而和,入而孝,出而忠。夫学莫贵乎勤,利莫先于义,接人莫急于礼,驭众莫要于和,立身莫切于孝,报国莫大于忠。彭氏世有'六德',恶得贵盛而悠远乎?"③

从彭宗舜和彭翼南的墓志铭看,彭宗舜可能学习过儒学,但是在遇到王阳明之后才接触到"致良知"的心学,才知道这世上竟然有这样好的老师,故感叹"盖日闻所未闻矣",在其后"日侍讲宅"时,早已把自己当作王阳明的学生,笃而行之,而阳明心学最重"知行合一",在永顺彭氏班师回湘西后,创办学校实践良知也是自然而然的事情,永顺彭氏的"勤""义""礼""和""孝""忠"都是"致良知"的表现形式,只是着力点有不同,发心则都是一样。反过来,王阳明作为中央王朝的

---

① 鲁卫东. 永顺土司金石录 [M]. 长沙:岳麓书社,2015:75.

② 鲁卫东. 永顺土司金石录 [M]. 长沙:岳麓书社,2015:68–83.

③ 鲁卫东. 永顺土司金石录 [M]. 长沙:岳麓书社,2015:75.

代理人通过军事征调方式将"政治神"的权威灌注于土家族人"祖先神"处，使得永顺彭氏"贵盛而悠远"，不正是"祖先神"和"政治神"实现同构的体现吗？

相比于苗疆北部的土家族人，在土司时代的苗族社会，一直未能形成类似"土王"一样的祖先神，所以中央王朝一直没有能够将苗族社会纳入其统治秩序中，进行有效的管理。易言之，苗族人的家族法秩序和中央王朝的国家法秩序仍然呈现对抗性。

当然，建立在"祖先神"权威基础上的习惯法也作为确定苗民交往关系和行为方式的基本规范，而这种习惯法则起源于苗族侍奉祖先、祈福禳灾的祭祀活动中。在明清流官所谓的苗族祭祀活动（比如"跳月"）中，不难发现苗族人寻求祖先对现世子孙的庇护，另外在祭祀活动中还能够体现寨落内部成员和家族内部成员的等级与地位。比如在"椎牛"之祭中，舅辈与父辈在祭祀活动中的顺位、站位和作用就存在明显差别。但是，"祖先神"作为权威没有完全压倒"自然神"，因为苗族社会长时期停留在巫觋文化阶段，其维持自然的法律秩序不变动的因素是苗族人的巫性思维方式，无处不在的鬼神是以"埋岩""穴斗"等为代表的习惯法得以有效的约束力的来源，这也阻碍了"祖先神"成为法律强制力的来源，因此苗族习惯法只有约束力而无强制力保证，只有"祖先神"处在强势地位时，诸如"土司旧例"才会具有法律的强制性。

在中央王朝权力深入之前，苗民维系他们以前的生产方式已经几千年了，其调整家族成员与家族之间关系以及家族与宗族之间关系的家族法是通过"自然神祇"这种权威维系的。因此，苗族社会因为有太多的"鬼神"作为权威，统一的稳定的权威就难以树立起来，这样的法律规范秩序就是一系列习惯法规则的静态的集合。

正是因为缺乏"土王"那样的权威，自苗民祖先从洞庭湖畔沿着沅江干支流迁徙到武陵山区和苗岭山区定居后，几千年来一直变化不大。苗族建立在刀耕火种生产方式之上的自然的法律秩序持续了很长时间，这是一种稳定的模式，这种生产方式好比汽车的车轮，而"跳月"之类的习惯法好比车轮之上的车厢里运载着很多人，只要车轮是匀速运动的，上面的人也不会有什么变化。因此，中央王朝认为同苗族的同构无法通过祭祀的方式获得，只能通过军事征伐的手段建立。

（二）通过军事征伐的同构

所谓军事征伐的同构，就是中央王朝以军事讨伐为手段，通过彻底征服南方森林的少数民族，并将国家法柔和或者强制地推行于苗疆，把苗疆苗族寨落共同体纳入中央王朝的法律秩序中。明朝对苗族进行征伐，湘西苗疆的卫所和边墙就是这种军事征伐的产物。

1. 军事讨伐

刑法和军事具有密切的关系，法律史学界的通说认为"刑起于兵"，它是指刑法最初起源于战争，也可以理解为具有强制力的法律权威最早源自对称性的法律关系之中。在氏族社会，部落与部落之间是并列关系，刑法作为经常性的威慑和处罚的暴力手段应运而生，起初只是用以处罚外部落的俘虏，也即是在取得对外部落的优势地位后的产物。所谓"大刑用甲兵"，意为最大的刑罚莫过于部落对部落实行的军事讨伐。不过，这种兵刑合一的调整部落与部落之间公共安全的对称性体系则为后世的羁縻制度所因袭，直至土司时代为止。

元朝经营西南最重要的创新便是创建土司制度。土司与羁縻州不同，是隶属于行省管辖的，而元朝之政治实权又偏向行省，这样朝廷就可利用土司来实现对广大西南地区的间接治理。就湘西苗疆而言，元廷在湘西北部的土家族聚居地区设立了永顺宣抚司与保靖宣抚司，在川东南设立了酉阳宣慰司，在西南方向还有思州宣抚司，在东南方向则归辰州府管理。在元代的湘西苗疆，不同人群生活的地理环境与生态背景衍生出两个不同的文化群，湘西苗疆南部的苗族和北部的土家族则构成了湘西苗疆地区的两大族群，在中央王朝将苗族和土家族纳入国家法秩序的过程中，兵刑法秩序是最先形成的。

所谓兵刑法秩序，是指通过中央王朝制定法的实施在地方形成的地方公共安全秩序。元明清时期湘西苗疆的兵刑法秩序具有兵刑合一的特征，即军事和刑事并没有严格的区分，因为朝廷军队的进驻是地方公共安全得以维系的前提。比如，一方面，有一些重要的刑事案件的罪犯是朝廷派军队缉拿的，地方官如果认为地方治安秩序较差，则通常以军队为后盾进行"严打"。另一方面，如果出现外部敌人入侵本地的情况，则地方政府衙役等也有守御地方的职责。

明代开始，中国的政治法律趋于专制，经济社会趋于管制，专制集权较元代又上了一个台阶。湘西苗疆也毫不例外地感受到了外来压力，明廷于湘西苗疆外围设辰州卫、九溪卫、永定卫、石砚卫所等军事机构，又命处在苗疆北部的永保土司约束苗疆南部的镇苗和篁苗，形成了卫所、土司相互结合以包围苗族聚居区的格局。明代进士孙均铨在《苗蛮辨》一文中指出"自明以前，所患者在蛮不在苗，自明以后所患者在苗不在蛮"①，其根本原因是明朝对西南的控制力度较以前远远强化了，已经可以通过土司实现对土家族人的间接控制，而苗族失去了土家族的屏障，其生存空间不断被压缩，最终被土司和官军压缩在今贵州松桃、湖南花垣、吉首、凤凰四县东西长不过数百里、南北宽不过二百里的以腊尔山为核心区域的呈椭圆形的狭长地带。大明王朝的统治不断被苗民的暴动所震撼，整个有明一代，苗民起义的次数数不胜数，有"三年一小反，十年一大反"之说，"苗乱"频繁，伴随了有明一代始终。而明廷的这种土司、流官交叉管理的"双轨制"导致的权责不清，也是以腊尔山台地为核心的苗族聚居区在明代始终不能被征服的原因之一，为此明廷考虑着手在湘西苗疆修建一道边墙，对苗族人进行防御。

将武陵山脉的山地民族和内地农耕民族用一道墙隔离开，这种办法并非明朝首创，也并非中国独有。万里长城就是最早将北方游牧民族和中原农耕民族进行隔离保护的产物，在西方罗马帝国也曾经修建过哈德良长城、安东尼长城，主要目的在于防备北方凯尔特人和日耳曼人。

---

① 黄应培，孙均铨. 道光凤凰厅志 [M]. 长沙：岳麓书社，2011：180.

面对官苗之间频繁的冲突，明廷解决纠纷的政策简单粗暴，明朝前期以军事镇压为主，到了后期转为军事防御。一方面，就苗民方面来说，明廷是利用保靖土司来约束苗民，以期实现朝廷对湘西苗疆苗族聚居区的间接统治，明洪武七年（1374年）"仍元制以五寨长官司属保靖州军民宣慰使"①。永乐三年（1405年）"招谕竿子坪三十五寨生苗廖彪等各遣子入贡，七月设竿子坪长官司，以彪任其职，隶保靖军民宣慰司"②。

另一方面，就官军而言，先设崇山卫，后置镇溪千户所，并在卫所的基础上营建边防哨所。宣德五年（1430年），"竿子坪长官吴毕郎与贵州铜仁诸苗为乱，总兵官萧绥筑二十四堡，环其地守之"③。嘉靖三十一年（1552年），明廷又"筹画形势，罢湾溪等堡，更设十又二哨。……凡官军计六千有奇"④。由此在湘西苗疆形成了一种自东北向西南衍生的边境防御体系，构成该体系的哨所有"五寨哨""长凝哨""箭塘哨""华盛哨""永安哨""永凝哨""凤凰营""黄会哨""清溪哨""洞口哨""靖疆哨""竿子哨""强虎哨"等军事据点。在十三营哨的西北面主要是苗寨，在东南面则是民村，十三营哨是一道由东北至西南方向延伸的防御体系。明万历年间，时任辰沅靖兵备道参政蔡复一对明朝苗疆边防政策作出如下总结。

首先，"在严责成以资堵御也"⑤。第一条是针对各营哨而言的。当时还没有边墙，各哨之间虽然管辖地域是相互连接的，但是苗民之间仍然有时穿越中间地带相互来往，以致发生冲突。所以明廷要求"凡苗内犯必诘所从何道所经过，何哨以正防之"。对于其中防御得当的营哨予以奖励，"而目前不欣防者诘责戴罪"⑥。

其次，"在严苗粮以创反侧也"⑦。第二条是针对营哨中的熟苗而言的。

---

① 黄应培，孙均铨.道光凤凰厅志[M].长沙：岳麓书社，2011：169.
② 黄应培，孙均铨.道光凤凰厅志[M].长沙：岳麓书社，2011：169.
③ 黄应培，孙均铨.道光凤凰厅志[M].长沙：岳麓书社，2011：169–170.
④ 黄应培，孙均铨.道光凤凰厅志[M].长沙：岳麓书社，2011：180.
⑤ 黄应培，孙均铨.道光凤凰厅志[M].长沙：岳麓书社，2011：187.
⑥ 黄应培，孙均铨.道光凤凰厅志[M].长沙：岳麓书社，2011：187.
⑦ 黄应培，孙均铨.道光凤凰厅志[M].长沙：岳麓书社，2011：188.

湘西苗疆山多田少，在官军中当兵吃粮也是一条不错的出路，尤其是营哨边界的熟苗，"一得粮便思据为子孙之业，欲加裁革，动称激反"①。所以要"查明食粮之苗责取入营编队，终身住止，不肯入者，即行革除"②。

再次，"责担承以核名实也"③。此条是针对官军与永保二土司关系而言的。明廷曾责令永顺土司约束镇苗（乾州苗族），保靖土司约束竿苗（凤凰苗族）。但实际上永保二土司距离生苗区都非常远，永顺至乾州约150公里山路，保靖至凤凰约110公里山路，山路又不比平地，控制力自然不够，所以明廷也承认"今则只属虚文，毫无实效"④。于是调整策略，在官军进攻苗寨时，永保二土司需"奉令捕擒即发兵献俘于正官者旌奖之，不如职者戒饬之"。

不过，以上策略仍然不足以做到面面俱到，故后来蔡复一在十三营哨的基础上，于明万历四十三年（1615年）以"营哨散布，苗路崎岖，难以防遏窥觎，请发库银四万三千两，筑沿边土墙，上自铜仁亭子关，下至保靖汛地。迤山亘水，凡三百余里，边防藉以稍固"⑤。并在天启年间，"自镇溪所至喜鹊营，添筑六十里，堵御红苗，持为金汤"⑥。至此，形成了一道自西南向东北方向延伸的"三百八十余里"的苗疆边境长城。后来因为明朝衰亡，边墙也逐渐废弃。

明朝对苗族聚居区的控制体现在具有强烈军事色彩的法律政策，体现出中央王朝与苗族寨落的对立和隔离，两者在法律权威、法律规范体系乃至法律精神等层面仍是对立的，中央王朝的法律权威是政治神，其法律规范秩序是动态的，具有儒家理性主义的意识形态，湘西苗族的法律权威是自然神，其法律规范秩序是静态的，具有神秘主义的巫性特征。苗族人如

---

① 黄应培，孙均铨.道光凤凰厅志 [M].长沙：岳麓书社，2011：188.
② 黄应培，孙均铨.道光凤凰厅志 [M].长沙：岳麓书社，2011：188.
③ 黄应培，孙均铨.道光凤凰厅志 [M].长沙：岳麓书社，2011：189.
④ 黄应培，孙均铨.道光凤凰厅志 [M].长沙：岳麓书社，2011：189.
⑤ 黄应培，孙均铨.道光凤凰厅志 [M].长沙：岳麓书社，2011：187.
⑥ 黄应培，孙均铨.道光凤凰厅志 [M].长沙：岳麓书社，2011：180.

何对待中央王朝，很大程度上取决于中央王朝如何对待苗族人，从苗族人的视野看，这显然是血族复仇的扩大版。

2. 军事征调

军事征调主要是针对北部土家族人而言的。明朝中后期，随着中央王朝内部混乱加剧，正规军在维护南方地方治安时已经力不从心，不得不借助土司的力量，永保土司及其麾下的土家族士兵逐渐成为中央王朝的宪兵队伍，参与对内对外各项军事行动。其中对内的军事行动主要以对内镇压西南其他少数民族（主要是苗族）暴动为主，土家族学者彭顺长对永保土司征蛮的情况做了考证，此处举几例如下。

正统十四年（1449年）三月，永保土司随湖广参将张善镇压五开（黎平）苗及广西壮人反抗；景泰六年（1455年），永顺宣慰使彭世雄及保靖土司奉调随征南和伯方瑛征讨五开、铜鼓（贵州锦平）苗族反抗；天顺二年（1458年），永顺土司征贵州东苗；成化元年（1465年），永保土司征广西大藤峡瑶民起义；成化三年（1467年），永保土司征贵州都掌蛮（今文兴县）。

弘治十一年（1498年），贵州普安州土判官隆畅妻米鲁，与营长阿保及歹儿等聚众反明，自称"无敌大王"。十四年（1501年），拥众万余，攻打屯田卫所明军，俘统兵镇守太监杨友，击杀按察使刘福、都指挥使李宗武多人。明提督军务尚书王轼调官军、土家族士兵数万，分八路进攻。土家族土司永顺、保靖、酉阳等司均参加。保靖土司因"方听调，免明年朝觐"，永顺土司"亦从征有功"。保靖司即使属两江口长官司，也出兵三千参加。①

另有，嘉靖四年（1525年），广西田州土官岑猛反叛，永保土家族士兵从征平叛，擒岑猛。因士兵多病死于该处，王守仁新撰祭文祭之。保靖土司彭九霄因功受封湖广参政，赐银币。长子虎臣战殁，赠指挥金事。嘉靖六年（1527年），永保土司随征两广总督巡抚王守仁再次镇压大藤

---

① 彭顺长.湘西永顺保靖土司明清时期军事活动 [EB/OL].（2020-03-20）[2022-10-30].https：//m.weibo.cn/status/4484617296262721..

峡瑶民起义，王守仁以其为主力，计前后擒斩凡三千人，两江底定。万历二十七年（1599年），贵州播州宣慰使杨应龙叛乱，拥众十余万人，攻打川东。明朝急调四川巡抚李化龙分兵八路进行围剿，"每路兵三万，官兵三之，土兵七之"。诸军分道并捷，南川则酉阳、石砫二司先登，初八日克桑木关。乌江则坝阳、永顺兵先登，十一日逐克乌江关，翼日，克河渡关。

正德七年（1512年），永顺土司彭明辅追击刘三领导的农民起义军，农民军仓促渡河，伤亡惨重。命永顺宣慰格外加赏，仍给明辅诰命。同年，保靖土司调赴湖北会剿刘六、刘七、齐彦名等。自山东、河南至湖广，杨虎、赵燧扰河南，纵横数千里，破州县以百数。保靖兵由襄阳至唐县、秦阳，再至罗田，败其别部李升完一支。至汉阳，擒刘六。

嘉靖十九年（1540年），五寨司苗民侯答保等反抗，永保土司以士兵千人镇压之；同年，永顺土司抚定苗寨十一；永保土司入腊尔山斩获苗首三十八个。嘉靖二十一年（1542年），永保土司进剿竿子坪龙母叟等苗民反抗，斩首七百七十有奇。嘉靖三十年（1551年），镇箪苗民龙许保等反抗，永保土司镇压之。①

永顺、保靖二宣慰司常常派兵响应朝廷号召以平叛，曾经帮助明朝先后剿灭了铜鼓、五开、黎平、赤溪等地方的反叛，已经成为明朝维护南方统治秩序的重要武装力量。除此之外，他们甚至还曾经派兵参与了明朝的抗倭战争，为明朝东南沿海的稳定作出了巨大的贡献，比如1554年的战役：

嘉靖三十三年（1554年）冬，永顺宣慰彭翼南率土兵三千，致仕宣慰彭明辅领报效兵一千，其子彭守忠亦选清勇家丁一千，自备粮食和武器，步行三去千余里，奔赴苏州府松江地区抗击倭寇。永顺保靖兵一到前线，就投入战斗。嘉靖三十四年（1555年）正月，倭寇聚胜墩，田州瓦氏率领狼兵由此进攻，永顺宣慰彭翼南领土兵包围，南北夹攻，倭寇败退，斩三百余级，首战千捷。②

① 彭顺长.湘西永顺保靖土司明清时期军事活动[EB/OL].（2020-03-20）[2022-10-30].https：//m.weibo.cn/status/4484617296262721.

② 彭顺长.湘西永顺保靖土司明清时期军事活动[EB/OL].（2020-03-20）[2022-10-30].https：//m.weibo.cn/status/4484617296262721.

永顺、保靖二宣慰司能一次性调动数千乃至上万兵马参与对倭作战，一来说明当时东南沿海局势吃紧，二来说明永保二土司的实力已经冠绝西南诸土司，成为明朝中后期维护南方治安秩序的"宪兵队伍"，以至于朝廷也不得不肯定和嘉奖，如三丈浦之役：

嘉靖三十四年（1555年）四月，盘踞在常熟三丈浦的倭寇，不断地骚扰。兵务副使任环调保靖土管彭守忠土兵千余和官兵民丁三千余人，三面围攻，俘斩倭寇二百八十多人。"我兵为捐一人，自用兵以来，陆战皆胜，未有若此也"。①

大规模的对外出兵，说明保靖司在元明时期已经发展为实力强大的地方政治实体，司长则成了封建领主制的巅峰。中央王朝对土家族人的征调体现出土司已经成为明代中央王朝不可分离的一部分，两者是通过程序上的礼仪体现的。王阳明在《札付永顺宣慰司官舍彭宗舜冠带听调》一文中写道：

为照军旅之政，非威严则不肃；等级之辨，非冠带无以章。今官舍彭宗舜于常调之外，自备家丁，随父报效，不避艰险，勤劳王事，固朝廷之所嘉与，况又堪系应袭次男，今以土舍领兵，于体统未肃。合就遵照饬谕便宜事理，给予冠带，以便行事。除事宁另行具奏外，为此札仰官舍彭宗舜先行冠带，望阙谢恩。②

冠带是古代的成人礼，王阳明认为因彭宗舜只是"舍把"而且还年轻，"舍把"仅是土家族一族的族长，并没有朝廷的身份，带兵打仗的合法性存有疑问。在给予冠带之后，才能真正算是为朝廷效力。通过朝廷给予冠带，就使得"舍"作为家族共同体被纳入以中央王朝为代表的中华民族共同体之中。

总体上，土司时代家族法和国家法的同构具有两个特征。第一，此时

---

① 彭顺长.湘西永顺保靖土司明清时期军事活动 [EB/OL].（2020-03-20）[2022-10-30].https：//m.weibo.cn/status/4484617296262721.

② 王守仁.札付永顺宣慰司官舍彭宗舜冠带听调 [M]// 王守仁.王阳明集：下册.北京：中华书局，2016：558.

的家国同构法秩序是依靠权威建立的，但权威的来源有差别。苗族与中央王朝之间则是对抗性关系，中央王朝作为政治神还没有完全树立对苗族自然神祇的优势，只能称为"对称性同构"。在土家族社会，土家族人将祖先神和中央王朝政治神之间进行对焦，通过朝贡规则建立土家族共同体与中央王朝之间的同构，可以称为"融入性同构"。第二，同构的力度有差别。由于自然神祇的普遍存在，苗族习惯法都有被社会成员普遍服从的行为规则，但是缺乏对违反行为规则的法律后果的明确规定，法律规范的效力不是完全确定的，理老裁判的任意性较强且制裁手段有限，法律规范仅具有约束力而缺少强制力。在土家族社会中，由于祖先神崇拜占据主导地位，社会成员之间的关系呈现出等级化差异，法律规范的确定性较强，"舍把"司法的确定性和强制力都较强。

二、第一次解体：中央王朝的后撤

如前所述，土司时代家国同构的法律秩序是建立在自然神、祖先神和政治神权威的同源性基础之上的。维系法律权威的关键是向神明献祭贡品，贡品的多少及其回馈是维系朝贡体制的关键。在明朝前期中央王朝财力较好时，这种回馈还能维系，但是进入明中后期，中央王朝财力不济时，朝贡体制也走向了衰败，这是导致家族法秩序和国家法秩序走向解体的首要原因。

（一）朝贡体制的衰败

朝贡体制是在明朝后期开始衰落的，主要原因是中央王朝财政吃紧，无法负担对土司的赏赐。朝贡制度不仅有土司对中央王朝的进贡，还有中央王朝对土司的赏赐。赏赐的时间没有定制，有的在朝贡当天，有的间隔数日，宣德年间的回赐往往在土司朝贡后的下个月进行。受赏的对象包括土司、贡使、随行人员等。在物质赏赐中，经常有类似"有差"之词高频率出现在文献中，说明物质赏赐是按照等级进行的。明代《礼部志稿》中有规定：

湖广、广西、四川、云南、贵州、腹里土官，朝觐进到方物及中途倒死马匹，例不给价。到京马匹，每匹赐钞一百锭。其赐各不同，凡三品、四品回赐钞一百锭、彩三表里；五品钞八十锭、彩三表里；六品、七品钞六十锭、彩二表里；八品、九品钞五十锭、彩一表里。杂职衙门并头目人等自进马匹方物，钞四十锭、彩一表里。差来通事把事头目，各钞二十锭、彩一表里；随来土官弟男并把事头目人等，钞二十锭；从人伴吏，钞十锭。①

从上述材料中可知，物质赏赐又分为贡品价赏和正赏。贡品的价赏是根据朝贡物品的质量和数量，补偿相应的价格，比如马匹，按照到京的数量，每匹给予钞一百锭的价格，但根据马匹的品相进行相应的赏赐，途中死亡的马匹不做赏赐。价赏实际是一种等价交换关系。正赏是根据朝贡者的职位高低不同分为不同的赏赐，由头目人亲自朝贡，和派来的通事把事头目、随从土官及伴吏等赏赐的等级是不同的。明代土司朝贡应该按照规定执行，如果入贡逾期、贡品质量不合格、贡品达不到数量、人员违例、无官府允许虚假上贡等，中央政府都要按例行半赏、停赏或者进行处罚的。因此，就朝贡体系的物质交换而言，假设土司一次给中央王朝的贡品的价值量为 x，则中央王朝回馈土司的价赏就为 x，如果再把正赏的价值量假定为 y，则中央王朝的实际回馈则为 $x+y$。由此可见，朝贡体制得以维系的关键在于朝廷是否可以给出不低于上贡的正赏。为了削减开支，对于土司没有按时朝贡的情形，朝廷则会依照一定规则进行减价给赏，如《礼部志稿》中还规定：

凡到京过期减半给赏。弘治三年以后，正月内到者亦全赏，二月到者减半，该赏半表里者折与阔生绢二疋。隆庆五年题准，过期半年以上不给赏。凡谢恩差来人与杂职赏同。②

从上述材料可知，之前规定的是凡到京过期就减半赏，弘治三年（1490

---

① 俞汝楫.礼部志稿：卷三十八·主客司职掌 [M/OL]// 纪晓岚，等.景印文渊阁钦定四库全书，厦门：鹭江出版社，2004.[2022−10−30].https://ab.newdu.com/book/s215586.html.

② 俞汝楫.礼部志稿：卷三十八·主客司职掌 [M/OL]// 纪晓岚，等.景印文渊阁钦定四库全书，厦门：鹭江出版社，2004.[2022−10−30].https://ab.newdu.com/book/s215586.html.

年）修改规定，正月内到的全赏，二月到的赏赐减半。隆庆五年（1571年）规定，过期半年以上不给赏。中央王朝不断修改赏赐的原因包括两个方面。其一，在土司制度的实施过程中，明代中央政府体谅土司朝贡时路途遥远，山区道路狭窄，多弯道、陡崖、荆棘、虎狼猛兽，路上可能会遇到土匪、盗贼的抢劫，还有的官府也会沿途索取，加上使者的偷盗，也可能遇到天气不好，或者贡马生病、死亡，贡品的损坏达不到数量等不可控制的因素，都会导致延误朝贡的时间，偶尔延期一点没有关系。其二，更为重要的一点是，隆庆年间属于明代晚期，政治腐败，财政紧张，社会动荡，明代中央政府已经不能像早中期一样控制土司了，土司朝贡不会像早中期一样按时到达，所以规定过期半年以上才不给赏，凡谢恩差来人与杂职赏赐相同。

明代中央政府对湘西土司朝贡的回赐分为物质赏赐和册封两种情况。湘西土司得到的物质赏赐往往是按例照赏的，大多是织金绮帛、亡丝纱罗、冠服衣物、彩币钞币等。湘西地处偏僻山区，经济没有中原发达，纺织技术等远远比不上中原地区，所以湘西土司朝贡土特产，得到的是中原高级的纺织布料、冠服衣物和钱币等，能够满足湘西土司对物质的需求。但因朝贡而册封的湘西土司较少，其中，最突出的事例是永顺土司彭氏献楠木而受封。

据《明史》记载：

致仕宣慰彭世麒献大木三十，次者二百，亲督运至京，子明辅所进如之。赐敕褒谕，赏进奏人钞千贯。十三年，世麒献大楠木四百七十，子明辅亦进大木备营建。诏世麒升都指挥使，赏蟒衣三袭，仍致仕；明辅授正三品散官，赏飞鱼服三袭，赐敕奖励，仍令镇巡官宴劳之至若湖广一省，则永顺、保靖二宣慰，以至四宣抚、九安抚，及诸长官司，又俱隶兵部，无一入户曹者。……且宣慰司虽从三品文职，终是夷人，嘉靖末年，以献大木功加永顺致仕宣慰彭明辅为都指挥使，则文而以武优之是矣。[1]

从上述材料中可见，因朝贡而受的册封需要永顺土司在朝廷大量需求

---

① 张廷玉.明史：卷三百十·列传一百九十八·土司 [M].北京：中华书局，1999：5353.

楠木的机遇下，努力迎合中央政府，是极少数的事例，是中央政府给予的极大的恩荣，是土司身份晋升到更高地位的认可，也是土司权力扩大化的象征。湘西土司也会有半赏、停赏或者处罚的情况。在湘西土司中，只有永顺、保靖宣慰司具备直接向朝廷进贡的资格，比如成化年间，两江口长官彭胜祖因为越级进贡，朝廷不得不派出镇巡官谕之。又如万历四十七年（1619年），"永顺贡马后期，减赏"①。

可见，土司进贡者必须要由布政司所给的明文起送，不能伪造关文，违例进贡，也不能延期，延期者减少赏赐。因为明代中央政府一直遵循"薄贡厚赐"的原则，主要针对湘西土司的统治者和上层人士，回赐丰厚的物品。明廷通过这种经济上的回赐，体现政治上的意图，一方面彰显中央政府统治者的至高无上的权力和威名，另一方面以物质换取边疆的稳定。

历史学者陈东认为，明朝对湘西土司实行"薄贡厚赐"的朝贡原则，使中央政府在经济上承担了更多的负担，导致了两个后果：一是全国各地及藩国进贡次数多，每次回赐的物品的价值都超出了贡品的价值，加上贡使团进京的接待费用和送贡使团离京所需的费用，使财政压力剧增。二是明代前期，国力强盛，财政能够支撑朝贡的成本，到明代中后期，国力衰退，边患加深，明廷的财政体系已经运转不灵，国库空虚，已经无力支持庞大的贡使团的朝贡，所以，中央政府调整政策实行减赏，而一旦朝贡关系趋于停滞，则以永保土司为代表的土家族民族共同体就从中央王朝国家法秩序中脱离了，至崇祯时期，土司和中央王朝的朝贡关系已基本名存实亡。

（二）兵刑体系的衰败

与对湘西苗疆土司的笼络不同，在整个有明一代，中央王朝对湘西苗疆南部苗族的主要策略在前期是军事讨伐，卫所就是这一军略的产物，中后期改为军事封堵，边防哨所和边墙是这种军略的产物。中央王朝和苗民之间的治安关系是靠军法维系的，中央王朝通过军事征伐将苗民纳入国家法秩序中，军法构成国家法秩序的所有内容。

---

① 张廷玉. 明史：卷三百十·列传一百九十八·土司 [M]. 北京：中华书局，1999：5354.

    凌纯生、芮逸夫曾到湘西调查，在《湘西苗族调查报告》一书中，他们提出边墙所处的位置在湘西苗疆的东南沿，其走向与苗疆自然地理区划线一致，他们的这一见解完全符合历史事实。既然边墙走向与地理区划线一致，这就表明边墙肯定不是一道简单的防线，而是一道具有综合社会功能的分界线。与此同时，他们还进一步明确指出了边墙的另一种功用，即明代修建边墙主要不是依据地形而建的，而是对汉族和苗族交往中自然形成的分界线的确认。苗民居住在边墙西北方向的腊尔山台地，而汉民居住在边墙东南方向的沅江和酉水河交界处，他们所说的苗汉的分界要做政治意义上的理解，即边墙之内是朝廷的直接统辖区，而边墙之外，则为相机教化招抚之地。因而，边墙外的居民在政治上具有建立在宽容克制之上的各种优惠和对待，边墙两侧的苗汉法律地位不同。

    明代所修的边墙在明末的战乱中被逐步废弃，明朝驻军逐渐撤往内地，至清初，湘西地区又卷入了南明朝廷与清廷的对立、农民起义军残部深入苗疆以及吴三桂叛清等事件中。在新格局下，明代边墙综合功能逐步丧失，不少汉族与其他少数民族居民深入到湘西苗疆腹地定居，部分苗族居民也因故迁往边墙内定居，因而该边墙也被彻底荒废。康熙中叶，朝廷重臣和地方官员多次上奏朝廷建议重修边墙，但这些建议始终没有获得清廷的采纳，以至于边墙只剩下一处遗址而已。随着中央王朝军事力量的后撤，边墙外的苗族人逐渐冲破边墙的围堵，于1685年和1703年两次向辰州府大规模进发，这是康熙、雍正决心对湘西苗疆进行改土归流的导火索。

第四章
改土归流后的法律社会秩序

　　湘西苗疆法律社会史的第二个历史时段是 18 世纪。因为地处楚南，与黔、川两省接壤，位置偏僻，群山环绕，土地贫瘠，湘西苗疆一直属于"化外之地"，加上也不是什么战略要地，所以清军入关时并没有将这块地方放在心上。不过，到了康熙中后期内外整饬四海升平，原本是次要矛盾的苗疆问题便浮出水面。在康熙二十四年（1685 年）和康熙四十二年（1703 年），苗民对苗疆东南部连续进行了两次大劫掠，直接威胁到湖南辰州府的统治秩序。于是重构中央王朝与湘西土家族和苗族的关系成为清朝不得不面对并需要解决的问题。站在中央王朝的立场上，需要考虑的是如何调整朝廷与湘西苗疆南边的生苗之间的关系，以及如何处理与北边土家族之间的关系。

　　清廷表现得远比明廷有胆识，康熙帝一改明廷被动防御的守弱政策，有心要绝对控制湘西苗疆。然而土司和苗民是一对统一体，明代土司利用苗民的暴动维系自己在国家法秩序中的地位，要将土司改流，前提是将生苗剿抚到位，因此清廷反明朝之道而行之，它首先军事征伐生苗区，并在土司无法统治的生苗区设立散厅进行管辖，然后依次镇压苗民的余勇，强制或者变相强制土司归流。从雍正至乾隆初年，清朝在湘西苗疆颁布实施了一系列富有弹性的檄示和禁令，再配合适当的法律技术和法律方法，湘西苗疆维持了将近一百年的稳定。①

　　这一时期苗疆建立起新的法律秩序，中央王朝集权式的法律秩序推进至整个苗疆，理论上意味着其法律规范在其设立的厅县行政区划上都是有效力的。在北部土家族聚居区，"政治神"逐渐取代了"祖先神"，而南部生苗所处的地区，中央王朝"政治神"和生苗寨落"自然神"形成了一种平衡关系。然而，无论在苗族聚居区还是土家族聚居区都与内地有很多不同，中央王朝制定法特别是作为一般法的"律"，还没有正式成为调整土家族和苗族的法律规范，大量的带有平衡流官和土家族和苗族之间关系的特别法开始出现，虽然不是以判例形式表现，但是源自地方案例实践，因此具有某些"法律衡平"特征。同时，大量的包含义务性规则的制定法以"法律创设"的方式成体系地出现。易言之，皇权至高无上的基础规范形成了，静态的法律规范秩序向动态的法律规范秩序转化，等级规范体系形成，不同性质部门法组成的法律体系也形成了。法律规范的体系性取代了权威性，成为这一时期家国同构法律秩序中最明显的特性。

---

① 清廷在湘西苗疆的开边具体呈现出三步走的战略。

第一步是军事进剿湘西南部"生苗"区。这为设置散厅打下行政基础，将大一统的专制政体强力移植到湘西苗疆。康熙四十二年（1703年），清军进攻湘西苗疆核心区域的腊尔山，用兵两月，先后设立了乾州厅和凤凰厅，不过腊尔山核心之一的上六里地区仍未被征服。雍正八年（1730年）清军进攻上六里苗寨，设立永绥厅，同年在贵州设松桃厅，形成湘西苗疆四厅。至1730年，清廷在湘西苗疆的开辟和建置基本完毕。

第二步是"改土归流"，利用已经建立的厅县流官有步骤地吃掉红苗的外围屏障"土司"，再进一步强化对生苗的控制。其实在雍正之前，清代的改土归流已经实行，康熙四十六年（1707年）时，清廷裁撤五寨、筸子坪两个长官司。雍正七年（1729年），裁撤保靖宣慰司，设保靖县，同年撤永顺宣慰司，设永顺县。清雍正十三年（1735年），撤酉阳宣抚司，设酉阳直隶州。这样，湘西苗疆的东北面和西北面都没有土司了，土家族聚集区改为永顺府统治。

第三步，在北面土司的威胁彻底除去以后，清廷就会利用当地民族首领如"百户""寨长"对该苗族聚集区进行代管，形成一种流官和寨落相对立的二元权力结构模式。具体到湘西苗疆，就是对湘西苗疆核心地带的腊尔山台地地区的所谓"开疆辟壤"，这一举措也引发了湘西苗疆法律社会史的根本性变化。

第一节 纳苗入厅与新秩序的形成

法律秩序是由立法、守法、行政、司法等各个方面组成的社会结构秩序和社会生活秩序。新的法律秩序在土司统治区主要是通过"法律创设"的方式来完成的，因为在改土归流之前土家族人的汉化程度较高，所以流官的统治秩序较容易建立，因此，土家族聚居区法律规范秩序的变化体现为新规则取代旧规则。而在生苗区则是通过国家强制力以"法律衡平"方式来完成的，即通过一系列的法律技术缝合中央王朝制定法和苗族社会之间的缝隙，在此过程中，政策和原则是优先于规则适用的，虽然方式不一，但殊途同归。

一、纳苗入厅后的家族法与社会秩序

纳苗入厅后的几十年时间，随着苗族社会纳入中央王朝的管辖范围，苗族与土家族、汉族、满族的交往不断增多，导致婚姻和家庭法秩序都发生了比较显著的变化。从家族法层面看，以父系计算的小家庭制开始渗入寨落，男耕女织晴耕雨织的小农生产方式替代了改流之前刀耕火种的生产方式，苗民提高了生产效率，生产出的多余产品还可以在官方组织的集市上进行简单交换。交换关系的出现改变了建立在血缘关系基础上的各种习惯法，最显著的变化就是婚姻法秩序。

（一）婚姻法秩序的变化

在 18 世纪以前，湘西苗民的婚姻制度以姑舅表婚和抢亲婚为主。本来，清朝初年奉行明朝的苗汉隔离政策，苗汉之间的交往是被严格控制的，更是严禁相互通婚的。土司时代苗汉之间就有"蛮不离境、民不入峒"之说，改土归流后，朝廷又以例的形式再次确认。雍正五年（1727 年），时任湖广总督傅敏向清廷提交《奏苗疆要务五款》，第一款即禁止民苗通婚："请禁民苗结亲。民以苗为窟穴，苗以民为耳目，民娶苗妇，生子肖其外家，掳杀拒捕，视为常事。凡已经婚配者，姑免

杂异，其聘定未成者，自本年为始，不许违例嫁娶。犯者从重治罪。"①
雍正批示"著为例"。改土归流后，苗疆边贸的发展使得湘西苗族聚居区有了
较以往更多的货物和货币，故在乾隆初年买卖婚就开始出现了，《楚南苗志》载：

> 苗人议婚，亦犹买卖。不识问名纳采之礼。惟讲牛马数目，潜牙郎往
> 来传说撮合其间。牙郎者，即苗语中人也。必用牛马各五六只，始易一妻。
> 如不足，则以银代之。待女家许诺，先将牛马、银物交足，择危、成二日迎亲。②

因苗族是农耕民族，故牛马是比银钱更重要的交换媒介。在农业社会，
牛马属于大牲畜，湘西土地贫瘠，财货皆少，能用"五六只"牛马外加银
钱买一妻的人必属富家，加之苗民之间贫富差距巨大，所以事实上所谓买
卖婚多是"苗疆生界"外的人买苗女为婢妾。买卖婚与"抢亲"不同，"抢
亲"虽然也支付"牛马""财礼"，但这些财物不是婚姻成立的必要条件，
而买卖婚则是先支付对价后娶亲，且对价很高，舅家也可能借对姑女的结
婚优先权而哄抬价格。所以，在当时也只有富人能行买卖婚。

虽然朝廷严禁买卖婚，但是买卖婚还是在湘西苗疆盛行，其兴起的根
本原因是改土归流后苗疆经济的快速发展。《大清律例·户律婚姻·嫁娶违律
主婚媒人罪》有条例规定："湖南省所属未剃发之苗人与民人结亲，俱照
民俗，以礼婚配，须凭媒妁写立婚书，仍报明地方官立案稽查。如有奸拐
贩卖嫁妻逐利等事，悉照民例治罪。其商贾客民未经入籍苗疆，踪迹无定
者，概不许与苗民结亲，如有私相连结滋事者，按例治罪。失察之地方官，
照例议处。"③然而到乾隆二十五年（1760年），朝廷又改变政策，变禁
止民苗通婚为鼓励通婚："查旧例，民人原不准擅入苗地。乾隆二十九年，
以苗人向化日久，准与内地民人姻娅往来，渐资化导。"④这与其说是对雍
正年间苗汉通婚禁例的突破，不如说是中央王朝对苗汉之间普遍通婚现象
的承认，或者更准确地说是制定法对习惯法的承认，是一种授权性规则，

---

① 黄应培，孙均铨.道光凤凰厅志：卷十二·苗防二 [M]，长沙：岳麓书社，2011：220.

② 段汝霖.楚南苗志 [M]// 段汝霖，谢华.楚南苗志 湘西土司辑略.长沙：岳麓书社，2008：168

③ 马建石，杨育棠.大清律例通考校注 [M].北京：中国政法大学出版社，1992：454.

④ 黄应培，孙均铨.道光凤凰厅志：卷八·屯防一 [M]，长沙：岳麓书社，2011：130.

授权可以算作是"法律衡平"的表现方式。

由此可见，买卖婚的兴起和衰落是随着边贸的变化而变化的，不会因为通婚禁例的出现而消亡，苗疆集市贸易得以迅猛发展的时期是清朝盛世，当时苗疆开设集市，出现了繁荣景象，《乾隆凤凰厅志》载：

> 日中为市，交易而退，各得其所，取诸噬嗑，市廛便民，由来尚已。况凤凰厅苗兼辖，既不欲使民苗私相往来，以杜其勾引之渐，必别为之所，俾之易粟易布，以通有无，则市集之在苗疆，更宜加之意卖。但开集设场，或称经纪或号牙行，大约均非善类，藏奸聚匪，启争致衅，恒出于此。[①]

中央王朝许可的商业活动和贸易市场的兴起很快在湘西苗疆形成了相对统一的市场，交换关系变得频繁，不仅买卖需"噬嗑"的基本生活用品，甚至以女子为标的。然而苗女毕竟不是商品，买卖苗女在文化隔阂的情况下也成为扩大民族矛盾的导火索。故乾嘉苗民起义后，严禁民族婚姻的政策再次得以重申："现在民苗界址划分清楚，应声明旧例，汉民仍不许擅入苗地，私为婚姻，以免滋事。"[②]此政策从嘉庆十年（1805年）开始一直持续了约一百年，到清代中后期，汉苗之间公开的买卖婚大为减少，买卖婚日益式微。

可见，看似牢不可破的姑舅表婚就这样迅速土崩瓦解，姑舅表婚就这样逐渐退出了历史舞台，只残留在少数极为边远的苗疆山区。随着苗疆边境贸易的发展，婚姻制度的旧的身份时代结束了，新的契约时代到来。

（二）家庭法秩序的变化

18世纪，湘西苗族家族法最大的变化在财产权上。在改土归流前，苗民家庭的生产方式还是刀耕火种，土地为寨落共同体所有。明代成化年间《五溪蛮图志》载苗族人"二三月，以长銎钩镰，砍伐山间树木，放火煨烬，名曰'剁砂'。俟火息，播种粟谷。至成熟，则刈获其穗也"[③]。

---

① 潘曙，杨盛芳.乾隆凤凰厅志 [M]//故宫博物院.故宫珍本丛刊：第164册.海口：海南出版社，2001.

② 但湘良.湖南苗防屯政考：卷五·均屯一 [M].刻本.武汉：蒲圻但氏，1883（光绪九年）.

③ 沈瓒.五溪蛮图志 [M].长沙：岳麓书社，2012：71.

　　既是刀耕火种，则一个寨落就有可能拥有几处不算十分固定的农地。易言之，一个寨落或者该寨落中的数个家庭也有可能共同拥有一处固定的土地耕种。就这块地而言，没有家庭对其拥有绝对的排他权。两寨落或者两户之间可能为此发生"穴斗"，但肯定没有一个人能对其他人使用这块地进行强制性的收费。而为了提高产量，只有最大限度地增加耕种的时间和范围，而这将导致土地肥力的下降，这个问题和土地承包经营权一致。问题是，由于每户人家都不需要考虑肥力下降的成本问题，结果土地肥力继续下降，直到人们换个地方刀耕火种为止。

　　在清廷对苗民"编户齐民"之后，这个问题就解决了。因为对每一户苗民都征收土地税，这迫使苗民需要将土地肥力下降的问题考虑进来。换句话说，苗民原来以寨落共同体所有的土地被清廷以"编户齐民"的方式固定化、家庭化、合法化了。而家庭私有土地的生产率比之前的"刀耕火种"是大大提高了。与此同时，贫富差距也开始出现。严如熤在复盘乾嘉苗民起义的原因时云："苗寨中富民放账，其息甚大，钱一千谷一石，一二年加息至数倍。不能偿，折以山地衣服各项，穷民虽受其盘剥而仰以为生，或即所折山地转求佃耕，或易以他山地为之佃耕。听其役使，生死惟命。率以打冤家，无不从者，党羽既聚，久而包藏祸心有之。逆苗吴八月、石三保俱供称有稻田，岁得谷四百多石，苗巢中有稻田如许，则山坡杂粮所出必有数倍于此者，宜其能以财役使穷苗也。近降苗有田可耕，而累受赏赐，苗食渐裕，自不能如往时之易为招集，然终不可不于此加意也。"① 这说明，在乾嘉苗民起义前，苗族社会已经有比较明显的贫富差距了。

　　然而在乾隆初年，则是另一番景象，如《楚南苗志》载：

　　苗人刀耕火种。……凡历属流官及开辟渐久之处，多与民地错综相接，亦仿民间耕作水田。有群山四塞中，列平原连阡累陌，宛如内地者。亦有傍山之田，蜿蜒如带。深谷之田，层级若梯。各随其处，高高下下，天造地设，以成形势，诚难悉举也。至于苗地诸山，大而崧，小而岑，锐而峤，

---

① 严如熤. 苗防备览 [M]. 刻本 . [出版地不详]：绍义堂，1843（道光二十三年）.

毕而扈，……而苗人男妇，攀藤附葛，缘岩而上，刈草烧挖，即成熟土。种至三年，遂至硗瘠，必另辟他处。其旧土，弃之数年，茅茨成林，又复砍挖、播种。如此循去环来，周而复始也。"苗疆"田土大率如是。惟永绥一隅，新辟未久，苗人止种山土，不习水耕。而入籍民人，从前所买苗地，陆续成田，合计之得二十余顷。只以民买苗土，已奉例禁，欲垦不得。苗人稍有余土，欲售不能。倘荷俯顺舆情，通变而权宜之，则水田广辟，行有日矣。①

可见，在乾隆初年，刀耕火种仍是湘西苗族人的主要生产方式。土地排他权的创设是土地资源有效使用的必要条件，但还不是充分条件。乾隆初年永绥厅同知段汝霖对土地交易不被法律承认的现状表示遗憾，他认为如果可以买卖流转的话，"则水田广辟"。道理很简单，永绥厅的苗民拥有土地并种有庄稼，但因为生产技术不及汉民，"苗人止种山土，不习水耕"，他认为土地如果在汉人手中会有更高的生产率，因为"入籍民人"有生产技术上的优势，能够使得山土"陆续成田"，可见效率在呼吁这样一种"变通而权宜"的机制，即诱导苗民将土地所有权转让给汉民。

假设苗民甲拥有一亩土地，他预判扣除劳动力和其他成本后每年的收成大概为一石，而假如汉民乙确信通过自己优势的生产技术能将这一亩土地的产量提高到每年一石以上，则苗民是极愿意将自己的土地出租给汉民耕种的，而汉民也是极愿意租种苗民的土地的。更进一步，这种出租可以变成买卖，如果一亩土地的价格为十两白银，而汉民购买该苗田之后的预期收益达到十五两，则无论如何，在十两和十五两之间租售这亩土地对甲乙两者而言都是得益的。因而就存在一种用乙的钱对甲的土地进行自愿交换的强烈的经济刺激。这种经济刺激对地方财政和地方流官也是一种不小的诱惑。因为有利可图，所以在乾隆年间出现了大量的此类交易，这对提高地方生产力自然是好事，其弊在于在农业社会，狭窄的苗疆手工业和商

① 段汝霖.楚南苗志[M]//段汝霖，谢华.楚南苗志 湘西土司辑略.长沙：岳麓书社，2008：192-193.

业市场吸纳不了这越来越多的失地苗民，这样作为自耕农的苗民就不得不沦为汉民的佃农，更甚者只能铤而走险了，人数寡者落草为寇，人数多者聚众造反。《道光凤凰厅志》载："汉民柔奸利愚苗之所有，哄诱典卖田产或借贷银谷，始甚亲昵，骗其财物后即图赖，苗目不识丁，不能控诉，即告官无不袒护百姓者，苗有屈无伸，甚则操刀相向，埋草捉人，报复无已。"①

在买卖的刺激下，以寨落共同体为基础的共有制首先演变为苗民的家庭私有制，并因为技术上的差距，又使得汉民和地方官再通过买卖的方式将苗民家庭所有的土地变为汉民家庭所有，苗民逐渐失去土地沦为佃农，随着人数越来越多，最终导致乾嘉苗民起义的发生。

二、纳苗入厅后的国家法与社会秩序

纳苗入厅后的国家法的变化体现在两方面，一是以中央王朝制定法为基础打造的兵刑法秩序部分地取代了苗族习惯法的血族复仇制度，成为公共安全的供给者；二是税收法秩序一定程度上取代了巫觋法则，苗民多余的物质产出从各自的寨落流向中央王朝。导致国家法秩序发生变化的起始原因是湘西苗疆南部散厅的设立，中央王朝在湘西设立三个散厅，使散厅隶属于府之下，与此同时颁布了一系列将苗族人的寨落共同体纳入散厅管辖的法令。经验主义替代神秘主义成为这一时期国家法秩序得以建立的原因，而法律制度也表现出"衡平"的特征。

---

① 黄应培，孙均铨.道光凤凰厅志：卷十二·苗防二 [M].长沙：岳麓书社，2011：220.

（一）兵刑法秩序代替复仇制度

在湘西苗疆散厅 ① 建立前，在苗族聚居区公共安全纠纷通过血族之间的复仇解决，"穴斗""倒骨价"等习惯法的权威来自"自然神祇"，理老和觋师作为自然神祇在人间的代理人而存在。习惯法更多表现为一个个具体的"司法判例"，就同样的行为尚无统一的立法加以规制。从法律技术上说习惯法尚不成体系，习惯法的权威来自自然神祇，寨落共同体内外的各种纠纷的解决都贯穿着神秘主义和巫性思维，也无所谓法律方法和技术，一切以解决纠纷为落脚点。

散厅在苗族聚居区建立后，中央王朝作为政治神祇也开始介入苗族聚居区的公共安全纠纷中，散厅的流官作为中央王朝皇帝家族在地方的代理人，起初通过政治神祇的权威来进行统一的"法律创设"，由此各种形式层级不同的制定法得以在苗族聚居区实施。但是中央王朝的制定法是基于内地社会的一般情形制定的，将这些制定法直接用于湘西苗疆也会发生水土不服，湘西苗疆作为一个相对静止的社会，其社会需要和社会意见或多或少是走在中央王朝制定法之后的，这就迫使中央王朝制定法与少数民族习惯法要相互协调，纠纷解决的原则从神秘主义渐渐过渡到经验主义，而"法律衡平"就是使作为常法的制定法和苗疆社会相协调的法律方法。

康熙四十三年（1704年），时任湖广总督喻成龙题定的《苗边九款》是清朝最早关于湘西苗疆进行专门规制的比较完备的法律，就法律渊源而

---

① 湘西苗疆四厅是指乾州、凤凰、永绥和松桃四散厅。第一是乾州厅。旧为镇溪千户所在地。康熙四十三年（1704年）置乾州厅，隶辰州府。嘉庆二年（1797年）升乾州直隶厅。乾州厅是湘西红苗的核心聚居区之一。第二是凤凰厅。旧为五寨、筸子坪二长官司地。康熙三十九年（1700年）设镇筸镇，四十三年（1704年）于镇地凤凰营设通判，四十八年（1709年）移通判驻镇城，置凤凰厅，隶辰州府。嘉庆二年（1797年）升直隶厅，凤凰厅是湘西苗族的核心聚居区之一，也是清廷集重兵防守的地区。第三是永绥厅。旧为六里苗地，雍正八年（1730年）建吉多坪营，九年（1731年）以营地置永绥厅，隶辰州府，嘉庆二年（1797年）升直隶厅，永绥厅是湘西苗族的最核心聚居区，生苗人数在湘西苗疆四厅中最多。第四是松桃厅。旧属贵州铜仁府。康熙四十三年（1704年）于其地设正大营，置同知，雍正八年（1730年）移同知驻松桃，置松桃厅，隶铜仁府。嘉庆二年（1797年）升直隶厅，是湘西苗族的核心聚居区。虽属贵州管辖，但是此地苗族风俗习惯与乾州、凤凰、永绥三厅一致。

言，《苗边九款》属于章程一类，其内容涉及湘西苗疆基层行政（凤凰、乾州两地）组织的建构、权利和义务，奠定了兵刑法秩序的基础。

康熙四十三年（1704年）三月，刑部议复湖广总督喻成龙之《苗边九款》题准为定例，条文如下：

凡苗人有埋草捉人、横加枷肘勒银取赎者，初犯为首者，斩监候；为从者，俱枷号三个月，臂膊刺字。再犯者，不分首、从，皆斩立决。其有土哨、奸民勾通取利造意者，不分初犯、再犯并斩立决；附和者，各枷号两个月，发边远充军。该管土官虽不知情，亦按起数交该部议。知情故纵者，革职，杖一百。若教令指使或和同取利者，革职，枷号三个月，俱不准折赎。①

如果只从法律条文出发，我们可能会觉得清廷在湘西苗疆的开发行为以及后续的统治秩序是较严苛的，清廷希望通过严刑峻法替代苗族“埋草捉人”的血族复仇制度。从法律条文看大经大法需要严格执行，例文中隐含的中央王朝绝对权威占据主导地位。然而，关于约束土司和苗族人的条款的实际落实情况则与法律文本的表达是大不一样的。

首先，苗疆南部的土司主要是乾州的五寨长官司和凤凰的筸子坪长官司，其实章程只规范了四年，康熙四十六年（1707年），清廷便因小土司无法制约苗民裁撤了五寨、筸子坪两个长官司。

其次，严厉的法律条款还只是一个法律文本，尚停留在纸面上，不能真正调整社会关系，因为那时候厅城才刚刚建立，基础并不牢固。如继任湖广总督鄂海在后来给康熙的奏折中就提及：“苗人生性凶顽，不明人伦，贪残成俗，即见小利亦为侵夺，以致往往生事无已。……内地百姓奸恶之徒不畏法度，私与苗人结亲往来……若有私仇即偷出边外密告苗人，或俟其往耕或因其贸易，令其捉去，……若被捉之人强横即被伤害，该管官员闻知领兵查拿，伊等若势众则相对拒捕，……虽有现行定例不许民人出境

---

① 潘曙，杨盛芳.乾隆凤凰厅志［M］//故宫博物院.故宫珍本丛刊：第164册.海口：海南出版社，2001.

亦不许苗人入境,但边界无有墙垣,地方辽阔,随处皆可潜行出入……"①

不但如此,即使官兵按照律例规定捕人,也往往得不偿失。不妨看康熙五十年(1711年)的一个案例:

镇算镇凶苗稞龙系杀死民人林光鹏等三命,案内有名奉部文应行缉拿之苗犯也。……嗣后凶苗冥顽不法,依恃伙众潜匿不服者。……逃入凉水井,又集各案凶苗倚山负险巢居栽种。卑职随于三月二十二日禀明本镇,蒙谕带同左营守备李白虎左右前三营千把总赵四胡艾等酌带兵丁,当晚爬山越沟于二十四日黎明到寨查拿稞龙,凶苗恃众拒捕,我兵亦即对敌,打死凶苗及滚岩身死三十七人,我兵亦被伤,身死马恺向士元等一十二名,带伤兵丁邓奇等七名,是日撤兵出巢,适值大雾迷天,山危径窄,莫辨东西,我兵遂有失足堕岩及迷失路径者,今现在陆续回营等情,……尚有谭汝生等二十七名,据百户寨长查明,该丁等尚在附近凉水井各苗寨内羁留不放……②

本来朝廷是按中央王朝制定法规定拿人,但是兵丁进入苗寨后反而遇到苗民伏击,遭受重大损失,可见《苗边九款》作为中央王朝制定法对生界的苗民来说并无很大约束力。实际上,生界内苗民多不通汉语,至于识得汉字者更是凤毛麟角,与其说苗民不守法,不如说苗民不知法,故这些法律条款的适用效力如何也就可想而知了。

不仅如此,康熙还对汉人进入苗族聚居区的行为始终保持高度警惕,即便是合法的拒捕逃犯亦是如此。对康熙的这种开明态度,湖广总督鄂海身体力行。比如在上述案例中,鄂海最担心的是地方官擅动官兵:"臣随严饬该镇务须宣扬圣主天威,相机设法查拿凶苗,不得轻易深入苗巢滋事,并前带兵丁若干名及勒追陷兵归伍,未据回覆又行

① 鄂海.抚苗录[M]//谭必友,贾仲益.湘西苗疆珍稀民族史料集成:第21册.北京:学苑出版社,2013:7.

② 鄂海.抚苗录[M]//谭必友,贾仲益.湘西苗疆珍稀民族史料集成:第21册.北京:学苑出版社,2013:51-52.

南按察司王朝恩将杀死苗犯及兵丁被杀实情查明，到日一并确议。"①
在查清实情后又向康熙汇报："臣查凶苗稞龙逃匿凉水井地方系遵照定
例遣兵擒凶，事属公事，非无故擅动官兵，至于羁留在寨兵丁是因大雾
迷失并非凶苗截陷，俱已回营。其凶苗既已悔罪归诚，应请从宽免其究。"②
可见，鄂海在此对地方官兵进行的是有罪推定，反而对涉案苗民往往从
宽处理。

这样看来，清廷似乎在对苗民犯罪问题的处理上过于宽宥了。其实不
然，因为苗民的犯罪问题不是湘西苗疆法律秩序的关键，清廷的主要目的
是财政税收。易言之，只要苗民纳粮，朝廷便不追究苗族人之前的刑事责
任了，法律规则需要让位于清廷开边增税的方针政策。实际上清廷是以犯
罪和财税进行交换，通过这种交换，清廷巧妙地实现了税收法秩序在湘西
苗疆的确立，又通过编户纳粮的方式建立了清廷在湘西苗疆的行政秩序及
其合法性。"剿抚并用"则是清廷在总结制定法实施的得失后确立的法律
原则。

在湘西苗疆，散厅颁布的法律规范一旦实施就必然形成一种新的法律秩
序。这表现为散厅专制的法律秩序与苗寨自然的法律秩序之间的"衡平"，
这种"衡平"是经验主义法律原则的体现。

所谓经验主义，就是中央王朝的制定法能规制的纠纷原则上由中央王
朝制定法规制，如果制定法规制确有困难的则由民族地方的习惯法规制，
最终目的都是保障地方的长治久安。所谓"法律衡平"，简单理解就是依
法看着办的意思，它是指同原有制定法规则同时存在的某些办法、手段，
它是经验主义原则在湘西苗疆社会实践中使用的法律方法。由于"剿抚结
合"政策在纳苗入厅后的长期适用，使得它在一定程度上可以替代中央王
朝制定法（如律例）来解决地方法律问题。和制定法的"立法"不同，"立法"

① 鄂海.抚苗录[M]//谭必友，贾仲益.湘西苗疆珍稀民族史料集成：第21册.北京：学苑出版社，
2013：52.
② 鄂海.抚苗录[M]//谭必友，贾仲益.湘西苗疆珍稀民族史料集成：第21册.北京：学苑出版社，
2013：52.

需要建立在皇帝、官僚机构或者地方官的权威上，它体现为主权者的命令，而"衡平"不建立在任何特权上，而是建立在法律适用于湘西苗疆的特殊性上，"衡平"可以理解为一种中庸的是非标准，是一种价值判断。

在散厅建立初期，国家法的适用范围实际并未进入生苗寨落，流官们并不能将国家权力渗透到苗疆寨落，苗疆寨落依然实行寨老民主制，这样就形成了一种流官和寨落的二元对立的权力结构，而消解这种对立的方式正是"衡平"的方式，此种"衡平"的载体就是乡约。这个结构更多地表现为平等对话，乡约是联系散厅和寨落之间的纽带，乡约最初是纯粹的契约，只要作为契约甲方的苗寨能按时纳税并遵守一些地方官的底线（不绑架不杀人），则作为契约乙方的流官群体既无意愿也无能力将权力渗入苗寨。一般情况下，官军不上苗寨抓人，苗民不下厅城闹事，大家相安无事即可。

在散厅建立初期，流官群体对生苗寨落是颇为头疼的。直到康熙四十二年（1703 年），生苗共三百余寨"吃血归诚""报丁输粮"，形成了"毛都塘"模式，才基本奠定了相对稳定的统治秩序和新的社会结构。然而，建立在这种模式上的兵刑法秩序毕竟还是很弱的。

兵刑法秩序的不稳定反映在对某些重大刑事案件的把控力上。康熙四十二年（1703 年）后，虽湘西苗疆的行政征税体系已经建立起来了，朝廷又派设文员和兵丁加以震慑，但始终还有不少"汉奸"（潜入苗寨的不法汉人）和"苗奸"（潜入汉地的不法苗族人）越界干了不少投机倒把和杀人越货的勾当。如康熙四十四年（1705 年）八月，时任辰沅靖道道员郑振就向上级报道了凤凰、乾州两厅"煦塞苗杀死冲角营百姓，石继花等腘金塘苗杀死茶菌沟民林光鸿、都吾割豆百姓田忠甲、都蛮民梁得胜，并杀伤男女三名"，以及"落塞苗人吴老宰杀伤三箭塘民秦惠举身故"等刑事案件。对于这些严重破坏地方秩序和地方政府权威的案件朝廷自然要作出反应，但是派去苗寨抓人的"兵丁黄万年等其二十三名"反而"被苗杀陷"，道台郑振不敢上报，将案件隐匿，事发两年后终于被发现，郑振最终被革职，朝廷查实其隐匿积压的命盗案件竟然达到二十五件之多，以致朝廷震怒。

从此，清廷终于也明白一般发生仇杀盗窃等刑事案件，不是百十来个兵丁去抓人就能解决问题的，于是中央王朝在管理上更显慎重了，放弃了"法律拟制"，转而进行了在经验主义原则指导下的"衡平"式的探索与调整。

第一种"衡平"式调整就是在办案期限上加以宽裕。因此，时任偏沅（湖南）巡抚赵申乔有奏议："请嗣后有苗州县如奉准部咨案件俱照土司事件之例，作六个月之限报结，其命盗等案俱请于定限之外各展限两个月。"①

期限的放宽可以看作是法律规则对法律原则的让步，这与德沃金在《法律帝国》一书中体现的整体法律观正好是相反的，德沃金虽也认为法律是由规则、原则和政策组成的规范体系，但如果法律规则和法律原则及政策发生冲突时，因法律规则更多体现出对自由主义和私有财产的保护，所以是一些公共原则和政策要为规则让步。而法律规则对原则和政策让步，这主要是因为制定政策确立原则的主体通常是皇帝，故权威性较规则更高，甚至可以说规则是政策和原则的具体化，不符合政策及原则的规则要适时进行调整。

第二种"衡平"式调整是在地区上予以区分。湖南巡抚赵申乔还对湖南省内有苗的各州县进一步进行地缘上的划分，对于距离省城长沙较远的如凤凰、永绥、乾州、城步、绥宁等地予以延期，而对于距离省城较近的地区如安化、茶陵等地则不延期。此奏议得到了康熙的批准，而赵申乔的奏议也成为后来乾隆五年（1740年）《大清律例》的基础，《大清律例·卷三十六·刑律·断狱上》中，便有"鞫狱停囚待"的规定，其条例对"湖广衡州所属有苗民二十六州县，即乾州、平溪等卫，距省遥远，凡命盗案件，俱于定例之外，各展限两个月"②。很明显，此条例的来源就是赵申乔的奏议。可见，"衡平"是一种价值判断标准，以"定例"为代表的制定法恰好是根据"衡平"的标准制定的。但是这种"衡平"和英国的衡平法不同，它没有专门的法院判例来确立其成为法律，它仅是一种法律方法。即使如

---

① 赵申乔.赵恭毅公自治官书 [M] 刻本.[出版地不详]：怀策堂，1727（雍正五年）.

② 徐本，三泰.大清律例：卷三十六·刑律·断狱上 [M].北京：法律出版社，1998：575.

此，条例中对时间和对地区的"衡平"也只能治标，在处理了不作为的地方道员和同知后，清廷将"未获凶苗交与该管接缉官"，对于剩余的未被拿获的凶苗，后来的官员也只能与之相机行事了。法律技术上，对人的衡平是最难的。

第三种"衡平"式调整是对人的衡平。一般而言，流官对汉民深入苗寨的行为一向按律予以重惩，而对苗民进入汉区的行为则相对处罚较轻，然而往往事与愿违，随着苗汉之间交往的不断增多，苗民犯罪案件也越来越多，流官对苗民中某些不法分子的行为实在忍无可忍的话，为了维护地方政府的脸面和国家法律的严肃性有时也不惜注入血本。比如乾隆初年设立不久的永绥厅就是如此，《楚南苗志》载：

> 苗性贪利好杀，不知法纪，杀人抢掠，视为泛常。不特与苗人常时构衅，抑且与民人屡次生端。臣到任之后，留心谘访，乾、凤、永三厅所属苗人，约共二千余寨，而其中最逞强者莫如乾属之阳孟、大劳神、小劳神等寨，凤属之栗林、牛练塘、大五头、小五头、鸦苏、盘若等寨，永属之花园、通溪、补毫、夯尚、盘鹊泥等寨。近时乾属各寨，尚无滋事。其所以不敢滋事者，以前镇臣张谷贞在算数年，遇有不法之苗，即发兵掩捕。稍或抗拒，即行剿灭。故至今尚知畏法。惟凤属、永属各寨，从未经创惩，不知天威可畏，肆行不法，案卷如鳞。①

这里所谓的"如鳞"一般多的"案卷"都不是一般的民事行政案件，几乎全是挑战"政治神"中央王朝地方官权威和底线的重大刑事案件。

这些刑事案件可以分为三类：第一类是汉族和苗族之间的争端，第二类是苗族人之间的争端，第三类是苗官之间的冲突。此三类案件中的前两类相对比较好解决。乾隆二年（1737年）刑部等复准前抚臣高其倬的奏折："嗣后乾州、凤凰、永绥所辖苗人，与民人相盗、相殴案件，各照律治罪外，其苗人与苗人有命盗等案，如两造情愿照苗俗完结，不欲追抵者，令该管官酌量完结。若被害之家，不愿

---

① 段汝霖.楚南苗志 [M]// 段汝霖，谢华.楚南苗志 湘西土司辑略.长沙：岳麓书社，2008：152.

照苗例完结，业经具控到官，该地方官将犯罪之苗，照例究抵。"①
上述奏折中隐含的价值判断就是一个典型的"衡平"。"衡平"不同于平等，
后者表示在中央王朝治理之下，对臣民一律平等地施行法律，不区分汉族
人还是苗族人，"衡平"则强调为了维系地方治安按照经验主义原则妥善
处理问题。尤其随着厅县的建立，汉族人和苗族人的交往越来越多，这种"衡
平"的方法被地方流官越来越多地应用于地方纠纷的解决。

根据"衡平"的方法，对不同类型的案件应当作出不同的处理，这是
法律原则在方法上的体现。

对于第一类苗族人和汉族人相盗、相殴案件，还是应该"照律治罪"的，
但往往地方官迫于苗族人施加的压力而偏袒苗族人，如吴老保欺凌寡妇谭
氏一案，明明是吴老保醉酒闹事，但是由于吴老保统御族人在营门放枪示
威，地方官只好将其放了，反而只能责备衙役，并惩罚卖酒给吴老保的汉
人罗国彩银赏给吴老保，这罗国彩就是个卖酒的，此种处罚何其无辜也。
又有诸多案件中，犯罪的"苗奸"往往躲回寨落中逃避惩罚，以至于法律
规定成为一纸空文。由此可见，"衡平"方法只是临时性的纠纷处理手段，
和法律适用的平等没有必然关系。

第二类案件是苗族人与苗族人相犯的案件。这类案件的解决方式是地
方官——"政治神"对"自然神"的妥协或者"衡平"。苗族人与苗族人
相犯的，如果苗族人愿意以习惯法解决，那就以习惯法即"苗例"解决；
如果不愿意按习惯法解决，有要报官府通过国家制定法解决的，地方官
有实行法律的义务。

第三类案件是苗民反抗国家制定法的案件。包括杀死兵丁，打伤外委
的案子，相比前两类，这类案件为清廷最不能容忍。但朝廷又不敢深入苗
寨内部去抓人，因为苗寨多在一夫当关的高山险谷，且苗族人家家户户持
枪佩刀，武器精良尚在清兵之上，轻易冒进往往导致全军覆没。《峒溪纤志》

---

① 段汝霖.楚南苗志[M]// 段汝霖，谢华.楚南苗志 湘西土司辑略.长沙：岳麓书社，2008：153.

记载苗族人"火器有过山鸟枪者，能打越重山，绝无障碍"①。《苗防备览·风俗考》亦载：

苗人鸟枪制作极精，将铁筒车数次打磨光溜，俾子出无滞。子堂、引门俱有法度。硐硝、山磺处处皆产，用爆木灰和之，其烟白易然。见烟则子已到，能远及数十丈之外。遇敌必先择土坎、岩窦伏身，暗中放枪以击敌。②

《楚南苗志·卷四·苗人器械》载：

苗人火枪，童而习之，妇女孩提亦知施放。百步之外插竹为的，发之鲜有不中者。苗地深林密箐，亦间有产铁之所。苗人又自善打造。所以凡遇"苗疆"，皆有火枪，不能禁遏。其枪重八斤以上，教营枪更能致远。……娴习者舞之，亦有进退之节，电掣风驰，颇足壮观。环刀，乃古制。《唐诗》所谓，何日大刀头是也。长三尺五寸，另有鞘贮之，制颇精工。腰佩小刀，亦与民间佩带者无异。③

可见，清代的人对当时湘西苗族人的火器印象深刻。④ 苗寨山高路险且装备精良，这是其能与朝廷周旋的基础。不仅如此，作为强悍的山地民族，苗民在纳入散厅管辖后仍有随身携带刀具的习惯。清人严如熤的《苗防备览》中就称呼苗族人佩刀为苗刀，并且成年男子有一长一短，长刀与现在所谓"苗刀"形似，而清人孙廷权所著《宦楚吟稿》的诗歌《苗刀歌》有更加直接的描述：

沙渠土司悍且豪，大为容美小散毛。

纳地久降诸峒长，尚存苗种悬苗刀。

---

① 陆次云.峒溪纤志 [M].铅印本.上海：仿聚珍，1908（光绪三十四年）.

② 严如熤.苗防备览：卷八·风俗上 [M].刻本.[出版地不详]：绍义堂，1843（道光二十三年）.

③ 段汝霖.楚南苗志 [M]// 段汝霖，谢华.楚南苗志 湘西土司辑略.长沙：岳麓书社，2008：160.

④ 关于当时苗族人所制造的枪械性能，吉首大学的张振兴做过考证，他认为18世纪末到19世纪初，苗族的枪支制作水平已经达到了后装火绳滑膛枪的水准。而当时清军所用的火枪，其制作水平还停留在前装火绳滑膛枪的水平，比苗族所用的枪支低两个发展阶段。苗族掌握后装火绳枪的技术水平比当时清朝的军队还要提早数十年，这就难怪严如熤多次赞苗族人的枪械精良了。清军在平息战乱过程中蒙受重大的伤亡，也属意料中的事情。详请见罗康隆，张振兴.《苗防备览·风俗考》研究 [M].贵阳：贵州人民出版社，2010：115.

此刀出匣三尺水，吴潭素练翻秋涛。

春鹏长尾自皎洁，鹧鹕安用寻常膏。

蛮儿矫健逞身手，累年剽掠横相遭。

官军缓攻议剿抚，民居杂处思奔逃。

留兹利刃经战斗，往往深夜闻鸣号。

即今向化买牛犊，兼有就学娴风骚。

朝廷德威加四海，金兵不向皋兰鏖。

罗平妖鸟避鹰隼，大宛天马随蒲萄。

东南自充财赋薮，零星荒土轻秋毫。

我来割符已数月，喜见风俗勤耕陶。

蛮君发冢一十二，苍藤绿树啼猵猱。

奠安有方赖守牧，奸宄屏迹弓矢弢。

此刀弃置常不用，遥看日月霜天高。①

可见，苗民的刀枪制备精良，有些苗寨仗着寨大人多，家家都沾亲带故，粮食又有保障，向来不把朝廷放在眼里。于是难题留给地方政府了，而对清廷来说，对于犯了罪的苗族人，如果任其逍遥法外，则中央王朝作为"政治神"的威信迟早扫地。隐匿不报的绥靖主义政策固然可以求得一时安宁，但此类案件会越积越多，早晚纸包不住火，而如果每个刑事案件都像作战一样，财政又如何长期负担得起？

所以，对于苗族人犯罪，流官往往是一筹莫展。乾隆初年的永绥厅同知段汝霖对苗族人的"负隅拒捕"深有体会：

苗人僻居遐荒，……有所犯，则恃险倚党，势如啮虎，莫能勾摄。虽边将勒兵追捕，犹逞其螳臂以拒。若预知兵将至，则先匿其老幼妇女于他所，或上堥以避。壮者分伏要隘草间，纤毫不露，如伏兔然。身藏鸟枪、药弩，以待官兵。又约邻寨为援。及兵至拒斗，邻苗闻铳炮声，云集响应。无行

---

① 徐世昌.晚晴簃诗汇：卷七十四·苗刀歌 [M/OL].北京：中华书局，2018[2022-10-31]http：//guoxue.cn/html/book/MEKOTBME/CQMECQRNRNIL.shtml

阵队伍，惟散步林麓间，放铳、弩以战。其跳踯呼号，出没隐现，捷于猿狖，莫可端倪。及兵欲退，伏苗四起，以扼归路，余苗以铳、弩尾追于后，谓之送客。[1]

可见，苗族人面对抓捕"凶苗"的情况，战术指导思想可谓"敌进我退，敌疲我打，敌退我追"，所以一般官军孤军深入苗族地区拿人，如果不是很熟悉苗情又熟悉当地地理环境，很容易被苗族人伏击。湘西苗疆的地方流官对此一直十分窝火。这种两难处境让乾隆初年的湖南巡抚冯光裕终于忍无可忍，他向朝廷奏道：

> 臣屡饬辰、永、沅、靖兵备道，将肆横顽苗严拿究惩。经该道杨辅臣，会同永绥协标游击带兵数百，巡历栗林一带地方，开诚晓谕，令将凶苗龙三保等放出。而彼寨大人众，止据百户、外委将陷口牛马退出，凶苗抗不服拘。反代恳移会黔员，另择地方赴审。他如鸦苏、盘若等寨凶苗，亦俱负固不出，无一名就获。[2]

需要注意，此次拘捕"凶苗"是动用了绿营兵的，一般的刑事案件由文官管理，这次通过军事手段解决武官也在场，而且人数不少，有数百官兵，比之前在凤凰厅"被杀陷"的官兵多了约十倍，可结果依然是"凶苗"躲在寨中"负固不出"，而官兵也不敢轻易深入。问题在于，数百官兵倾巢而出不过是为了前往苗寨抓几个"凶苗"，如果连这样简单的事情都无法做到的话，那么中央王朝对苗疆的行政管理还有何威信可言？而"凶苗"负固不出的理由居然是"移会黔员，另择地方赴审"，这是苗族人对湖南地方流官赤裸裸的侮辱。从冯光裕的上奏中就可以看出当时地方流官是何等的怒不可遏："臣查苗人就抚日久，藐法横行。此等寨分，必深加惩创，使知天威之可畏。……今苗人公然敢于汛地营门，呐喊放枪，围绕汛房，推倒营墙，甚至打伤外委，打死兵

---

① 段汝霖.楚南苗志[M]// 段汝霖，谢华.楚南苗志 湘西土司辑略.长沙：岳麓书社，2008：254–255.

② 段汝霖.楚南苗志[M]// 段汝霖，谢华.楚南苗志 湘西土司辑略.长沙：岳麓书社，2008：154.

丁，杀掳临省之苗，捆拿近地之民，以图勒赎地方文武，或给牛酒，或给赏银，方始解散。道游大员带兵晓谕，凶苗负固不出，反曲从百户、外委转述该苗之言，另择地方出审。苗之心目中已无官兵，……苗性既纵，官法莫加。……臣愚以为，顽苗不可姑容，良民亟待拯救。……然各苗恣肆已久，必非一二百户捕役之所能擒，亦非仅文告诫谕之所能觉，……必须拨兵三千名，另派武职大员以为统领前往。"①这说明，为了维持地方政府的权威，清廷倾注血本调兵数千，誓要发兵将"凶苗"绳之以法。

又需要注意的是，乾隆四年（1739 年）弹压湘西六里红苗和雍正十三年（1735 年）清廷镇压黔东南九股黑苗有所不同。四年前清廷在黔东南苗疆的征伐是一场真正的军事征伐，四年后在湘西苗疆的征伐是一场治安"严打"。前者是兵事，后者是刑事，只是后者采用了兵事手段加以解决，所以是"以兵代刑"的衡平方法，具体而言有以下区别。

第一，清廷镇压黔东南九股黑苗是为了恢复清廷在黔东南的行政建制，而对湘西红苗则是在地方建制完整的基础上整顿治安秩序。因为发生于黔东南苗疆的雍乾苗变事实上已经完全摧毁了雍正在黔东南苗疆苦心经营多年的黔东南苗疆六厅，而对湘西苗疆的此次出兵侧重捉拿具有严重罪行的"凶苗"和袒护"凶苗"的几个强悍苗寨，是在湘西苗疆四厅行政建制健全的前提下强化对湘西苗疆的法律控制，这一点从其政策上表现得十分明显：

除已前之事无庸追究，已解之案不复深求，即现在有可以苗俗完结者，俱令厅道酌量办理外，惟是栗林、鸦苏、盘若等数寨，当此履行不法之时，正宜声明其罪，指明凶首，勒令擒献，审明正法。②

第二，清廷为打消其他苗族人的疑虑，还非常注意宣传法律政策，大张晓示，这也与镇压黔东南黑苗的政策有很大区别：

此番大兵，皆因某某不法、不服拘拿之故。该数寨苗人，如能将凶首

① 段汝霖.楚南苗志 [M]// 段汝霖，谢华.楚南苗志 湘西土司辑略.长沙：岳麓书社，2008：154–155.

② 段汝霖.楚南苗志 [M]// 段汝霖，谢华.楚南苗志 湘西土司辑略.长沙：岳麓书社，2008：154.

擒献者，定大加奖赏。或能将凶首，如何负固，何处潜藏，据实首明，指引拿获者，亦加奖赏。如敢通同隐匿，或帮助凶首作梗者，即行剿洗。仍严禁官兵不得妄杀一无辜之人，烧一无辜之寨。①

因此，这次大兵征剿的本质是一种以武力为后盾的刑事制裁，从乾隆四年（1739年）到乾隆五年（1740年）经过前后两年时间，在清廷付出重大代价后，终于将几个"凶苗"或擒拿或正法。经过两年的带兵擒凶，各苗寨的违法犯罪行为有所收敛，而这也已经是流官的行政权力能够达到的极限了。所以，这次出兵的实质是"衡平"手段之一，其目的不是动摇流官和苗寨之间的二元结构平衡，而是弥合制定法和社会实践之间的缺口，只是方式比较激烈而已。中央王朝的制定法原则上不能下到苗寨，只是苗寨的违法犯罪有了一定程度的收敛而已，生苗聚居区公共安全的维护仍然主要由习惯法调整。

可见，在18世纪的长时段中，苗族聚居区的治安权大体在苗寨和各厅之间维系平衡，可以说除了法律规则之外，很多关于湘西苗疆的章程、事宜、奏议、上谕、禁约、劝示，甚至"以兵代刑"等都是"衡平"方法的产物，其目的都是维系地方的治安秩序。久而久之形成的经验主义原则在其中起到维系兵刑法秩序的关键作用，这使得建立在神秘主义基础上的血族复仇被以"衡平"的方式逐渐纳入国家法秩序中，这样，苗例就成为官法的一部分了。

接着，再经过一个互动过程，官法在司法案件中逐渐替代苗例的适用范围。历史学者黄国信曾在《"苗例"：清王朝湖南新开苗疆地区的法律制度安排与运作实践》一文中就"苗例"和"官法"对苗族命案纠纷的适用进行了详细考证，并在《湖南省例成案》中找到了"兵刑法秩序"替代"血族复仇"的一个过渡性案例。

该案起源于苗族人之间的普通斗殴。乾隆二十八年（1763年）二月，永绥厅桃花坪美略寨的苗族人石老文、龙南乔上山砍竹子时与壤勒寨的苗

---

① 段汝霖.楚南苗志 [M]// 段汝霖，谢华.楚南苗志 湘西土司辑略.长沙：岳麓书社，2008：155.

族人龙长受、龙号保两兄弟起了纠纷，石老文被龙长受打死，龙南乔被龙号保打伤，后来在苗百户和苗头的见证下，经牙郎石老添等排解，用苗族习惯法"倒骨价"解决，约定龙长受兄弟赔偿石老文"骨价钱"七两六钱，赔偿龙南乔"衣棺钱"五两五钱。但时隔两年，龙长受兄弟依旧没有支付。于是在乾隆三十年（1765年）十二月，龙南乔的哥哥龙章六伙同堂弟龙五月将龙长受在山上放养的四只山羊牵走抵数。龙长受很快查明了事实，但是因欠钱理亏不好自己出面取回，就让其岳父石晚儿去美略寨取羊，石晚儿到美略寨牵走两只羊，在龙章六家搜出七只羊腿，并将龙五月寄留在龙章六家的幼女拐走。龙章六知是石晚儿所为，因为是自己拿错了羊，于是邀请牙郎受理排解，还赔了一头猪给石晚儿。后来龙章六发现上当，愤怒之下找到永绥协左营岩落汛外委唐树连，好酒好肉款待后请求唐树连带兵进壤勒寨抓人。唐树连在没有向上级汇报的情况下私下带兵进寨抓龙长受兄弟，但是龙长受兄弟逃脱，只有逃跑不及的杨记保被抓，此事惊动了附近各苗寨，苗族人一路跟随闹事，遂演化成群体性事件。①

朝廷对此案的处理结果是：一、外委唐树连处置不当杖八十，革职；二、壤勒寨苗族人龙长受捏情往讯弁指报被窃，石晚儿冒认失主混背幼女，均属滋事，杖八十；三、美略寨苗族人龙章六强牵他人羊只，属滋事，也杖八十；四、双方所争议的"骨价钱"、"衣棺钱"、羊只、猪只按"苗例"以吃血排解方式解决。

该案是苗族人与苗族人争议的案件，所适用的法律规范既有官法也有苗例，官府在处理该案时并不刻意区分性质上是民事纠纷还是刑事案件。即使是民事纠纷，但只要是侵犯地方公共安全秩序这等法益的，就按律例处理。即使是刑事案件，但只是双方私人之间的争端，则适用"苗例"。这样，至少是在维护公共安全的问题上，血族复仇的对称性规则就被大清律例部分地取代了，自力救济逐渐让位于公力救济，这是兵刑法秩序建立

---

① 黄国信．"苗例"：清王朝湖南新开苗疆地区的法律制度安排与运作实践 [J]．清史研究．2011（3）：42–43.

在法律规范体系上的表现。

（二）税收法秩序代替巫觋法则

税收法秩序与巫觋法则具有同质性，都体现出一种对称性，即居民给予某个权威一定的物质产出作为义务以换取该权威在公共安全和生产生活上的维护。所不同者，巫觋法则的权威来自"自然神祇"，对应着苗民的巫性思维和神秘主义；税收法秩序的权威来自"政治神祇"——大清王朝，对应着地方流官的经验主义。巫觋法则同血族复仇一样，也是以"衡平"的法律方法和技术被纳入国家法秩序中的。事实上，税收法秩序正是巫觋法则发展的结果。

按照家族共同体的扩展逻辑，在血缘关系不断向外扩展的过程中，由多个家族共同体形成一个宗族共同体，再由多个宗族共同体形成更大的民族共同体，在此过程中，"祖先神"作为连接"自然神"和"政治神"的中间环节，成为此地居民的权威来源。如湘西土家族就有"彭公爵主""向老官人""田大汉"承担这样的"祖先神"角色，但是因为湘西苗族一直没有能够形成统一的民族共同体权威，苗民只有各寨的寨头，没有酋长，寨头不是世袭的，各寨之间也相互不隶属，中央王朝要想建立完整的税收法秩序，就必须将税收的执行力下沉到各个苗寨。

清廷下到各苗寨建立税收法秩序的办法也是"衡平"的法律方法，其基本原则是建立在"剿抚并用"政策上的经验主义，总之是既要完成中央王朝的税收任务又不能机械照搬制定法，要根据苗族的情形依法斟酌办理。中央王朝通过颁布檄示的方式欲实现这个原则。

檄示是清代由地方流官颁布的一种效力等级较低的法律渊源，包括劝示和禁约两种类型。最早的檄示体现出的政策精神就是康熙时期湖广总督鄂海所谓的"抚"。鄂海对"抚"字下足了功夫。首先，鄂海颁布檄示：

所有归诚各寨苗人户口纳粮数目清册节次行司查造在案合就檄行，为此仰司官吏即便移行一体钦遵，仍速先后招抚归诚毛都塘各寨苗人姓名户口纳粮数目造具清册一样三本作速详齐以凭分送各部，并移行镇道厅示谕归诚各苗，其从前不法之处既已悔罪归诚，免其究拟，务各仰体皇仁永遵法纪共乐升平，勿得犯法抗粮自取重咎可也。[①]

从上述材料可见，在鄂海看来，苗民的犯罪问题是个次要的外围问题，而主要的核心问题是编户纳粮。另外，选择毛都塘进行晓谕亦有讲究，因为毛都塘是刺头，仗着自己寨大人多，倚恃险箐，历来难治，如果能拿下毛都塘苗寨这个刺头，则对苗疆各寨的归诚有极好的示范效果。于是鄂海在康熙五十年（1711年）对毛都塘进行招抚，清廷督抚提按四要员俱在，势在必得。毛都塘苗头吴老铁自认屡犯朝廷，起先不敢接受招安。

对此，鄂海还有第二个办法"剿"，引而不发的军事压迫，继续给毛都塘施加压力，并通过其他寨苗头传话给吴老铁，从前犯边的罪行已经宽免，现在是洗心革面的时候，如再迟延朝廷就要发兵剿洗。这样，在朝廷兵临城下的压力下，吴老铁终于派出自己子侄出寨谢恩，并于康熙五十年（1711年）十月吃血接受招安。虽然吴老铁还是没有出寨，但是却吃血发誓接受纳粮并不再犯边，同时朝廷赐予银牌、布匹、衣帽和银两。这对湘西苗疆财税体系来说是一件具有转折意义的事情，它和平地实现了苗族习惯法和中央王朝国家法的"衡平"，或者更准确地说，是用习惯法的手段来实现国家法的目的，体现了中央王朝在实施法律时的务实的经验主义原则。

这里的难点是，中央王朝凭什么认定苗头吴老铁吃血之后就不会反悔呢？倘若其反悔，又通过什么方式加以规制？

前面论及"埋岩"习惯法时曾提及"吃血赌咒"，它是湘西苗族寨落固有的一种习惯法，而这种习惯法是在苗族人信巫崇鬼的神秘主义气氛中才有约束力。苗族人认为吃血发誓后，灵界的存在物就能够感知苗族人接受清廷招安的意愿，所以如果内心不诚，苗族人是绝对不敢吃血的；反之，如果吃了血，就要诚心接受清廷的招安，如果反悔，灾祸随时会降临。

所以，这种习惯法的约束力保障是通过一个个无形无体却又主宰万千

---

① 鄂海.抚苗录[M]//谭必友，贾仲益.湘西苗疆珍稀民族史料集成：第21册.北京：学苑出版社，2013：59.

的精灵、灵魂、神灵或者"自然神祇"之类的"实体"来实现的，这样就在苗族习惯法和国家法之间形成了一种交换机制，和平地实现了神秘主义与经验主义的对焦，完成了自然神和政治神的同构。

如果将中央王朝在地方的代表——厅官"同知"当作"政治神"，则维系苗族寨落共同体的权威是"自然神"。但是，苗族又并没有形成像土家族彭氏"土王"一样的集中的土家族共同体的"祖先神"，苗族人只有在聚众造反时才产生临时性的"苗王"，所以就必须由"政治神"下沉到各寨落共同体（宗族共同体）和守卫各寨落的"自然神"一个一个签订契约，"吃血洗心"或者"吃血立誓"实际就是在"政治神"和"自然神"两个权威之间进行同构的"衡平"行为，其结果是"约"作为地缘共同体出现。"约"首先是"厅"和"苗寨"的契约，后来逐渐成为联系苗寨和厅的社会单位，一个"约"囊括数个寨落甚至几十个寨落。一方面，苗族以寨落为单位通过"约"向国家纳税，另一方面由中央王朝通过"约"对苗寨提供反向公共安全服务。在这种同构中，强制力的保障则不由中央王朝这个政治神保障，而由寨落共同体的自然神保障。

因为苗族人相信万物有灵，该观念一旦形成，则在苗族人的眼中，世界就不只是那个实实在在、有形有态的世界了，也是一个充满生命的世界，是一个虚无缥缈而又神秘莫测，一个无形无体却又主宰万千的精灵、灵魂乃至神灵的世界。苗族人不仅要面对一个有形的实体世界，还要对付一个令其生畏的神秘的灵界。但是实体世界和灵界的关系不是柏拉图或者奥古斯丁的那种二元关系，也不是儒家的那种"远取诸物，近取诸身"的一元关系，而是一种附身关系，虚灵像一个影子，是附身在实体上的。也就是说，除了实体世界之外还有一个无处不在的灵界，然而虚灵界不是天上的极乐世界，而是附身于实体界的影子，两者紧密联系统一于三维空间之中。《楚南苗志》曾提及苗民的这种恐惧感："苗人五月中，有祭鬼之说。乃专祀其祖先也。择子、寅、午日行事。先期，将牛马、猫犬、鸡猪诸牲畜，安置室外。盖不欲其作声于家，恐惊鬼也。禁忌最严。是日，从未刻后，即不敢言语，夜卧于床，亦不转动。触所戒，则必有殃。"①因此，就这种巫性思维本身而言，也就不得不在灵与实之间来回周旋。在苗族人看来，一条河流也不纯粹是一条物质上的河流，也具有精神的属性；一棵树就不纯粹只是一棵树，也有精神的属性；一碗血酒也就不纯粹是一碗血酒，也具有神秘的属性；一块"埋岩"也就不纯粹只是一块石头，也具有某种意识的属性。如果可以理解苗族人的神秘主义的巫性思维，"灵"这样的精神实体在苗族人看来就是无处不在的，因此"吃血"之后，神明即使还没有形成位格，其裁判也是无处不在的。

不过，苗族人虽将"吃血立誓"视为神圣的事情，而朝廷却无意干预苗族人的精神世界。朝廷关心的是归诚的苗寨有多少，有多少户人家，哪些人要纳粮，一旦涉及税收问题，片刻不能耽误。从鄂海身上显示出一种急不可待的"经济理性"，有例为证：

> 打草坡等十八寨苗人系康熙四十二年未经就抚之苗，今入寨宣谕，各闻风倾心向化，吃血归诚，永为良苗，愿输杂粮，……节次招抚各寨，应纳粮壮丁数目并大小男妇子女数目一并查明，分别开造由司核造清册详赍送部，勿得迟违！②

康熙君臣算的是投入产出比，只要投入小收效大，有什么不能做的呢？清律本身就规定有赎刑，说明某些刑罚是可以用钱赎买的，所以苗族人之前的越界犯罪，也并非不可交易。从投入产出的角度说，如果能够用对几个刑事案件的刑罚来交换湘西苗疆全境的税收和行政秩序的建立，那这笔买卖对康熙君臣来说还是挺划算的。康熙和鄂海就是这样做的。在毛都塘被招抚后，其他苗寨也纷纷归附，形成一种"毛都塘"模式，即清廷派人招安，苗寨吃血，清廷再编户立"约"。重点一直是税收，同时再发给每寨苗头银牌、布匹、衣帽，有时还赏赐银两，作为其政府信用的标志，接着迅速计算每个"吃血归诚"的苗寨应纳粮数量，形成一种可以借鉴而反

---

① 段汝霖. 楚南苗志 [M]// 段汝霖，谢华. 楚南苗志 湘西土司辑略. 长沙：岳麓书社，2008：173.

② 鄂海. 抚苗录 [M]// 谭必友，贾仲益. 湘西苗疆珍稀民族史料集成：第 21 册. 北京：学苑出版社，2013：83-84.

复适用的模式。可以说，衡平方法是连接苗族神秘主义和朝廷理性主义的桥梁。

清廷将这种模式和经验大规模地在湘西苗疆推广，起初不过几户、十几户的归附，后来演变成十几寨、几十寨、上百寨的大规模归附，真可谓是"星星之火，可以燎原"，于是在其基础上形成了新的邻里共同体"约"。当然，这个变化的过程很漫长，从康熙四十二年（1703 年）凤凰、乾州两厅建立起，一直到雍正八年（1730 年）永绥、松桃两厅建立结束。以永绥厅为例，雍正九年（1731 年）的《六里善后事宜》清楚地表明了一个清代少数民族地区基层政权——"永绥厅"的建立过程。事宜内容如下：

又，旗帜等项往广东制备，盔甲往湖北制造，炮位照武冈样式。

又，永绥城内与花园二处建仓，收贮谷石，以备借粜。

又，苗民耕种时，令永绥同知、经历、内检各员，谕令各寨苗目，督率散苗，尽力南亩。

又，永绥照旧安设百户（每里一名，共六名），于该里驻有汛牟之所，一同居住，遇事商办。凡有急务，令其同时通报，无致歧误。

又，永绥杂粮七十二石八斗四升，逐苗户均摊，兑充本营兵米。

又，永绥民苗兵丁，宜结姻亲。令其日相亲睦，以成内地风俗。

又，永绥六里，每里各设义学二处，各给廪饩银一十六两。

又，永绥千总缺出，即于本营把总内拣选考补。

又，兵丁月米给以本色，令辰州府办运。

又，副将同知、经历、巡检印信关防，均用永绥字样。①

虽然永绥厅的建制很简单，但涉及武备、仓储、生产、税收、婚姻、教育、官员设置与选拔、供给和信印等多方面，麻雀虽小，却也五脏俱全。不过苗疆的税收法秩序与内地甚至与土家族聚居区都有所不同，其编户纳粮不是建立在保甲制度基础上，虽然永绥厅也设立有六个"里"，但是各里的"百户"多是由苗族寨头担任，其纳粮的实际单位是寨落共同体而不是户，

---

① 段汝霖.楚南苗志 [M]// 段汝霖，谢华.楚南苗志 湘西土司辑略.长沙：岳麓书社，2008：150.

纳粮的责任由百户和苗头以"约"为纽带、以寨为单位落实，苗族人的户是在汉苗交往不断增多时才从寨落共同体中渐渐脱离的，因此这一时期的税收法秩序本质上仍然是以血缘关系为基础而不是以里甲这样的地缘共同体为基础。

湘西散厅的建立标志着湘西苗疆新纪元的来临。苗族人之前过的是不相统属的寨落生活，彼此仇杀不断，相互之间只有一种松散的椰款组织加以约束，"吃血立誓"使得苗族人被清廷纳入了政府的行政管理中，演化为新的邻里共同体，虽然有缴纳赋税的义务，但从此苗族人不再是中央王朝的弃儿，椰款作为血缘共同体转化为"乡约"这样的邻里共同体，这是历史的一大进步。

对中央政权来说，这是专制集权迈向顶峰的标志，因为清朝之前的历代中央王朝都不能实现对湘西苗疆的实际控制。由此可见，中央王朝的制定法说到底还是政治统治的手段和工具，法律根据政治的需要或紧或松。就湘西苗疆而言，在散厅的政治统治秩序建立和稳定后，法律才以经验主义的原则和衡平的法律方法慢慢得到贯彻和执行，乃是先松而后紧。这时候的法律秩序更像是生苗与官府之间的一个不成文的契约，两者既消除了对立，又建立了政治法律上的联系。在散厅时期，税收法秩序逐渐取代巫觋法则，成为维系地方治安秩序的基石。

当然，作为刚开始建立的税收法秩序，其稳定性相对较差。湘西苗疆一般在税收上往往无法完成户部规定的任务。地方官向上汇报时，往往以湘西苗疆"山多田少"为不能完成任务的理由，这固然是一个原因，但以此为理由却未必充分。苗寨附近的山坡上，苗民为自己的生存开发了大量的梯田。湘西固然山多，但并非有山的地方就不能种田。有湘西苗族歌谣《高山种田》为证：

　　谁说高山不种田，谁说路远不偷莲。高山种田食白米，路远偷莲花正鲜。①
　　另外，散厅的控制力往往无法到达寨落而导致税收任务难以按时按量

---

① 陆次云 . 峒溪纤志 [M]. 铅印本 . 上海：仿聚珍，1908（光绪三十四年）.

完成，这恐怕是比恶劣的自然条件更为重要的一个理由。雍乾时期，清廷因为湘西苗疆常常不能完成税收任务，也常常以一定的法律形式蠲免苗疆的税收。比如雍正八年（1729年），有上谕云：

> 六里苗户旧有应输杂粮，乾州同知经证一百二十一石三斗零，凤凰营通判经征七十三石七斗零。此项粮石苗户往往拖欠，致经管官员有赔补之苦。今六里苗众遵奉法度，踊跃输诚。当安设营汛之初，应沛蠲租之泽，著将应纳之杂粮一百九十余石免征三年，以示朕抚恤苗众之恩。著该督抚转饬有司遵奉施行。①

又如乾隆十年（1745年）有上谕云：

> 明年应免湖南正赋。彼地隶有苗民，其归化已久一体输纳地丁银两者，已在蠲免之内。查有乾州、凤凰、永绥三厅，苗民杂粮共二百八十三石六斗，……每年俱征本色凑给兵米及孤贫口粮等用。朕思此等苗民，既无完纳之地丁，其所纳米粮一应一体蠲免，使之均沾恩泽。②

此外，乾隆三十五年（1770年）还有上谕蠲免湘西苗疆的税收。清代适用于苗疆的法律形式中包括上谕。后来"税收蠲免"近乎成为一种法律原则，即虽然户部则例的条文中对湘西苗疆各厅的税收是规定有定额的，但是如果不能完成，那也可以蠲免。即规则和原则有冲突时，优先适用原则。这些上谕一方面固然反映了雍乾二帝对湘西苗疆的"衡平"，另一方面也反映出散厅对苗寨的行政控制力度其实是比较弱的。湘西苗疆地方的税粮收不上往往"致经管官员有赔补之苦"，如果可以征收到位的话，有哪个地方官会用自己的薪水去垫付税收呢？

总之，中央王朝对纳苗入厅后的苗族社会进行改造，通过法律拟制、法律衡平和法律创设等方法构建了比较完善的法律规范体系，该体系包括五个特征：第一，形成了比较完善的法律文本秩序，从位阶最高的《大清律例》和上谕，到高级地方流官颁布的《苗边九款》《抚苗条例》，再到

---

① 李瀚章.湖南通志[M].刻本.长沙：尊经阁，1885（光绪十一年）.

② 李瀚章.湖南通志[M].刻本.长沙：尊经阁，1885（光绪十一年）.

府县级流官颁布的各种禁约和劝谕,形成了比较完善的调整苗族社会的制定法,法律规范的确定性和强制力大大加强;第二,承认法律规范的多样性,在可以适用"官法"的地方适用制定法,在暂时不可以适用制定法的地方适用"苗例",为制定法的落实和渗入预留一定空间;第三,该规范体系不仅包括由行为规则和后果规则组成的规则体系,还包括"剿抚并重""以苗治苗"等法律原则和法律政策,呈现出整体性特征;第四,法律规范秩序由静态时期进入到动态时期,基础规范得以树立,由此衍生出各类等级效力不同的规范,也初步具备了不同性质的部门法特征;第五,不同性质的部门法出现的顺序依次是军事法、刑事法和民事法,也即是说兵刑法秩序是其他秩序得以建立的基础。

如果对这一时期的苗族人生活进行描述,我们大概可以知道,一个寨落中的苗族人要组建家庭时仍然对表妹有婚姻优先权,不过因为小农私有制经济的发展,如果表妹要嫁给外人,他可以收到一笔赎钱,他可以用钱向自己喜欢的女孩家长提亲,他需要将自己种粮的收成上缴到寨头那里,再由寨头上缴给朝廷。至于治安方面,苗寨之间的纠纷仍然是通过"穴斗"等习惯法解决,但苗族人必须小心,太放肆会遭到朝廷制裁。不过随着汉人不断涌入苗疆,相对落后的苗族人终究无法与汉人竞争,他们逐渐失去土地和喜欢的女子,沦为佃农,日益贫困化,仇官仇客的情绪在苗族社会蔓延,他们正准备拿起枪拿起刀将失去的东西拿回来。

第二节　改土归流与社会秩序的变化

在康熙雍正时期,清廷针对湘西苗疆北部的土家族聚居区出台了很多关于行政建制及官吏治理等行政法性质的法律规范。这些法律规范都是专制王朝国家意志的体现,是主权者的命令,这些规范的实施旨在形成一个外部的有组织有计划的法律秩序。外部秩序是一种由人的理性、意志和命令所构建起来的规范系统,这个系统试图将所有人的行动,无论是土司还是土家族都纳入儒家的理性主义意识形态所划定的统一的条条框框之内，但是由于土家族和苗族一样都有自己特殊的一面，所以在制定法的实施上实际也遵从经验主义原则和衡平方法。

改土归流在社会经济发展史上，曾经引起一个新的变化，就是封建领主制经济转变为地主制经济，社会管理趋于扁平化，最典型的表现就是土司的权利被以立法的方式剥夺。在旧时代，湘西土司自称为"本爵"，其下的土家族人称之为"爵爷"，土司的统治区域在湘西苗疆的西北部，是湘西苗疆生苗区的北面，也是土家族人聚居的地区。清廷对湘西苗疆的正式经营始于康熙，终于在雍正初年达到高潮。

一、改土归流后的家族法与社会秩序

地方流官的权威性不仅体现在对土官的统治上，更体现在对普通土家族百姓的统治上。到了清代中期，土家族聚集的永、保、龙、桑等湘西四县的法律秩序已经与汉族的相互靠近，但是仍然存在一些重要区别，或者更准确地说湘西苗疆的土家族与汉族在法律适用问题上仍然有很大区别。

（一）婚姻法秩序的变化

这一时期土家族人的婚姻习惯与苗族人相比没有太多不同，可能是因为和苗族人杂居，所以受到苗族人影响，也已经从土司时期普遍存在的姑舅表婚演变为买卖婚，即男方用大牲口加上一些银两来获取女方家长（包括女父和女舅）的同意，《永顺府志》记载：

婚姻以牛、羊、银、布、猪、酒各物为聘。再醮不候服，除连姻不嫌同姓，今已渐知有礼者。①

所谓聘礼可以理解为婚姻的对价，婚姻不是女方和男方的事情，而是女方家族和男方家族的事情，即女方家长和男方家长达成共识是婚姻成立的必要条件。但是，永顺府辖区没有为亡夫守寡三年的习惯。联姻不嫌同姓是比较有意思的地方，原因可能有两点，一是土家族人在改姓的时候，

---

① 张天如. 永顺府志：卷十·风俗 [M]. 刻本. [出版地不详]：[出版者不详]，1763（乾隆二十八年）.

可能是不同支系的人改成同一个姓氏，二是仍然保留某些母系因素。

不过，总体上此时土家族人的婚姻已经沐浴内地的礼节，表现形式是在永顺府出现了很多贞洁烈妇，这表明儒家的伦理道德观念渐渐影响了永顺府。封建国家的地方政府为了"旌表节义"开始"发帑建坊"，永顺土家族的家庭伦理观念逐渐向内地看齐，但是仍然受到经济因素的影响，因为已婚妇女在夫亡故后，面临生计问题，如果再遭到翁姑伯叔的欺压，是很难不再嫁人的。上述情况都表明汉俗对土家族婚姻制度潜移默化的影响，但是土家族仍然有一些习俗得到了保留乃至发展，哭嫁就是其一。

哭嫁是湘西土家族的特色，湘西苗族是没有哭嫁风俗的。土家族婚姻习惯法中，颇具特色的是哭嫁，但是哭嫁究竟起源于何时，学术界目前仍是莫衷一是，主要观点大致有三种：

其一，哭嫁习俗源于"掠夺婚"。掠夺婚是婚姻形式发展由男随女走到女随男走阶段的产物，婚姻制度的发展是人类由蒙昧时代向文明时代进步的标志之一，而妇女因被掳而痛苦地发出求救的呼声，便被认为是哭嫁歌的原始形式。[①]

其二，"姑舅表婚"说，认为哭嫁歌产生于由母系时代向父系时代过渡的时期，是"女权"丧失后，女性对男权的抗议和控诉。土家族妇女用哭嫁的形式控诉对姑舅表婚的不满。[②]

其三，有学者根据哭嫁歌中大量存在的控诉封建婚姻制度的歌词，认为哭嫁歌主要源于封建制度下对父母包办婚姻的不满。[③]

上述观点目前均有部分资料能够证明，不过仔细分析，不难发现上述三个观点均有逻辑上的问题。首先，土家族历史上并不存在一种所谓"掠夺婚"，"掠夺婚"是不了解婚姻规则的一种猜想，真正的掠夺婚实际是族外婚对姑舅表婚的替代，抢婚不是抢新娘，而是抢到舅家的婚姻优先权。其次，按照所谓"姑舅表婚"说，在土家族从母系时代转向父系时代过程

---

① 万建中.哭嫁习俗意蕴的流程 [J].广西民族学院学报（哲学社会科学版），1999（1）：77.

② 方妙英.论鄂西土家族哭嫁歌 [J].武汉音乐学院学报，1987（4）：31.

③ 刘孝瑜.土家族婚俗初探 [J].中南民族学院学报，1986（1）：79.

中而出现了哭嫁，这与现有证据也不符，土司时代的土家族社会已经进入父系时代，在土家族的上层社会，大小土司之间有相互通婚的情况，但是元明时期的文献和材料尚未发现记录土家族土司有哭嫁的风俗，又因为土家族司治下的土家族社会结构是呈现等级状的，所以土家族下层的婚俗即使不完全等同于土司，也必然相差不远。

买卖婚的出现和地方流官的立法活动有直接关系，乾隆年间，永顺知县王伯麟曾经颁布檄示《严禁土苗陋习规略四条》，其中三个条款涉及土家族的婚姻习惯法：

禁勒取骨种。

禁违例转房。

禁男女混杂坐卧火床。①

"取骨种"就是姑舅表婚，姑舅表婚是族内婚的最后阶段，而"转房"和"坐床"其实是"一对多"的对偶婚向"一对一"的姑舅表婚转化后的遗迹。这些习俗被地方流官颁布成文法，明令禁止，这应当是土家族社会父权强化、女权弱化的原因，与哭嫁保持逻辑上的一致性。

（二）家庭法秩序的变化

土司时期的土家族已是父权家长制，在改土归流后家庭法秩序方面没有什么太大变化。值得注意的是，对妇女的要求变高了，或者说对妇女贞洁的嘉奖被提高到了前所未有的程度，这体现在永顺府为贞洁妇女作传的形式上。

如乾隆二十八年（1763年）《永顺府志》就记载了很多这样的节妇：

向坤妻彭氏，永顺县人，生子甫卒夫亡。氏年三十守节，抚子纺织度日。年逾七十而聪明不衰。

李道清妻郝氏，李道浦妻明氏，永顺县人。郝氏年二十八明氏年二十七夫亡，妯娌同心守节，抚子成立称双节。

史永韬妻刘氏，永顺施溶保民刘斯卫女。十七岁适永韬四载而寡，子世

---

① 魏式曾.同治永顺府志：卷十一·檄示续编[M].刻本.[出版地不详]：[出版者不详]，1873（同治十二年）.

栋方弥月，翁姑继殁。子女六人皆幼，氏教训抚字皆成立，世栋补诸生有文名。

彭肇模妻李氏，永顺土官彭肇槐弟媳也。雍正六年奉文随肇模迁常德，夫殁氏年二十八。乾隆元年请扶枢归事病姑甚孝。遗子景煌景灿皆为诸生。[①]

上述材料中，妇女是作为夫家附属品存在的，所以只有姓没有名字，因为名字不重要。

在家庭财产权方面，重要的变化是土地制度，小农私有制得到官府的背书。在改土归流以前，土家族人对其所占有的土地没有完全的所有权，种地和打仗一样，是他们对土司所负的义务，由于田土上施加徭役和兵役负担很重，所以土地并不值钱，经常有人以很低的价格将田土贱卖给他人。在改土归流后，由于徭役兵役和税赋负担都大大减轻，土地价格也开始上涨，因此经常有以前将土地贱卖给他人的土家族人寻思将已经卖出的土地收回，为此永顺地方流官也颁布檄示进行规制：

奸猾之徒妄思收回故业，不云是当非卖即云原系交付代管，找续不遂即行控告，查例已卖之产契无赎回字样者不准找赎，嗣后除契载赎回续字样，定有年限确据者，听其备价收赎，如力不能赎，许照例凭中公估，找贴另立卖契，或当主不愿找贴听其别卖归还原价外，其已经售卖契无回赎字样及失业多年毫无凭据者，一概不许勒赎索找，混行争占，籍端捏控，如违定行治罪。[②]

允许土地流转是小农私有制得以巩固的原因，在改土归流以前，土家族人将土地当作家族共同体——"舍"的财产，每一个家庭都是这个"舍"的一个关键，只有作为这个共同体的成员，才能将自己看成土地的所有者或者占有者。但是"舍"中的成员并不是完全平等的关系，"舍巴"是以舍为单位的家族的族长，作为贵族，他具有占有家族共有的土地而使用土地的权利，然后"舍巴"将此土地授予自己的被保护民，使得这些与自己有血缘关系的土家族人成为佃农和战士。因为"舍巴"在较高的程度上代表家族共同体，

① 张天如.永顺府志：卷八下·节烈[M].刻本.[出版地不详]：[出版者不详]，1763（乾隆二十八年）.
② 魏式曾.同治永顺府志：卷十一·檄示续编[M].刻本.[出版地不详]：[出版者不详]，1873（同治十二年）.

所以"舍巴"是公有土地的实际占有者，并通过舍下的户来利用族内公有土地。但是土地的流转使得以户为单位的家庭从"舍"这个家族共同体脱离，交换关系是造成脱离的主要手段，它使得作为家族共同体的"舍"的存在成为不必要并使之解体，"舍巴"也逐渐成为今天土家人"舍巴节"祖先祭祀中的回忆。当然初始时交易并不顺利，因为土地究竟是"代管"还是"绝卖"如无字据就很难区分，由此地方官府查例以内地标准确定，只有契据上写有"赎回"两字时，才是可赎的，否则就是"绝卖"。

一旦土地交易可以顺利进行，即家庭以"户"为单位进行生产、生活、交换、消费以及缴税，家庭就以户为单位和国家建立了直接的联系，一种小农私有制就以"编户齐民"的方式在永顺府建立起来了，土家族人也从土司时代的战士和农夫转变为专职农夫。由此，"舍"作为血缘共同体就被作为地缘共同体的"里甲"取代了。如在永顺府雍正八年（1730年）颁布的《详革土司积弊略》中就有记载：

土民客家应一例编里也。查土司地方江西、辰州、沅泸等处外来之客甚多，有置，有产业，葬有坟墓，居住三五十年以致二三代者皆自称客家，不当土差。切思川蜀等处凡居住三十年以上置有产业、丁粮俱准为土著。今既有产业居住年久，应与土民一例编甲以便稽查。至于初至贸易客民并无产业居址未定者，不在此限。①

"舍巴"制度建立在一定血缘关系基础上。土家族人以舍为单位向上级土司缴纳赋税、承担兵役和徭役，除掌握一定兵权和财权之外，"舍"的"舍把"作为土家族贵族还具有司法权，从"舍把"受理案件的性质上看，土家族人"舍把"的角色类似于苗族人的"理老"，都是收取争讼当事人的财务，所不同的是"舍把"是父系族权的行使者，是世袭的和常设的，而"理老"的准司法权则产生于当事人的委托。

在永顺府颁布檄示废除土司习惯法后，里甲制度就取代了舍把制度。里甲制度是建立在地缘关系基础上的，它将"客民"和"土民"一例编甲

---

① 魏式曾.同治永顺府志：卷十一·檄示续编 [M]. 刻本.[出版地不详]：[出版者不详]，1873（同治十二年）.

以便稽查，说明血缘关系不再是区分社会成员权利义务的标准，汉人和土家族人都需要以户为单位向国家缴纳赋税，而等级关系也不再是区分社会成员权利义务的标准，旧时代的"舍把"和土司统一作为户纳入里甲中，不再有贵族和平民的区别。客户的大量涌入推动了劳动生产率的提高，加速了地方社会分工，瓦解了土家族人以"舍"为共有单位的家族土地所有制，为个体小自耕农家庭的独立分化开辟了道路，这使得户与户的简单交换成为可能，而土地相对自由的流转又反过来解构了以"舍"为中心的家族共同体，巩固了小农私有制。

不过这种小农私有制也具有一定程度的民族保护性，土地不是随意流转的。在土家族和苗族之间田土可以以户为单位进行买卖，但是汉族人是不允许买卖土家族和苗族田土的。在乾隆二十年（1755年），时任永顺知府骆为香就颁布了《禁汉人买地土详》，对汉人购买永顺府辖区内的土家族和苗族田地进行严格限制，其原因在于改土归流后，永顺府土家族人和苗族人每户所派征的赋税仅"输银厘至分余"，此外又设立学校取进文武童生，导致边郡汉民大量涌入，以低价购置土家族人和苗族人的田土，长此以往会导致他们失去土地，成为地方的不安定因素。为此地方政府出台制定法加以规制，其目的还是维护土家族、苗族社会正在形成的小农私有制。

二、改土归流后的国家法与社会秩序

这时期公法秩序最大的变化就是封建等级秩序被废止，土家族社会日益扁平化。另外，建立在血缘关系基础上的兵刑法秩序和朝贡法秩序也为建立在邻里共同体基础上的新型税收关系所取代。1704年以后，湘西苗疆社会阶层呈缓慢变化之态。对于外围的原土司统治区域，清廷归流之后，立刻全面取代，而这些统治策略都体现在对于湘西苗疆的立法上。

（一）流官制度代替州旗制度

州旗制度是世袭制度，这是永保土司元明时期得以成为地方实力派的关键，清廷进入苗疆后即以流动性官僚体制取代世袭性的州旗制度。

清廷关于改土归流的法律规定现见最早的是康熙四十二年（1703年）偏沅巡抚赵申乔奏定的《苗边九款》。《苗边九款》的法律形式属于事宜，制定于湘西红苗暴动被平息之后。该事宜主要涉及苗疆地方官员的待遇和职责问题。章程中出现了"宜专""宜给""宜置"等词体现出该章程的弹性，条文的弹性至少说明两个问题：一是湘西地方土司在当时仍然有相当强的实力，所以朝廷在苗疆地方初步的行政建置不能不依靠土司；二则说明朝廷看到了土司在地方的强大实力，故有心加快苗疆厅县的建设速度，即在原土司辖区先安插知县或者同知作为棋子，待时机成熟后再将土司连根拔起。

清廷是如何将土司的权力一步步为流官替代的呢？从法律方法和技术层面讲，"法律创设"起到了关键作用。

首先，土司的权力被收归地方政府，不法土司被革职。《苗边九款》是康熙四十三年（1704年）被批准施行的，但是苗疆附近的土司并不遵守该事宜。比如当时隶属保靖宣慰司下的五寨长官司田弘天便有"抗不造册"的不法行为。"法律创设"的目的不在于防患于未然，而在于事后的惩罚。湘西苗疆地处偏远，在清代以前流官一直不能对此区域进行有效管理，故大小土司一向私征滥派，相沿成习。如前所述，清廷把对苗疆地方的税收视为行政管理的核心，征收多少蠲免多少应当以花名额征粮册为准，而五寨长官司却"故意捐勒""抗不造册"，这样不守法的土司自然是被革职了，故五寨司这样的小土司在康熙四十六年（1707年）就被清廷撤销。另外，《大清律例》中的条例还规定土官有约束苗民的职责，对于未尽到管理职责的土官要受到法律的惩罚。"凡苗人犯抢夺，该管土官约束不严，俱交部议。若至百人以上，土司府州，革职；百户，寨长罢职。"① 此外，条例还规定地方文武职官应做到"廉"与"勤"，不得擅自克扣土官财物，否则也要严惩。

---

① 徐本，三泰.大清律例：卷二十四·刑律·盗贼中[M].北京：法律出版社，1998：388.

从法律技术和逻辑上看，这些条款构成了典型的命令、义务及制裁的三段结构，但是，土官注定难以完成这些条款的规定。一则土官的管辖地区只限于苗疆东北部的土家族聚居区，而对西南部的苗族聚居区则实在鞭长莫及。永保二土司距苗族核心的腊尔山区有数百公里，清代只有崎岖的山路，如何能管理到位？二则土司和苗民之间有一种辩证统一的关系。永保二土司能存续数百年时间，自然深谙此道，彭氏要做湘西苗疆的土皇帝，自然离不开叛服无常的苗民，有时候苗民的反叛对土司来说并不是有害的，反而是有利的，而如果苗民真的被驯服了，土司恐怕也没有存在的意义了。明廷不懂这种辩证关系，令永顺宣慰司管理"镇苗"（乾州厅苗族），令保靖宣慰司管理"筸苗"（凤凰厅苗族），所以几百年来对苗民的反叛疲于奔命。

因此，通过土司来约束苗民是明廷的一厢情愿，而要真正对苗民进行有效管理，最终还是要依靠清廷的国家强制力，后来康熙和雍正终于想明白了这个问题，在康熙四十九年（1710年），清廷就将原本归属保靖宣慰司管辖的六里苗民（永绥厅苗族）归乾州同知管辖。土司被剥夺了种种特权，以至于后来越来越平民化了。

其次，通过"法律创设"强力褫夺守法土司的实权。比如雍正八年（1730年）改土归流时，第一任永顺府知府袁承宠有革除土司积弊的布告，禁革者共二十一条，其中有：

2. 禁苗土凶徒捉拿人畜

3. 禁止蜂蜜黄蜡陋例

4. 禁绝谢恩赎罪

5. 禁派送食物

8. 禁骨种坐床恶习

9. 弛盖瓦之禁

10. 土民客家一例编里

13. 革除土兵

15. 禁每年土民馈送土官礼物

16. 严禁火坑钱

18. 雇觅民夫宜酌定夫价

19. 保靖土人宜令剃头 ①

其中禁止"蜂蜜黄蜡""派送食物"以及禁止土家族人"馈送土官礼物"的规定是剥夺了土司收取实物地租的权利，同时又将民夫的徭役免除了。革除土家族士兵是剥夺了土司的兵权。另外，所谓"盖瓦之禁"，反映了土司治理下森严的社会等级。土司所居作为当地的第一等级乃是"绮柱雕梁，砖瓦鳞次"（《保靖县志·卷十二》），作为第二等级的"舍把"可以"许竖梁柱，周以版壁"（《保靖县志·卷十二》），而普通百姓则是"叉木架屋，编竹为墙"（《保靖县志·卷十二》）。无论是舍把头目还是普通百姓都没有资格盖瓦，如有，即治以僭越之罪，可见土司的"盖瓦之禁"和西周时期天子的"八佾之舞"本质上是一致的，都是一种封建等级制度。现在朝廷松弛了这种禁令，目的在于消除这种社会等级差异，将国家治理纳入县的体系中。

可以说，清廷在永保的"改土归流"与春秋战国时期封建制转化为郡县制方面具有本质上的一致性，几乎剥夺了土司的所有特权。于是土司和平民之间的显著差异渐渐变小，土司的后代也和平民百姓越来越相似。如乾隆五年（1740 年）编纂的《大清律例》中，涉及苗疆土官的规定共有五条。这些条文中最重要的是规定了土官的承袭制度，总的原则就是要将原有土司的权力通过分家的方式不断削弱，其条文如下：

一、各处土官袭替，其通事及诸凡色目人等，有拨置土官亲族不该承袭之人、争袭劫夺仇杀者，俱发极边烟瘴地面充军。

一、凡土官袭职，由司府州邻具印甘各结，并土司亲供宗图及原领号纸，详送督具题袭替。若应袭之人未满十五岁者，许令本族土舍管理印务，候岁满日具题袭替。如有事故迟误，年久方告袭者，宗图号纸有据亦准袭替。

一、凡土官故绝，无子许弟承袭。如无子弟，而其妻或婿为其下信服者，

① 谢华.湘西土司辑略 [M]// 段汝霖，谢华.楚南苗志 湘西土司辑略.长沙：岳麓书社，2008：352.

许令一人袭替。

一、凡土舍嫡妻护印，止令地方官查明出具合例印结，咨部准其护印。

一、凡土官病故，该督抚于题报之时即查明应袭之人，取具宗图册结邻封甘结并原领号纸于六个月内具题承袭，其未经具题之先，亦即令应袭之人照署事官例用印事。地方官如有勒措沉搁留难者，将该管上司交部议处。其支庶子弟中有驯谨能办事者，许本土官详报督抚具题，请旨酌量给予职衔，令其分管地方事务，其所授职衔视本土官降二等。文职如土官系知府则所分者给予通判衔，系通判则所分者给予县丞衔。武职如本土官系指挥使则所分者给予指挥签事衔，系指挥签事则所分者给予正千户衔。照土官承袭之例一体颁给敕印号纸，其所管地方，视本土官多不过三分之一，少则五分之一。此后再有子孙可分者，亦再许其详报督抚具题请旨，照例分管地方，再降一等给予职衔印信号纸。①

这五项条文主要是针对土司的，表面上看是对土司的授权性规则，而实际上暗藏杀机。在湘西苗疆最强大的土司首推永顺宣慰司，其次是保靖宣慰司。早在雍正六年（1728年），清廷大兵压境，永顺土司彭肇槐深感大势所趋，难以独存，于是主动献土，皇帝诏谕，改为流官，他带着子孙离开湘西，回江西祖籍地方立户去了。永顺土司也改为永顺县，隶属永顺府。雍正七年（1729年）朝廷又废除保靖土司，设置保靖县，县治迁陵，同样隶属永顺府。而该版《大清律例》的编纂颁布时间是乾隆五年（1740年），所以就湘西苗疆而言，其实条例的约束力并没有涉及土司，因为那时候的湘西苗疆已经没有土司了。②

不过这里需要明白一点，土司是土官，但土官不等于土司，除了土司之外，清代前期湘西苗疆的土官还包括百户和寨长，清代后期包括了土守备、土同知等。所以上述条文的适用对象虽然不包括土司，到底还包括了

① 徐本，三泰.大清律例：卷六·吏律·职制[M].北京：法律出版社，1998：141-142.
② 元明至清初的永顺土司世系：从彭思万宝祐三年（1254年）袭父职始，至彭景燧雍正六年（1728年）纳土改流，与父彭肇槐率亲属归江西吉安原籍终。详情见谢华.湘西土司辑略[M]//段汝霖，谢华.楚南苗志 湘西土司辑略.长沙：岳麓书社，2008：304-317.

208

当时的百户、寨长之类的小土官。土司改流后，虽然彭氏无法因袭土司，但还是可以做土官的，然而像百户、寨长这样的土官除了朝廷发的一套官服和一个官印之外，也没有什么实际权力。但是清廷对这些土官还是不放心，所以对庶出之子也网开一面，令其分管地方事务，其所授职衔，视本土官降二等，而其所管地方，视本土官多不过三分之一，少则五分之一，这样往下分的后果自然是土官的管地越来越小，经过几代以后自然无法威胁地方官了。

在法律条文的落实过程中，世袭罔替也开始消亡，土司的后代数代之后已经越来越没有权力，剩下的只是一个毫无实权的头衔。这种过程就是中央集权制在地方得以建立的表现，集权制取代封建制是历史的必然，中国的制度改革时间之所以要比欧洲更长，这主要是因为中国是大国，一种制度从中原向四面扩散需要时间，从秦汉开始直到元明清才完成，而在法国由于国土面积较小，这个过程完成得很快。托克维尔曾说，中央集权在法国的建立过程其实就是地方上的封建贵族被巴黎派来的官员直接取代的过程，而中央指派的官员有的出身并不高贵，与此相反地方贵族在失去行政权后，只剩下贵族头衔和名誉，并且逐渐贫困化。[①] 法国发生的事情在湘西苗疆北部的土司后裔身上也发生过，性质上是一样的。

彭氏一族占据湘西苗疆东北的永顺府地界。自五代梁开平年间起始，至清雍正五年（1727年）彭肇槐向雍正皇帝纳土为止，共经历二十余代三十余任，历时八百多年，比中国历史上任何一个王朝的统治时间都要长，这在中国历史上是极为罕见的。永顺彭氏乃是湘西当之无愧的"地头蛇"，然而自彭氏嫡系离开湖南永顺回江西后不过几代就绝迹了，反而是彭氏旁系留在永顺的其他分支人丁兴旺。即使如此，留在永顺的土司后裔既无政治权力，甚至连贵族头衔也很难保住。这说明在湘西苗疆原永、保土司统治的地区，国家政权的权威已经完全树立起来，条例的规定得到了完完全全地落实，土司后裔和普通百姓已经没有太大区别了。

---

① [法]托克维尔.旧制度与大革命[M].冯棠，译.北京：商务出版社，1992：121.

第三个重要变化是绿营兵替代土司亲兵，成为维系地方治安的中流砥柱。需要指出的是，绿营兵不属于地方文官管辖，不过军事指挥系统的变化也属于改土归流的范畴。甚至可以说，地方兵刑法秩序的变化是改土归流得以顺利进行的保障。第一任永顺府知府袁承宠革除土家族士兵的禁例起到了关键作用。绿营兵代替了永顺土司土家族士兵，从此湘西苗疆北部的治安环境大致稳定下来。

对于中央王朝而言，湘西苗疆的土家族从汉代起到明末以来都不曾真正安靖。因为土地贫瘠，土家族人和苗族人一样，经常对内相互争夺资源或者聚众来到汉族地区劫掠，地方官难以禁止，清朝在借鉴明朝卫所制的基础上，在永顺府建立绿营体系。这种绿营体系同样具有兵刑合一的特征，其建制如下：

一是在永顺府下辖四县分设协、营、汛、塘，形成网格化的弹压体制，以地缘兵制替代土司时期以州、旗、舍为基本单位的血缘兵制。改土归流后，清廷陆续从永顺府外各个地区调兵驻扎下辖四县。乾隆初年，原永顺宣慰司设有一协官兵，其中武牟 6 员，兵丁 800 人。其中副将 1 员驻扎在永顺府城内，领兵 280 名，此外还在一些次要据点设置驻防千总、驻防把总、外委千总及外委把总，各自带兵十几人到数十人不等驻扎在一些重要汛塘。原保靖宣慰司辖区设有一营官兵，其中武牟 6 员，兵丁 600 人，同样在一些次要据点设置驻防千总、驻防把总、外委千总及外委把总，各自带兵十几人到数十人不等分驻在一些重要汛塘。这些汛塘的设立，表面上是为管理土家族人、苗族人，暗地里有监视土司后裔的作用。

二是一些汛塘在实际司法过程中，也受理刑事甚至是民事案件。这种现象，当时被称为"投塘"。"投塘"可能是土家族士兵改为绿营兵的一种中间状态，作为土司时代"舍把"司法的一种遗留存在的。在土司时代，土司按照等级将治下官兵分州、旗、舍等，根据案件的大小具有相应的司法职能。而在革除土家族士兵以后，清廷在协营之下设立汛塘，原本是作为营的派出单位，主要起盘诘奸细的作用。但是，按照土家族人的旧习俗，如果有民间纠纷或者一些简单的刑事案件，土家族人往往会找到邻近的汛塘先行报案，汛兵塘兵有时候会将涉嫌犯罪人的赃款或者赃物直接侵吞，只有一些比较复杂的案件才有汛兵陪同报案人到县衙去报案。这固然有地方文官听讼不勤的原因，更多则是"舍把"司法的习惯使然。

（二）捐税法秩序代替朝贡法秩序

在改土归流前，永保土司通过向中央王朝纳贡换取相应的政治地位。县的设立还从根本上否定了土司制，县衙的文武官员都是由中央王朝直接任免，从而使清朝有效地加强了专制主义中央集权，总体上有利于湘西苗疆的社会稳定和经济发展。另外，里甲制度的出现替代了舍把制度，有利于形成从中央到地方的扁平化管理，基本上解除了少数民族地方割据势力对中央王朝的威胁，成为专制主义中央集权制度的基层组成部分，体现在地方财政来源的问题上，就是捐税法制度代替了朝贡法制度。

永顺府建立后，对土司的原有贡品数额进行继承。据乾隆二十八年（1763 年）《永顺府志》记载：

> 明代各土司定有输纳粟粮之数，而每逢征调及被灾仍不时捐免。各卫所则有屯粮。暨我朝卫所次第裁改，而土司地已设郡县。然凡取诸民者丝粟不增焉。夫土民困于诸求久矣，锄头火坑之钱、非时之役，靡有定制，鲜有饱食安卧者。今一切革除，敛从其薄。较内地之民赋弥轻、役弥简。故土民年老者咸欣然谓出汤火而衽席也。稽永郡正供才八百三十余两，官俸役食祭祀之支给六千七百两有奇。①

在土司时代，永顺地方税收和朝贡是以"舍"为单位，"舍把"负责向各户催收实物税，又因为"舍"是家族共同体，所以税收法秩序和朝贡法秩序均是建立在血缘关系基础上的。在改流后，以地缘关系为税收担保的里甲制度代替舍把制度，中央王朝在收税时不再考虑汉人和土家族人的区别，而是按照邻里关系一体征收赋税，这就需要对辖区土地按照一定单位进行测量。

在地方财税问题上，永顺府对永顺境内永顺、龙山、保靖、桑植四县

---

① 张天如.永顺府志：卷四·赋役 [M].刻本.[出版地不详]：[出版者不详]，1763（乾隆二十八年）.

的土地进行丈量并造册，然后根据土地的数量收取相应比例的财产税。据《永顺府志》记载，永顺府土家族人的田、地、塘总计约 1017 顷，合101700 亩地，实际征收实物税包括秋粮、麂皮等约 831 两，平均一亩地征收赋税仅仅几厘，并且有定制，永顺四县境内土家族人秋粮按照土司时期的原额派征，永不加耗。与此相对应，永顺府的财政支出则达到 6700 多两，支出远远大于收入。可以说，永顺府的财政基本上是由中央王朝支撑的，具体数额在乾隆二十八年（1763 年）《永顺府志》中记载如下：

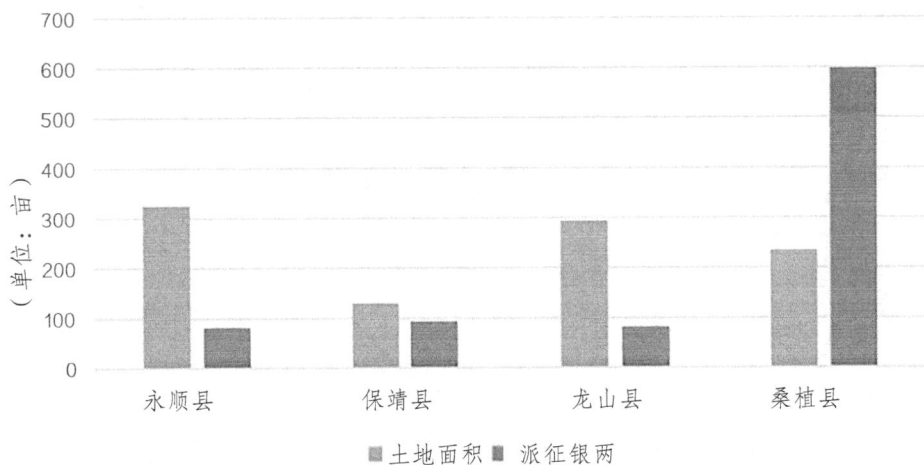

图 4.1　改土归流后永顺府四县土地面积及派征银两

　　由图 4.1 可看，永顺府下辖永顺、保靖和龙山三县的土地面积和派征银两差距不大，而桑植县的派征银两比其他三县高出甚多。这主要是因为桑植县很多地方并不在原来永顺土司的管辖范围内，桑植县建县时从邻近的慈利县和永定县划过去不少地方，这些地方派征银两的标准是一亩地大约两分左右。然而，永顺府的地方政府开支，包括官员、衙役和教学人员的薪水支出在 6700 多两，只靠地方税收，完全无法支撑，所以起作用的是中央王朝对地方的转移支付。

　　综上，土司时期的法律规范秩序已经由中央王朝的制定法全面取代了土司习惯法，其特征体现在两个方面。首先，中央王朝的成文法取代土家族习惯法，成为调整土家族社会的主要法律规范。法律规范由规则、原则和政策组成，但与同期苗族社会不同，法律规则在土家族聚居区的实施比较顺利，成为法律规范最普遍的表现形式，仅在个别情况下适用原则和政策。其次，土司旧例作为一种等级化法律规范体系被网格化和扁平化的成文法体系所取代，残存的血缘关系基础上的权利义务评价体系被新的建立在地缘基础上的义务体系所取代。

如果对这一时期的土家族社会进行总结，我们大概会发现，中央王朝通过一系列地方立法剥夺了土司的统治权，使其在这一时期慢慢成为普通人，而普通土家族人的婚姻也因为小农私有制的缘故开始流行买卖婚，女子嫁人从喜事变成一种莫名的忧伤，哭嫁开始出现，而女子在婚后的地位因为流官严刑峻法维护父系家长的权威而被大大降低了。土家族人从以前耕战一体的体制下解放出来，只需要专心种田并向国家纳税即可，他们只是农民，不再是战士。至于公共安全秩序，由绿营兵和地方官府衙役维系。有空闲的时间土家族人也可以买儒家经典来读，以读书做官作为进入专制时代上层社会的进路。至于永顺府的财政支出，则由中央财政加以维持。

第三节　家族法与国家法的第二次同构与解体

土司时代，湘西苗疆南部生苗聚集地方的社会经济还处在舅权的大家庭生产阶段，北部土家族聚居区建立了封建式样的生产方式。苗族习惯法与血缘关系更紧密，土家族习惯法具有封建等级特征，但社会经济都比较封闭，两者家族法仍然主要是建立在血缘关系的亲疏远近上，但是中央王朝政权的深入给苗家族和土家族提供了更广阔的空间。在苗族聚居区，法律更多是以"法律衡平"方法加以实施的，在土家族聚居区，法律更多是以"法律创设"方式直接实施的。里甲作为邻里共同体在苗族聚居区通过"法律拟制"的方法被纳入国家法秩序中，而在土家族聚居区，里甲则逐渐实质性地取代了以"舍"为单位的家族共同体，成为维系家国同构法律秩序的新基石。法律技术和法律方法是弥合制定法和地方社会实践的产物，使得中央王朝的制定法不断地与少数民族习惯法对焦。如果将土司时代的家国同构概括为法律权威的同构的话，则这时期的家国同构已经迈过权威阶段，进入到法律规范体系的同构时期。

一、第二次同构：法律规范秩序的同构

法律规范体系或者说法律规范秩序的同构有其演进逻辑，在苗族聚居区和土家族聚居区有不同的进路。明代将湘西苗疆视为化外之地，苗疆南部的苗民迫于生存压力而时常劫掠，产生"苗乱"，明朝前期一味进行军事镇压和进剿，后期朝廷实力下降后又变进剿策略为防御策略，在湘西苗疆十三营哨的基础上打造了一道自西南向东北方向的边墙，并严饬土司对苗民加以约束。国家法对苗族的影响主要还是通过军事弹压模式，从法律规范秩序上看，苗族社会只有自然形成的对称规则，国家法层面的法律原则和政策多体现出军事政策的特征，因此，苗民的家族法秩序是被动地纳入国家法秩序中的。土家族则相反，因在元明时期土家族社会就已经形成了以永保土司为首的封建等级制度，土司通过祭祀规则和朝贡制度建立与中央王朝的交往规则，因此，土家族的家族法秩序是主动融入国家法秩序中的。

纳苗入厅和改土归流以后，同构的方法发生变化，就苗族寨落而言，主要是严刑峻法，对土家族社会而言，主要是礼仪教化，这是中央王朝制定法在地方实践后总结出的经验。随着厅县在湘西苗疆的建立，迫使中央王朝不得不进行一系列的尝试，以"法律衡平"的方法来处理好苗族、土家族与中央王朝的关系。地方流官所颁布的大量檄示以"法律创设"的方式起到了特殊法的作用，它是流官在治理地方过程中的经验总结，起初是作为中央王朝制定法在苗疆地方的例外适用的，后来成为一种独立的法律渊源。

（一）以严刑峻法建立同构

严刑峻法是中央王朝在湘西苗疆建立家国同构法律秩序所采纳的第一

种方式，它是对明朝军事征伐政策的批判性继承，也是"刑起于兵"在湘西苗疆的表现形式。中央王朝通过地方流官颁布了很多檄示，这些檄示对苗族而言更侧重严刑峻法，对土家族更侧重礼仪教化，但这并不是说严刑峻法只针对苗族，礼仪教化只针对土家族，只是根据苗族、土家族风俗的不同而各有侧重。就严刑峻法的推进而言，中央王朝主要采取"法律拟制""法律衡平"及"法律创设"三种方法。

第一种方法即"法律拟制"，简单的理解就是在法律上有意地将明知不同者而等同视之，典型的如收养的子女，就是法律上有意将不是自己子女的人当作与自己有血缘关系的子女对待。它是法律适应社会需要而采用的一种法律方法。

就中央王朝对苗族而言，其法律拟制是自康熙时期才出现的。虽然明朝的苗防效果不是很好，但明廷到底还是在与苗民打了几百年交道以后总结出了一些心得。明代地方官蔡复一在《抚治苗疆议》一文中总结了几点原则：一、必须"严责成以资堵御也"①。因为明代在整个湘西苗疆几百里长的边哨只有十三个，苗民很容易从各个营哨中间的缝隙越界钻入民地进行劫掠。所以有必要看苗民是从哪两个营哨之间的缝隙渗透的，故有"凡苗内犯必诘所从何道所经过，何哨以正疏防之"②的说法。二、必须"严苗粮以创反侧也"③。边哨附近又有很多熟苗在哨所当兵，这些熟苗有口粮，而熟苗中不少投机倒把分子利用生苗与民地之间的信息不对称，深入生苗区做买卖，通常是用多余口粮换生苗区的特产，再从生苗区将这些特产"走私"出民地再倒卖，以为奇货可居，长此以往，边哨官兵哪里还有战斗力呢？因此朝廷必须严格抓供给侧，控制口粮配给。三、针对土司的所谓"责担承以核名实"④。名义上，明廷要求永顺宣慰司约束镇苗（吉首苗族），保靖约束篁苗（凤凰苗族），而实际上，永顺

---

① 黄应培，孙均铨.道光凤凰厅志[M].长沙：岳麓书社，2011：187.

② 黄应培，孙均铨.道光凤凰厅志[M].长沙：岳麓书社，2011：188.

③ 黄应培，孙均铨.道光凤凰厅志[M].长沙：岳麓书社，2011：188.

④ 黄应培，孙均铨.道光凤凰厅志[M].长沙：岳麓书社，2011：189.

距离吉首现在走高速尚需要三小时，保靖距离凤凰走高速尚需要两小时，在明代湘西苗疆只有崎岖的山路，北面的土司如何能管住南面的苗民？

　　明廷在湘西苗疆的弊政有很多，最失策的就是把湘西苗族当作化外之人对待，其他一切治苗的法律政策都是从这个错误的根源出发的。本来一个地方修围墙，围墙里面的地方应称为墙内，围墙外面的地方应称为墙外，但是湘西苗疆的边墙恰恰相反，边墙里面称为"外"，边墙外面反称为"内"。原因很简单，边墙里面住的都是化外的苗族人。

　　清廷在这点上比明廷进步很多，从明廷单纯的军事防御性质的法律政策逐渐变为"剿抚并用"宽严相济的法律政策，不将苗族人当作军事上的打击对象，而作为大清臣民对待。至于苗族人造反，原则上都不作为对外战争，而作为治安案件处理，将明知不同的苗族人当作汉族人给予臣民待遇是一种典型的"法律拟制"。适用于在湘西苗疆的法律拟制方法，则是将本来不属于中央王朝直接地域管辖范围的苗族人、土家族人作为一个民族共同体纳入国家法秩序中，使得他们与内地普通人具有同样的法律资格。简单地说，明廷把苗族人当外人，清廷把苗族人当臣民，所以散厅时期出台的很多法律规范都是从保护作为弱者一方的苗民的切身利益出发的，在苗族人和汉人的交往中，清廷更加倾向于保护苗族人的利益。

　　另外，就苗疆北部的土家族人而言，清廷也是通过"法律拟制"的方式解决法律和社会需要之间的缺口，土家族人、苗族人和汉族人的一视同仁是通过"法律拟制"完成的。如永顺知府袁承宠在《详革土司积弊略》中即将土家族人和汉族人均视为中央王朝的臣民一体编甲纳粮，不再按照民族划分纳粮之多少。又如在该制定法中有强制要求土家族人剃头的命令，原保靖宣慰司下辖之"飞""良""先""正"四旗因为与苗族寨落接壤，经常与苗民互通有无，所以"土司令其蓄发与苗往来以通线索"，在改土归流后也一并剃发与内地汉人同。

　　将苗族人、土家族人和汉族人一视同仁的"法律拟制"有助于三族人民的交往。乾隆五年（1740 年）的《大清律例》中关于苗疆地区民事交往方面的规定，涉及户婚、田土、贸易等多方面。

比如边贸方面，清廷采取的是有控制的交往原则，一是禁止汉族商人贩卖军器给土司、苗民，违者要杖一百，并发边远充军，知情故纵的官员也会受到处罚，即便不知情的相关官员也要交部照例分别议处；二是禁止汉民在苗疆附近煎挖窝屯和贩卖硝磺，因为苗族人有比较成熟的火器制造技术，但是缺少硝石和硫黄等材料，因此清廷对此等物资严格控制；① 三是严格控制铁器交易，清廷规定商人在近苗产铁之处所收买的斤铁都须呈明地方流官。②

又比如在苗汉人员交往方面，清廷采取的是民族隔离的法律政策，一是实施民族隔离政策，禁止汉人无故擅入苗地和苗族人无故擅入汉地，对违反者治以重罪并要将正法情由张挂告示，对擅入苗地的所谓"汉奸"处罚更重；③ 二是禁止内地汉民与土司、生苗交往借债，禁止汉民私通和互相买卖借贷、诓骗财物，主要目的在于防止汉人引惹边衅或前往苗寨教诱为乱。④

改土归流的本质是一场"法律移植"运动。通过这场"法律移植"运动，一种新的专制集权式的法律秩序在湘西苗疆北部的土家族聚居区形成了，这一过程是地方流官通过"法律拟制""法律衡平"以及颁布立法等方法，在朝廷强制力的保障下强行推进的。在这个过程中，不但土司平民化了，而且原土司治下的土家族人也越来越汉化，与汉族之间的差别不断缩小，土家族人对大清的法律规范体系逐渐予以接纳、认同、内化、服从。在土家族人、苗族人和汉族人的差别大大缩小后，法律拟制作为一种方法也退出历史舞台，地方流官颁布的法律规则得以比较顺利地实施。

对苗民清廷适用的法律政策和原则是不同的，而且中央王朝法律规范的适用范围也存在重大差别。由于环境和政策的差异，即使苗族内部的不同种群也会存在巨大差异，对此，中央王朝也是通过法律拟制加以解决的。

---

① 徐本，三泰.大清律例：卷二十·兵律·关津[M].北京：法律出版社，1998：337.
② 徐本，三泰.大清律例：卷二十·兵律·关津[M].北京：法律出版社，1998：338.
③ 徐本，三泰.大清律例：卷二十·兵律·关津[M].北京：法律出版社，1998：328.
④ 徐本，三泰.大清律例：卷二十·兵律·关津[M].北京：法律出版社，1998：331.

比如湘西红苗区也有所谓"生苗"与"熟苗"之分,《大清律例》中有"苗人中有剃发衣冠与民人无别者,犯罪到官,悉照民例治罪"的规定,将熟苗拟制为汉人,剃发与否是判断苗族人是"生"是"熟"的标准。清廷在治理"熟苗"时,将适用于汉民的法律法规直接适用于"熟苗"而不需变通,因为"熟苗"与汉民已基本无异。

第二种同构方法是"衡平"方法。"衡平"和法律拟制的不同在于"衡平"是基于经验主义原则而解决法律问题的方法、规则和标准,而法律拟制则是解决法律问题的前提。事实上,康熙在苗疆问题上所采用的法律方法就是"衡平"。康熙时期所有关于湘西苗疆的法律法规都是从"以抚为主,以剿为辅"的经验主义原则和法律政策出发制定实施的。"剿"与"抚"是衡平方法的指导原则,"剿"是对苗民中少数不法分子,体现出军事弹压的一面;"抚"是对苗民中的大多数,体现出由兵入刑甚至由刑入政的一面。在"剿"与"抚"两种手段的运用上,康熙更偏向"抚",他在康熙五十年(1711年)三月对偏沅巡抚潘宗洛说:"今天下太平无事,以不生事为贵,兴一利即生一弊……至于红苗,偏在荒隅,不得与内地百姓同视,宜善为抚绥。"① 需要注意的是,此种"抚绥"是以在地方的绿营体系为前提的,前文提到的各种适用于湘西苗疆的法律渊源中,也多有约束土官兵牟、严禁贪苛以及抚恤苗民的规定,但是如果没有绿营体系,则苗族人必然不会与中央王朝"吃血赌咒"。这种模式是以自然神祇作为权威来源以实现政治神祇的收税目的,在此过程中,苗族寨落共同体直接与中央王朝代表的中华民族共同体挂钩,形成物质和文化的双向流动。可见,对湘西苗疆"剿抚并用"的经验主义原则贯穿了清朝统治的整个18世纪。

就法律规范的等级而言,对"生苗"直接适用律、条例等高级规范和一般规范往往是行不通的,必须要调适,必要时还要选择有限适用苗族习惯法。因为这些地区"久不通教化",急于"以汉化苗"可能适得其反,这就需要应用第二种法律方法——衡平。以章程、事宜、晓谕、禁约为代

① 程贤敏.清圣训西南民族史料[M].成都:四川大学出版社,1988:7.

表的低等规范和特殊规范，要比《大清律例》的规定灵活且实际得多。这些各异的法律渊源内容丰富、形式灵活，可以根据时间、环境的变化随时进行调整。

从法律规范的性质上看，涉苗法规从前期的军事法规向刑事、民事法规过渡，虽然仍然具有强烈的军事法规特征，但因为文官武牟有了初始分工，法律就已经具有了区分军事、刑事和民事的意义。明代对苗疆一直是军事防御战略，清朝一改明朝的守弱，对苗疆进行积极防御，这使得针对苗疆的法律规范一开始就带有浓厚的"以兵代刑"的军事特征。这种大规模的"以兵代刑"在清代中前期共计有三次，它是"衡平"方法在实践中的指导原则。

第一次是康熙二十四年（1685 年），清廷以红苗出劫镇溪所为由，由偏沅巡抚丁思孔遣副将郭忠孝领兵，进行了一次规模较大的征讨，这次征讨"以兵代刑"的军事特征最为显著。通过这次用兵，原腊尔山苗区的大部分地区已经处于清廷直接的军事控制和管辖之下。这是因为湘西苗疆是清廷的新辟地区，此前任何朝代对这一地区都不曾实现直接控制，清廷对该区的治理也无经验可言，故只能在朱明王朝的一点遗产上不断探索理苗之策，不可避免地带有明廷的军事弹压特征。在郭忠孝"征苗"之后，督抚大员欲求"一劳永逸"解决苗防问题，提出修复"边墙"。当时作为"监军"的辰州知府刘应中奉命协同郭忠孝对苗疆进行实地勘察，结果发现"边墙"旧址"俱已残塌，所存废堵百不一、二"，他认为如要重新建造必然要大兴土木，需耗费巨大的人力财力，绝非官吏"捐修"和当地寥寥兵民兴工就能做到的，因而修复明代"边墙"的奏议也就被搁置起来。

第二次是康熙四十二年（1703 年），清廷对湘、黔边界"苗疆"及腊尔山"生苗"又采取了一次规模更大的军事行动。其目的是通过武力彻底控制湘西苗疆，并迫使以腊尔山为中心的"生苗"归诚朝廷，在此基础上正式建置地方行政管理机关并"编户入籍"征收赋税。清代苗疆边防策略与明代最大的不同在于，明代重"守城"，而清代在"攻心"。第二次"以兵代刑"是在清廷以武力"开辟苗疆"设置厅县后。凤凰、乾州虽已经设厅，但苗民依然不断起来反抗。规模较大的反抗是康熙四十七年（1708年）的"镇筸苗叛"，至康熙四十八年（1709年）"镇筸苗"在起义领袖吴老吉的带领下攻陷了清朝重兵把守的德胜营，巡抚赵申乔率官兵及永顺土司兵"剿之"（嘉庆《湖南通志·苗防四》）①。接着，是否要重新修筑边墙又重新摆到桌面上，但因为康熙坚持认为，与其被动防守不如主动进攻，故接踵而至的是一系列攻心为上的边防措施。

最早体现这种策略的是康熙四十二年（1703年）湖广提督俞益谟提奏并获准实行的《戒苗条约》。《戒苗条约》是在大兵勘定苗疆后不久提奏的，共计八条，与边防有关的条文如下：

一、尔等出边坐草拿人，抢掠牲畜，不过希图取赎。否则卖于各土司，得取银两。今本军门已经下令，所有被拿之人，一概不取赎。如有土司承买者，查出参处，尔苗内若能将被拿之人送出者，地方官量给赏赍。

一、尔杀内地一人者，我定要两苗抵命。尔抢内地一人者，我定要拿尔全家偿还。

一、尔虽不出去拿人，有别寨苗子拿人，在尔地方经过，尔不夺回首报，纵其拿去者，即系通同。本军门不时进剿，即将尔等寨子，先行屠戮，如有抢夺，首报者，定有重赏不爽。

一、龙蛟洞各寨逆苗，虽然剿杀，尚有漏网之人。大兵凯还之后，许其回家。央托顺苗头人，赴镇筸总镇衙门，讨求招安，以便安家耕种。如若为恶不悛，照前梗化。本军门轻师压境，另有剿杀之方。断不用搜箐攻寨，旷费时日也。

一、尔苗既造户口册籍，情愿纳粮当差，即与内地百姓一般，大兵撤后，如有抗不纳粮当差者，即系逆苗，管尔官员，申报到日，定行指名捉拿正法。②

清廷大军虽然征服了苗民，但是因为粮食供应的问题势必无法久留。

① 清代对湘西苗疆的行政管理是建立在军事进剿基础上的，在厅县制在湘西苗疆确立起来之前，有这样几次大规模的军事进剿，分别发生在康熙二十四年（1685年）、康熙三十九年（1700年）和康熙四十二年（1703年）。

② 黄应培，孙均铨.道光凤凰厅志：苗防一[M].长沙：岳麓书社，2011：196.

清廷担心朝廷大军撤离后苗民又反复，所以出台该条约。就其内容而言，涉及湘西苗疆的各个方面，有威逼也有利诱，但总体上看，却是个单方面的宣告，就《戒苗条约》的性质而言，像是一份带有恐吓性质的停战协议。从"尔杀内地一人者，我定要两苗抵命"的说辞看，"内地"和"苗寨"之间仍然是按照血缘关系实行同态复仇规则。

康熙四十三年（1704年），时任湖广总督喻成龙题定《苗边九款》，就法律形式而言，《苗边九款》属于章程，其内容涉及湘西苗疆基层行政（凤凰、乾州两地）组织的建制、权利和义务。

第三次是雍正八年（1730年），雍正帝移正大营同知为松桃厅理苗同知，贵州铜仁协副将亦移驻松桃厅，同年时任辰沅永靖道道台兼副将王柔带兵镇压了"上六里生苗"，并设置了永绥协、永绥同知。至此，朝廷在湘黔边先后设置乾州、凤凰、松桃、永绥四厅，以腊尔山为中心的"生苗"区完全被纳入了中央王朝的统治范围。事实上，在雍正五年（1727年），傅敏提奏的《苗疆要务五款》就得准实行，其中关于边防的内容如下：

一、请禁民苗结亲。民以苗为窟穴，苗以民为耳目。民娶苗妇，生子肖其外家。掳杀拒捕视为常事。凡已经婚配者，姑免离异，其聘定未成者，自本年为始，不许违例嫁娶。犯者从重治罪。已经婚娶者，兵则远移别汛，民则着保甲取结，汛守员弃稽其出入。

一、兵民与苗借债卖产尤宜禁绝。汉民柔奸，利愚苗之所有哄诱典卖田产或借贷银谷，始甚亲昵，骗其财物后即图赖。苗目不识丁，不能控诉，即告官无不袒护百姓者。苗有屈无处伸，甚则操刀相向伏草捉人，报复无已。请自后出粜籴粮食、买卖布帛等项，见钱交易，勿庸禁止。民与苗卖产借债，责之郡县有司。兵与苗卖产借贷，责之营协汛牟。自本年始，许其自首，勒限赎还。犯者照律治罪，失察官牟严加参处。

一、苗边恶习，凡有不平等事或力难泄愤或控断不公，即投入苗寨勾引多人潜入内地，不论何人坟墓开棺取颅，不论何姓人牛非杀即掳。丢放仇帖云某人与我有仇，故我将你出气。被害之家执仇帖鸣官，官畏挈苗，惟其仇家是问。其仇家不堪追迫，势不得不出资取赎，重赏烧埋。地方官苟且偷安，不复追究凶苗。以致全无忌惮。请自后凡有勾苗杀掳等事，务必将勾引之人与行凶之苗严拏正法。地方官如有惮于拏但据仇帖勒赎者，以不职例参处。

一、奸民兄苗动辄拒捕，宜责营牟擒拏。

一、邻省苗猺杀掳，旁郡有司详报督抚，移咨邻省，转行所属动经旬月。邻省官牟既无处分又无惮拏苗。每以并无其人申报。请自后各省边疆邻苗有越省掳杀者，仍治其疏防之罪。其缉捕之责专归邻省。边界文武官牟以文到之日为始，一体勒限缉拿。如协拏不力，照本地官牟例参处。①

上述规定经雍正帝的批准著为例。这些法律规范涉及婚姻、土地买卖、刑案，已经从单纯的边防法规逐步扩展至湘西苗民生活的各个方面。但是在雍正时期，清廷也以上谕的法律形式调整在苗疆的兵力部署，武力始终是湘西苗疆法律社会秩序的终极保障，如雍正十年（1732 年）上谕曰：

湖南镇筸镇，地接苗疆。原辖四营，额设兵丁三千名，以资弹压。嗣因议分四路塘汛，直抵六里新营。该抚臣以六里新经招抚，地方紧要。奏请添设兵丁四百名。经部议行。………永绥营幅员五百余里，以形势而论，尚在镇筸之外，止安设兵丁一千六百名。至镇筸所管苗疆界址，亦仅五百余里，现有额兵三千名。较之永绥兵制，数已加倍，且永顺保靖等处，已建设营汛，与镇筸益成掎角。是镇筸额设之兵，尽足以供守卫而资调遣。新增兵丁，甚属无益。著该督抚提镇等确查地方形势，有要紧营汛应添兵丁之处，即将镇筸新设之四百名，酌量派拨，以资防御。②

由此可见，雍正帝延续了康熙时期的兵刑体系，只是在比较紧要的地方添设兵丁，这样做的好处是可以节省军费开支，将朝廷的兵力集中在一个一个的点上，使这些点相互之间形成掎角。需要注意的是，这与明代边墙建立之前的自西南到东北方向的"一字长蛇阵"式的线状防御体系不一致。雍乾时期湘西苗疆的某些营汛据点距离生苗区非常近，这样使得官军

① 黄应培，孙均铨.道光凤凰厅志：苗防二 [M].长沙：岳麓书社，2011：220-221.

② 鄂尔泰，张廷玉.清世宗实录：卷一百十六 [M/OL].北京：中华书局，1985[2022-10-31].https://www.zhonghuadiancang.com/lishizhuanji/daqingshizongxianhuangdishilu/98595.html.

与苗寨之间你中有我，我中有你。比如，上谕中的永绥营四面都是生苗，这样的兵力部署使得朝廷的控制力可以更加深入苗寨，以资弹压。但是这种兵力部署也是一把双刃剑，在太平时期固然可以弹压苗族人，而一旦苗寨起事，首当其冲的就是这些孤悬苗境的营汛据点。在乾嘉苗民起义前期，除了个别营汛据点之外，其余的全部被愤怒的苗民拔除。

军事上稳定后，清廷就着手在湘西苗疆建厅立县了，此时政治的考量便替代了军事征伐。"立县"是针对土司辖区的，也就是所谓的改土归流；建厅是针对生苗区的，笔者称之为纳苗入厅。然而，即使在湘西苗疆的行政建制很顺利，清廷也一直在苗疆配置重兵，在乾嘉苗民起义后，在原来绿营体系的基础上又打造了"兵刑合一"的屯防体系，这使得清代湘西苗疆的法律秩序从开始到结束都带有强烈的"以兵代刑"的军事管制特征。

但是，上述三次军事征服没有完全使苗疆安静下来。这一时期清廷对湘西苗疆的立法不但多而且内容新，涉及行政、经济、婚姻等方面，但整体上都具有一种军事法律规范的性质，法律拟制和衡平方法是这一时期家国同构的法律秩序得以形成的主要法律方法。

第三种弥合中央王朝制定法与苗疆社会需求的方法是"法律创设"，也就是立法。它是"法律衡平"已经具有一定基础后的产物。康熙时期针对湘西苗疆的法律规范是灵活多样的，法律的适用也具有相当的弹性。从前文的论述可知，清廷针对湘西苗疆制定了"则例""章程""事宜""上谕""奏议""禁约"等多种形式而内容各异的法律渊源，而这些渊源也陆续为《大清律例》所吸收。比如条例中关于办案期限的规定，显然就是来源于以前地方官的"奏议"。对清廷来说，要真正控制湘西苗疆，势必要采取效力等级不同且性质上有差异的法律渊源。一方面，在编纂中央王朝制定法时保留针对苗疆的条例和则例作为普通规范；另一方面，通过"衡平"方式认可部分苗例或者土司旧例的效力，从而使湘西苗疆一些重要习惯法如"伏草捉人""吃血排解""埋岩"可以拟制为《大清律例》规定的"抢夺"等罪加以处理，使习惯法得以纳入中央王朝的法律规范体系中，成为一种特别规范。对湘西苗疆不断出现的各种新型法律问题则以比较灵活的章程或者事宜加以调整，而对小地域范围内的户籍管理、苗汉婚姻、纳粮征税以及社会治安等问题，就由地方官府大规模造法的方式进行调整。

由此，一个由法律政策、法律原则和法律规则组成的法律规范秩序作为一个法律整体在湘西苗疆正式形成了。该秩序具有多样性，既包括中央王朝制定法，也包括少数民族习惯法。该秩序具有位阶性，既包括中央层面的以律例为代表的大法常法，也包括地方流官颁布的具有弹性的劝谕和禁令。该秩序还具有调适性，在规则、原则和政策发生冲突的情况下，按照适宜的方式解决问题。

（二）以礼仪教化建立同构

在改土归流之后的湘西苗疆，中央集权体制整体下移，地方流官建立里甲编户齐民，以邻里共同体替代家族共同体，直接建立与苗户、土户之间的治安管理秩序和税收法秩序。

从法律层面说，流动性官僚体制只限于厅县一级，厅县以下各里则是以百户、寨头、里长、甲长等基层精英主导的地方自治。代表中央王朝的流官与寨落共同体及邻里共同体之间，首先体现为一种控制与反控制的关系，同时也是一种交融和互动的关系。中央王朝常常颁布有关教育的法律，希望通过礼仪教化的方式渐渐实现对土家族和苗族政治精英的控制。这种礼仪教化最早是通过榜示形式颁布的，并通过教育和考试等方式将土家族人和苗族人纳入中央王朝的集权体制之下。

清代教育是国家统治秩序的重要一环，如果通过县府两试，则称童生，即可取得读书人的身份，成为四民之首；如通过院试，则称秀才或者生员，可以免除差徭，其中优秀者还可以领取政府拨给的廪米，考试不第也可以转入私塾或者进入官办学校教书；如果通过乡试，则称为举人，可以免除赋税，还可以被纳入统治阶级出仕做官。中央王朝通过给予土家族、苗族以优惠，希望笼络土苗精英以维系其国家法秩序。故改流之后，地方官颁布了不少鼓励土家族人和苗族人读书的榜示，如乾隆十四年（1749年）时任湖南巡抚开泰就颁布了《教训苗人子弟札》，其中写道：

> 现在有苗处所多已设立馆师，为之董率，苗人子弟亦间有读书写字者，

然细访苗疆各有司，非不知留意拊循，以冀地方宁谧，而于教训苗人读书一事，或视为儒术迂疏，不能认真办理，殊不知读书可以变化气质，果其料理得法，自可奏观厥效。应令该地方官于苗人子弟有读书者，时加查考，不必求其文理优长，但有能写字或能背书者，除本人酌加奖励外，并将其父兄就便量赏花红。①

　　然而十年树木百年树人，礼仪教化是漫长的过程，不会因为地方官的立法行为就产生立竿见影的效果。故湖南巡抚开泰自己也说："本部院前经札司转饬各属设法奖励，原所重在教之为善因势利导，聊示羁縻之意，而非以使苗人能读书遂为理苗之急务。"②

　　相比较严刑峻法，礼仪教化在这一时期起到的作用是相对次要的，然而却是深远的，仅清廷对于苗疆地方的考试优惠政策就导致邻近苗疆的客民大量涌入。这些外来客户在获得土地后再冒充土籍或者苗籍参加考试，成为"科举移民"，大量挤占了土家族人和苗族人的名额，以至于地方政府不得不颁布禁令加以规制。如在《禁汉人买地土详》中，就只准土家族人和苗族人的田土在本籍之间流转，防止外地客民进入苗疆。

　　除了立法外，地方流官还通过"法律拟制"和"衡平"等法律方法解决"科举移民"问题。例如，永顺府下辖的桑植县自改土归流开学设考以来，每次县府两试均有8个童生名额，其中境内土家族人有6个名额，汉族人有2个名额。但是在乾隆二十六年（1761年），时任永顺知府张天如发现，其下辖的永顺、龙山和保靖三县的考生均按照所属民族填明土家籍、客籍或者苗籍，只有桑植县出现了客民假冒土籍应考的现象。这是因为桑植县在改流设县时把行政区划分为内外两部分，内半县是在土司旧地，居住者多是土家族人，为土家籍，外半县是由内地慈利县划分而来，居住者多是汉族人，分为军籍和民籍。因为土家籍在考试中享有更多名额，所以外半县的汉族人会选择到内半县购买土家族人田土，达到一定年限时官方

---

① 张天如.永顺府志：卷十一·檄示[M].刻本.[出版地不详]：[出版人不详]，1763（乾隆二十八年）.
② 张天如.永顺府志：卷十一·檄示[M].刻本.[出版地不详]：[出版人不详]，1763（乾隆二十八年）.

也承认其为土家籍，即"新土籍"，久而久之，桑植县的汉人竞相效仿，内半县的田土也就成了"学区田"。

此处的"新土籍"就是桑植县地方官在教育考试制度中进行的"法律拟制"，即将本来不是土家籍的客民当作是土家族人，并给予其土家籍身份，使其获得参加考试的法律资格。但是时任永顺知府张天如认为此举不妥，因为土家族人和苗族人只会种地，除此之外没有其他谋生手段，而永顺一域山多田少，能开垦的地方基本已经开垦，如果任由汉民购买他们的田土，久而久之他们必然失地，成为将来的不安定因素。另外，永顺府还考虑到中央王朝在苗疆设立学校组织考试并给予土家族和苗族优惠，其本意是为了以礼仪教化他们，如果将客民用"法律拟制"的办法当作"新土籍"势必侵占土家籍考生的名额，故将所谓"新土籍"重新填写为客籍。如果真土家籍考生因为水平不够没有录满，则剩余名额"于军民客三籍项内酌取敷额"。这种解决"科举移民"的方案属于"衡平"方法，它是以教化土家族人、苗族人为目的，以公平公正为基本原则解决法律问题的方式。可见"衡平"不是绝对的平等，它更接近罗尔斯法理学所谓的"矫正正义"，而地方政府之所以采取衡平的方法，主要是因为湘西苗疆的文教事业刚刚起步。

总体上看，改土归流后的家族法秩序和国家法秩序的同构具有以下三点特征。第一，权威的同构已经稳定，法律规范秩序的建立和完善在湘西苗疆的家国同构中起到关键作用。苗族人的自然神和中央王朝这一政治神建立了契约式对称关系，随着"乡约"的形成，苗族社会与中央王朝之间的"对称性同构"逐渐被"融入性同构"取代。在土家族社会，土家族人的祖先神被中央王朝的政治神逐渐取代，土司开始平民化，土家族人之间的等级化差异日益缩小，社会更加扁平化，家庭和国家之间的关系以税收方式直接建立起来，里甲是串联二者的纽带。第二，同构的方式有差别。虽然礼与刑在同构中发挥着重要作用，但对苗族社会来说，礼仪教化相对于严刑峻法还处于萌芽阶段，而对土家族社会而言，严刑峻法相对于礼仪教化只起到次要作用。第三，此时段的同构中，法律方法发挥了重要作用，它用"法律拟制""法律衡平"和"法律创设"等方法协调了少数民族习惯法和中央王朝制定法之间的关系，"苗例""土司旧例"被"官法"吸收和取代，弥合了法律规范与社会实践之间的间隙。

二、第二次解体：法律规范秩序的僵化

乾嘉苗民起义是湘西苗疆法律秩序的分水岭，它的爆发标志着由经验主义维系的家族法和国家法之间的纽带的断裂，由此导致了家国同构法律秩序的第二次解体。而事实上，这种解体的兆因在散厅建立之初就埋下了。

"规范的同构"因为规范的僵化而走向没落。经过雍正到乾隆时期，旧的苗疆禁令已经逐渐丧失了弹性，对一些新生事件有些力所不及，往往表现出一种迟钝。乾隆帝也知道针对湘西苗疆的某些法律规范已经完全丧失了适用弹性，条文日久废弛，渐滋弊端。在乾嘉苗民起义之前的几年，湘西苗疆很久没有出现的"勒赎"恶习又开始出现了，乾隆已经看到了某些危机的预兆，但还是囿于之前的相对稳定的局面，没有及时在法律上进行调整。甚至当乾隆六十年（1795 年）他收到大规模苗变在即的情报时，仍指示官军尽量不要骚扰苗民。乾隆皇帝似乎始终抱有这样一种观点，针对湘西苗疆的法律规范很大程度上是在维护苗民的利益，苗民怎么会掀起如此大规模的叛乱呢？其实答案不在于法律规范是否合理，而是湘西苗疆的社会经济结构已经彻底变革了。

（一）社会基础的变化

湘西苗疆家国同构的法律秩序，第一次是建立在血缘关系基础上，家庭、家族、宗族及民族按照血缘关系的亲疏远近划分权利义务，法律权威成为联系家族和国家的纽带。

在改土归流后的苗疆北部的土家族聚居区，以里甲为代表的邻里共同体取代了"舍"这样的家族共同体，成为联系家庭和国家的纽带，其自上而下的路径是"县"—"里甲"—"户"。而在纳苗入厅后的苗族聚居区，虽然散厅也划分了里甲，但是里甲只是一种行政区划，所谓里长甲长从来没有真正成为控制寨落共同体的权威，真正起作用的是通过吃血赌咒形成

的"约"，不过这种浮于地缘关系上的"厅"—"约"—"寨"之间的纽带从一开始就是相对脆弱的。

散厅建立初期，清廷的控制力无法深入苗寨，只能通过收粮的方式来体现厅府的存在感。清廷曾经寄希望于在苗族聚居区推行里甲制和百户制，即将寨落这样的血缘共同体进行地缘化改造，并设立专门的百户进行管理。然而无论是"里甲制"还是"百户制"，在当时苗族聚居区都只停留在纸面上。

首先，里甲组织对苗疆寨落的管理力度是有限的，即使在苗族人口密度最高的永绥厅，也不过才设了六里，乾州厅设四里，因永绥地势高故称为"上六里"，乾州地势较低也称为"下四里"，截至乾隆十六年（1751年），共由十位里长经营管理。此类里长人微言轻，手下也没有什么跟丁之类，其政治地位自然并不特别引人注目，真正起到实际作用的"乡约"中的理老，他们经常奔走于约下各苗寨，以中间人身份调解各种家庭纠纷和仇杀纠纷，不过他们虽然德高望重，但并不能说他们就具有政治身份，而且他们为人排解纠纷也是要收费用的。

其次，就百户而言，按照湖南巡抚赵申乔的建议，朝廷应当给苗百户一定津贴，但实际落实的很少，而且这些苗百户多数还是外界的汉人或土家族人，他们并不居住在苗族山寨里，也没有将国家权力引进苗族寨落，故所谓"百户"，实际更是远离国家政权，有名无实。和琳也说：

三厅百户，员额三十六人。设立之初，原因苗人惧见官长。如偶犯细故，即令百户为之处分。如必须勾摄到官，亦必令百户传唤。但该百户等，人微言轻，苗众既不甚听约束，且向例汉人亦准承充，更无非奸蠹无籍之徒。无事则专意欺凌，有事则全无控驭，甚属无益。[①]

百户尚且如此，寨长作为苗疆寨落精英则更不用说了。如在前述苗族人龙章六和龙长受的纠纷中，百户和寨头都只起到见证人的作用。寨长与其说是朝廷的一级官员，不如说是代表本寨与国家权力进行对话的人。这种对话不仅发生在和平时期的"催粮征粮"上，在战争时期寨长的作

---

① 佚名.苗疆屯防实录[M].长沙：岳麓书社，2012：78.

用也很大。比如在乾嘉苗民起义中，绝大多数领导人就是各寨寨长，但这种寨长是推举出来的，而不是世袭的。苗族人希望获得的政治权利和清廷实际给予的是不相称的，所以在散厅时期国家权力并没有随着改土归流的完成而顺利进入苗疆寨落，还没有形成明显不同的政治分层和社会阶层，榔款组织仍然占据政治的核心，"乡约"可以理解成地方官府备案的一种特殊的"榔款组织"。

于是矛盾就产生了，清廷将大量的社会资源投入到"里甲"和百户的建设上，但实际起到维护苗族社会秩序的却还是"乡约"（实则是"榔款"）和理老，这使得像寨长这样的本地精英没有得到应有的重视。随着维护社会秩序的成本越来越高，这些苗族精英自然不会站在朝廷的立场上考虑问题。

确实，中央政权的法律控制范围又向苗民居住的地方压缩了不少，然而并不是法律上的不公激起了苗民的不满，相反，清廷对湘西苗疆颁布的法律是很照顾苗民的，然而经济结构的变化最终激起了苗民的怒火，富裕的苗民不满足于卑微的法律地位，贫困的苗民不满于失去土地，所以退无可退的苗族人终于像火山一样爆发了。关于乾嘉苗民起义的论述已经有很多，这里也无意重复，注意一点即可，即苗变后清廷需要考虑的不仅是如何改良法律，还有如何调整整个湘西苗疆的社会经济结构。

（二）经济结构的崩塌

在湘西苗疆建厅之后，随着汉人的不断涌入，先进的生产技术确实提高了苗疆的生产力，但是其边际效用也在不断下降，当土地流转和兼并加剧到社会能够承受的极限时，危机随着经济增量的递减出现了。此时，地方流官本来有机会通过建设"乡约"制度和理老制度吸收一批苗族或者土家族精英，将其纳入地方政府的管理体系中，遗憾的是当时的流官虽然意识到这个问题，但是没有做到。

以法律规范体系为同构模式的法律秩序的缺点之一就是苗族精英没有做官的法律资格，不仅文官做不了，武官也做不了。在散厅建立之前，苗民没有在官府做官的，哪怕只是小官都几乎没有。而新的地方军事防御体系建立后，清廷在靠近苗寨附近地区建立了不少营汛，有时候这些营汛也吸收附近的苗民当兵补充缺口。对山多田少的苗民来说，当兵吃粮其实是一条不错的出路，既有稳定的收入，相对于没有当上兵的苗民而言还有政治地位，所以在雍乾时期，曾有不少苗民混入官军中。但是乾隆十六年（1751年）的一道上谕却堵住了苗民的这条出路。其谕曰：

> 湖南布政使周人骥奏称，"苗疆额兵有以苗人补充者。殊非防微杜渐之道，应设法渐次开除。不得再将苗人冒充"等语。苗疆设兵防汛，原资其控驭弹压，乃即用苗民充伍，殊非本意，或因内地招募乏人，而熟苗言语衣服与民无异，是以因循成习。若一旦概行革除，亦未免过急。著传谕苗疆督抚，令其通行密饬各营伍，嗣后如募名粮，不得仍将苗人充补。亦勿张扬形迹，有失绥靖之宜。[①]

事实上，这道上谕误判了形势，1795 年爆发的苗民起义的诉求之一便是苗族人也要当官，可见在清廷开发苗疆之后，随着部分苗民经济基础的上升，政治法律上的诉求自然接踵而来。不过清廷仍然囿于设立营汛的弹压本意，对湘西苗疆社会经济结构发生的变化没有及时作出妥当的回应。清廷之所以出此下策，固然是为了巩固自己的统治，但同时也是为了保护愚顽的苗民不受"汉奸"的欺诈，出发点可谓是很好的，如乾隆四十一年（1776 年）的上谕云：

> 贵州、湖南等省兼辖苗疆。在汉苗杂处，而古州、镇箅两处向俱有汉奸至彼滋事。是以其地专设文武大员稽查弹压。严禁汉奸潜至苗地，即其余苗疆地方，亦不许内地民人混入。例禁本属周详，但行之久，地方文武是否实力查察，恐积渐废弛，或视为具文，虚应故事，于抚驭苗疆之道甚有关系。苗民本属无知……自有汉奸窜入其中，潜相煽诱，仇杀之事，因之而起。[②]

问题在于，既然"例禁周详"且乾隆皇帝已经隐隐察觉到地方流官未必实心执行该例禁，说明法律条文和社会实践之间已经慢慢出现了裂痕，历史的车轮不会因为皇帝的良好愿望而停下，那这种裂痕出现的原因何在呢？

---

① 李瀚章.湖南通志 [M].刻本.长沙：尊经阁，1885（光绪十一年）.

② 李瀚章.湖南通志 [M].刻本.长沙：尊经阁，1885（光绪十一年）.

答案在于经济社会的变化，散厅和苗寨之间脆弱的二元法律秩序格局终于被不断发展的社会经济给冲破了。湘西苗疆社会经济结构是随着苗疆边境贸易的兴起而变化的。早在康熙四十三年（1704 年）清廷出台的《戒苗条约》就提到了边境贸易的好处：

一、尔苗轻生嗜乱，只是贪利劫掠，以致官兵屡屡搜剿。今我看尔苗地所产，有现成无限之利，不知受用，而贪杀身败家之利，何也？尔山上栗树，砍倒可生木耳，每斤在外可卖银三四分不等；山有漆树，可以砍漆，每斤在外可卖银四五分不等；黄杨木、楠木锯成板片，砍印斧记，放在沟，遇水泛涨，可以流至乾州。各认斧记，每块可卖银数钱。……你苗若不劫杀，等我汉人进来，教尔学做，便是安享无穷之利也。

一、盐布二项是尔苗急需。皆因你们性好劫杀，以致无人进来交易。即有转卖进来的，其价又贵，是以尔苗历来常受寒冷、淡食之苦，殊属可怜。尔若不劫杀，则汉人进来交易者，多将尔土产换盐布，岂不两得其利？再若尔果守法可以到乾州五寨司买去，其价更贱。[①]

康熙四十二年（1703 年）是湘西苗疆法律社会史的转折点，散厅的出现给湘西苗疆带来了根本性的变革。通过散厅的建立，苗汉之间的来往不断增加。这次变革是自上而下强行推动的。虽然变革的方式在不同地区有缓急之分，比如在湘西苗疆总体上舒缓一点，而在黔东南苗疆则急切一点，但并不改变这种自上而下的专制性质。也即是说，中央王朝是通过自己制定的法律来改造湘西苗疆的社会经济结构的。在新的法律规范面前，旧时的自然的法律秩序已经由于制定法的颁布实施而被渐渐压缩了适用范围，缩小到了不同的寨落中。此时，寨落社会中的那种大宗族、大家庭中的个人和寨落的紧密联系被不断涌入苗疆的"汉奸"和苗民之间的不平等的契约关系所取代。

清廷提倡有官府控制的边境贸易，其原因有两个。第一，进行边境贸易的苗寨和边境汉民之间存在着诸多差异。中国历来是一个多民族的大一

---

① 黄应培，孙均铨.道光凤凰厅志：苗防一 [M].长沙：岳麓书社，2011：196-197.

统国家，民族就像个人一样，当他们各自从事自己擅长的事情或者买卖自己特有的产品时，就可以取长补短，从这种差异中获得好处，这一点已经为清廷所认知。乾隆二十九年（1764年），苗疆"苗不出境，汉不入峒"的禁令被废止。湘黔川三省边区增设了不少集市。苗汉之间的贸易往来大大增加。苗疆特产的桐油、生漆、朱砂、金银等，大批易往汉区，苗族人民则换取食盐、布匹等生活资料，苗族聚居区那种自给自足的自然经济也开始受到外部经济交流的影响，给原有的法律社会秩序带来了巨大的冲击。

第二，边境贸易确实能够提高苗疆的生产力，这就意味着财富，特别是对地方流官而言意味着财富。边贸的发展一方面导致苗民失地，另一方面导致苗疆生产效率提高。以前统治者往往将导致苗民起义的责任归结为少数"汉奸"不法，实际情况是汉民或多或少都参与了与苗民的不对称交易，而地方官更是持放任甚至怂恿态度，甚至在所谓"汉奸"的队伍里有干股，因为"汉奸"的产生是有社会经济基础的。这些"汉奸"及其背后的流官集团兼并土地的方式多种多样，但这些"汉奸"和流官的发财路径大同小异，可分为三个阶段。

第一阶段，涌入苗疆的"汉奸"将生活借贷变为生产借贷，使高利贷和生息资本相结合，以借贷关系为基础控制农业生产和副业生产。这些"汉奸"首先对生活必需品如食盐、布匹、锅碗等进行垄断控制，并用它们换取苗疆的朱砂、金银、桐油等物产，有时也用货币交换，使苗民承受因封闭而带来的价格差。如果苗民买不起，"汉奸"再以"放账"或者垫付的方式让苗民接受高利贷的盘剥，这样商业资本（生息资本）就逐渐渗透并控制到苗疆农副业产品的生产，形成了一种以借贷关系为基础的"汉奸"（汉族商人）支配苗疆生产的格局。

第二阶段，"汉奸"从贸易商变成生产商。在流官和汉奸赚到第一桶金后，他们一方面自己继续做生意，搞长途贩运，将苗疆的特产转手倒卖至外地；另一方面自己也在集市上开设店铺或者作坊，将从苗族聚居区采购的原料进行加工然后又反手卖给苗民。当时湘西苗疆的手工工厂涉及的产业有织布、酿酒、制糖、制烟、榨油等，坐落在酉水河流域的集市如芙蓉镇、浦市、茶洞、里耶等地，有不少出卖自己的劳动力在这些工厂里讨生活。

第三阶段，"汉奸"从生产商变为地主。如果有资不抵债的苗族人，则生产积累起来的资本被"汉奸"用以购买苗民手上的土地，再反手将这些田土佃给苗民耕种，开始吃地租，而苗民的田土被抵押或者典卖得越多，苗民的生活就越艰辛，相应地流官和"汉奸"们的田土也就越来越多，资本也就越来越多，生活自然是越来越好了。

汉苗之间通过边境贸易能够达到农业生产的规模化和生产效率的最大化。苗民和汉族一样，都是农耕民族，生产方式大致一致，俱是"男耕女织""晴耕雨织"，但是苗民的生产技术除了在火器方面比汉民有优势以外，在农业方面还处在刀耕火种的时代，在纺织方面却是"知养蚕而不知遗种"，相对汉民是要稍稍落后一点的。易言之，汉民的劳动生产率高出苗民不少。在劳动生产率有显著差异的基础上展开自由贸易，其结果一定是劳动生产率较高的一方获得优势，而劳动生产率较低一方的产业会逐渐被挤兑，以至于大量人民破产。苗疆边境贸易开放以后，虽然从整体上，湘西苗疆的生产规模扩大了，但是苗民却陷入了相对贫困的境地，而大发横财的多是地方流官和潜入苗寨的"汉奸"。

土地是专制社会的核心问题，历来为统治者所重视。自秦汉始，中国政治经济历程的发展，或多或少具有曲线式的循环性。这种循环过程模式大致分为四个阶段：一、因战乱饥荒，人口大量减少，土地问题相安无事；二、休养生息，土地兼并开始；三、土地问题紧张，限田运动开始；四、限田运动失败，农民暴动兴起。经济上人地比例的变化与政治上一治一乱的循环有密切关系。湘西苗疆的土地问题不过是中国古代王朝更替的一个缩小的山寨版，只是由于湘西苗疆地处偏远，地瘠民贫，所以其爆发之强烈、来势之凶猛、循环时间之短暂在其他少数民族地区都是比较罕见的。其模式是：一、苗疆隔离禁令具备弹性，官法为苗例预留空间，同时人地比较小；二、隔离禁令日渐松弛，客民涌入土地，兼并开始；三、人地比例快速增大，朝廷禁令强化；四、朝廷禁令彻底僵化并失效，苗民起义发生。这符合马尔萨斯的人口陷阱理论。

人口数量与土地面积的比例越小,则越"治",人地比例越大,则越"乱"。

想要摆脱这种循环,需要两个必要条件。一是在人地比例矛盾加剧的同时,技术创新取得突破性进展,使得同样的劳动可以为机器所取代,从而能够以新兴的生产组合方式养活更多的人口。二是在技术创新暂时没有突破的情况下,由苗民将本地的商品通过远距离投送到外部的大市场中,以获取来自外部的经济增量。在近现代的工商业社会,即使没有土地,只要统一大市场循环存在,也可以从市场经济购产销循环中获得经济增量。很可惜,这两个条件在当时的湘西苗疆并不具备,所以乾嘉苗民起义的发生是必然的。

按照马克思的社会再生产理论,交换是资本主义简单再生产的前提。再生产的过程是购买生产资料—用生产资料生产产品—销售产品换回货币—用货币再次购买生产资料。可以简化为购—产—销—购。这是从货币层面理解的一个完整的循环。如果从生产资料层面理解就是产—销—购—产。如果从产品(商品)层面理解就是销—购—产—销。于是我们可以设想,如果这个循环一直无限地进行下去,那么货币、生产资料和产品(商品)之间也就没有区别了。此时,钱就是生产资料,生产资料就是产品,产品就是钱。反过来,如果我们设想另外一种极端情况,假设有六个人,货币被两个人拿着,生产资料(比如做锅子的材料)和生活资料(比如米)被另外两个人拿着,由生产资料作出的商品(锅子)和由生活资料作出的商品(米饭)被最后两个人拿着,如果此时购—产—销之间的联系完全被切断,会怎么样呢?有米的和做米饭的人可以拿米或米饭和做锅子有锅子的人交换锅子,另外两个拿钱的人饿死。这时候货币就是一文不值的垃圾,这时候货币无限贬值。

资本主义经济危机的本质是经济萧条,即购—产—销的循环进行不下去了。随着贫富差距的扩大,总供给大于总需求。这时候虽然不会出现购—产—销之间的完全脱节,但是经济在很大程度上流通不畅。那货币和生产资料以及商品之间的价值绳索逐渐松动,货币虽不至于无限贬值,但相对于商品的贬值就是必然的了。这就是说,流通中的商品相对以前少了,而存货多了，那么由之前的流通商品量支撑起来的货币的价值就会垮塌。

与资本主义时期的生产过剩危机不同，帝制时期的根本危机是生产不足危机，表现为人地比例的紧张。而当作为分子的人口大于作为分母的土地能承受的最大限度时，建立在这个基础上的法律秩序必然要解体。马尔萨斯指出，因为生存资料是按照算术级数增长的，而人口增长则是按照几何级数增长的，多增加的人口总是会以某种方式被消灭掉，人口增长无法超出相应的农业发展水平，这种局面只有通过战争、疾病和灾难来解决，这样人类社会就会陷入一种兴衰更替的历史循环。在帝制时期，社会经济的变化虽然不引起政法制度的根本变化，但是由疾病和灾害导致的战争足以推翻一家一姓的王朝。湘西苗疆的乾嘉苗民起义，也不过是这种生产不足危机的又一例证而已。在湘西苗疆，因为山多地少，人地关系比平原地区更为紧张，这使得湘西苗疆的治乱循环成为中国帝制时期的治乱循环在少数民族地区的一个缩影。

同时，在专制的法律秩序的建立过程中，又引发出新的矛盾。由于边境贸易的开放，苗疆大家庭的土地共产制逐渐让位于小农私有制，最终导致了湘西苗族社会身份的变化。湘西苗疆地区的两极分化不断加重，而在此之前，就某个苗族大家庭的一块地而言，没有哪个小家庭对它拥有绝对的排他权。当然，两寨落或者两户之间可能为此发生"穴斗"（如龙章六案），但肯定没有一个人能对其他人使用这块地进行收费或者征税，所以各寨落之间以及寨落内部的苗民之间相对较为平等。另外，由于最大限度地增加耕种的时间和范围，会导致土地肥力迅速下降。由于每小户人家都不需要考虑肥力下降的成本问题，其结果必然是土地肥力继续下降，直到原来的地方养不起他们而需要换个地方种为止，所以在清廷实现对湘西苗疆的法律控制之前，苗族一直是刀耕火种的生产模式。但是在清廷对苗民"编户齐民"之后，情况就发生了变化。因为对每一户苗民都征收土地税，这必然迫使苗民需要将土地肥力下降的问题考虑进来。换句话说，苗民土地被清廷以"编户齐民"的方式固定化、私有化、合法化了。而私有土地的生产率比之前"刀耕火种"时大踏步提高了。作为副产品，社会的贫富差距也开始出现。而在开边之后，汉人大量涌入，苗族则大量沦为佃农，当土地的生产率赶不上人口增长率的时候，马尔萨斯所谓的生产不足危机便出现了。这是中央王朝的制定法没有能够阻止湘西苗疆社会经济在乾隆晚年出现崩溃的原因。简单地说，开明的君主专制制度无法阻止生产不足条件下社会经济的自我崩溃。

因此，苗疆的隔离例禁在客观上不能也没有保护苗族人的利益，一定程度上还堵住了苗族人政治上的出路，而他们又没有经济上的出路，窒息得只剩下造反这一条出路了。总体上说，清廷在湘西苗疆实施的苗族与汉族隔离政策，使得散厅和苗寨之间本来可以有的交流被人为阻断，形成了两个不同且对立的世界，虽然其本意是为了保护苗民，但他们不可避免地陷入了空前的困境之中。这种困境在乾嘉苗变之前的几年有过征兆，乾隆五十二年（1789年）上谕云：

> 据舒常、浦霖同日奏到，"……湖南凤凰厅所属之栗林汛勾补寨苗人，潜赴道旁偷窃，并抢夺棉花、布匹，勒人取赎……"等语，镇算所属各寨苗人，安居向化，与编氓无异，何以有此抢夺勒赎、负隅抗拒之事？ ①

从上谕看，乾隆帝从已经很久没有出现了的苗族人抢夺之事中已经察觉到了一丝不安定，而时任湖南巡抚浦霖立刻赶往苗疆"查拿审究"，说明乾隆君臣对湘西苗疆出现的这一事件非常重视，但是这种重视只是个案上的重视，他们并没有认识到在这样的个案背后酝酿着一场乾嘉苗变的暴风雨。以至于在乾隆六十年（1795年）有大规模苗变在即的证据传递到乾隆手上，他仍然不愿意相信这个事实，还以为只是个别官军骚扰苗民的刑事案件，还想继续维系着苗汉的二元隔离。但是社会经济的发展有其自身的规律，不以专制君臣的意志为转移，在社会经济矛盾空前激化的情况下，既然旧的规则体系已经不能解决汉苗的矛盾，大规模的苗变已经不可避免。散厅时期的二元权力结构体系及其之上的法律秩序在社会矛盾积累到顶点的时候终于彻底崩塌了，乾嘉苗民起义爆发了。

---

① 李瀚章.湖南通志 [M].刻本.长沙：尊经阁，1885（光绪十一年）.

第五章
乾嘉苗民起义后的法律规范与社会秩序

乾嘉苗民起义历时近两年，前后动员了七省的兵力近八九万人，耗费白银近百万两，损失一百一十多位将官，云贵总督福康安被苗民击毙，四川总督和琳过劳死于湘西，严重动摇了清廷在地方的统治秩序。为强化对苗民的社会控制，乾嘉苗民起义后，清廷将乾州、凤凰、永绥三散厅提升为直隶厅，后来又成立古丈坪厅，形成了湘西苗疆四厅格局，一直持续到清朝灭亡。此外，清廷还着力强化对苗疆北部永顺府的治理。

哈耶克在《法律、立法与自由》一书中提及两种类型的法律秩序，一种是人类理性设计的，另一种是自然形成的，前者具有突变特征，后者具有渐变特征。

在乾嘉苗民起义被镇压后，南部苗族聚集区的政治格局是突变的。在苗疆靖边大臣和琳制定的《善后章程》和后继者傅鼐力行的《经久章程》的指导下，清廷于嘉庆初年在湘西苗疆的苗族聚集区实行了"修边屯田"的治苗策略，虽然至清同治时期，苗防屯政由于各种弊端的出现，清廷对这一治策进行过小修小补，但建立在《善后章程》和《经久章程》基础上的苗防屯政体系基本得以稳定下来，此后一直延续到清朝灭亡乃至民国中期，都再无大的变动。

北部土家族聚集区的政治格局是渐变的。即改土归流后永顺府管辖地区并没有发生像苗族聚集区那样激烈深刻的政治体制变化，但当时永顺府的地主阶级有一种深谋远虑，他们看到残酷的战事结束后，湘西北部归化的土家族人虽然没有复辟土司的旧思想，但是蛮风难化，若不彻底肃清终将是朝廷的隐患。

新的直隶厅同知和永顺府知府在严峻的治安环境下走马上任，统治阶级调整了原有的"以苗治苗，以土治土"的法律政策，通过新一轮的严刑峻法和礼仪教化巩固了湘西苗疆的统治，这既有时代的大背景，又有设计者的远见卓识，表现出一种儒家特有的理性算计和道德关怀。因此，法律秩序的道德性替代了权威性和体系性，成为这一时期最显著的特征。

第一节　苗疆南部四厅的法律调整与社会控制

苗民起义被镇压后，以严如煜和傅鼐为代表的地方流官集团还有一种理性主义的政治抱负，他们希望通过颁布中央王朝的新制定法，改善交通，兴修水利，营造碉卡，发放工资和提供其他公共产品，实现一方安宁。清嘉庆初年，以傅鼐为代表的流官在湘西苗疆开始身体力行严如煜的屯田设想。早在清乾隆六十年（1795年），乾嘉苗民起义刚开始的时候，作为幕僚的严如煜就提出屯田的设想，但是并没有引起重视。不过时任凤凰厅同知的傅鼐则非常赞成严如煜的屯堡苗防体系。清嘉庆元年（1796年），傅鼐就在凤凰厅设垒筑堡，这一措施终于使得湘西苗疆南部的苗族聚居区渐渐安定下来。

一、乾嘉苗民起义后的家族法与社会秩序

乾嘉苗民起义后，地方官的主要任务就是恢复家国同构的法律秩序，打造屯田体系的目的在于解决湘西苗疆的经济基础问题，在新的法律秩序稳定下来后，体现出湘西苗疆的苗汉融合的进程。湘西苗疆法律社会秩序的嬗变也是"去巫除魅"的过程，或者说是"祭礼和融"的过程，即苗族的祭祀和鬼神观念，与儒家的礼仪和伦理观念融合的过程，是中央王朝制

定法的理性主义与苗族习惯法的神秘主义的融合过程，这种融合首先体现在婚姻制度的变化上。

（一）婚姻法秩序的变化

在乾嘉苗民起义以后的相当长一段时间内，尽管湘西苗疆各民族之间通婚为清廷所严禁，但私下的婚姻，尤其是黑市上的买卖婚一直到清朝灭亡都没有停止过。按照经济分析法学的看法，政府对稀缺资源进行的控制往往导致黑市交易的泛滥。实际上，湘西苗疆的婚姻法秩序在这一过程中也渐渐发生了重要的变化。

以苗族人为例，散厅建立之前，苗族人的婚姻形态主要是姑舅表婚和"跳月"，而在清康熙四十二年（1703 年）湘西苗疆建立散厅后，买卖婚随着边贸的兴起而盛行一时。不过到了清嘉庆时期，媒妁婚则随着苗汉间交往，尤其是礼仪教化的深入人心而日益兴盛。苗汉文化逐渐融合的表现之一就是媒妁婚。苗族人的媒妁婚和汉族人的不同之处在于，它是在礼仪包装之下的自由婚。不过媒妁婚在湘西苗疆出现的时间各有先后，有些地方乾隆初年就开始兴起媒妁婚，而有的地方则等到嘉庆初年才开始出现。石启贵所著《湘西苗族实地调查报告》记载："苗民向无买卖之婚制，但以事出特殊环境，亦有买卖婚姻者。一因家境穷迫，二因貌丑不堪，三因无耻淫乱。总有偏差之处，本乡本土，无人央求，方能出此。一般多往汉乡远地卖之。"[①] 可见，这时的买卖婚已经不是乾隆初年那种普遍的买卖婚了，转而让位于媒妁婚了。

湘西乾州苗族（"镇苗"）进入媒妁婚的时间比较早。清乾隆四年（1739 年）刻本《乾州厅志》载："乾苗无同姓不婚之嫌，然同族亦不相婚配。相传跳月之说呼年少为马郎集室女听其择配偶者非此地风俗也，其嫁娶亦由父母主婚，媒妁相通。"[②] 而到了光绪年间乾州苗族的媒妁婚已经很普遍了，光绪三年（1877 年）刻本《乾州厅志》载：

---

① 石启贵. 湘西苗族实地调查报告 [M]. 长沙：湖南人民出版社，1986：180.

② 王玮. 乾州厅志 [M]. 刻本.[出版地不详]：[出版者不详]，1739（乾隆四年）.

婚礼男家敬请媒妁求于女家，既允择日备礼具鸡酒耳环鸾书，先写男庚于左，媒妁爆竹至女家曰放口又曰插香，写女庚于鸾书之右，授权媒妁返送男家。富者或择期具钗首饰布帛等物请媒妁敬送女家曰过礼，即纳采之义。①

同样是乾隆初年，永绥苗民尚"不识纳采之礼"，而到了嘉庆年间，"亦通媒妁，议财礼"。贵州松桃厅媒妁婚出现的时间大致与湖南永绥厅相当，比如道光十五年（1835 年）刻本《松桃厅志》就记载：

苗婚姻用媒妁，名曰牙郎。先议定财礼。将娶，牙郎照议送至女家，女家守之，名曰接财礼。至日，女家姨妹等送女归男家，贫富均不用轿，但以伞罩新妇步行。至男家，不揖不拜，即登火铺与新婿对坐。亦庶几共牢遗意。②

凤凰厅的苗族人婚姻在道光四年（1824 年）刻本《凤凰厅志》中有记载：

男家遂用首饰布帛送女家，谓之定庚。行聘具钗簪衣服猪酒等物，曰过礼。即纳采之仪将娶预用红束书亲迎，附以礼物达女家，曰上头。即纳吉之仪先期以鼓乐花轿迎亲。③

可见到道光时期，随着礼仪教化的进一步深入，湘西苗疆的买卖婚已经逐步过渡到媒妁婚了，在婚姻程序上也逐渐向汉族靠拢，这个趋势往后更加明显。凌纯声、芮逸夫合著的《湘西苗族调查报告》记录：

今日苗中婚俗，沾濡汉化，已改旧俗。男女相悦，归告父母。先由男家央媒人向女家说亲，一次不成再说二次，有的要说至三四次方能说合。如女家已有允意，媒人即告知男家，预备酒两瓶，由媒人送去，女家乃留媒人饮酒吃面，经过此手续即算初定，……即放女儿之意。④

由此可见，晚清至民国时期，湘西苗族婚俗已经受到汉俗较大影响，从定亲到过礼到嫁娶的仪式典礼和汉人已经大同小异了。这当是苗疆义学

① 蒋琦溥，林书勋，张先达，等.乾州厅志[M].刻本.[出版地不详]：[出版者不详]，1877（光绪三年）.
② 徐铉主，萧瑄修，等.松桃厅志[M].贵阳：贵州民族出版社，2006：118.
③ 黄应培，孙均铨.道光凤凰厅志：卷七[M].长沙：岳麓书社，2011：103.
④ 凌纯声，芮逸夫.湘西苗族调查报告[M].北京：民族出版社，2003：58.

的功劳。据民族学学者谭必友统计，1704 年到 1806 年，苗疆义学馆总数约为 30 所，1807 年到 1911 年，苗疆义学馆总数约为 130 所。[①] 其目的在于使得"生苗"知礼仪，这种礼仪自然也包括婚姻之礼。然而，湘西苗族的媒妁婚又有不同于汉人的特色。苗族人保留了部分母权旧俗。

第一，结婚前"亲要多求始为贵"，表示女子尊贵不轻易许人。俗传："婆家吃了一笼鸡，娘家不知在哪里。"做媒是难事，但做媒成功后，媒人就有了很高的声望，是有权对新娘、新郎、公婆、小姑进行训示的，训示的内容涉及婚后的家庭伦理关系，这也是媒妁婚流行的表现。比如当时接亲时媒人专门对新娘唱的《迎亲歌》就这样唱道：

> Doub las npad qub we gieat pud,
>
> 世上新娘我帮讲，
>
> Pud lol ghab chud qib jib jangx。
>
> 讲来莫要不喜欢。
>
> Zeb giad nzongl hub jiab znongl hud,
>
> 在家从父嫁从夫，
>
> Banb lel banb mus lies langb ndangx。
>
> 伺候公婆要耐心。
>
> Rol roub blud nzaot lies moux chud,
>
> 推磨簸米你要做，
>
> Ghueb ncot det nbad lies moux huangb。
>
> 脏洗破补你要理。
>
> Ghaob ndeat gangs moux deb nit jud,
>
> 天公赐你儿孙抱，
>
> Janx rut goud neul mongl loux ghoub。
>
> 日后荣华得久长。[②]

---

① 谭必友. 清代湘西苗疆多民族社区的近代重构 [M]. 北京：民族出版社，2007：239.

② 石启贵. 湘西苗族实地调查报告 [M]. 长沙：湖南人民出版社，1986：281–282.

虽然唱歌的形式是苗族的，但是比如"在家从父嫁从夫"等内容却是典型的汉礼。

第二，1949 年以前，湘西苗族人在离婚上也是自由的，没有"七出三不去"一说。石宏规在《湘西苗族考察纪要》中提及：

苗族婚姻，极为自由，古无同姓不婚之嫌，规划后，此风渐息。今嫁娶亦由父母主持，媒妁相通，酒肉以为聘礼，嫁之日，轿马鼓吹，俨同汉礼……夫妻不睦，随时可以脱离。如系男方主动，须给女方赡养之费，如系女方主动，则当与男方另娶之资；经凭中证，立字毁婚，不必经法庭正式手续。今所谓结婚离婚绝对自由者，苗族行之久矣。[①]

可见当时的媒妁婚虽融合了汉人之礼，但这只是一种形式，其本质还是一种自由婚。男女双方的关系是比较平等的，结婚离婚对男女双方都是自由的，但从"经凭中证，立字悔婚"的记录看，已经由婚俗阶段进入了婚礼阶段。

湘西苗族的婚姻形式随着边贸的发展，经历了从身份到契约的全过程。在改土归流之前，主要是基于血亲关系形成的"还谷种"，为了避免近亲结婚而产生其生不蕃的结果，在跳鼓脏日之后异宗他寨之间也有"抢亲"这种婚姻形式，这是对其生不蕃的一种替代性解决方案，但"抢亲"只能算是"还谷种"的例外。随着中央政府对苗疆控制力度的加强，乾隆初年苗民之间曾有一段时间盛行买卖婚，乾嘉苗变之后清廷再次禁止苗汉通婚，买卖婚趋于式微。然而文化的交流无法禁止，随着苗汉之间文化交往的增多，媒妁婚开始兴起，苗族人在吸收汉族婚俗习惯的同时又保留了自己的母权特色，形成了具有媒妁婚形式的自由婚。

---

① 石宏规.湘西苗族考察纪要 [M]// 谭必友，贾仲益.湘西苗疆珍稀民族史料集成：第 24 册.北京：学苑出版社，2013：36.

（二）家庭法秩序的变化

这一时期的家庭法秩序出现了较大变化，要归因于清廷"以汉化苗"的法律政策。但对家庭法秩序起到潜移默化的影响，更多的不是以司法形式实现的，而是以礼仪教化的方式实现的。虽然苗寨中考上秀才的人着实不多，但儒家伦理道德的一些基本要义还是在苗寨中通过寨头苗牟传播开来。在清代中后期的湘西苗疆，苗族人一天农忙结束后，常于日落之前聚集在一起讲故事，在湘西苗疆苗寨中流传的不少社会故事（多系鬼神故事）中可见苗族人的原始巫性和儒家"三纲五常"的奇怪组合，与传统的苗族古歌截然不同，试举一"孝养义母"之例：

昔年有个龙树仁，娶妻廖氏，生有一子名家元。树仁早亡，家元后由廖氏抚养成人，娶妻杨氏。家元平时听信杨氏的话，常常不给母亲饭吃，不给母亲衣穿。到了七八月的时候，工作正忙，家元就叫母亲终日在晒谷坪看守谷子，不给中餐。廖氏天天挨饿，不敢说话。等到谷子晒完之后，家元因为不再要人照料，即将母亲背至荒山岩洞内，不给饮食被服，意在任她饥寒而死。

不料廖氏命不该绝，在山洞附近的村中，有个石大德，父母早亡，孤独一人，生性乐善好施。有一天，带一只白狗，至山上挖地，随带中饭放在一边。那只白狗便用口叼了装饭的箩筐送至岩洞中。……这样一连几天，天天如此。大德心疑。再到次日，又将中饭放在原处，他却不去工作，躲在草旁窥看。只见白狗叼了箩筐往山洞中走去，大德暗暗跟随，到了洞中，只见廖氏在洞中吃饭，白狗在旁边站着。大德进洞，便问廖氏来历，她便一一说出，哭泣不止。大德看她可怜，一想自己又没有母亲，便将她背至家中，认为义母，抚养终年。大德侍奉义母，孝顺非常。后来感动上天，上天差了神仙下凡。那位神仙变作一位叫花子到大德家讨饭。大德外出，独廖氏一人在家。廖氏见叫花子来讨饭，便叫他自己去锅里取饭。叫花子便将锅内之饭吃得干干净净。廖氏自己也未得吃饭。晚上大德回来，看锅里的饭吃得干干净净，便问义母道："今天留饭太少，锅里的饭一点也没有了，肚里饿吗？"廖氏便把叫花子讨饭的详情，述了一遍。大德听了说道：

"可怜，你老人家仍要吃饱。"自后天天多留，叫花子天天来讨。都是吃不完的。廖氏吃饱，还有剩余，神仙以大德孝心真好，次日再来，吃饱饭后，就将银子装满锅中，仍用锅盖盖好。晚上，大德回家，揭锅一看，只见满锅都是银子，欢喜非常。从此发财，买田置地，娶妻麻氏，后生三男两女。那个家元自将生母弃至岩洞后，一连数年，运气不佳，最后家破人亡。①

这个故事是用鬼神的形式来宣扬儒家的忠孝仁爱，即忠孝之人会得到鬼神的奖励，不忠不孝之人会受到鬼神的惩罚。乾嘉苗变后，湘西苗疆原有的苗寨和散厅的二元权力结构被一种新型的权利运行模式所取代：一方面，以直隶厅为代表的地方流官的权利得以扩大，而另一方面苗疆寨落自治权被极度压缩。屯田秩序的基层执行者——"苗牟"也开始具有不同于上阶段的"百户"和"寨长"特质。他具有双重身份，一方面将国家权力导入苗疆寨落的中间人，另一方面又是维护苗寨传统利益的保护人。这样，乾嘉苗变后的苗疆寨落，实际上仍存在两种权力：国家权力、寨落自治权。不过寨落自治权被大大压缩了，以至于两者渐渐融为一体了。这些"苗牟"也为苗寨带回了很多礼仪教化的故事。

类似的故事在湘西苗疆还有很多，其中有很多融苗族的鬼神观念（原始巫性）和儒家的"三纲五常"（人文理性）为一体，目的是要使苗族人明白，遵守忠孝仁爱会得到鬼神的嘉奖，否则要遭到鬼神的惩罚。苗族人的精神世界是充满巫性的鬼神世界，采用"讲鬼讲神"的故事方式比到官府诉讼更能深入苗族人的心灵。本质上讲，苗族人的精神生活中存在诸多精灵与鬼神，是一些神秘的东西，他们害怕这些神秘的东西给他们带来灾祸。现在山寨中的湘西苗族人仍然认为灵魂是一种真实的存在。苗族人特别爱留意自己经历的一些"异常"的事情，他们认为灵魂和身体之间的关系，是本体和表象的关系，以灵魂状态存在的东西是本体，现在的物质乃是一种表象，死亡并不是最后的终点，而是一个轮回，每次轮回都是一个新的开始。

---

① 石启贵.湘西苗族实地调查报告[M].长沙：湖南人民出版社，1986：264–265.

　　如果说在清代前期苗族人只是单纯害怕这些神秘的东西的话，到了清代后期则渐渐演化为不孝敬父母就要遭受这些神秘现象的惩罚，鬼神也开始具有了儒家的道德性，儒家的意识形态渗入苗族人的鬼神观念中。换言之，儒家的"礼"与苗家之"祀"就在此渐渐融合了，新形成的伦理道德观念体现出父权与母权的结合。儒家的父权家长制是建立在个人的孝敬关系基础上的，就"孝"一字而言，父亲比母亲重要，而在彼时讲故事的苗族人心中，虽然接受了儒家伦理的核心概念，但是孝敬母亲似乎还是比孝敬父亲重要。这显然是苗族传统的娘亲舅大原则在清代湘西苗寨中的一种变相的延续。

　　乾嘉苗民起义后的家庭寨落秩序由于受到了儒家伦理道德、与苗族特有的巫性思维和舅权为大的传统的影响，形成了一种礼祀融合的有趣结合。这种礼祀融合的格局在湘西作家沈从文先生的小说中表现得格外明显。如在沈的山上文学作品《神巫之爱》中，容貌俊美的主人公苗族青年巫师到"花帕苗"（湘西红苗的一个支系，以头缠花帕为特征，主要分布于凤凰县）的寨落作祭神古俗，而寨落中的女子有向神巫奉献爱情的义务。神巫精通法术，能歌善舞，是神的儿子，也是全花帕苗青年女子最理想的情人，而神巫似乎对两个女孩都抱有好感。《神巫之爱》的结局写道："照花帕苗的格言所说，凡是幸运的，它同时必是孪生。"姐妹两个，神巫究竟会选择哪一个呢？作者没有给出答案，但是从结尾既可以看出苗族女子花帕苗姑娘对爱情的勇敢真挚，也可以感受到神巫在克己复礼之余对爱情的恪守和真诚。结尾的妙趣表面上看在于神巫的选择，其背后体现的是儒家礼仪和苗族传统对偶婚的碰撞与融合。在沈从文的另一部名作《边城》中，汉族姑娘翠翠对天保兄弟都有好感，这在纯粹的儒家伦理规范中是绝对不允许的，必定是一种"祸水"的存在。而在湘西苗疆，因为汉苗交往日久，苗族女子择偶上的主动权也影响了当地汉族姑娘，在翠翠宁静的表面之下是一颗躁动的内心，男主人公天保和傩送两兄弟同时爱上了翠翠，二人表达情感的方式均是歌谣，湘西土家族和苗族有以歌为媒的习惯，傩送正是在与天保竞歌失败后才想到下江离开故乡的。因此可以说，在经过了一个世纪的融合后，一方面土家族和苗族在汉化，另一方面汉族人也在土家族化或苗族化，已经渐渐融合在一起了。

二、乾嘉苗民起义后的国家法与社会秩序

屯政秩序是建立在屯田秩序基础上的法律社会秩序，这个秩序提供了散厅时期所不具备的公共产品。儒家所谓之"仁政"历来主张中央王朝在社会公共事业中作出积极贡献，兴修水利、劝课农桑、教化地方是地方政府的行政重点。不过，随着统治者基于"有为而治"或"无为而治"的法律原则的调整，其权力的行使也就各不相同。傅鼐恰恰就是这样的有为者，除了内地地方官必须完成的工作外，他还在屯田、苗防、义学与书院等重要工作上有所作为。乾州、凤凰、永绥和古丈坪四厅主动在部分公益事业中承担起责任，在这些领域，地方政府通过苗牟将法律规范较为圆满地推行下去。最明显有两个方面，一是兵刑法秩序，二是礼教秩序。

（一）兵刑法秩序的重建

湘西苗疆地处中国腹地，本来不是边境，但因为传统儒家观念以王化与否作为华夷之标准，所以苗族数千年来自然就属于化外人了。又因为湘西苗疆历来不是什么战略要地，所以之前历代统治者对其采用羁縻政策，对这里的苗族人基本上持放任不管的态度。元代以前，中央王朝的控制大致只及于辰、沅、澧、靖四州。故所谓苗疆边防者，实为"苗防"。而清雍乾时期，清廷虽然建立了散厅，但实际上也没有能彻底控制苗民。到了乾嘉苗变之后，情况就大不相同了，一种以"刑罚为用"的苗防体系得以建立。

1. 绿营体系

乾嘉苗变之后，苗防形势仍然严峻，清廷立刻出台了《苗疆善后章程六条》（简称《善后章程》），条文如下：

一、苗疆田亩必应清厘界址，勿许汉民侵占，以杜竞争也。

一、苗疆营汛，应分别归并，以联声势也。

一、苗疆百户、寨长名目，应酌量更定，以专责成也。

一、苗疆城垣，应分别修理也。

一、苗疆鸟枪等项器械，必应收缴，以去爪牙也。

一、被难民人亦应分别安顿，以示体恤也。①

上述条文体现出以下几点原则：

第一项原则是强化军事控制。之所以要"分别归并，以联声势"，是因为清廷大军镇压起义后，战线拖得太长，兵力分散，苗疆很多汛塘的兵丁多或数十名、少或五六名。而湘西苗民素来凶悍，"往往彼此持械相争，名为打冤家。聚众吃血，憨不畏法"②。一般驻扎在各汛的兵丁不过十多人、几十人，不能很好地对其加以管理。清廷更担心的是这些孤悬苗境的汛塘，如果管不了苗民，不但不能慑服苗民，还可能会激起苗民藐法之心。所以，和琳建议将分散在各个汛塘的兵丁化零为整，集结重兵于关键险要处，力求"无事则捍卫惟严，有事则调派亦容易"③。这样清廷调整了在湘西苗疆的兵力部署。在原来的基础上陆续增兵，形成湘黔边"两镇五协两营"的边防体系，强化了对湘西苗疆的军事控制。

第一是镇筸镇。"镇筸"即现今凤凰古城，属湖南省，地处湘西苗疆咽喉，正北方向直面"筸苗"（即凤凰苗族），故在乾嘉苗变前就是清廷集重兵把守之处。原设中左右前四营官兵，城内驻防和在外分防官兵总计约1200人。乾嘉苗变后，将分防乾州的左营改为乾州协，又"新添岩门营为镇筸左营，右前中三营亦抽安添兵"。总兵力膨胀至近三倍，接近3400人。

第二是绥靖镇。绥靖镇全称为花园绥靖镇，原系永绥厅花园汛地，地处湘西苗疆腹地，处在"上六里苗"（即今花垣苗族）的包围中，其地势在山多地少的湘西苗疆是罕见的平坦。苗变之前只驻一协官兵。嘉庆二年，添设总兵一员驻扎控制。共计兵力约1500人。

第三是辰州协。辰州属湖南省，在湘西苗疆的东南方向，与湘西苗疆

---

① 佚名.苗疆屯防实录 [M]：卷四.长沙：岳麓书社，2012：78–80.

② 佚名.苗疆屯防实录 [M]：卷四.长沙：岳麓书社，2012：77.

③ 佚名.苗疆屯防实录 [M]：卷四.长沙：岳麓书社，2012：77.

西北方向的永保二土司不同，辰州自元明以来就是中央王朝直接控制的地区，历来是镇压苗民起事最为稳固的桥头堡。乾嘉苗变前，清廷于此设立辰州协。军官有参将一员，中军都司一员，左右营守备各一员，千总四员，把总八员，外委六员，额外外委三员；士兵有马兵 90 名，战兵 167 名，守兵 647 名，总兵力近千人，隶属常德提督管辖。乾嘉苗变后，常德提督分驻辰州府城，提督亲标下设中左右前四营，总兵力达 3200 余人，在提督移驻辰州后，左营游击一员，守备一员，千总二员，外委三员，额外一员，兵 758 人。另外，还从中右前三营每营抽调兵 200 名，共 600 名，再于三营中抽出千总一员，把总二员，外委二员，又添设都司一员作为提标后营。而原设的辰州协副将改驻乾州，虽然只是一协，但因有提督坐镇，其军事地位自然上升了。也就是说，不仅在兵力上有所增加，重要的是原来的军事防御体系在调整后整体从东南汉区向西北苗族聚居区挤压。

第四是乾州协。乾州属湖南省，在湘西苗疆边境附近，西北方向直面"镇苗"（即现在的吉首苗族），乾州在乾嘉苗变时曾一度被苗民攻占。苗变前本是镇篁镇（即现在凤凰县）左营的防守地段，起先只有游击一员，守备一员，千总二员，把总四员，外委五员，额外一名，兵计 689 人。苗变后，清廷将辰州协副将移驻乾州，后有副将一员，中军都司一员，守备二员，把总五员，外委六员，额外八员，增兵 829 人。分防营汛三十六处，兵计 571 人。城内驻军约 300 人。

第五是永绥协。永绥协地势平坦，明代曾于此设立崇山卫，后因转运困难而撤。原设副将一员，中军都司一员，左右营守备一员，千总四员，把总八员，额外四名，兵计 1479 名。嘉庆二年（1797 年）调整后，兵力也有所上升。

第六是保靖营和古丈坪营。保靖和古丈坪是湘西土家族和湘西苗族的分界线，往北是土家族聚集地，往南则是苗族聚居地，不算是苗防核心地区，饶是如此，清廷还是加强了湖南苗疆边缘的保靖营和古丈坪营兵力部署。

另外，在湘西苗疆西北方向四川省的酉阳、秀山等州县绥宁营升格为协，在原来官兵 611 名的基础上，添兵 869 人，共 1480 名。

第七是贵州省松桃协和铜仁协。湘西苗疆西部的贵州松桃、铜仁两厅县的族聚居苗区，在原有兵力的基础上，只略为增兵，共计两协。其中松桃协驻副将一员，都司一员，游击二员，守备二员，千总八员，外委和额外外委共三十二员，共计兵力2615人。铜仁协则驻军1400人。

《善后章程》第三条是对乾嘉苗变中被损毁的苗疆各地的军事设施进行修复和加固，这些地方包括湖南的凤凰、永绥、乾州，贵州的铜仁、正大、松桃、嗅脑，四川的秀山。

这样，以上各镇、协、营总兵力近一万五千人。此外，清廷还从别处调来镇压苗民的大军中留守二万人，重点防范凤凰、永绥和乾州三厅苗疆大路沿线，并从随军镇压起义的三万苗兵中，"择其出力较著、艰苦最甚者，酌留一万余名"，重点镇守三厅及其沿边大路。这样，湘西苗疆核心地区及其边缘地区的驻军和苗兵总计达五万人。这种部署在当时国内小范围的少数民族地区是绝无仅有的，通过该条的上述调整，使得以前本就套在湘西苗民脖子上的绳索勒得更紧了。

第二项原则是笼络苗族精英。《善后章程》第二条实际上是"以苗治苗，以草捆草"法律政策的具体化。在湘川黔交界处，比如四川酉阳、贵州铜仁、湖南永顺、保靖等地，以前均有土司，后来土司陆续归流，改设州县营协，而在苗寨之内，设立了百户、寨长，类似内地的里正、保甲。但是这些百户人微言轻，各寨的苗族人并不听其约束，"无事则专意欺凌，有事则全无控驭，甚属无益"[1]。因此，和琳主张废除这种"苗百户"制度，向上奏报应当在降苗之内，"择其明白晓事、众所推服者，照各省土司之例，每一营，酌设一、二人为土守备。土守备之下，酌设土千把、外委等。俾令管束苗民"[2]。和琳的这个建议，得到了清廷的肯定，经军机处核议后，于是年八月由嘉庆帝下旨颁行。如果从名称上看，"守备""千总"似乎都是很高的职务，其实这些苗牟不算是朝廷的正式官员，他们仅仅是

---

① 佚名.苗疆屯防实录[M]：卷四.长沙：岳麓书社，2012：78.

② 佚名.苗疆屯防实录[M]：卷四.长沙：岳麓书社，2012：78.

湘西苗疆中最底层的管理者，其主要职责在于约束各寨苗民，以防其滋事，苗牟对于朝廷的价值仅在于此。这些苗守备的俸禄很低，守备年俸十六两，千总年俸十二两，把总年俸不过八两，外委年俸才四两。虽说地位无法与国家正式官员相提并论，但在寨落中苦惯了的苗族人看来，已经是一份相当体面的工作了，至少比以前多了一点希望。这实际上是给了苗民政治上的出路，另一方面也降低了苗民无路可走的情况下起事的可能性。

第三项原则是"以兵代刑"，维系地方治安秩序。体现在法条上就是第四条规定的禁枪令。傅鼐后来还出台了禁枪政策。湘西苗族是强悍的山地民族，乾嘉苗民起义之前苗民几乎家家户户携刀带枪，并在起义中给清军造成了重大伤亡，传说清廷靖边大臣福康安就是被火枪打死的，故在起义被镇压后，清廷仍视苗族枪械为威胁地方治安的最不稳定因素，想方设法予以收缴。傅鼐就说："苗人……执持枪矛是其长技。入则自相仇杀，出则屡次犯边。迨至剿捕则又恃其利器群相抗拒。是枪械一项实为苗疆祸本。"[①] 在清嘉庆十年（1895年），傅鼐亲自跑到各寨"遍加晓谕"，颁布了《收缴苗枪并禁椎牛通禀》的特别规范，还派委员和苗牟分别催收，但起初效果不好，因为苗民贫穷，枪械是家中的重要财产，自然不会轻易上缴，后来清廷也认识到"苗民向来穷苦，自经大兵进剿，耕种失时，虽畏惧来归而生机益形穷迫。若欲搜其器械，恐苗民等心存吝惜，每枪一杆，给银二两，刀一把，给银一两，矛子一杆，给银五分。不甚完整者，减半酌给[②]。"

清廷的这种策略调整，只用很少量的银子便向苗民赎买了大量枪械，效果很好，清廷也自认为"器械既可全收，穷苗得此又可少资糊口，不致反侧为匪"[③]，该款施行仅半年，湘黔两省所收的鸟枪、刀、矛已达一万五千余件。清廷认定苗民是"贪财好利"的，只要给一点小恩小惠，苗民就会心甘情愿地将枪械送上，结果正如其所预料，后来湘西苗疆"各

---

① 黄应培，孙均铨.道光凤凰厅志：卷十一·苗防一 [M].长沙：岳麓书社，2011：199.

② 佚名.苗疆屯防实录：卷四 [M].长沙：岳麓书社，2012：80.

③ 佚名.苗疆屯防实录：卷四 [M].长沙：岳麓书社，2012：80.

厅县陆续收缴鸟枪长矛四万一千余件"[1]。清廷旋即将这些收缴上来的枪械编立字号，分发给边防屯兵作为镇压苗民的物资储备，"计补发练勇屯丁六千二百六十件。备村苗兵领用五千件。存局二万一千五百八十六件"[2]。其余损坏无用的尽数销毁。也有少数寨落不肯缴械的，这些寨落都被总理苗疆事务的傅鼐归类为"逆苗"，自然都被傅鼐和他的"宪兵队"尽数扫荡了。

可见，《善后章程》建立了一套非常严密的法律体系，由它衍生出的法律秩序可谓清廷在湘西苗疆布下的天罗地网，而各寨苗族人不过是这张法网中的"鸟儿"，无论如何也飞不出去。绿营体系仅仅是法网的第一层，因为这张法网中还有一层更厉害的法网——苗疆屯防体系。

2. 屯防秩序

如果说《善后章程》是对绿营体系进行调整的话，则《湖南苗疆均屯经久章程》（简称《经久章程》）打造了一个绿营体系之外的屯防体系，对苗民来说，屯防体系比绿营体系影响更为深远。本来官军的存在是为了给国家提供安全服务，稳定社会秩序。乾嘉苗变后苗疆的基本形势尚不宁静，故除了在役军人之外，地方官还招募了大量的苗兵和屯丁，他们都是地方民兵，不属于国家军人体系，但是发挥的作用比绿营更大。这个体系是由严如熤提议并由以傅鼐为代表的流官群体倾注心血建立的。

傅鼐于嘉庆元年（1796年）补任凤凰厅同知。嘉庆二年（1797年）苗民起义被镇压后，清军主力紧接着被调往湖北镇压白莲教起义，而苗民之间的小规模冲突仍然不断，傅鼐在多次镇压苗民的过程中领悟到"设碉防苗"的重要性。他在其军事著作《修边论》中提及："苗疆自乾隆六十年用兵以后，将提督分驻辰州，花园添设绥靖镇，保靖改为参将营，乾州移驻辰州协。军制整齐，声势称雄，而苗路如梳，出没无常。民闻风鹤时。警非于沿边民村筹设屯堡添建卡碉，则不时扰窃，民不能耕种。非计之完

---

[1] 黄应培，孙均铨.道光凤凰厅志：卷十一·苗防一 [M].长沙：岳麓书社，2011：199.

[2] 黄应培，孙均铨.道光凤凰厅志：卷十一·苗防一 [M].长沙：岳麓书社，2011：199.

全也。"① 于是他将"屯田养勇，设卡防苗"的边防政策提出来，后来这一政策逐渐由凤凰厅推广到永绥、麻阳、乾州、泸溪、古丈、保靖和松桃等厅县。

屯防的内容主要包括以下三个方面。

一是兵丁镇苗。乾嘉苗民起义后，苗疆很快出现了两种民兵：苗兵与屯丁。第一种是苗兵。清军进入苗疆后，陆续招抚了大量苗族起义军，这些投诚的苗兵叫作"土塘苗兵"。土塘苗兵的数量一度达到3万人，他们随着清军一起打仗，或帮助守汛碉。战争期间，其口粮由清廷统一拨付，战争结束后，为了保障队伍的稳定，清廷采取一边均田一边裁员的方式保障队伍有饭吃。到嘉庆十年（1805年）尚有苗兵1万人。国家一直为这1万余苗兵发放口粮，每兵每年发放的口粮有3石6斗。后来在均屯田告蒇之际，又减少到5000人。第二种是驻守湘西苗疆的8000名屯丁。这些屯丁一边耕田一边驻守碉卡，偶尔还要参加战斗。他们虽然经官府注册，但不是正式军人。以上苗汉两类民兵合计起来，最多时一度达到4万人，少时也有近13000人。人数众多，战斗频繁。其中屯丁又分为普通屯丁和练勇，普通屯丁有7000人，且耕且守，练勇则是屯丁中的精英，只战不耕，专门负责镇压苗民，而对其所授之田也统一由专门屯牟负责经营。

二是以田养兵。屯田是屯兵的经济基础，在讨论土地制度时再行论及，兹不赘述，需要注意的是对屯兵的几项优抚措施：（1）计口授田。"各路碉卡应酌派勇丁及分授田亩以资耕守"②，计划在"凤凰厅安设防丁六千名，乾州厅六百名，永绥厅两千名，古丈坪一百名，保靖县三百名"，每丁给田四亩五分，另外对老幼丁也有照顾名额，额定2000名，同时还有进出机制。因此社会保障对象时常处于动态之中。（2）抚恤屯丁中的伤残。"丁勇红白事件应需惠赏并阵伤亡故，丁勇眷口应给养赡及。"③包括因年老、染病的退任者，亡故而子弟年幼不能充丁者，以及有业被苗占据嗣后收复充公而家无成丁者三类，都酌拨田亩。（3）于屯田上设立公仓。每50名

---

① 黄应培，孙均铨．道光凤凰厅志：卷八·屯防一 [M]．长沙：岳麓书社，2011：110.

② 严如熤．苗防备览：卷十三·屯防 [M]// 谭必友，贾仲益．湘西苗疆珍稀民族史料集成：第17册．北京：学苑出版社，2013：51.

③ 严如熤．苗防备览：卷十三·屯防 [M]// 谭必友，贾仲益．湘西苗疆珍稀民族史料集成：第17册．北京：学苑出版社，2013：51.

屯丁设置公仓 1 座，由总行营管理。每年秋收时，令各屯丁将 10 石粮食上交公仓。然后每日由行营发谷 2 升，一年共计发放约 7 石。余下约 3 石作为公用，主要在收成歉薄及青黄不接时预为筹备①。（4）屯丁子女教育办学费用从屯田所产支出。苗疆屯田各厅县共设六处书院，屯、苗义学 120 馆，包括生童应试支出，"养济院"和"育婴堂"的支出均来自屯田。（5）残丁与未授田老幼丁口粮谷。这两笔优抚专门拨给永绥厅。战争结束后永绥厅残丁共计 300 名，每丁每年 2 石谷，共计 720 石谷。

三是建卡立碉。营汛驻扎的是正规绿营兵。在大的营汛屯堡之间，根据山川地形之险要，再修建若干小的汛卡、哨卡、屯卡、碉楼。至嘉庆十二年（1807 年）止，在凤凰、乾州、永绥、古丈坪、保靖五厅县，共建汛堡、屯卡、碉楼、哨台、炮台、关门、关厢 1172 座。这些碉卡以凤凰厅为中心群绕，因为凤凰厅是清廷统治湘西苗疆的政治军事中心，厅署、道署还有镇台均驻于凤凰厅城，在五厅县的 1172 座军事据点和工事中，仅凤凰就占有 832 个，几乎是一里一碉卡，三里一堡，五六里一汛，汛堡周围还环以碉卡、哨楼，附近苗寨如有风吹草动，立刻弹压。

绿营和屯防两大体系的建立、强化和巩固，使得湘西苗疆得以保持长期稳定，由《经久章程》的实施形成的体系一直延续到民国。

（二）财税法秩序

在苗民起义后的最初几年，清廷不得不为每年向 3 万苗兵支付约 20 万两白银的军费发愁。但是在苗疆屯田体系和义田体系建立后，上述问题就基本解决了，大致也能形成财政开支的平衡，清廷依靠的经济基础有两个：一是苗疆屯田体系，二是苗疆义田体系。

1. 苗疆屯田体系

屯田的先决条件是将民苗的界限厘清，实现"民地归民，苗地归苗"。这在《善后章程》涉及土地的两条中有所体现：

一、苗疆田亩必应清厘界址，勿许汉民侵占，以杜竞争也。……查旧例，

---

① 佚名. 苗疆屯防实录：卷五·屯防条奏事宜二 [M]. 长沙：岳麓书社，2012：112–113.

汉民原不准擅入苗地，自乾隆二十九年以苗人向化日久，准其与内地民人姻娅往来，弛其禁。立法之始，原以苗性顽梗，不妨令其声息相通，渐资化导。而日久弊生，汉奸出入，始则以贸易而利其财，继则因账债而占其地。在客民之侵占日见其多，则苗疆田地日见其少。……是以乾、凤旧有土城一道，自喜鹊营起，至亭子关止，绵亘三百余里，以为民苗之界限。

一、被难民人亦应分别安顿，以示体恤也。查此次苗匪滋事，虽由于客民盘剥地亩，有激而成。但客民之在苗地，亦非一朝一夕。即有被占田地，有用价值买者，有以货物换者。兹因苗匪不法，转致此等客民全行失业，亦未免向隅。因查，客民之内，除回赴原籍及逃亡病故不计外，如现在就赈之民无可归业者，应即转于苗疆以外本系民村地方，先行酌给搭盖房屋之费，俾资栖止。……至于苗匪此时因为客民盘剥田地，心怀忿恨，其实苗地之盐斤、布匹等物，胥籍客民负贩，以供日用。如一概禁绝，又多不便。嗣后民、苗买卖，应于交界处所，听其择地设立场市，定期交易，官为弹压，不准以田亩易换物件，以杜侵占盘剥衅端。①

可见，和琳已经认识到人地比例的失调是造成苗变的根本原因，所以屯田的目的是将苗疆的人地比例控制在较为合理的程度。

首先看人。长达数年的战争造成了湘西苗疆大量的人口死亡。湘西苗疆的"乱世"结束后，由于经济残破，人口问题并没有得到彻底解决。苗民起义时产生了大量的苗族起义兵，后来他们向清廷投诚，又被编为苗兵。在嘉庆元年（1796 年），此类苗兵大约有三万人。这些苗兵得到清廷发给的工食，生活上暂时安定下来。为应付这笔巨额开支，经办人员早有怨言，但事关边疆稳定，嘉庆皇帝也只有苦苦支撑。为了保证苗兵的稳定，严如熤在战争初期设计的均田登上了历史舞台。

其次看地。战乱中死去的多是贫民，大户地主自保能力强，靖边之后，这些田土始终控制在大户地主手中。要屯田，必须先拿当地地主开刀。嘉庆七年（1802 年），湘西苗疆凤凰厅开展了轰轰烈烈的屯田运动。嘉庆十

---

① 佚名.苗疆屯防实录：卷四·屯防奏条事宜一 [M].长沙：岳麓书社，2012：75-81.

年（1805 年），《经久章程》正式颁布，章程共八条，其中涉及土地制度的有五条：

一、各路碉卡，应酌定派驻勇丁，及分授均出田数，以资耕守也。

一、分拨存剩余田，酌议召佃收租，以资经费也。

一、各路屯田，专设屯牟，以资经理也。

一、筹捐存贮银谷，以备荒歉，并资接济也。

一、清查逆苗叛产及苗缴占田，分佃收租，赡给裁留苗兵，以安苗众而资外捍也。①

《经久章程》的内容有以下几点需要注意：

首先，屯田的主要目的在于以田养丁，以丁防苗。当时湘西苗疆凤凰、乾州、永绥、古丈坪及保靖等厅县驻防了大量官兵，此外还有民兵（即勇丁），五厅县民兵总计 7000 人，只靠朝廷负担必然无法长期维持，故朝廷"分授均出田数，以资耕守也"。除此之外，朝廷还拨给牛、犁耙、锄头、镰刀等农具。

其次，屯田的田土有三个来源。第一个来源是民苗边界汉族地主均出的田土。这种均田系无偿充公，比如在凤凰厅就是均七存三，在永绥厅则要全部均出。田多的多出，田少的少出，无田的充丁勇出力，所以受到汉民中的自耕农和佃农的欢迎，但是受到当地汉人大地主的极力反对。

屯田田土的第二个来源是"逆苗叛产及苗缴占田"。需要注意的是乾嘉苗民起义时，搞"合款"吃血造反的苗寨成百上千，所谓"逆苗"几乎包括了所有苗寨，所以"逆苗叛产"自然就是各寨落苗寨的原占土地。另外，苗民起义的口号是"逐客民，复故土"，在战争时期，汉民大量逃亡，其中部分汉民的田产被苗民夺回，还有一部分则贱卖给了苗民，卖出当日所出价不及正常市场价格十之一二，"苗人耕种年久，获利已多"②，现在屯田应当将苗族人耕占田土退回。而这些所谓"逆苗叛产及苗缴占田"成

---

① 佚名. 苗疆屯防实录：卷五·屯防奏条事宜二 [M]. 长沙：岳麓书社，2012：98-104.

② 黄应培，孙均铨. 道光凤凰厅志：卷八·屯防一 [M]. 长沙：岳麓书社，2011：133.

为官赎田后，不是像汉族兵勇一样授田给苗民苗兵，而是反过来佃给苗民，美其名曰"分佃收租"，其实苗民已彻底沦为佃农，寸土皆无。

乾嘉苗变本因苗族人失地而起，战争导致苗族人口大量死亡，生存空间比战前更为狭小。"民地归民，苗地归苗"的政策在执行中也异化为"民地授民，苗地佃苗"了。苗族人背上了比乾嘉苗变之前更重的经济负担，从此以后，湘西苗族的那种自然的法律秩序，那种虽然落后但自由浪漫的生活方式无可逆转地一去不返了，他们也看不到自己的未来。苗族清一色成了屯田体系下的佃农，这个屯田体系一直持续到 20 世纪 40 年代。湘西苗族有歌谣反映了当时苗民的困苦生活：

朝锄土，夕锄土，年年月月欠屯租；男耕田，女耕田，子子孙孙欠饷钱。一年到头为人锄，苗家没有一块土，四季劳动替人耕，苗疆没有安身处。①

屯田田土的第三个来源是新开辟的荒地。在《经久章程》中，嘉庆十年（1805 年）凤凰、乾州、永绥等七厅县共均田约 60100 亩。屯丁、练勇共授屯田 50690 亩，剩余屯田约 9400 亩。嘉庆十二年（1807 年），在此基础上"永绥厅无粮土开垦成熟，土 10000 余亩，加上"赎回苗当民田一万五千五百亩。又苗备牟自行均出田三千亩，并呈缴苗占田四千余亩"②，此后荒山继续开垦，至嘉庆十三年（1808 年）共计屯田 131064 亩。③"嘉庆十四年傅鼐详报，丈收田土一万五千二百十九亩三分。十六年以后，续查出田土五千八百七十三亩二分。"④此后没有资料显示再加，故湘西苗疆的屯田总数在 15 万亩左右。

在《苗疆屯防实录·卷三·屯防纪略下》中查均屯案内，凤凰、乾州、永绥、古丈坪、保靖、泸溪、麻阳七厅县，统计丈收田产十五万二千一百五十七亩一分。其中重复丈量退换地主的、拨给营兵马厂的，以及水冲沙压和分授屯丁、屯长和老幼丁的抚恤田土合计共五万零四百五十五亩八分九厘三

①　吴荣臻.苗族通史：卷 2[M].北京：民族出版社，2007：614.

②　黄应培，孙均铨.道光凤凰厅志：苗防二 [M].长沙：岳麓书社，2011：133-134.

③　佚名.苗疆屯防实录：卷六·屯防奏条事宜三 [M].长沙：岳麓书社，2012：132.

④　佚名.苗疆屯防实录：卷六·屯防奏条事宜三 [M].长沙：岳麓书社，2012：133.

丝三忽外，实存盐粮经费并外销筹款，佃种田土为十万一千七百零一亩二分零九毫六丝六忽。原额征收租籽十万五千四百八十八石三斗九升零。至道光元年减为七万九千二百一十八石三斗九升。之后这个数目成为定额。在七厅县中，以凤、乾、永三直隶厅占大头，就佃种盐粮经费田土而言，凤凰厅系30548亩，乾州厅系6721亩，永绥厅系48376亩，古丈坪厅397亩，保靖县3570亩，泸溪县5228亩，麻阳县6859亩，而古丈坪厅因为系新设立的厅，只有397亩，如图5.1所示。

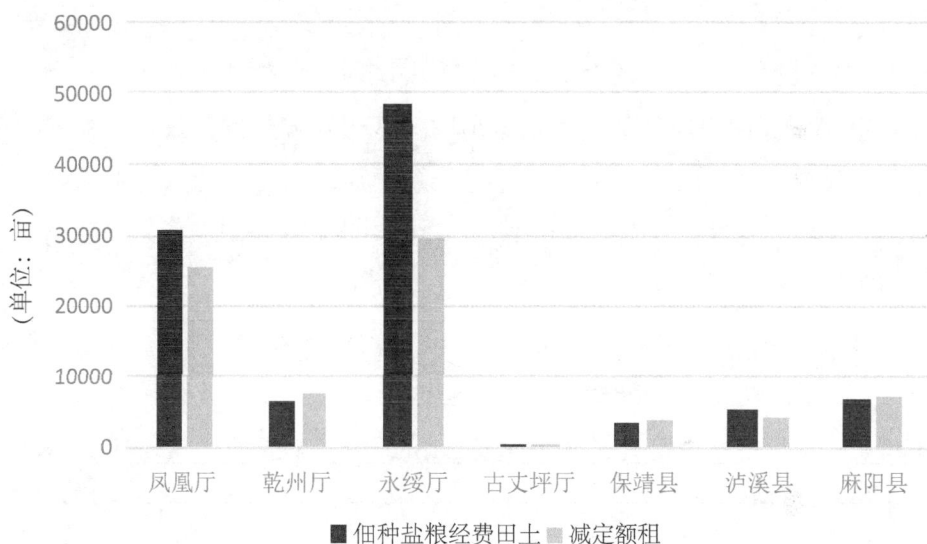

图 5.1　道光元年湘西苗疆各厅县佃种盐粮经费及减定额租田土

除了屯田的来源外，还要注意屯田的性质。所屯之田从所有制来说是集体土地所有制，类似现在的农村土地集体所有，使用方式颇有特色。

第一，屯田与汉族屯兵挂钩。屯兵分两种，一种是普通勇屯丁，屯丁主守，共七千人，这七千人按等级授田，自己且耕且守，耕是屯兵的权利，守是屯兵的义务。另一种是练勇，练勇主攻，练勇是傅鼐从普通勇丁中遴选出的一千精英，专门用于镇压不服从地方政府管制的刺头苗寨，这些精英大多是苗变中失去亲人的普通汉人，类似魏晋南北朝时期的北府军以及金朝末年的"忠孝军"，因为有对苗民的仇恨，所以对苗民进行镇压是不用动员的。这一千精英"训练日久，甚为精锐，且苗地崇山复嶂，跬步皆险，该练勇久习行走，越岭登山如履平地，凡苗巢深险之区皆可直抵"①。因为这一千精英是镇压苗民的急先锋，所以其作为一个军事团体共计授田数为一万八千亩，并由专门的屯牟招租并经营管理，不可谓不大方。在这种制度下，湘西苗疆当时存在着三个社会等级，因为汉族地主已经被大大削弱，所以第一等级是以傅鼐为代表的流官集体。第二等级由汉族屯兵构成，练勇虽是精英，但是和普通勇丁并没有本质差别，不过是授田数目的差别而已。第三等级则由苗民构成，苗民是清一色的佃农。另外，屯田之外还有少量私田，由以前的地主和小自耕农自食。这种屯田制度的本质近似于韦伯所谓的社区捐赋方式的封建制度，"在这种封建制度下，存在定居的士兵，戍边的居民，还有特殊防卫义务的农民"②。作为佃农的苗民如有任何异动，一千练勇随时镇压，还有七千普通丁勇作为第二梯队。

第二，各路屯田皆设有专门屯牟，以资经理。屯田的所有权属于全体屯兵，而由屯牟经营，使用权则看是普通屯丁还是练勇，普通屯丁自己耕种，练勇则由屯牟招租代为经营。另外，均出的田土分授给屯兵后还有约9400亩余田，这些田土也由屯牟负责招租经营。经营的方法在参照贵州巡抚张广泗在黔东南苗疆实行的《军屯章程》的基础上，根据湘西苗疆的实际有所修正：

查黔省古州等处安设九卫屯军，行之六十余年至今相安，自可酌照办理。当经咨会贵州抚臣将乾隆三四年等年前贵州总督兼巡抚张广泗奏议军屯章程抄录移送前来随详加稽核。其中尚有彼此殊势今昔异宜之处，必须斟酌损益以归妥善。查湖南苗疆屯务以绅民均出之田为勇丁养赡之资，既无需加增盐粮。即缮修碉卡屯堡房屋以及军械牛具等项，均已在外筹办完备。……国家经费有常，未便仿照黔省军屯之案悉行。请项开销致多靡费，

---

① 黄应培，孙均铨.道光凤凰厅志：屯防一 [M].长沙：岳麓书社，2011：126.

② [德] 韦伯.经济与社会：下卷 [M].林荣远，译.北京：商务印书馆，2006：399.

现计各厅县共均出公田六万一百余亩，除分授屯丁承种及提作练勇盐粮共五万六百九十亩外，余田九千四百亩自可招佃收租，备充岁支公费。[①]

第三，对屯牟的考核和奖励十分严格。屯牟的职责是"管带备战练勇，勤慎操演，余各派分段落，将屯丁屯田一切拨防耕守"并"尽心经理"；屯牟归个厅县管辖，统归辰沅道"核其功过，定以考成"，"五年内如实心办理所管屯勇，技艺纯熟，安分力田"，则"屯把总、外委遇有缺出，可拨补千总准以苗疆守备"[②]。屯牟的年收入如下：屯千总每年180两，屯把总每年140两，屯外委每年50两。而这些屯牟的支出都来自屯田产生的地租，不由朝廷供给。

第四，就屯田的继承和流转而言，也类似于集体所有制，具有严格限制。《经久章程》中规定：

> 授田各勇丁多系捐户子弟亲族及出力之丁勇自应令其且耕且守，奉为世业，该屯丁内或有年老辞退或病故出缺，即于该丁子孙内择选承顶，若无人可补另行撤田募充，不许将屯田私行典卖，仍将顶充姓名详注档册以备稽查，如敢擅行典卖，即照盗卖私卖官田律治罪，追价入官，其小旗、总旗、百总及该管屯牟或失于觉察或通同作弊，分别究革严惩。[③]

因为所有权不是屯兵个人的，而是全体屯兵集体的，这种继承也具有集体继承的共有属性，是谁的地就是谁的地，不能混淆，更不能冒名顶替，否则也要受到制裁。对冒充屯丁领收屯田的行为，清廷通过严刑峻法打击，以此维持屯田秩序的稳定，对暗中冒名骗取屯田的人则按照盗窃罪论处，其余从犯以罪行轻重处罚各有差等。

老幼各丁有获得拨养赡田亩的法定资格。嘉庆十二年（1807年），《均屯未尽事宜七条》颁布，这是对《经久章程》的补充。涉及土地的条文如下：

一、苗疆山溪田土易于冲刷，应为屯耕丁佃预备拨补以备久远也。

一、屯防经费不敷，应增拨田亩以免支绌也。

---

① 黄应培，孙均铨.道光凤凰厅志：屯防一[M].长沙：岳麓书社，2011：124-125.

② 黄应培，孙均铨.道光凤凰厅志：屯防一[M].长沙：岳麓书社，2011：128.

③ 黄应培，孙均铨.道光凤凰厅志：屯防一[M].长沙：岳麓书社，2011：130.

一、屯防地广事繁，应酌留屯长以资熟手经理也。

一、老幼各丁应拨养赡田亩以示体恤也。①

上述条文前三项是对《经久章程》的补充，第四项则是新的规定，屯丁中"有年已就衰或染患疾病……更有本身已故，例得于其子弟补充年。而其子弟年未及岁不能充丁者，并有从前本系有业被苗占据，嗣经收复全数归公，现在家无成丁者，均应酌给田亩，以示体恤"②。于是在八千屯兵的名额外，"拟拨额老幼丁二千名即于官赎田内提拨三千亩，每名分授田一亩五分，俾可糊口，如有病故及年已及岁，挑丁将田撤回另补"③。这实际是给屯丁的一种福利。

第五，屯丁和练勇分别设有备牟，各有归属，屯丁和练勇之间的田土和身份非经备案亦不能对调。《通饬丁佃对调章程》对此有明确规定："凡有丁勇，呈请调换者，该管屯备牟，一移册档所。查明愿调归屯之练勇，必须有业归公柱下，曾否补丁，或补过几丁，尚有余业，并实系阵亡之子孙，册载有名，核与补丁之例相符，方准归屯。……愿调归队之屯丁，如果技艺可观，年力精壮，方准归队。丁业勇艺两相符合，然后再由北关守备，会同册档所委员，会衔详厅复核、赉道。并止准散丁与守勇对调，屯小旗、总旗、百总，与队小旗、宗旗、百总，各以其次对调，概不得越次。"④

可见，屯田体制完全是一种自给自足并能产生地租收益的权利的总和。屯防田土是在军事占领和管制的基础上通过授田和佃田收取实物地租，并以此来维系地方财政收支平衡的封建体系。在这种体系下，湘西苗疆农业产品的总供给大致等于流官、屯兵、义学等各项开支的总需求。这使得湘西苗疆的法律秩序建立在供需平衡的基础上，只要这种供需是大致平衡的，苗疆的法律治理就不会有大的波动。如清廷在道光元年（1821年）核定减定额租后的税收是七万九千二百一十八石三斗九升，以后每年湘西苗疆七

---

① 佚名.苗疆屯防实录：卷五·屯防条奏事宜二 [M].长沙：岳麓书社，2012：118-120.

② 佚名.苗疆屯防实录：卷五·屯防条奏事宜二 [M].长沙：岳麓书社，2012：120.

③ 佚名.苗疆屯防实录：卷五·屯防条奏事宜二 [M].长沙：岳麓书社，2012：120.

④ 佚名.苗疆屯防实录：卷三十四·杂稿随录 [M].长沙：岳麓书社，2012：752.

厅县应支的开销也是七万九千二百一十八石三斗九升，主要用于屯备牟、练勇、俸饷、盐粮、马干、红白惠赏，各厅、县苗兵口粮，各书院、屯苗义管的支出、试资，岁修碉卡以及水冲沙压田亩等项，几乎涉及湘西苗疆生产生活的方方面面，地方流官量入为出，即使不靠中央王朝转移支付，财政也能维系。

不过，因为湘西苗疆山多地少，地瘠民贫，虽然有完善的屯田秩序，但在风调雨顺时也仅仅勉强糊口，这个自给自足的封建秩序仍然有入不敷出的危险，其屯租的总供给总是等于或小于总需求。因此，有远见的地方流官在风调雨顺时会奏请户部以储备银作为生息资本，借与地主商人，由商人负责经营，再以商人营利后的利润来补偿缺口。如咸丰四年（1854年）湖南巡抚骆秉章就湘西苗疆屯防经费不敷的问题向户部上奏：

> 湖南凤凰等厅、县，苗疆屯防经费，先于嘉庆二十五年，因均屯田地，岁征租谷、杂粮，收不敷支。经该督抚奏准，动支司库银一十万两，发交两淮盐商，按月一分生息，每年生息银一万二千两。内除归原本银五千两，馀银七千两，遇闰加增银一千两，作为拨补屯防经费之用。自道光元年起，至道光二十年止，每年归本银五千两。此二十年内，已将原本银一十万两，全还报拨。①

可见，从道光、咸丰时期开始，苗疆屯防的缺口部分系将官银作为生息资本，以两淮盐商的盈利来补充的，但这并不等于说朝廷已经有了像荷兰那样的商业资本主义，虽然"库银"由国家发交盐商生息，但并不是什么国家经营的资本主义，最多就是资本主义的萌芽。

2. 苗疆义田体系

苗疆义田体系是作为屯田体系的补充而存在的。首先，义田和屯田的位置有所不同。屯田在湘西苗疆的核心区域，也即凤、乾、永三个直隶厅，这是苗疆最核心的生苗区，屯田面积也大，已经没有太多开发潜力。而义田在辰州府，系苗疆东南面的熟苗区。虽然也有屯田，如泸溪县境内，屯田

---

① 佚名.苗疆屯防实录：卷七·屯防条奏事宜四 [M].长沙：岳麓书社，2012：160.

和义田并行，有重合的地方，但是因为屯田面积相对较小，还有开发的空间。

其次，和屯田体系的强制"均输"不同，义田体系是官府倡议成立。义田是湘西苗疆汉族地主和地方官僚集资购买的公田，主要目的在于充实粮仓，以备荒歉，用来弥补屯田之不敷。由时任辰州知府倡议发起，基本原则有四：

一、义谷捐之于民，而藉其数于官，复选派公正绅士相互纠察，已可保无私橐隐匿诸弊矣。

一、义谷积之于富而散之于贫，酌盈剂虚立法，固已尽善矣。

一、以每年所收新谷定次年应放陈谷。

一、义谷或全数敷出或减价平粜。①

所谓"以每年所收新谷定次年应放陈谷"，其意是：如果第一年收新谷300石，则第二年出陈谷300石，第一年如果收500石，则第二年出陈谷500石，使得仓储恒定在一个水平。但是这样有一个问题，荒歉的不确定性是义田时无法预知的，也可能荒歉的数额超过义田的仓储量，所以义谷有全数敷出也不够用的可能，为此，地方官的办法是购买上等水田，使得"旱涝皆有所积"，在农业社会一切靠天吃饭的情况下，这也是没有办法的办法了。

在基本原则的指导下，清廷于道光二十五年（1845年）出台《义田章程十二条》，内容具体涉及慎始、核实、积贮、收谷等方面。

首先，管理义田的原则是以"慎"为主。故"经理义仓派仓正一人仓副一人，……发给辰州府义仓首事图记一颗，责成该首事常川经管"，另外"经理义田派田正一人田副一人，……发给义田首事图记一颗，责成该首事随时赴乡周历稽查"②。

其次，在核查方面十分严格。其一，"义仓收放谷石除于印簿登记外，

---

① 佚名.辰州府义田总记 [M]// 谭必友，贾仲益.湘西苗疆珍稀民族史料集成：第 21 册.北京：学苑出版社，2013：105.

② 佚名.辰州府义田总记 [M]// 谭必友，贾仲益.湘西苗疆珍稀民族史料集成：第 21 册.北京：学苑出版社，2013：127.

每年于年终由该首事另造管收除在清册一本赍府备查"①；其二，"义仓原存陈谷及本府任内买补新谷，均经各首事眼同车净，按五百石一廒加意封贮以防亏折"②；其三，"义仓每年出陈及荒年平粜所有谷价，现经传谕各典令其于每次交收后即妥为收存不得私相挪用。"③

再次，在粮食积贮上，"本府新买义田每年实收上仓净谷五百零五石三斗零七合"④，所收义谷以万石为率，用十年时间首先建立母仓，母仓满万之后再建子仓。

捐买的田土招佃耕种，"本府新买义田二百一十三垧，招佃耕种，均按五五交租并无增多减少"⑤，佃户有政府承认的执照，"现在佃户二十九名分种义田二十七处，由本府饬备印照二十七张发给各佃户，永远收执以免无知之徒妄冀夺田"⑥，"更换新佃即将旧佃追缴，由粮房查明垧段及应交租谷数目，另换新照呈请印发新佃收执以杜蒙混"⑦，"佃户完纳租谷由义仓首事发给收谷印串即盖用，首事验讫戳记俾免弊重征"⑧，买断的上等水田多系当地自耕农的祖业，这在当时的田契中有反映，试看一例：

立断卖水田文契人罗配玉今因要钱正用，无从得处，情愿将己手私置

---

① 佚名.辰州府义田总记[M]//谭必友，贾仲益.湘西苗疆珍稀民族史料集成：第21册.北京：学苑出版社，2013：127.

② 佚名.辰州府义田总记[M]//谭必友，贾仲益.湘西苗疆珍稀民族史料集成：第21册.北京：学苑出版社，2013：128.

③ 佚名.辰州府义田总记[M]//谭必友，贾仲益.湘西苗疆珍稀民族史料集成：第21册.北京：学苑出版社，2013：128.

④ 佚名.辰州府义田总记[M]//谭必友，贾仲益.湘西苗疆珍稀民族史料集成：第21册.北京：学苑出版社，2013：128.

⑤ 佚名.辰州府义田总记[M]//谭必友，贾仲益.湘西苗疆珍稀民族史料集成：第21册.北京：学苑出版社，2013：128.

⑥ 佚名.辰州府义田总记[M]//谭必友，贾仲益.湘西苗疆珍稀民族史料集成：第21册.北京：学苑出版社，2013：128.

⑦ 佚名.辰州府义田总记[M]//谭必友，贾仲益.湘西苗疆珍稀民族史料集成：第21册.北京：学苑出版社，2013：129.

⑧ 佚名.辰州府义田总记[M]//谭必友，贾仲益.湘西苗疆珍稀民族史料集成：第21册.北京：学苑出版社，2013：129.

之业，坐落土名薛家岭中溶水田接连三坵池塘半口计种子三斗册载额粮二斗一升六合行出卖于人，无人承受。因辰州府大老爷雷捐廉并劝捐公买义田，自请引领张正纪引到义田首事许文耀、张开谟、尹大玖、余吉中转引到府署承买当时三面议定，时值价钱一百八十千文正，其钱眼同在，内人等亲手领足，所有酒水一并在内。此系自置之业，并未包卖他人寸土，其田自截日为始，任从义田首事招租管业了纳国赋，恐口无凭，立此断卖水田文契为据。

　　计黏红契一纸

　　　　　　引领 张正纪

　　　　　　凭中 胡万纯

　　　　　　见钱 罗春臣

　　　道光二十五年六月十八日立断卖水田文契人罗配玉亲笔立 ①

　　最后，收款与屯田制度所收款项以实物地租计算的方式不同，义田是以铜钱计算的。当时在辰州府内，一共购买了上等水田二百一十三坵，共计折算二顷五十五亩二分，共用"田价银"九千四百七十五两一钱，每年预计可以收谷九百一十八石七斗四升，招佃耕种按五五交租，一年可收上仓净谷五百零五石三斗七合，购买义田的出资一部分系谷石，一部分系银两。

　　谷与银的折算有法律规定："《吏部奏定捐输议敛章程》条款内开，一绅士商民人等有乐善好施急公报劝捐输谷石银两以备公用者，该督抚查明所捐谷石每石以银一两计算。"② 而后义田首事商议："请将实用钱一万一千四百四十千有零作为实用银一万一千四百四十两零八钱二分俯赐转报。"③

① 佚名.辰州府义田总记 [M]// 谭必友，贾仲益.湘西苗疆珍稀民族史料集成：第21册.北京：学苑出版社，2013：142.

② 佚名.辰州府义田总记 [M]// 谭必友，贾仲益.湘西苗疆珍稀民族史料集成：第21册.北京：学苑出版社，2013：114.

③ 佚名.辰州府义田总记 [M]// 谭必友，贾仲益.湘西苗疆珍稀民族史料集成：第21册.北京：学苑出版社，2013：114.

当时谷、银和钱之间的法定折算比为 1：1：1000。不过，这种法定价格和市场价格出入甚大。道光二十二年（1842 年），每石谷的市场价格从 1250 文到 1500 文不等。勘买义田和修建义仓的实用钱总计约 11440 千，按照当时钱银之间的市场价格折算纹银只需 6840 余两，可知白银与铜钱之间的兑比率约为 1：1670，已经远远大于法定的 1：1000。这也侧面反映了鸦片贸易造成的白银外流导致的铜钱相对白银的价格不断走低的事实，铜钱不可避免地走向贬值，这种贬值趋势已经在经济上深深地影响了中国内地，即使是在中国腹地的湘西苗疆也不例外。既然所收的款项是以铜钱计算的，而铜钱的币值又在不断越来越快地贬值，而这种贬值的原因又系鸦片流入白银流出的原因造成的。

与湘西苗疆的汉族人不同，苗族人一般不以白银作为流通手段，苗族人更喜欢将白银作为审美手段（即将白银打造成为各式各样银饰）和驱鬼手段，一般白银流入苗族人手中，除非不得已，通常不会从苗族人手中流出，如果要交易，苗族人一般首选用铜钱。所以在晚清，在湘西苗疆白银不好流通而铜钱又不断贬值时，有不少"聪明"的湘西地主商人便引进鸦片用以抵销铜钱的通货膨胀，在湘西苗疆的大山深处成片成片地栽种，因为栽种鸦片不但能弥补屯田经费的缺口，而且获利巨大，最重要的是鸦片在后来的湘西苗疆成为一种硬通货，具有抵销货币通货膨胀的金融功能，致使后来义田制度也逐渐被废弃，这是一种另类的劣币驱除良币，可见，从湘西苗疆一个大清帝国腹地的小角落也可知晚清时期清廷的内部已经彻底溃烂了。

总之，这一时期的法律规范秩序呈现出两个特征：一是法律规范秩序基本等同于中央王朝的法律文本秩序，苗族习惯法被中央王朝制定法替代；二是在乾嘉苗变后清廷所颁布的《苗疆善后章程》和《苗疆均屯经久章程》成为治理湘西苗疆的一般规范，此后流官颁布的檄示仅仅是上述章程的重申和小修小补，此后法律文本秩序也渐渐趋于稳定。

如果回顾这一时期的苗族社会，我们会发现苗族作为一个民族共同体已经彻底纳入地方流官主导的屯政秩序中，苗族人被清廷收了枪缴了刀，只能作为佃农在屯兵的田土上艰难讨生活，屯兵以苗族人缴纳的租税组成地方武装维持治安。儒家的礼仪教化被地方政府以严刑峻法的方式推进，苗族人的婚姻从单纯的买卖婚渐渐演化为媒妁婚，虽然舅权家长制仍然起到主要作用，但是以孝敬父母为核心的儒家意识形态也开始渗入寨落中，在农忙之余寨落中的老人以鬼神故事的形式向后代讲述着苗族人逝去的自由，并期待着光明时代的来临。

第二节　苗疆北部四县的法律调整与社会控制

乾嘉苗变之后，永顺府的治安形势虽然比南部四厅要好，但是土地更为贫瘠，随着人口的不断增多，不少土家族人落草为寇，在太平天国起义时，地方治安形势更为严峻。永顺府地处湖南省西北部土司故地。清雍正七年（1729 年）设府治永顺，下辖永顺、保靖、龙山、桑植四县。改土归流之后，历任永顺府知府的政治抱负中都富有一种天行健式的阳刚之气，流官们希望通过自身的努力改善交通、发展生产，最终实现教化地方的目的。但是由于此地山多田少，在靠天吃饭的农业社会，一旦粮食歉收，就会给地方治理带来巨大困难。在清代中后期，流官们将主要精力都放在粮食生产、缉拿土匪和礼仪教化上。

一、19 世纪的家族法与社会秩序

到了清代中期，土家族聚集的永、保、龙、桑等湘西四县的家族法秩序已经与内地的法律秩序比较接近，在法律效力上和内地相同，但是在法律适用问题上仍然有很大区别，这在地方婚姻制度和家族法秩序上皆有表现。

（一）婚姻制度的变化

苗民起义后的永顺府由于受到儒家文化的稳定持续的影响，就婚姻缔结的效力而言，媒妁婚已经被官家背书，婚姻双方写立婚书，成为主流婚姻形式。永顺府土家族的婚姻制度相比苗族更加接近汉族，但是也保留了

较多的民族特色。

　　首先，在婚姻的法律效力上，以婚书为生效条件。乾隆五年（1740年）的《大清律例》对男女婚姻明文规定了婚姻自愿诚信规则，律文云："凡男女定婚之初，若有残疾、老幼、庶出、过房同宗、乞养异姓者，务要两家明白通知，各从所愿，不愿即止，愿者同媒妁写立婚书，依礼聘嫁。若许嫁女已报婚书，及有私约，而则悔婚者，女家主婚人笞五十；其女归本夫。虽无婚书，但曾受聘财者，亦是。"①可见，婚书是判断婚姻效力的标准，永顺有案为证：

　　男女定婚全以庚书媒证为凭，不容捏饰。卷查尔父张大国为尔缔婚之说并无媒庚。宋顺德之女宋文秀亦非童养。惟道光二十九年因地方饥荒，宋文秀在尔家寄住日久。业经前县讯明，敕令宋顺德出给钱十千文补作饭食之需所有。宋文秀许与马福佑之子为婚，媒庚确鉴，众供均实。……②

　　关于男女婚姻，《大清律例》规定："若许嫁女已报婚书及有私约而辄悔者，笞五十；若再许他人，未成婚者，杖七十，已成婚者，杖八十；男家悔者，罪亦如之。"就是说，在清朝从法律规则上是禁止"悔婚"情况出现的，一旦出现就会有严厉的惩罚措施。婚书类似于现在的结婚证，不同的是婚书须由结婚双方的主婚人和媒人画押，表示结婚不是两个人的事情而是两个家族的事情。婚书中对男方给女方的财礼有明确约定。婚书签订后，男女两家各执一份。永顺地瘠民贫，普通百姓可能因赋税造成巨大的生活压力，尤其遇到灾年则更甚，不排除女方家长有可能因为经济原因将女儿许配给男方家做童养媳，此所谓律文中"乞养异姓"的情况，这能从一定程度上缓解家中的生存压力，但是论及婚嫁仍然需要写好婚书。因此上述案中张家主张的张宋两家所谓婚姻关系是不能成立了，而马宋两家因为有做媒有婚书所以婚姻关系成立。

　　其次，在婚姻程序上，大量吸收了汉族婚姻程序。乾嘉苗民起义后的

---

① 徐本，三泰.大清律例：卷十·户律·婚姻[M].北京：法律出版社，1998：203.
② 张修府.溪州官牍：丙集[M]//谭必友，贾仲益.湘西苗疆珍稀民族史料集成：第21册.北京：学苑出版社，2013：471.

土家族社会，其婚姻法秩序如《同治永顺府志》载：

> 邑人于男子将婚时，里党酿钱为宴会，易其小名为之字，亲迎之日父母邀客醮子命以成人之道，谓之簪花，女家亦如之。犹存加冠。婚礼男家择门户相偶，请媒妁至女家求亲，继成乃备礼送庚帖，以簪环、衣服、羊酒之属，曰定亲。女家以庚帖巾扇答之。自此，亲谊往来动必以礼。将娶用礼物以通佳期，曰上头，或复以衣服簪环锁女家，曰过礼。亲迎之日两家各开宴迎宾。①

自西周开始，中原地区的婚姻就有六礼程序，依顺序为纳采、问名、纳吉、纳征、请期、亲迎，土家族人的婚姻程序几乎和中原地区一致，只是某些程序简化了，符合土家族人的朴质，没有周礼那样文绉绉的。如请媒婆说媒去就去了，没有"纳采"的说法，至于"问名"一项则简化为"簪花"，实际就是成人礼，"纳吉"在土家族人处称为"定亲"，"上头"或者"过礼"就是"纳征"和"请期"结合，就是男方家送礼物给女方定婚期的意思，最后是"亲迎"。

再次，婚姻习惯法保留了土家族传统，具有明显的舅权时代的遗留。比如女方送亲的队伍必须是女方的戚族，另外女方家长可以在女儿结婚后于夫家住上一段时间，《同治永顺府志》载：

> 或是日即备筵送妇父母或待三日而送，曰三朝饭。于归后日携媳往省父母，或三日或择日或待春朝统日回门。母家筵客以宴婿曰会亲。已回门者满月之后，女归家曰住满月。②

男方在娶媳妇后回女方家居住一段时间，这应当是舅权时代的遗留，因在舅权时代，是男子作为谷种嫁到女方家的，即"女娶男"，只是随着父权时代的到来，男子在女方家居住的时间才变得越来越短。另外，19 世纪婚姻法秩序最大的变化是夫家的权利得以强化，女子嫁入夫家后就是夫家的人，母族舅权的势力遭到官家打压。但是土家族人的风俗习

---

① 魏式曾.同治永顺府志:卷十风俗续编[M].刻本.[出版地不详]:[出版者不详],1873(同治十二年).
② 魏式曾.同治永顺府志:卷十风俗续编[M].刻本.[出版地不详]:[出版者不详],1873(同治十二年).

惯不是短期能够改变的，所以在具体的婚姻纠纷案件中，仍然保留着女家强势的习俗。如女子嫁入夫家后，按照土家族和苗族旧俗，女方家仍有权维护女儿的利益。女子如果死在夫家，则无论是什么原因导致的死亡，女方家都可以向夫家索要一笔赔偿，但是在永顺府，此种风俗被官方以严刑峻法的方式替代，试看一桑植县案例：

批桑植县民王士建告谷启克等凶毙贿匿事。

女死夫家，藉身死不明纠众索诈未遂，押情控告至戚反成寇。旧名则为女伸冤，实使受暴露之惨。此永属恶习之最可恨者。据称尔女王氏辰秀被其翁谷启克于客岁八月内逼奸不遂殴毙。经官相验，件件受贿匿伤不报等情。试为尔查被殴何伤，有谁见证，殴于何日，死于何时，何不明白声叙。……现据谷启克以尔女于客岁闰八月初五日气痛，旧病复发，过服洋烟，经尔眼同解救不效，夜半殒命。被远族王贤韬等纠众烧毁索诈等情，具控到辕。核与此词大相径庭。其为藉命索诈自无遁形，此等习风断不可长。……①

按土家族及苗族旧婚姻习惯法，女子嫁入夫家，并不导致对女方家权利的限制，夫家如果有侵犯女子人身权的行为，女方家有权要求赔偿，女方就社会身份而言，并不脱离本家。而按汉俗和《大清律例》关于婚姻的精神，女子嫁入夫家后就随夫姓，自然就是夫家的人，从宗族的角度看女子已经脱离原有家庭进入了新的家族，女方家自然没有权利再对女子进行干涉。但是在具体社会实践中，地方婚姻习惯法还存在一些中间形态。比如张三女张氏嫁入李四家，对外社会身份应当称呼为"李张氏"，但在永顺府随母姓的习惯性称呼并非一朝一夕所能改变的，导致地方官在审案时难以理解：

据称向登荣之子向永康久住军营莫归等语。究竟所住何营，存叙踪迹有何凭证未据申明。张彭氏有女原嫁向永康为妻，自应称为向张氏，何得

---

① 张修府.溆州官牍：丙集 [M]// 谭必友，贾仲益.湘西苗疆珍稀民族史料集成：第 21 册.北京：学苑出版社，2013：483.

称向彭氏？①

此案中张家的媳妇张彭氏有一个女儿嫁给向永康，成为夫家人后，向姓自然覆盖在前，这没有异议。关键是诉状中称张家女儿为"向彭氏"，彭是张家女儿的母亲之姓，由该女姓氏的称呼亦可见女方家在婚姻关系中的地位和权利都不低。在地方流官眼中，永顺府"夫纲不振"的情况是比较普遍的。

清朝以孝道治天下，一般情形下地方官有教化地方的责任，而三纲五常之中，君为臣纲是第一，父为子纲是第二，夫为妻纲是第三。所以，"举孝廉"的工作要放在给妇女立"贞洁名节"之前。但是考虑到永顺府旧俗，故地方官为了打压女方家的权利，采取大规模立贞节牌坊的方式提升夫家地位，数量之多规模之大远在"举孝廉"之上。永顺府还以"扎敕"的形式旌表"贞孝节烈妇女"，"贞"还排在"孝"之前，这是永顺府的一大特色。

为贞洁妇女旌表是为规制地方婚姻法秩序，婚姻法秩序厘清了家庭法秩序，因此清代朝廷鼓励各省、府、州、县各自修建"节孝祠"，矗立大牌坊，被旌表的妇女题名坊上，死后设位祠中，受后人祭祀。如果节烈事迹特别突出的，节妇烈女之名还可以被列入地方志中。19世纪中后期，永顺府认为家庭纠纷争端不断的原因是土家族人不懂礼教，土家族妇女性格乖张，女家横行不法。因此彼时的永顺府旌表了不少贞洁烈女。

被旌表节妇都是由当地绅士查访举荐，具有儒家意识形态的选择性。旌表节妇的主要目的在于突出为谁守节，因此节妇都只有姓氏没有名字，而已故丈夫却是姓名俱全，突出的是男方的地位和权威。从排序上看，已故节妇比尚在的节妇靠前，已故节妇中守节时间长者又更靠前。节妇是嫁入夫家后的妇女，对节妇来说，夫故之后有儿女的就将儿女抚养长大，没有儿女的就剩下守节一件事情，所以在志书中只有寥寥几笔，这也很正常。

---

① 张修府.溪州官牍：丙集 [M]// 谭必友，贾仲益.湘西苗疆珍稀民族史料集成：第21册.北京：学苑出版社，2013：483.

相比于节妇，烈女的数量较少，其旌表中排序也靠后。烈女是已经许配给夫家但是还没有办理婚礼的少女。旌表烈女是对节妇的扩展，女子对男方家的义务从婚后扩展到婚前。根据《大清律例·户律·婚姻》有"居丧嫁娶"律，如果妇女对丈夫的守丧期已经届满，夫之妻妾愿意为其守志，女方家长和夫家家长都没有权强迫其改嫁，此律也适用于已婚配未成的少女。不过该条文仅仅具有指引作用，在实践中，更多烈女是通过寻死的方式来杜绝改嫁的。

永顺府出现的节妇烈女是基于家庭的羁绊。无论婚配与否，永顺府的女性都能通过某些特定的方式与丈夫产生深厚的感情，这些方式包括阅读古代节烈故事或者儒家经典。总的来说，烈女是从属于男方的，这也是夫权逐渐替代土家族和苗族舅权旧俗，成为永顺府婚姻法秩序主流的标志，这也为家庭法秩序的变化带来了契机。

（二）家庭法秩序的变化

在 19 世纪湘西苗疆北部的永、保、龙、桑等湘西四县，家族法秩序已经与内地法秩序相互靠近。在家庭内的人身控制权、财产权和祭祀权等方面都有渐渐积累导致的显著变化，有渐渐向《大清律例》看齐的迹象。

农业社会以人丁兴旺为富裕标志，烈女是作为人丁兴旺的对立面出现的，而一个家族人丁兴旺以后则要对家族成员的内部关系加以确定，一个家族不能无主，家庭内部成员出现矛盾纠纷时家长有权利和义务进行处理，其权利包括一定程度的教育惩戒权、财产处理权和祭祀祖先权，为立嫡做准备，以提前梳理好人身和财产关系。

《大清律例》对立嫡子有严格规定，大致两个基本原则。

第一个原则是立嫡立长。律文云："凡立嫡子违法者，杖八十。其嫡妻年五十以上无子者，得立庶长子。不立长子者，罪亦同。"[1] 由此可见立嫡规则是有嫡立嫡，无嫡立长。

第二个原则是养子的有条件承桃，即同宗血缘关系方有承桃资格。如

---

① 徐本，三泰.大清律例：卷八·户律·户役 [M].北京：法律出版社，1998：178.

果嫡妻或妾都无子，如果要继承宗祧，则需要在同宗之中选定某子作为养子，其前提是该子的生父母除该子之外，尚有余子，而该养子承祧后，则不能舍养父母而去，只有在养父母有生子而生父母无子时才可以还养生父母。另外，在同宗范围内立嫡，也要讲尊卑大小，否则"虽系同宗，而尊卑失序者，罪亦如之。其子亦归宗。"① 故，异姓不能承祧，律文云："其乞养异姓义子以乱宗族者，杖六十。若以子与异姓人为嗣者，同罪。其子归宗。"② 又说："其遗弃小儿，年三岁以下，虽异姓，仍听收养，即从其姓。"其律的注释说："但不得以无子，遂立为嗣。"可见，即使是收养"三岁以下"小儿，从小改从父姓，法律可以拟制为养子，但因为没有血缘关系，仍无承嗣资格。

除承祧权所包含的财产继承和祭祀权之外，父系家长对家族内部事务还有一定程度的教育惩戒权，包含人身关系和财产关系的纠纷。惩戒权既包括家族内部的惩戒权，也包括将案件送官的惩戒权。送官惩戒权可以理解为官方的代为惩戒权，就其权利来源是该涉案家族授予的，如果该家族愿意并有合理理由，也可以经官方同意撤回案件进行家族内部惩戒教育。

清代土家族的很多风俗与苗族类似，如土家族的"摆手跳"类似于苗族的"椎牛祭"，生产方式也和苗族一样是"刀耕火种"，纺织、养蚕技术也同苗族，婚姻方面也有"还谷种"习惯法，但是整体上土家族比苗族更为汉化一些，比苗族更容易接受儒家的礼仪教化。如果土家族聚居区的每个社会成员通过家庭、官府教育、大众传播和自己的社会实践逐渐掌握了特定的法律观念（比如儒家的礼仪教化），培养儒家伦理的基本行为模式，就容易形成新型的儒家的意识形态，从而深刻影响其生活的方方面面。

可见，乾嘉苗民起义后，地方流官在苗疆北部实施制定法，本质是一场"法律移植"运动。通过这场"法律移植"运动，一种新的专制集权式样的法律秩序在湘西苗疆北部的土家族聚居区形成了，这一过程是地方流

---

① 徐本，三泰. 大清律例：卷八·户律·户役 [M]. 北京：法律出版社，1998：179.

② 徐本，三泰. 大清律例：卷八·户律·户役 [M]. 北京：法律出版社，1998：178.

官通过严格执行朝廷官法强行推进的，在这个过程中，不但土司平民化了，而且土司治下的土家族人也越来越内地化，以至于土家族与汉族之间的差别不断缩小，土家族人对《大清律例》规定的家族法逐渐予以接纳、认同、内化、服从，《大清律例》中的规则基本可以在永顺府直接适用，只是在一些特殊情况下，原则才优于规则适用。

二、乾嘉苗民起义后的国家法与社会秩序

总体而言，乾嘉苗变后永顺府在其辖区内全面适用《大清律例》，只是在具体事项的处理上根据地方实情作出变通。乾隆五年版《大清律例·兵律》中，关于地方军事的条文主要涉及"军政""关津""厩牧""邮驿"等方面。永顺府一方面严格按照律文的规定治理地方军务，另一方面也按一定原则进行变通。

（一）兵刑法秩序

永顺府的军事力量和南四厅一样，也分为两种。一是正规军，即绿营兵，称为"兵"。清朝中后期，尤其是在镇压乾嘉苗民起义的战争中，永顺绿营兵都曾起到重要作用。二是地方团练，即民兵，也称"丁勇"。和乾、永、凤、古四厅屯兵占据主导地位不同，永顺府的军事力量依然是以绿营兵为主，丁勇作为辅助力量，战斗力较弱。随着清朝中期以后土家族离乱日益增多，《大清律例·兵律》中的许多条文都在永顺府得以实行，并深深地影响了地方的兵刑法秩序，可从两大体系具体来看。

1. 绿营体系

清代绿营兵的基本架构是镇、标、协、营、汛。"镇"为基本的军事单位，每镇设一员主将称"总兵"，"镇"类似于省下辖的军分区。一镇由一标和数协组成，总兵所属之兵称"镇标"，驻扎在最为重要的地方，一般是省会或者府邑，一标大概有数营兵力。"协"是协守其他要地的部队，"协"的长官称"副将"。"协"由营汛组成。按守地的重要程度编配数十至千余人规模不等的"营"，各营皆有字号，由参将、游击、都司、守备分别

统领。协下相对次要地区设"汛"，每汛数人至数十人不等，由千总或者把总统带。

自提督以下的军事长官仅有统兵权而无调兵权，其军令寄于总督和巡抚，兵权则归于中央。以"镇"为分界线，往上走到省一级，一省的提督、巡抚和总督都可以管"镇"，具体分工不同。提督可以节制一省内的各镇总兵，巡抚兼理提督者也有节制总兵的权力，而总督则可以节制一省或数省的巡抚、提督和总兵，既是该管区域内最高行政长官也是最高军事长官。①

除武官外，地方文官虽然没有调兵的权力，却有署理军政的职责，不仅知府如此，县官也有职责。《大清律例·兵律·军政》中与办理军务直接有关的有"申报军务""飞报军情""边境申索军需""主将不固守""不操练军士"等十一条。从法理上看，这些条文不仅具有指引作用，也具有惩罚作用。如在同治元年（1862年），时任永顺府知府张修府就曾经向上级详细说明龙山县令在军务上的渎职行为，并请求严加惩处。在同治元年（1862年），太平军石达开部曾经进入鄂西和湘西交界处，规模达到两万人，并迅速波及贵州东北部、湖北西南部、湖南西北部等地区，时任永顺知府向湖广总督、湖南巡抚、辰沅永靖道、藩司衙门、臬司衙门汇报了备战堵御工作：

本月十六日接四川秀山县石堤司来函云，奉酉阳州檄称，所属彭水县地方逆匪刘顺义纠党数万人于八月初一日攻据彭水县羊角碛等处。初五日直扑彭水县城未陷，退扎保架楼，势甚猖獗。饬令预为防御合及函致等语。把总查汛属由旱道至羊角碛、保架楼两处均有六七百里，水道仅隔酉阳一州，除再差探实在情形外合肃具禀等情。卑府查邻氛渐近，楚省自应先事预防。即经移会永顺协转饬各汛牟管带兵丁，于由川入楚要隘妥为备御，以免窜越。②

---

① 总督、巡抚、提督和总兵都各有直属亲兵，统称本标，依次是总督标、巡抚标、提督标、总兵标。

② 张修府.溪州官牍：甲集[M]// 谭必友，贾仲益.湘西苗疆珍稀民族史料集成：第21册.北京：学苑出版社，2013：403.

根据《大清律例·兵律》中"飞报军情"的规定，凡是要迅速向上汇报军情的情形，在外的知府、知州，如果听闻下属县或者巡司报送军情的，应当及时差人呈报给督抚、布政使、按察使、所属道台，同时还要移行"将军"或者"提镇"。而知府下属的守御官也要将军情及时上报给督抚，同时还要上报给本管将军或者提镇。督抚、将军、提镇在得知军情后，要及时上报给兵部。如果有相互隐匿不速奏闻的情况，则杖一百并罢职不叙，如果造成结果加重情形如因此贻误军机者，则斩。

实际上，仅从法律条文看，永顺府地方军政秩序就会呈现网格化的特征。以"飞报军情"为例，军情上报要走两条路径、四个层级。第一条路径就是地方文官上报，其对象涉及所有上级，第二条路径是地方武官上报，范围相对较窄，主要是通管全局的督抚以及上级武官。就层次而言，第一层级是县向知府、知州报告，第二层级是知府、知州向省级官衙汇报，第三层级是省级督抚、将军、提督等向兵部汇报，第四层级是兵部向皇帝汇报。作为"军情"来说，如此汇报程序实在过于烦琐。

除了层级过多外，还有多头汇报的麻烦，比如本来不管军务的布政使和按察使，知府也有向其汇报的义务，为什么是这种设计呢？该条文说得很清楚，是为杜绝"互相知会隐匿"，方便朝廷监控地方。这种军政体制的缺点就在于地方缺乏机动性和自主权，只要稍微大一点的农民暴动就能让地方头痛很久。

由此可知，该兵刑体系的第二个特征就是压迫性。也就是说，清廷兵制的设计理念主要不是对外防御而是对内镇压，是专门针对老百姓设计的。为达此目的，地方政府维系治安的首要任务就是尽量保持所在辖区的静态化，减少人民之间的相互交往和聚集，人民之间的交往少了就好控制，这是内地的一般情况。而在湘西苗疆永顺府，这种阶级压迫性又表现出民族隔离的特征。因为永顺府辖区地处武陵山脉西端，与外地的交往主要通过水路，因此就地方的防御形势看，重点在于把握重要的隘口和渡口。

《大清律例·兵律》中有关于"关津"的专门规定，关津是指陆路交通的关口和水路交通的渡口。因清廷对老百姓控制甚严，故在重要"关津"

派兵设卡，相关事宜也规定在兵律中。目的在于严格控制各地区之间的交往，去外地需要向官方报备给路引才能出行，否则就是"私越冒度关津"，没有路引使用路引当然是不被允许的，然而即使有路引，如果使用不当比如"给引，及军诈为民，民诈为军"的情形也是要追究责任的。另外，即使有路引并且使用得当，也要经过"关津"把守之人的重重盘问，关津有"盘诘奸细"的义务。如《大清律例·兵律·关津》有"盘诘奸细"律，律文规定："凡缘边关塞及腹里地面，但有境内奸细，走透消息于外人，及境外奸细入境内探听事情者，盘获到官，须要鞫问接引、起谋之人，得实，皆斩。经过去守把之人，知而故纵及隐匿不首者，并与犯人同罪。失于盘诘者，杖一百；军兵，杖九十。"①

那么，法律条文的规定在实践中是否得到强力执行呢？

至少在永顺府地界范围内，法律条文的规定是得以彻底实施的。以同治年间的知府张修府为例，他在任期间基本按照《大清律例》的规定落实关津政策，他一到任永顺府东南西北四面八方通向其他地方的重要"关津"，一一查明并详细汇报给了上级，有禀为证：

奉询辖境四至若干里与何邑连界口处，有无名山大川要可扼。查卑府辖境东至永顺县属之龙爪关，与永定县五溪河拖船垭交界一百二十里；又东至凤滩与沅陵县茨桐溪交界一百五十里；南至焦坪铺与沅陵县葛竹溪交界一百七十里；又南至山枣溪与泸溪县上寅铺交界二百五十里；又南至土蛮坡与州厅阳溪石交界二百二十里；又南至龙鼻嘴与州厅鸦枝寨交界二百八十里；南至保靖县属之荡多寨兴州厅喜营村交界二百零六里；又南至阿彼中寨与永绥厅排乍寨交界一百七十里；西南至古铜溪与永绥厅蜡耳堡村交界一百三十九里；西至泰平坝与四川秀山县泰平坝交界二百四十四里；又西至张家坝与四川秀山县滥泥湾交界一百九十八里；西至至龙山县属之大堪坪与湖北来凤县红塘交界二百一十里；西北王谢家奥湖北来凤县清风山交界二百零五里；北至王官嘴宾湖北宣恩县乾司交界百一十里；又

① 徐本，三泰.大清律例：卷二十·兵律·关津[M].北京：法律出版社，1998：331.

北至火烧兴湖北宣恩县中二百四十里；北至桑植县属之两溪口与慈利县鸿牛坡交界二百四十里，东北至木匣口与湖北鹤洞山交界三百七十里。①

除了查明边界要卡之外，对于永顺府境内下辖四县的重要关口也派兵把守，以永顺县为例，就包括：

隘口则在永顺者王村飞霞关、野毛关、龙爪关、椰溪关、吴良关、龙伏关、百丈关、纸蓬关凡九，而王村为川黔辰常水陆津梁设有巡检把总以资防范。②

龙山县、保靖县和桑植县的情况与永顺相似，在重要的关津，都有绿营兵把守，主要是为了更好地控制土家族人和苗族人，阻止其与内地汉人的交往，本质上仍然是为了维护清王朝的统治地位。以"王村"③为例，之前乾嘉苗民暴动的原因主要是不少汉人潜入苗寨相互买卖借贷，由于汉族、土家族和苗族之间的信息不对称，汉人利用相对优势诓骗财物，引惹边衅。在乾嘉苗民起义之后的永顺府，土家族人特别是苗族人基本都迁居到更为偏僻的深山老林中，如果土家族人或者苗族人需要交易生活必需品，通常是在这些关津，关津由官军把守，这等于是在汉族和土家族、苗族之间添加了一道防火墙。《大清律例·兵律·关津》的"私越冒度关津"律中有相关条例是涉及土家族、苗族与汉族相互交往的：

凡湖广沿边苗民，俱以塘汛为界。民人责令有司详查，苗人责令游巡官员详查。若民人无故擅入苗地，照越度缘边关塞律，杖一百、徒三年。苗人无故擅入民地，亦照民例充徒。

凡土人如有差遣公务，应赴外省者，呈明本管官，转报督抚给咨，并知会所往省督抚，令事竣勒限，勿许逗留，仍照知本省督抚。倘不请咨牌，私出外省，土人照无引私度关津律，杖八十，递回。④

---

① 张修府.溪州官牍：甲集[M]//谭必友，贾仲益.湘西苗疆珍稀民族史料集成：第21册.北京：学苑出版社，2013：398-399.

② 张修府.溪州官牍：甲集[M]//谭必友，贾仲益.湘西苗疆珍稀民族史料集成：第21册.北京：学苑出版社，2013：399.

③ "王村"，即现今湘西土家族苗族自治州永顺县芙蓉镇，现在是旅游胜地，在一百多年前则是军事据点。

④ 徐本，三泰.大清律例：卷二十·兵律·关津[M].北京：法律出版社，1998：328.

　　从此乾隆五年（1740年）的条例条文看，同样是为防止汉族人和苗族人、土家族人的交往，清廷的态度有所不同，对苗族人的控制要比对土家族人更严格，苗族人是绝对不能离开苗地，而对土家族人则没有此种规定。另外，如果是因公事外出，在本省之内是可以自由进出的，只是出省需要经过本省和外省督抚的同意，易言之，土家族人受到的压迫要比苗族人略小。该条文在19世纪应家族该大致没有变化，因为土家族人、苗族人和汉民的居住格局没有发生太大变化。

　　即便如此防控，只要发生稍大一点的农民暴动，地方官还是疲于应付。以永顺府同治二年（1863年）的太平军入境危机为例，因为地方军政秩序的僵化，这次"教匪流窜"就给地方社会秩序带来了极大混乱。本来石达开部离开南京西行后，因为没有固定根据地，部队减员严重，战斗力并不强，来到鄂西山地距离永顺府辖区的龙山县还有百里距离，饶是如此，龙山县令仅仅根据一些没有证实的消息就自乱阵脚。永顺府对龙山县令的逃跑极为恼火，在给上级的汇报中禀报道：

　　伏查龙山县距郁山镇二百余里，黔江则一百余里，虽黔江县城果否克复未可俱信，而中隔咸丰、来凤两县，按图计里相隔招摇。此次龙邑居民闻风骇避者，一以来凤民人迁徙到龙者甚众；一以王署令听断词讼素拂舆情，临近团练专以勒捐为事，自募勇丁二百余名，半派把守大堂宅门，又于八月二十三日先将家眷移住乡间，经乡民拦回入城而人心愈乱，土匪肆起，城中十室九空，团众因之遂散。该署令仓皇通禀请饷请兵，迨张协戎鼓行而前，尚有龙邑危在旦夕禀府速发精兵二千迟则无及之语。①

　　在该汇报中，永顺府认为龙山县城出现的混乱状况是由于龙山县令的治理无方导致的，流窜"逆匪"石达开距离龙山县城还有两个县上百里的距离，只不过因为有些老百姓从湖北来龙山避难这一变化，龙山县令就仓皇逃离县城，所以后来永顺府请示一定要将该县县令革职查办。应当承认，

---

① 张修府.溪州官牍：甲集[M]//谭必友，贾仲益.湘西苗疆珍稀民族史料集成：第21册.北京：学苑出版社，2013：405.

这种混乱固然有地方官个人因素在内，但是客观上也反映出清廷军政网格化管理的缺点，即这种军政体制就是为了镇压老百姓的，无法应对其他风险。后来，永顺府知府张修府在堵御"粤逆"的过程中，除了向上级要钱、要兵、要粮以外，也没有其他更好的办法。如张修府在后来给上级的请示中就反复提及需要增兵增饷的情况。虽然永顺全境只有一协官兵，但守御地方的职责仍在，按《大清律例·兵律》规定："凡守边将领，担忧缺乏取索军器钱粮等物，须要差人一行布政司，一申督抚、将军、提镇，再差人转行合干部分，及具缺少应用奏本实封御前。……若稽缓不即奏闻，及边将于各处衙门不行依式申报者，并杖一百，罢职不叙。因不申奏，以致临敌缺乏而失误军机者，斩监候。"正是这个原因，张修府只能在给上级的禀报中多次催促拨兵拨饷。

不过，兵刑法秩序的网格化对统治阶级也并非毫无益处，因为所属辖区的静态化管理，所以外部人员进入本辖区内时容易识别出来。《大清律例兵律·关津》中有"盘诘奸细"律，对辖区内外人员的流动进行严格限制，律文云："凡缘边关塞，及腹里地面，但有境内奸细，走透消息于外人，及境外奸细入境内探听事情者，盘获到官，须要鞫问接引（入内），起谋（出外）之人，得实，（不分首从），皆斩（监候）。"[①] 湘西苗疆从地理上看，属于中国腹地，自然适用本条。另外，所谓"边关""边塞"或者"边城"，在封建时代并不是完全从地理上划分，只要是接受儒家礼仪教化，虽然地处偏远仍然是内地，反之如果不接受礼仪教化，虽然地理上在内地，也会被视为边地。某地究竟是边地还是内地，参考的是与中央王朝代表的儒家文明的文化距离。张修府曾感叹"治郡难，治边郡尤难"，永顺府虽出湘鄂川交界处地理上属于内地，但因风俗习惯语言都与内地有很大不同，实际也属于文化上的"边地"，所以对外来人员十分敏感，张修府查获太平军细作也有这方面原因，其禀云：

经卑府督率员绅静镇布置，昼夜巡查，叠次弩获奸细向志金、王茂良、

---

① 徐本，三泰．大清律例：卷二十·兵律·关津 [M]．北京：法律出版社，1998：331.

朱其兴，讯明正法，人心赖以稍定。①

因为永顺府兵刑法秩序具有压迫性，这种压迫性又以网格化形式表现出来，如果要查获外来奸细，只需对永顺府郡城进行静态化管理，其法大致是由地方士绅带头，以户为单位，由户主管束家人，无论白天黑夜都足不出户，接着全城进行戒严并关闭集市，因为本地老百姓可以自给自足，外来奸细无法做到，总是要睡觉和吃饭的，故重点查访本地客栈和餐馆那些面生的可疑人员即可。用这种方法，还真查出了几名太平军的探子，反过来还可以从奸细那里获得太平军的动向和部署情况，不仅减少了敌方的情报还增加了官府的情报来源，自然能够安定地方人心。

除上述制约性和压迫性外，永顺府兵刑法秩序还具有公摊性。湘西苗疆南部乾、永、凤、古四厅的军屯体系是自给自足，即使苗民造反也可由屯丁自己维持地方公共安全。但是由于永顺府兵刑体系的制约性和压迫性，导致永顺府仅靠自身对发生在辖区境内的危害公共安全的造反势力是难以摆平的，网格化管理只能在情报上占有一定优势，真正要守护一方安宁还需要其他地方合兵，这等于是将一处的地方公共安全事务摊派给周边数个地方。仍以1862年的石达开这次"流窜"为例，龙山县县令王汝惺在得知"教匪"攻占重庆黔江县城时先将自己家眷移出龙山县城住于乡间，后来是被愤怒的乡民拦回才重新入城，其结果是城内秩序不战自乱，该县县官不仅提前将家眷移送出城，同时自己也"擅离职守"，在没有经过上级同意的情况下就准备自行跑到省城长沙避祸。

以当时情形论，石达开部虽然还没有进入龙山县境内，但是王县令手上没有兵，仅凭龙山县临时募集的数百丁勇对阵石达开数万太平军实在是难以招架。因此唯一能保障地方安全的手段就是向上级汇报请求增兵增粮，上级也只能从其他地方调兵，后来张修府的做法也是如此，张修府禀报云：

敬禀者自来凤股匪攻扑龙山，卑府思将该县军情及郡城防堵事宜陈意

———————————

① 张修府.溪州官牍：甲集[M]//谭必友，贾仲益.湘西苗疆珍稀民族史料集成：第21册.北京：学苑出版社，2013：409.

宪鉴，并请饬发兵饷军火在案日。连日接据张协将函开王署令汝惺禀报，该逆仍踞来凤所掠。来龙各乡钱米悉运入城，城外沿河旗鼓寨螺蛳滩等地方扎有贼营数座，以积雨水涨未能渡河。问探知黔江咸丰，大股之贼广集来凤，协从日多欲窜永顺永定，又闻四川郎总镇带领兵丁扎分水岭，酉阳州王牧督率勇驻梅子关，均俟楚南北合兵会剿。我兵之在龙山者永顺协兵百余团勇二百余，兼旬因守众力稍疲张协将商令刘游击元魁所带镇筸兵三百并招镇筸勇二百赞助守城。其北门外一带仅有熊参将与柏捷勇五百，张屯备仁杰练勇二百择要立营。尚须添兵进剿至奉拨饷银二千两，按日支销亦难持久。业由王署令请拨兵添饷等语。①

　　要防守龙山县城，仅凭永顺一协绿营兵百余兵力是远远不够的，因此永顺府又从地方募集丁勇二百余人，这样永顺府自身能够出动的兵力就是三百余人。另外，永顺府之前向上级报告增兵，于是就有从湘西苗疆南部凤凰直隶厅的镇筸镇过来增援的绿营兵三百和屯丁二百，不过镇筸镇兵丁的战斗力较永顺协强，永顺府也承认镇筸镇兵丁是精锐部队。熊参将和张屯备分别带来的丁勇也是从苗疆南部的永绥直隶厅北上增援的屯丁。除湘西兵丁之外，四川省酉阳州方面也有部队进占西边的险要关口，再加上湖北本省的兵马，所以基本是一郡闹匪患，诸郡出兵支援，一省闹匪患，数省来摊派，最后结果往往是一地鸡毛，这样就很难保障军事效率。

　　不仅军事如此，就连发生在本地境内的带有公共安全性质的刑事案件，也需要其他地方的军事支援。因在湘西的十万大山，杀人越货者一旦逃入山林往往很难查获，有甚者聚众成群成为土匪，大量的刑事案件被积压，难以破获，如果动用绿营兵一来手续麻烦，二来成本较大，为弥补绿营体系的不足，永顺府也只好着手建立自己的以乡勇为主体的民兵体系。

　　2. 乡勇体系

　　相对于绿营体系，乡勇体系更具有灵活性。尤其是在应对危害公共安

---

① 张修府. 溪州官牍：甲集 [M]// 谭必友，贾仲益. 湘西苗疆珍稀民族史料集成：第 21 册. 北京：学苑出版社，2013：408.

全的刑事犯罪方面。《大清律例》对聚众型犯罪制裁甚严，是作为行为犯，当作"十恶"之一的谋叛对待的，有乾隆五年相关条例云："凡异姓人歃血订盟，焚表结拜弟兄，不分人数多寡，照谋叛未行律，为首者，拟绞监候。其无歃血盟誓焚表事情，止结拜弟兄，为首者，杖一百；为从者，各减一等。"从例文可知，在清代内地如有甲乙丙三异姓人读了《三国演义》，要学刘关张桃园结义，那毫无疑问是谋叛罪按绞监候处理，虽清代多有修例，但在打击聚众行为方面向来是不会放松的。然而永顺府由于地处边地，处理的方法和律甚至条例又有所不同，试看一禀：

奉前抚宪毛扎饬查办会匪以靖内奸等因，奉此伏查永顺所属此风尚稀，惟龙山自前岁被贼窜扰后，城乡恶少结盟拜会者甚多。匪首舒立志而炎炎之势已渐燎原。卑府修府与职员元龄早有访闻。去冬曾密商李前令以菁查拏未获，复饬朱典史设法诱至兹。卑府赴龙督办防务，密询朱典史业将该匪委屈羁縻，诱令带勇当即饬拏讯明，就地正法。一面会同职员元龄密访他属，务期有犯必惩，一面出示晓谕解散协从。当次多事之秋，不得不先清内患，尤不敢罗织牵连，使人人自危别生事故，藉副宪台绥靖边陲之至意。①

按《大清律例》的相关规定，舒立志作为匪首搞"结盟拜会"，其行为已经构成"谋叛未行"。对此，地方官有查拿义务，如果地方官不受理、不缉拿导致盗贼四起抄掠横行，则地方文武官员都要革职并从重论处。在该案中，永顺府丝毫不敢怠慢，但具体做法并未完全按照《大清律例》的条文机械行事，而是充分考虑到永顺府的实际情况作出有弹性的处理。如严格按照条例处理，则相关聚众者无论首犯从犯，一律按"谋叛未行"处以绞监候，但是永顺府本地的一般聚众犯罪和太平军以西洋宗教形式的组织不同，所以只处理"匪首"舒立志，处理方式是"就地正法"。若严格按律例的规定，永顺府是没有权力直接"就地正法"的，正常的死刑重案，

---

① 张修府.溪州官牍：甲集 [M]// 谭必友，贾仲益.湘西苗疆珍稀民族史料集成：第 21 册.北京：学苑出版社，2013：423.

由州县初审然后逐级审转复核，由督抚向皇帝具题，最终由"三法司"核拟再具奏皇帝。刑罚轻重又有边内之别，永顺府临时处理并不违背《大清律例》的精神，这也是一种"衡平"的法律方法。另外，对其他协从者仅是"出示晓谕解散"。地方官在给涉罪者定性量刑时，需要考虑地方政治的稳定性，这样的原则对法律规则具有适用上的优先性。

下一个问题是，永顺府对不涉及重大公共安全的普通刑事犯罪是否按照内地模式和大清律例的法律条文进行处理。

因为永顺府地处苗疆，查拿犯人的成本很高，下辖各县都有大量积案，虽然尚不构成重大公共安全事件，但是凶杀、窃盗和抢劫等犯罪尤为猖獗，张修府在咸丰十一年（1861 年）给上级的禀报中提及了永顺府下四县的积案：

前永顺县孙翘泽造报未获缉凶命案四十三件，窃案四件，刨窃尸衣案二件；保靖县汤铸铭造报未获缉凶命案十件，抢案一件，拐案一件，又宋长安殴伤王帼帧身死，凶犯脱逃，已开二参在案；前龙山县李炽福造报未获缉凶命案二十件，抢案四件，窃案十一件，拐案一件；前桑植县恩荣造报未获缉凶命案十八件，拐案一件。①

显然，此处所谓积案是超过办案期限的陈年旧案。《大清律例》对各类不同刑事案件的办案期限做了规定，"盗贼捕限律"律文规定：凡是抓捕强、窃盗贼，以事发报官之日为起算点，限期一月内捕获，如果当差的捕役、汛兵超过期限未能捕获者，要受笞罚并减少俸禄，抓捕杀人凶手的办案期限和抓捕强盗的期限一致。对该类案件的审理期限《大清律例》亦有规定："直隶各省审理人命，及抢夺、发掘坟墓事件，定限六个月；盗案，定限一年。……府、州、县自理案件，俱限二十日审结。"这是内地此类案件的缉凶期限和审理期限。

但是苗疆地方的缉凶期限和审理期限都和内地不同，《大清律例》云：

---

① 张修府.溪州官牍：甲集 [M]// 谭必友，贾仲益.湘西苗疆珍稀民族史料集成：第 21 册.北京：学苑出版社，2013：401.

"苗蛮地方，一有失事，该防汛即带兵追捕，地方官即差役严拿，一面申报上司，并移会邻近营汛，协办穷追。"[①] 这就是说，在湘西苗疆追捕凶犯，并没有规定追捕的期限，只要尽力追捕即可，这和内地一个月的追捕期限完全不同，就地方实际情形进行变通，这是该例的主要精神。就审理期限而言，"凡承审土苗案件，俱以获犯到官日为始，盗案限一年；命案、窃案限六个月；杂件，限四个月。限满不结，照例咨参。"[②] 清廷在中后期的修例中，变动不大。具体到同治元年（1862年）的永顺府，其下辖之永顺、保靖、龙山、桑植四县都有大量积案，而命案占到大半以上，如果遵照内地仅由衙役缉按凶期限办案，实在难以想象。因此在实际办案中，永顺府还经常抽调乡勇和绿营军协同，易言之，地方军事力量是地方办理重大刑事案件的中坚力量，有案为证：

> 龙山县落塔里民田占梅曾充县役扰害良民，历控有案，其妻向氏，初嫁田显忠，尝以窝窃事发迁怒报信之人，殴断田玉科足，割去向自甲舌，挖瞎向大松双目，均有县案可稽，迨显忠因案在押病故，再醮占梅，同恶相济，昼夜聚赌惯窃耕牛，容留川省游民多人，结交红黑匪党与哥老会众声息相通。卑府正在饬拏间接准黄绅移会，派年曹永怀、彭肇贤带勇八名来郡，当即遴派府役并面商永顺协陈副将添拨牟兵协同义从营牟勇密拏到案。严讯各情供认不讳……伏查该民田占梅始终怙恶，其妻向氏凶暴残忍，实当与众共弃，且恐哥老会匪勾结别生事端，业于本月初六就地正法示众。[③]

在将凶手田占梅缉拿到位后，就是审理的问题了，如上述重大刑事案件，永顺府在保障《大清律例》的精神的基础上进行了变通，一是协调永顺协出兵缉拿案犯，二是查明案犯身份后先斩后奏。在湘西苗疆除了外来流寇和本地土匪之外，"哥老会"也是永顺府重点防范和打击的秘密组织。这对地方来说，是最为经济省力的做法，无论堵截太平军也好，查拿本地

① 徐本，三泰. 大清律例：卷三十五·刑律·捕亡 [M]. 北京：法律出版社，1998：557.
② 徐本，三泰. 大清律例：卷三十五·刑律·捕亡 [M]. 北京：法律出版社，1998：554.
③ 张修府. 溪州官牍：甲集 [M]// 谭必友，贾仲益. 湘西苗疆珍稀民族史料集成：第21册. 北京：学苑出版社，2013：427.

土匪和"哥老会"也罢,都需要财政支出,这就涉及永顺府的财税法相关法律规范及其秩序了。

(二)财税法秩序

地方财税法秩序是支持兵刑法秩序的基础,通过收取农业税支持地方兵刑法秩序,两者维持一个相对静态的循环和法律社会秩序。在乾嘉苗民起义后,永顺府的财税状况和乾、永、凤、古四厅的自给自足不同,一直处在入不敷出的境地。

按《大清户部则例》的规定,湘西苗疆各县各厅需要给朝廷缴纳的税赋是有定额的,朝廷时常减免苗疆赋税。但由于永顺府辖区内山多田少,老百姓一年到头只能混个温饱,又因为地处偏僻道路艰险,外地粮食很少运进永顺府,本地特产也很难运出去,只有乡民在有余粮时用肩挑到城里零星销售,商品经济并不发达。这就使得永顺府的税收一直以粮食这种实物税为主,而财政情况一直维系在一个不断重复的低水平的平衡状态,实际上和土司时代没有太大差别。如再考虑天时不利粮食歉收,基本就是入不敷出,所以历任永顺府知府都对种粮勤加劝谕,同时以"劝示"的法律形式对种粮加以督导。要保障地方财税收支平衡,无非是两个办法,一是开辟农田,二是在现有农田的数量上提高产量。而永顺府山多田少,只能在提高亩产上进行突破,即对粮食种植方式进行改进,从一年一熟提升至一年两熟,种植荞麦等杂粮待来年夏天成熟收割,来年春天照常插秧等秋天成熟收割,这不仅是江浙一带的种粮惯例,也使得永顺府合《大清律例》的规定。

乾隆五年的《大清律例》"收粮违限"律对收粮的种类和期限都有明文规定,清代收取粮食税分夏税和秋税,夏税收麦子,所收的麦子要在农历五月十五日至七月底缴纳到官仓;秋税收秋粮,所收的秋粮要在农历十月初一到十二月底缴纳到官仓,开仓的时间不能推迟但可以提前。另外,清廷还设有粮官或者吏典负责税收征管工作,粮官和吏典再将任务压实到各里里长头上,欠粮户少缴了10%的税粮就要杖六十,少缴税粮每增加

10% 就加十杖，加到一百为止。

然而在永顺府的实际操作中，收粮超过期限可能是一种经常存在的情况，有案例为证：

> 据该县民人彭正华、彭启金等具控粮书范必麟违例苛索一案，本府提集研讯彭启金、彭正华等供，范必麟加索串价，每张二百四十文。该书则称同治元年八月开征本年秋粮，带征咸丰十一年民欠以两年并作一年。是以票钱加倍，并非额外浮收，并诉彭正华、彭启金等图抗，十一年正供聚众抢去五年粮册一本等情。两造各执一词，都无确证。事关国课，案涉吏胥，即应查明确实方成信谳。……溯查该县于咸丰四年经兆升任，示定每张八十文，自应照准划一办理。惟各里距城远近不同，今昔情形或异，并仰该代令将十六里中票钱多寡一体查明。……此案虽微，实关龙邑全局，即清蠹弊兼弭刁风。于该代令有厚望，切切特札。[①]

该案是一起典型的互控案件，控诉的双方分别是龙山县民彭启金、彭正华以及龙山县的粮官范必麟。古代粮官收粮和现代税务部门一样，都出具定额"发票"，即要给出收据作为收税的凭证，每张收据上记载固定的税额。税额折合成铜钱计算，因清代缴纳之粮属于财产税，以土地作为纳税依据，收纳当年产出的10%，一亩地缴纳一石（大约30斤），一石米折银一两，即铜钱一千文。永顺府因土地贫瘠，不收春税只收秋税，秋粮入仓后由政府向纳户出具"票钱"作为纳税凭证。咸丰年间的"票钱"类似于定额发票，在永顺府有三种面额，第一种是面额八十文，第二种是面额一百六十文，第三种是面额二百四十文。彭氏控诉粮官苛征粮食，范必麟反控彭氏等抗粮，并解释之所以多收税款是要补齐上年即咸丰十一年（1861年）纳户应缴而未缴之税粮。可见，永顺府地方税收未必完全按律文规定时间完成。

一旦无法按时完成税收，地方财政便捉襟见肘，在永顺府和上下级之

---

① 张修府.溪州官牍：甲集 [M]// 谭必友，贾仲益.湘西苗疆珍稀民族史料集成：第 21 册.北京：学苑出版社，2013：441.

间的公文往来中，强调地方财政困难的禀报占到一大半，最常见的就是缺粮、缺钱、缺饷、缺军需，恳请上级考虑地方财政情况拨款之类型的禀报。

由于咸丰末年同治初年南方正值战乱，所以上级财政也是困难，地方政府的亏空只能依靠本地捐输和向外地借款。

所谓捐输，本质与嘉庆初年傅鼐在南部四厅推行的"均田"一致，就是地方政府找到地主士绅大户人家要求进行的募捐，用来弥补地方财政亏空。捐户先认捐一定额度，在实际捐输到位后再由政府发给捐户功牌或者给予印收的做法。"功牌"是清朝统治阶级为鼓励官兵建功立业而特授给有功将士的一种荣誉证明，起初只授予官兵，但进入19世纪中后期，清廷对内要镇压太平军，对外连续割地赔款，在经济上捉襟见肘，入不敷出，于是只能鼓励地方绅民捐资助饷，以应急之用，永顺府也不例外，有案为证：

去年十月十五日准王署令移开军饷紧急，请即前往哥里劝谕捐输，一有成数或给功牌或给印收，俟奉到部照再行更换等因。并移送空白印收功牌各一百张到学。卑职随即……往南乡一带设局劝捐。照捐数之多少分别给予印收功牌……洗罗、洛塔、董铺各里共捐市钱六千八百一十九串八百文。……①

在清代，法定一串钱如果不考虑银价波动，折银一两，此次在龙山洗罗等三里募集的捐款是六千八百一十九串八百文，应当折银六千八百一十九两八钱，龙山一邑不过是武陵山区小县，三里地方不到县城一半，之所以能够募集到这么多银两，关键还是"功牌"起了作用。因为此时的功牌已经不仅仅是军功荣誉证书了，也开始具有政治属性和金融属性。所谓政治属性就是将功牌和官员提拔挂钩，捐输由永顺府记录在案，太平军石达开部进占湘西时，永顺府很多官吏阵亡或者逃亡，于是就有官吏出缺名额，谁捐输越多证明功劳就越大，在官吏出缺时就可以优先考虑提拔。所谓金融属性其实与做官的预期是挂钩的，此种功牌类似于后世出现的国债，国债是政府以其信用

---

① 张修府.溪州官牍：丙集[M]//谭必友，贾仲益.湘西苗疆珍稀民族史料集成：第21册.北京：学苑出版社，2013：414.

为基础，通过向社会筹集资金所形成的约定到期还款付息的有价证券，功牌是一种变相的国债，功牌同样是以地方政府的信用为基础，通过永顺府向辖区内的士绅大户发行。虽说政府和地方士绅之间是一种变相的债权债务关系，但在当时条件下也没有更好的办法。

当然，这种捐输也是一种变相的税收，具有强制性，即认捐之后是不能输反悔的，由地方政府暴力机关作为强制力的担保。可见，捐输的事情不捐也得捐。除捐输外，永顺府还通过向周边地区借款弥补财政亏空。而一个地方的还款能力是与该地方的物质产出及其交易流量成正比的，这种能力不以地方官的能力品质为转移。如果仍是土司时期那种相对静态的社会，其产品就不能流入南方水运系统（即南方商品交易系统），再加上当时永顺府地处偏僻和太平军起义，要将永顺府这种半封闭的地区纳入全国的商品交易循环中非常困难。

一个地方想要富足，通常需要具备两种要素，一是地方本身的物质产出足够丰富，量足够大；二是可以凭借商路将本地特产进行远距离的商品投送。如果两个条件都没有形成，只能维系地方的低水平循环，这种低水平循环无论是在苗疆南部的乾、凤、永、古厅还是在北部的永顺府都是一直存在的。

永顺府的财税法秩序，只能在低产出的前提下维持低水平的收支平衡。即收成好的时候靠天吃饭，基本维系收支平衡，收成不好或者遇到战乱，地方财政会入不敷出，地方政府为弥补财政亏空会允许本地士绅通过捐输的方式获得官职。而通过捐输做官的这批人，之后就想着利用职权将之前的付出挣回来，除了压榨永顺府内的老百姓没有其他路径选择，结果只能是激化地方社会矛盾，这也是后来永顺府匪患日益严重的原因。如果说在改土归流后的 18 世纪，苗疆北部的治安秩序优于南部，则在乾嘉苗变后的 19 世纪中后期，湘西苗疆治安不稳定地区已经从南部的苗族聚集区转移到北部土家族聚集区了，这中间就有财税支绌的原因。

总之，就法律规范体系而言，中央王朝制定法可以在永顺府全域适用，基本和内地没有差别，但在法律适用层面仍然会考虑地方特殊性进行一定变通。

这一时期的土家族社会，已经和汉族地区没有太大区别。一个土家族男子要娶妻子，需遵守婚礼写好婚书准备聘礼，家庭组成后，需要以户为单位向国家缴纳赋税。土家族人服从里长和甲长的指挥，地方官府以上缴的税收和国家拨款维系地方公共安全，但因为地瘠民贫需要中央王朝不断"反哺"。男子在家庭中开始占据主导位置，如果有多余产出可以让家里的孩子上学校念书，为家族谋取好的出路，且耕且读的传统在苗疆北部四县逐步形成。

第三节　家族法与国家法的第三次同构与解体

家族法与国家法的第三次同构是建立在儒家的理性主义意识形态基础上的。这并不是说此阶段不需要法律权威和规则，相反，权威和规则一直是推进湘西苗疆内地化的前提和保障，区别仅在于权威、经验和理性在三个时段的占比有所不同。湘西苗疆的苗族人和土家族人，都经历了巫觋文化到祭祀文化再到礼教文化的过程，其本质便是韦伯所谓的"去巫除魅"的过程，也即巫术逐渐被理性替代的过程。

土司时代的苗族社会主要是巫觋文化兼不太发达的祭祀文化，土家族社会则主要是祭祀文化兼业已衰落的巫觋文化，家国同构的法律秩序是通过自然神或者祖先神的权威维系的，苗族人和土家族人的社会身份是一定宗族范围内的战士与农夫的结合体，这是"法律权威的同构"。

改土归流后，苗族社会主要是巫觋文化和不太发达的礼教文化，土家族社会主要是祭祀文化和相对发达的礼教文化，家国同构的法律秩序通过政治神与祖先神或者自然神的结合实现，以"法律拟制""法律衡平"和"法律创设"为标准的法律技术和方法在该秩序的形成过程中起着关键作用，在法律规则、原则和政策的共同作用下，苗族人和土家族人的社会身份从耕战一体的宗族成员演化为小农私有制的地主、自耕农或者佃农，最终形成了"法律规范的同构"。

乾嘉苗民起义后，随着中央王朝不断强化严刑峻法和礼仪教化，礼教文化已经成为苗族社会和土家族社会的主流文化，政治神在很大程度上替代了自然神和祖先神，制定法替代法律方法在维系社会秩序中起主导作用，建立在儒家人文理性基础上的崭新的稳定的家国同构秩序开始形成，这是"法律精神的同构"。

一、第三次同构：法律精神的同构

乾嘉苗民起义后的湘西苗疆，形成了新的家国同构的法律秩序。从家族法秩序层面看，儒家的意识形态已经全面渗入家族法秩序中。从国家法层面看，苗族人是以民族共同体的方式成为屯政体系的佃农的，是作为国家法秩序中的社会底层融入该秩序中的，苗族人既是地方屯政税收的来源，又是屯政秩序要统治的对象。土家族人则是以家庭为单位通过里甲这样的邻里共同体向国家纳税，永顺府建立了完善的里甲制度和民兵体系，在国家奖励农耕的基础上，一个士人阶层在土家族社会出现了。

（一）严刑峻法的理性化

乾嘉苗民起义后的湘西苗疆，随着屯田体系的完备，立法活动日趋减少，中央王朝的制定法如《苗疆善后章程》及《苗疆经久章程》在湘西苗疆直接适用并得以稳定，不需要再借助法律拟制和衡平等手段。制定法得以直接实施，也是苗族社会日益儒家化的过程。需要注意的是，自《唐律疏议》始，此后历代法典均是礼法融合的产物，虽然《大清律例》是制定法，但其以礼仪教化为正教之本。与18世纪的严刑峻法体现出的弹性不同，19世纪的制定法本身就是礼仪教化的体现，它的伦理化说明礼仪规范已经深入湘西苗疆的方方面面。法律的伦理化或者道德化是通过去巫除魅完成的。

虽然苗族没有发展出成熟的祭祀文化，却有很发达的巫觋文化。湘西苗族人历来信巫崇鬼，而"椎牛"又是湘西苗族最隆重、最盛大的祭祀典礼，是神秘主义和巫觋文化的象征。"椎牛"仪式完成之后苗族人要吃牛肉，所以"椎牛"也叫"吃牛"或者"吃鼓脏"。"吃牛"之前要先许愿。初用口许，或为免灾，或为求子，或为除病，继而请苗觋用黄牛许，叫作"押彩"。觋师点燃烛香，摇金铃，摆酒肉，虔诚地告知神灵，由觋师念神辞（即咒语）。神辞是苗觋与鬼神接洽的秘诀。苗巫神辞，全凭口传，因为姓氏的不同，"椎牛"的神辞也不同，吴、龙、廖、石、麻五大姓为一种，杨姓又为另外一种。此外，苗族人还根据牛死亡前倒地的方向来判断所求之事的凶吉。每种活动都带有特定的仪式，而对于苗族人丰富多彩的精神世界，清廷的地方官都一概以为系迷信活动而加以禁止，嘉庆十二年（1807年）湖南巡抚景安奏议：

> 苗人生长边荒，多疑畏鬼。凡遇疾病灾害，则必延师，私宰耕牛，聚众禳解，名为做鬼。及至秋冬，淫祀繁兴。小则附近寨落，百十为群；大则聚集邻省苗人，盈千累万。巫师妄言祸福，以惑愚顽。从前癫苗滋事，皆从此起。且每岁秋成，必将所蓄耕牛恣行宰杀，次牛耕作则又称贷买牛。遂至穷困，流而为匪。是椎牛祭鬼，实为苗害。①

自乾嘉苗变后，清廷有意识地通过法律规范来改变苗族的巫觋文化。礼教文化体现的"理性"是中国传统法律的特质，礼仪之"礼"与理性之"理"本无不同，"礼"是能为人所认识的天理，王阳明说："'礼'字即是'理'字，'理'之发见，可见者谓之'文'；'文'之隐微，不可见者谓之'理'，只是一物。"②正如"巫性"是苗族习惯法的特质一样，"理性"是通过中央王朝制定法的特质，其过程与希伯来人用律法"去巫除魅"以及土司时代以土家族贵族的"赏罚"来去除土俗中的"巫性"基本相同。湘西苗疆"去巫除魅"的第一处表现就是以立法的形式禁止"椎牛祭祖"，湖南巡抚景安主张通过制定法以"去巫"：

> 前据道禀陈，饬令善为谕禁。现据详复，于上年剀切开导，众苗均知从前之所为，实属无益有损，现各悔悟凛从，巫师亦皆改业。既可杜其煽惑之渐，而一岁之内，已全活耕牛数万头，于苗人农功生机更为宽裕。是

---

① 佚名.苗疆屯防实录：卷八·奏详各案 [M].伍新福，校.长沙：岳麓书社，2012：190.

② 王守仁.卷一·语录一 [M]// 王守仁.王阳明集：上册.北京：中华书局，2016：6.

此时，苗情风俗又为之一变。诚恐查察稍疏，或致故智复萌。奴才现在申明例禁，专责苗牟实力稽查。嗣后如有私制枪械，及重兴淫祀，立时拿究。该管苗牟知而不报，分别治罪。地方文武官牟，失于觉察，照例议处。①

法律社会秩序的嬗变是一个政治权力的转移过程，鬼神的权威逐渐让位于大经大法的权威，实际上是让位于君主及其在苗疆的代理人了，一句话，"自然神"彻底让位于"政治神"了，地方流官成了苗族人真真正正的土皇帝和活着的神明。

"去巫除魅"和"理性化"是韦伯提出的概念，他认为"理性的技术和法律对经济的理性主义发展具有一定的决定作用，但人们却可以凭借自身能力的气质，采取一些实际的理性行为，这些理性行为，以往就一直受着宗教等各种神秘力量以及以这些力量为基础的涉及责任的道德伦理的影响"②。可见，在韦伯看来，"理性化"是作为"巫术"的对立面存在的，一个民族对"巫术"的破除程度与理性化的程度是成正比关系的，而各个民族在不同的文化模式下，其理性化的表现形式和路径则各有不同。

由于湘西苗族的巫觋文化根深蒂固，在乾嘉苗民起义后，严刑峻法就是推动经济的理性主义得以实现的方式。以傅鼐、景安为代表的地方官都非常重视农业生产，而耕牛又是封建社会重要的生产工具之一，故对苗民私自进行"椎牛祭"宰杀耕牛者一律处以重罚。以傅鼐为代表的地方流官的任务不是要将物质条件抛诸脑后，而是要将现有生产资料组织起来，去谋求地方经济的最大产出。自从嘉庆十一年（1807年）禁椎谕施行起，按照湖南巡抚景安的说法，湘西的"众苗均知从前之所为，实属无益有损，现各悔悟凛从，巫师亦皆改业。……而一岁之内，已全活耕牛数万头，于苗人农功生机更为宽裕"③。当然，这里不排除景安有夸张的成分，但相信即使有夸张也必然是以事实为基础的。"椎牛祭"在禁令出台后已经减少了很多，用景安本人的话说苗民已经渐渐开化了，已经开始懂得理性地

① 佚名.苗疆屯防实录：卷八·奏详各案 [M].伍新福，校.长沙：岳麓书社，2012：190-191.
② [德]韦伯.新教伦理与资本主义精神 [M].郑志勇，译.南昌：江西人民出版社，2010：7.
③ 佚名.苗疆屯防实录：卷八·奏详各案 [M].长沙：岳麓书社，2012：191.

思考生产的损益问题了，而全活的耕牛为农业生产提供了稳定的经济基础，使得苗族人的生活水平比以前提高了不少，这是儒家的"理性主义"对苗族"神秘主义"的胜利。这种法律规范是符合功利主义原则的，产生了"以汉化苗"的效果。此过程中，地方流官不断推进着湘西苗疆法律秩序的理性化进程，主要表现为中央王朝制定法对生苗区的逐步渗透与适用，使得苗族人被动地接受儒家礼教文化。

就苗疆北部的土家族人来说，法律的理性化过程则相对温和，传统的祭祀文化也渐渐为礼教文化所取代，而流官颁布的制定法起到了关键作用。相比较于苗族人，土家族人的宗教观念已经基本脱离了巫觋文化范畴，土家族人以"舍巴节"祭祀本族的祖先，改土归流后的土家族人也祭祀外来的神祇，其中有佛教道教的正神，也有被官府严厉打击的邪神。永顺府曾经颁布檄示禁止祭祀"五通神"，并将五通神列为邪神，① 成为地方流官重点整治和禁祭的对象。

土家族社会自土司时代起就有比较发达的祭祀文化，主要是祭祀祖先神，而五通神作为一种外来神应当是随着汉民进入湘西苗疆的。不过，地方流官认为祭祀邪神或者进行宗教活动都是不利于地方流官统治秩序稳定的，对佛教和道教同样应加以禁止或者限制。

永顺府的流官也不是要禁止所有的祭祀和宗教活动，以毁五通祠后建立万寿行宫的做法看，以皇帝家族为典型代表的政治神祇是可以祭祀的。万寿行宫顾名思义是皇帝行走的宫殿，是指皇帝外出巡视时所居住的地方，在皇帝离开后其下榻的万寿行宫中仍然会供奉皇帝的万岁牌，有时候万寿行宫的居住资格可以扩大到整个宗室觉罗。永顺府远在苗疆，不仅清代皇

---

① "五通神"，又叫"五猖神"，通常认为是横行乡野、喜欢淫人妻女的妖怪、孤魂的通称，并不专指哪一类鬼神。通常塑像五尊以供奉血食，号称"五通"。"五通神"来历复杂，一说指唐时柳州之鬼；一说是朱元璋祭奠战亡者，以五人为一伍；一说为元明时期骚扰江南、烧杀奸淫的倭寇。总之，五通神为一群作恶的野鬼。人们祀之是为免患得福，福来生财，遂当作财神祭之。五通神以偶像形式在江南广受庙祀，在清代为汤斌奏请，清廷掀起毁五通祠的运动，该运动同样也波及湘西苗疆。

帝甚至皇室成员也不太可能来到这么远的地方，因此此处修建万寿行宫的
目的主要有两点：一是每逢皇帝生日，全城文武官员在此举行朝贺典礼；
二是皇帝驾崩，在此设灵致祭为皇帝服丧。总之，万寿行宫是祭祀皇帝及
皇帝祖先的地方。《礼记·大传第十六》记载："礼，不王不禘。王者禘其
祖之所出，以其祖配之。"① 礼仪规范最早出于统治者家族对其祖先的祭
祀活动，包括禘和祖两类，祖是祭祀祖先，禘是祭祀更早的祖先。这类祭
祀皇帝祖先的活动就是礼的行为规范，重视皇权的同时也重视父权。孟德
斯鸠曾注意到中国人具有将宗教、法律、习惯和风俗融为一体的传统，在《论
法的精神》中，他论述道："敬重父亲就必然与敬重所有可以视同父亲的
人相关，诸如长者、老师、官员、皇帝。对父亲的敬重意味着父亲以关爱
回报子女。与此同理，长者以关爱回报幼者，官员以关爱回报下属，皇帝
以关爱回报臣民。所有这一切构成礼仪，礼仪则构成民族的普遍精神。"②
因此，永顺府的地方流官是有意识地将土家族传统的祭祀文化向儒家的礼
仪教化方向引导。

另外，地方流官不仅允许祭祀皇帝，还允许祭祀大儒，在永顺府就有
为朱熹立祠的做法，有《移建朱文公祠记》为证：

匹夫而为百世师，一言而为天下法。孔孟以后昌黎韩子其庶几乎，要惟
朱文公足当此而无愧，潭州讲学之所流风余勋阅七百余岁犹有存者。宜祠宇
之盛甲他省，溪州归化仅百余年，乃高山景行之慕，亦知尊奉而禋祀焉。信
乎秉彝好德之同然，而忠信笃敬可行于蛮貘矣。祠在南关三里许培英塔之左。③

儒家及接受儒家教育的官宦都注重文化教养，以求在精神上摆脱野蛮状
态，强调控制欲望、保持礼仪风度、谨慎言行举止，而排斥神秘主义，故地
方流官严禁苗族人椎牛。土家族的祭祀和苗族不同，很少借助符咒等巫术力
量，更多是通过设立祭坛通过献祭和祈祷方式以求福报，而设立万寿行宫和

---

① 佚名.礼记：大传第十六 [M]// 孟子，等.四书五经.北京：中华书局，2009：374.

② [法] 孟德斯鸠.论法的精神 [M] 许明龙，译.北京：商务印书馆，2016：367.

③ 张修府.溪州官牍：丁集 [M]// 谭必友，贾仲益.湘西苗疆珍稀民族史料集成：第 21 册.北京：
学苑出版社，2013：502.

朱熹祠堂等方式正好迎合了土家族人的祭祀传统，将土家族人对祭祀神灵求福的关注逐渐转移为对读书以改变命运的关注上来，使得土家族人明白这样做的好处。

地方流官通过制定法禁止"淫祀"，其目的还在于减少宗教形式的聚众行为，以有利于地方官统治。要维护法律秩序的稳定，首先就要最大限度地防止和减少社会矛盾，于是"定纷止争"也就成了礼仪教化在司法上的表现方式，而息讼宣教则自然成了实现"定纷止争"的首选方法。只要不是涉及苗疆社会秩序稳定的案件，地方官能不管的尽量不管。因此，乾嘉苗变后的湘西苗疆，以《大清律例》《苗疆经久章程》为代表的中央王朝制定法是直接适用的，很少通过"衡平"等方式调整，甚至立法也趋于缓慢，司法取代立法成为乾嘉苗变后法律实践的主题。

清嘉庆皇帝十分关注湘西苗疆的司法情况。如嘉庆五年（1800年）嘉庆帝下谕："迅诲安苗之道以镇静。若有汉奸盘剥苗民，必当重惩，勿存邀功之念，亦勿存畏懦之想。有犯必办，无事莫扰。"① 但是，嘉庆皇帝对法律实施的重视是以不触动屯田体系的经济基础为前提条件的，他很清楚屯田体系才是湘西苗疆长治久安的基础。嘉庆十年（1805年），针对湘西苗疆地方官员上奏的裁撤兵勇的请示，嘉庆帝下旨："兵勇应否裁撤，总以苗情安静为庆。节省数月盐粮，殊不足计。"②

道光皇帝也不提倡进行新法创设，而重视法律的实施。他在道光元年（1821年）对地方官上报筹议苗疆事宜一事下旨："湖南苗疆旧定章程，原欲使苗民永远乐业，相安无事。乃近日渐就废弛。如折内所称屯丁缺出，屯官自以随带私人顶充，其屯丁子弟转致失业，日旧必启争端。……稍宽盐禁，以免苗人淡实，亦可量为变通。至差役私入苗寨，本干严禁，应饬厅、县各衙门，实力奉行。"③ 他遵循旧例，对于苗疆地方官的任命，不提倡

---

① 佚名.苗疆屯防实录：卷十七·剿办苗匪下 [M].长沙：岳麓书社，2012：385.

② 佚名.苗疆屯防实录：卷四·抚宪阿奏苗疆均屯告藏会筹经久章程八条 [M].长沙：岳麓书社，2012：91.

③ 佚名.苗疆屯防实录：卷六·筹议苗疆事宜六条 [M].长沙：岳麓书社，2012：141.

搞特殊化，如道光十六年（1836 年）下旨："辰永沅靖道缺，着湖广总督、湖南巡抚，于该省知府内，拣选谙练之员，奏请升补，不得辄以同知请升。"①

清代中后期，随着苗疆社会秩序的稳定，很多法律形式在《大清律例》中得以固定下来，司法就相对活跃起来。地方官在处理案件时候虽尊重苗族习惯法，但对普通刑事案件还是适用官法，而官法又以《大清律例》为根本。尤其在"兵刑合一"的屯防体系完备之后，地方重大的刑事案件都适用官法。但司法只是儒家意识形态对社会治理的高级目标，息讼仍然是地方流官追求的主要政治目标之一。

息讼是对德性的彰显，《礼记·大学》云："听讼吾犹人也，必也使无讼乎？"可见，明德在于知止，秩序的稳定性是湘西苗疆历任地方官追求的首要目标，他们不主张主动受理民事诉讼，达到"无情者不能尽其辞"的目的。乾嘉苗民起义是因土地问题而起，故清廷除对破坏屯田秩序的人如黄金榜之流严惩不贷外，其他涉及婚姻关系、继承关系和债权债务关系等属于"民间细故"范畴的重要"民事诉讼"，厅县即使有权受理并进行审判，也会采取大而化小，小而化了的态度。在国家法不便干预的领域，即留给苗疆寨落的理老来处理，以稳定政府对苗疆的管理秩序。政府鼓励苗族寨落的传统权力去处理相关问题，这就给传统权力留下了大量空间，从而导致了苗族民间习惯法的相对发达及民间理老调解方式的延续。这样的话，法律的道德性就是作为法律秩序稳定性的手段出现的，也即是说，法律的道德性是法律的体系性的产物，法律并非一开始就是具有道德性的。

（二）礼仪教化的加强

除了严刑峻法的理性化外，家国同构法律秩序得以重构的第二种方式是礼仪教化，其影响更为深远。

湘西苗疆历任地方官都力求地方法律秩序的稳定性和渐进性，更直白地说，地方流官希望逐渐实现苗疆的道德教化，强化苗族和土家族的国家认同

---

① 佚名. 苗疆屯防实录：卷十·乾州厅翟声焕题升辰沅道 [M]. 长沙：岳麓书社，2012：252.

感，但是他们又不想以诉讼的方式去实现，至少诉讼方式不能作为主要手段，因为刑罚为政教之用，德礼为政教之本。故礼仪教化这种比较舒缓的方式一直是湘西苗疆地方流官关注的重点，其最显著表现就是理学家所谓的"三纲五常"对苗族和土家族传统家族法秩序和国家法秩序带来的影响。

在家族法层面，苗族和汉族、土家族和汉族之间的婚姻、家庭和寨落秩序都在相互影响，已经是你中有我，我中有你，再也无法分开了。在国家法层面，苗疆南部屯政体系不但为清廷提供了法律控制，也为苗疆推行礼仪教化提供了坚实的经济基础，苗疆北部的里甲共同体成为联系土家族和国家的纽带。改土归流后的散厅时期，地方政府便在苗疆地区兴起了义学并开办书院。乾嘉苗变后，礼教体系的建设成为各厅县的主要政治任务之一，它由学校和考试两部分组成，在此基础上湘西苗疆出现了一个新的社会阶层——儒生。就清代中后期湘西苗疆法律秩序的稳定而言，礼教体系的作用丝毫不亚于兵刑体系。

1. 学校

湘西苗疆南部的学校由义学和书院组成。

苗疆南部苗族聚居区的义学的数量不在少数。义学由礼部直接举办，制度和规模完全掌握在礼部，地方官府没有办学自主权。乾嘉苗变前，湘西苗疆的义学馆共计三十所，其中永绥厅十二所、凤凰厅六所、乾州厅八所、保靖县四所。乾嘉苗变之后，湘西苗疆陆续增加了一百二十所义学馆。这些义学都是建立在屯田财税基础上的，所以义学的运转与苗防屯政息息相关。道光二十七年（1847年），乾州厅苗民因不堪忍受屯租重负，组织"合款"抗租，因为有乾嘉苗民起义的先例，对朝廷震动很大，故道光皇帝为了适当减轻苗民负担，裁汰了嘉庆十五年（1810年）新添的二十所义学馆。

苗疆义学的学制通常较短，学生从入学到肄业，一般只有三年。学生多为苗疆贫寒子弟，包括苗族、汉族和土家族，所教授内容仅限于读书识字等最基础的内容。在嘉庆十五年（1810年）之前，苗疆各厅县的教育机构与内地官学一样，并没有多少学生常驻读书和学习，宣传意义大于实质意义，在校学生仅仅在规定的岁科两试时参与考试而已。为应付更高级别的考试，湘西苗疆各厅县又陆续办了书院。书院主要由苗防屯政支持，是官办民助的教育机构，教育制度和规模都由地方官府控制，办学的主动权要相对大些。永绥厅于雍正十一年（1733年）建绥吉书院，凤凰厅于乾隆十二年（1747年）建敬修书院，乾州厅于乾隆二十一年（1756年）建立诚书院，保靖县于乾隆十二年（1747年）建莲塘书院，古丈坪厅于乾隆四十六年（1781年）建文昌书院。

湘西苗疆地方官府对义学和书院的重视使得湘西苗疆的教育事业有了很大的发展。教育是一项很砸钱但在短期内又难以见到成果的事业，故经费开支对地瘠民贫的湘西苗疆是一项不小的负担。清代文献关于湘西苗疆中有大量欠屯租及减免屯租的记载，但是没有欠教师薪水的记载，由此可见苗疆地方官员对这项工作的重视和执着，所谓再穷不能穷教育，这种风气甚至影响到现在的湘西教育。

地方官针对义学和书院，制定了不同的教师选拔和考核制度，以保证教育的实际效果。首先，在选拔方面，道光十三年（1833年），地方官府在总结二十多年义学运行实际经验后，又专门制定了一个更为详细的管理办法。该办法不但对义学教师的执业资格进行了明文规定，而且明确规定苗义学教师优先考虑由苗族生员担任。为何要对苗义学的师资作出特殊规定呢？官方的意见是"以苗训苗，易教易入"。易言之，苗族人自己的教师，可以对教学产生更为积极的效果。苗义学馆师应先尽苗生充补的选拔制度开创了湘西苗疆民族师资队伍制度化的先河。其次，对教师薪水的发放，采取以田养学的办法，"书院束脩膏火，在于官赎均田，凤凰厅拨给五百亩，永绥厅四百亩，乾州、泸溪、麻阳、保靖四厅县，各三百亩。共需田二千一百亩。屯、苗义学，每馆给稻谷十六石，共需田一千六百亩"[①]。最后，关于教师的考核办法。"至馆师功课勤堕不齐，应令到馆后，将所教学徒姓名，人数，所读何书，按季造册报学。该教官认真抽查，仍于年终甄别一次，以定去留。"教师都是合同制，一般是一年一聘。

---

① 佚名.苗疆屯防实录：卷二十九·学校祭享上[M].长沙：岳麓书社，2012：653.

　　湘西北部土家族聚居区，早在改土归流后就设立了地方义学和书院，每个县都有一个书院。比如永顺县的官办书院就叫崇文书院，这可能和土家族聚居区较早接触礼仪文化具有一定基础有关，因为后来在该书院内种了桂花树，读书时能闻到桂花香，所以被改名为桂香书院。不过咸丰年间永顺知府张修府认为"桂香"对永顺土家族人读书立志来说还是远不如"崇文"二字，所以又被张修府改回崇文书院。张修府是一名典型的具有才子气的地方官，嘉定人，二十五岁就中了进士，他是那个时期永顺府文化素养最高的人，他曾感叹永顺府下四县并不缺有天赋的读书人，而是缺好的老师，为此他曾经以颁布檄示的方式对书院运作和教学成绩的考核进行规制，如《酌定书院条约示》中就规定：

　　士为四民之首。先德行而后文艺。诸生童须事事从本原上做起，本原何在，曰孝、曰弟、曰睦族、曰信友、曰勿蹈恶、曰莫管闲事。事此数者，然后可以为士，亦然后可为文。

　　山长监院戒董兼司。课文仅一日之长，受教有终身之益。诸生童无论是否在院肄业，切须听受约束，违者戒敕。

　　本府每月课期改定初二日。以三八放告，恐赴院稍迟，致生童久候也。

　　课卷分超、特、壹等上中次取，以名次之高下判给谷之多寡。名数谷数亦随时酌定。

　　每课超等上取优嘉奖。均由本府捐廉给发。

　　书院课士虽与各项考试有关，然侥幸习成易坏心术。诸生童词必巳出。

　　本府手自校查，如查有冒名代枪及抄袭雷同诸弊，定即扣除。

　　甄别未到未取者，概不准应课。

　　四子书与五经相表里。故时文本名曰经义，作为以经训为宗。①

　　从上述法律规定看，儒生作为一个阶层在彼时的湘西苗疆土家族聚居区已经出现，并且列为四民之首。此外，地方官在培养儒生的问题上做了

---

① 张修府.溪州官牍：丁集 [M]//谭必友，贾仲益.湘西苗疆珍稀民族史料集成：第 21 册.北京：学苑出版社，2013：447.

很多努力，甚至亲自选定学习内容，亲自定期给学生上课以及参与考核。考核也非常细，按教师的教学内容即四书五经对学生进行全面检查，所考核的学生写的文章，根据文章文理用词分三等，根据名次高低发放物质奖励。这种办法甚至比当代教育考核制度也不遑多让，因为它既不以教师自身所出的学术成果或者教学水平为标准，也不以教师自己实施的考试结果作为教学考核之依据，而是通过对学生的学习情况进行定期跟踪来考核。如果考核合格，则按照内地考试规定进行县试、府试，在一定条件下公费参加省里组织的院试和乡试。

2. 考试

在考试的安排上，清廷对苗族和土家族略有区别，对苗族的优惠力度比土家族更大。其实优惠力度尚在其次，最重要的是中央王朝给了苗族和土家族在社会阶层上的上升空间和法律资格，使得其能更好地融入中央王朝的国家法秩序中。然而，仅是优惠力度也是诚意满满的。

第一，录取名额上有优惠。嘉庆十三年（1808年），湖南巡抚景安与学政李宗瀚联名上奏，请求在乡试中为苗疆士子（即苗疆的汉族）及苗生另编字号取中：

> 苗疆凤凰、乾州、永绥三厅并永顺府之保靖一县僻在边隅，向系改土归流虽设学年久，而凤凰、永绥、保靖两厅一县至今尚未开科，……土著民人并未有能领乡荐者……今丁卯科凤凰、乾州、永绥三厅并保靖一县乡试者为数教增，但苗疆士子鲁朴这多与通省诸生较艺，难以获售。请照四川宁远府另编宁字号之例，数至三十名以上者，另编为"边字号"，于本省额内准取中一名。又该四厅县多系生苗，地险巢深，历来反复无常，迥非永顺、宝庆、靖州及黔粤两省苗人可比。查凤凰、乾州、永绥三厅岁科两试各额进苗童二名，保靖苗童亦附入民籍应试，近科乡试之士亦多未能与通省人才较艺获售，恐阻其向上之心，请将四厅县苗生照台湾府另编至字号之例另编田字号，仍照云南等省顺天乡试另编中皿字号之例于十五名

内额外取中一名。①

礼部准其于应试的汉族和苗族考生人数额外各取中一名，如汉族考生足三十名取举人一名，苗族考生足十五名的取举人一名，这样湘西生员赶赴湖南省乡试就有了"田"与"边"两个字号两条途径，苗族人考"田"字号，苗族聚居区汉人考"边"字号。可见少数民族考试录取政策在清代早已实行，因不如此，"无以坚其向上之心"，这明显是为了笼络苗疆优秀知识分子。然而，这并不意味着清廷不关心苗疆的考生，相反清廷还发布"劝谕"鼓励苗疆士子奋发读书：

衔为谕勉训督子弟力学以图上进事。

照得苗疆各厅县，学校久兴，人文不振。今经本道设立书院、义学，延请师儒训课。如能勉力潜修，自见文风日上。又恐圄于边地，苟能争长文坛。用特禀请抚宪，专折会奏：每逢乡试之年，将凤、永、乾、保四厅县另立字号。如有三十名赴试者，于中即取一名。观光有路，学业宜勤。为此，谕知总散屯长知悉。尔等宜各传谕儒生，教诲子弟，勉务实学，奋志功名，以勿负圣世作人之化，及本道培植斯文之意。则从此，弦诵相闻，联翩桂籍，有厚望焉。此谕。②

乡试中民族优惠的法律政策是成功的，鼓励地方官员将土家族人、苗族人引向厅县学考试。这是民族教育政策的深化，"如有三十名赴试者"就给一个举人名额，这个力度是非常大的。但是，道光皇帝君臣发现，在这项优惠政策实施多年后，仍然没有哪怕一名苗生参加乡试，故道光皇帝怀疑有地方官员勒索苗生以致苗生没有赴考经费的情况，并饬令地方官查明原因。后查明地方官并无勒索情形，之所以没有苗生赶赴乡试，主要是当时有苗生认为自己学业不精，去了怕出丑。与苗族相反，也有不少外地汉族考生因觊觎清代苗疆的民族优惠政策，打起"田"字号的主意，堂而皇之地做起"科举移民"来，故清廷还对这样的"科举移民"进行了严查，试看一例：

---

① 佚名.苗疆屯防实录：卷二十九·学校祭享上 [M]. 长沙：岳麓书社，2012：647-648.

② 佚名.苗疆屯防实录：卷二十九·学校祭享上 [M]. 长沙：岳麓书社，2012：652.

部复占考苗疆贡生唐洪鉴等拨归原籍考试

礼部等部谨奏，为遵旨议奏事。……有乾州、凤凰、永绥、保靖四厅县冒籍及民占苗籍各生，禀请通饬各厅县逐一清查详办，并将乾州厅岁贡生唐洪鉴等，均拨归原籍等因。臣等查：士民籍贯勿许混淆，例禁綦严。况绥靖苗疆，振兴伊始，尤当清厘冒滥，以广皇仁，而昭核实。嘉庆十三年，经臣部议，湖南巡抚景等奏称，将乾州、凤凰、永绥、保靖等处苗疆士子及苗生乡试，另编字号，分别取中。原因该四厅县绅士，均田设卡著有成劳，各苗生等向化读书，宽其等进之途。本为鼓励苗疆地方起见。当经臣部奏明，毋许客民冒占，通行遵照在案。现据该护抚等查明，占籍各生，议今拨归本籍。……将拨贡彭峻修一名、岁贡生唐洪鉴等五名、恩贡生武有文一名、廪生蔡元喜等三名、生员田宏开等二十八名、监生唐洪铭等三名，准其分别拨归各原籍考试。……至廪生雷文孝，系更名冒考，应如所请斥革，令其自回原籍。已故生员向方义等四名，监生彭炤一名、廪生蔡心旭等二名，其子孙拨归原籍考试，以后概不准在厅县考试，以杜蔽混。①

此奏议清道光皇帝批示依议。在苗疆四厅县另编字号额外录取，一则因为苗疆地处偏远，政治、经济和文化上相对内地较为落后，这是一种矫正正义；二则因为在均田防苗的靖边大计中，苗族人还是做了不少牺牲的，另编字号也算是对他们的一点补偿。所以对冒名占用苗族人考试名额的汉族考生均"拨归各原籍考试"，并没有按照内地一般做法严厉处罚，因清廷的目的在于培养苗族聚居区读书的气氛，期待苗族人形成自己的士人阶层。

土家族社会的教化程度比苗族社会更高，早在土司时期，永保土司就积极接触读书出身的仕人，并有意识地向汉族人学习知识文化。改土归流后，基于土家族人考试政策的优惠性，同样出现了大量客户通过购买"学区田"的方式以求获得土家籍的情形，甚至一度出现大规模汉人冒充土家族人参加考试的情况，即在苗族聚居区发生的"科举移民"现象，在土家族聚居区提早了约100年就出现了。随着儒家文化教育的进一步推进，

---

① 佚名.苗疆屯防实录：卷三十·学校祭享中 [M].长沙：岳麓书社，2012：655-666.

一个士人阶层在土家族聚居区渐渐出现，这自然也得益于地方流官的责任心。如《同治永顺府志》记载：

> 士简而质，蓬窗草阁，书声琅然。永顺应童子试者千余人，然地僻而瘠，间有身列胶庠，顿因家计改业者。保靖、龙山士较少，而被服儒雅楚楚不凡，文貌蔚然可观。桑植士习尚朴质，有古朴经负来风，文颇尚理法，其言动不堪雅驯至今。①

从上述材料看，在 19 世纪中后期的湘西苗疆，如果说苗族人只摸到了读书人的门槛，在苗疆北部的永顺府，士则作为一个阶层已经在其下辖四县普遍存在了，不仅如此，各县之士还形成了自己的独特风格。比如永顺县因为土地贫瘠，土家族人以读书作为改变命运的方式，故永顺县的读书人最多；保靖、龙山两县相对富裕，可以买得起漂亮衣服将自己打扮起来成为精致的读书人，一时也是颇具风骚；桑植县士人的文章诸种理法，文风则相对朴质。这些现象的形成是地方流官持续不断的文化输出的结果。

第二，朝廷严禁苗疆的教职员工向生员勒索规礼。以南部苗族聚居区为例，乾嘉苗民起义后，苗疆经济倒退严重，正处在休养恢复期，正期"体恤培养，士气振兴"。不仅普通汉族老百姓无法负担，即使以前的苗疆大户也因"均田养勇"而致非富裕之家。而各寨的苗族人是清廷极力归化的对象，更不能向他们勒索规礼。所以清廷在苗疆教员的"额支俸廉"以外，每人在官赎田余租项目下，"岁给谷一百六十石"，但即便如此，教师的生活依然清苦，故经过地方官筹议，凡科岁入学之人，有力者出银十二两，稍有力者出银八两，无力者出银四两。如果实在无法出银的，那就由总屯长筹款代为致送。但这些都是杯水车薪，直到嘉庆十四年（1803 年），从屯田中，分拨凤凰、乾州、永绥、保靖四厅县各一百亩作为学田，才基本解决了教师的薪资问题。

第三，将较高层次乡试的少数民族考试政策引入中低层次的县学。原来的厅县学考试中，一直没有给苗生设立单独的廪增名额。光绪七年（1881

---

① 魏式曾.同治永顺府志: 卷十风俗续编[M].刻本.[出版地不详]: [出版者不详],1873(同治十二年).

年），经苗疆地方政府申请，湖广总督李瀚章与湖南巡抚李明樨联名上奏，在苗疆四厅县考试中，为苗生增加了廪增名额，"乾州、凤凰、永绥三厅苗学各添设廪生二名、增生二名，保靖县……廪生一名、增生一名"①。这一变化，不仅在乡试中区别出"边"字号和"田"字号，而且在院试中分出"民籍"学额与"苗学"学额，以保障苗族考生的利益，并对冒充学籍和户籍的情况予以严惩。民族教育政策的深化与落实，使民族教育政策从国家行政权力渗入区域利益和民族利益中，使得国家行政权力更加巩固。

　　苗疆义学是一项完全的义务教育，入学者也多是贫寒子弟。但此项工程涉及面广，影响深刻，经营难度不小。苗疆教师人数大致为 100~200 人。这些教师也是贫寒者居多，因此地方政府筹措馆谷的任务很重。要在屯田体系下建设普遍的义务教育，首要问题在于资金的筹措。地方政府必须在封建税收体系内创设一套新的财源筹措机制，方可实现财政支持。然而在九山半水半分田的湘西苗疆里，谈何容易？苗疆地方政府从屯政中为义学专门拨学田招佃收租，这项政策单从财务上讲，似乎无可挑剔。地方官员开始也是这样想的：每亩田每年平均有一石谷的租佃收入，则 1600 亩即有 1600 石的收入，足够馆师薪水开支。然而，地租收入并不稳定，一旦遇到旱涝灾害，收入极有可能化为泡影，一旦农民无谷交租，必然影响教师馆谷的发放。在清代苗疆一百多年的屯政中，这种自然灾害发生了多次。然而总体上说，这些自然灾害对义学的冲击并不大，地方政府本着再苦不能苦教育的想法，想方设法使义学的运转基本平稳。虽然湘西苗疆的学校正在孕育，与内地还有很大差距，但考试制度的成熟就使得土司时代的苗族和土家族的耕战模式被耕读模式取代，这也是将苗族、土家族家庭纳入国家法秩序中的最可靠的方式。

　　总体上看，乾嘉苗民起义后的家族法秩序和国家法秩序的同构具有以下三点特征：第一，法律权威和法律规范体系的同构已经稳定，法律中隐

---

① 但湘良 . 湖南苗防屯政考 [M]// 谭必友，贾仲益 . 湘西苗疆珍稀民族史料集成：第 19 册 . 北京：学苑出版社，2013：21.

含的儒家意识形态的影响对家国同构起到关键作用。第二，同构的程度深化，在苗族社会，苗族人作为底层被纳入苗防屯政体系中，苗族人作为一个佃农群体受到整体的压迫，这是屯政体系得以运转的基础，苗族人是作为整体被纳入国家统治秩序中的，在湘西北部的土家族社会，社会则更加扁平化，在法律适用上与内地的差距在不断缩小。第三，礼仪教化逐渐取代严刑峻法成为维系家国同构法秩序的最主要方式，法律适用出现了道德化转向，士作为维系寨落共同体或者家族共同体和朝廷关系的纽带，以阶层化的方式在湘西苗疆出现。

二、家国同构法律秩序的第三次解体

从 19 世纪中后期开始，建立在严刑峻法和礼仪教化基础上的家国同构的法律秩序开始解体。这一时期的家国同构是"法律精神的同构"，故其解体的标准也表现在精神氛围上：首先是商人开始作为农民和地主的对立面出现，商业气息消解了读书的气氛；其次是随着中央王朝的衰落，苗疆北部的土家族社会逐渐脱离国家法的控制，这种变化导致土匪作为地方流官的对立面出现。农民和流官逐渐依附于商人和土匪，家国同构的法律秩序也日趋解体。

（一）市镇经济的兴起

在土司时代，苗疆南部苗族聚居区就物质产出的所有权而言，是一种以寨落为单位的宗族共有制度，多余的物质产出只以祭祀自然神祇的方式在寨落内部流动，而北部土家族聚居区因为有彭氏土司的缘故，已经建立起具有等级特征的封建所有制，物质主要以祭祀"祖先神"的方式在内部流动，对中央王朝的朝贡和赋税虽然是流向外部，但是从朝廷获得的赏赐实际更多，所以物质上的循环体系也是相对封闭的。"各民族之间的相互关系取决于每一个民族的生产力、分工和内部交往的发展程度。"[①] 在湘

---

① 马克思.德意志意识形态 [M]// 马克思，恩格斯.马克思恩格斯选集：第 1 卷.北京：人民出版社，2012：147.

西苗疆，苗族和土家族的生产力和内部分工不是平行发展的，土家族相对苗族处于领先的位置。

在湘西苗疆的苗族聚居区，苗族人和外部进行交换的最初地点是明朝设立在苗疆的堡垒和哨所。这些地方最初具有军事用途，是针对苗族的防御工事，明朝中后期还在哨所的基础上修建边墙进行民族隔离，随着明朝军事力量的退却，汉族和苗族之间越墙交易的现象增多，位于乾州的五寨长官司司城是当时汉族和苗族交易的中心。清朝在明朝的基础上对汉族和苗族之间的贸易进行了法律规制。

在湘西苗疆北部土家族聚居区，土司官邸作为区域内城镇的最高象征，虽有街坊，如永顺老司城"城内铺店颇多，街坊七处"①。不过，永顺司城周围的居民主要是为了满足永顺司统治需要而存在的，土司下辖的旗坊虽有不同的分工，但城镇功能主要为满足军事、政治统治的需要，商业职能则处在附属地位。在改土归流后，湘西苗疆的土家族已经从耕战一体的"州""旗""舍"的松散血缘共同体转换为以家庭共同体"户"为单位的耕织方式，地主所有制和小自耕农所有制是以家庭生产为单位，富户和贫户都按照自己的粮食生产所得向中央王朝缴纳一定比例的税收，多余的粮食或者副食品产出通过小集市定期进行交换即可。如此，就可以形成家国同构的超稳定的法律秩序，在家族法层面，父系家长具有对家庭成员的人身、财产和祭祀的支配权；在国家法层面，中央王朝皇室作为"君父"通过派驻地方的流官建立保甲，以保甲为单位向各户收取土地税并提供对户民的公共安全保障。

随着酉水流域集市贸易的兴起，这种家国同构秩序遭到了外来因素的影响，蒲市、王村、里耶、茶峒等四大商业中心在酉水河流域和沅江中游出现，它们如同四颗闪耀的明珠镶嵌在湘西大地。过去那种在个人和家族之间通过习惯法维系的，及家族和国家之间通过制定法维系的社会秩序被逐渐发展的市场削弱。地主和农民在湘西的地位被商人和土匪所取代。改

---

① 吴起凤.乾隆永顺县志：卷一[M].长沙：岳麓书社，2012：6.

土归流后的土家族人继续保持小自耕农制，后来随着汉人特别是汉族商人的不断涌入，土家族人也开始有了自己的商贾，如乾隆《永顺府志》记载：

> 斯时土民不善贸易，列市衢通货物者多属江右之人。近则出口货财日形发达，交通便易，上通川陕滇黔，下至鄂浙闽广咸有永商踪迹。①

在改土归流之后的一段时间，之所以严格控制汉族和土家族、苗族之间的商业交往，地方流官除了担心外来汉人利用信息差进行诈骗之外，还担心如果土家族人不专心种地，即使是兼营商业也会影响地方税收财政，影响地方秩序稳定。在乾隆初年来永顺府经营商业的主要是江西一带的商人。土家族人对这种新的营生方式开始并不了解，对一户普通土家族人来说如果采取商业为营生手段，那么至少需要保证其卖出商品所得之收益很稳定地大于种粮食所得的收益，商业行为才是可以持续的。于是问题转化为，如何在不危及粮食生产的同时，用有限的劳动力向湘西以外的地区卖出具有本地特色的消费品或者生产品，以从外部获得的资财购买粮食用于基本生存，并向地方政府缴纳土地税以获得公共安全保护。只有在商业经营上的获利远远多于农业经营时，商业行为就是可持续的。

有学者认为，湘西苗疆的市镇经济不是由明清时代的卫所、哨岗、边墙和府厅县的墟场和集市发展而来的，而是外来移民的进入所推动形成的。② 这种观点可能忽视了家国同构的法律秩序的经济基础正是一种低物质供给和低物质需求的平衡，农民产出除交税和保障自己生活外，多余产出主要在地方上的小集市进行简单交换，交换后的产品自己使用，不存在积累和再生产的问题。湘西苗疆的墟场是苗族、土家族与汉族进行副食品和简单手工业品交换的场所，苗族人和土家族人将自己多余的产出用于集市交换。虽然集市有交换，但基本是交换生活必需品，因此就一个地区来说，供给和消费基本是均衡的，无法建构商业购产销循环。另外，此种简单交换的主要目的也在于更好地维系农业生产，是附属于农业的。因此对土家

---

① 张天如.永顺府志：卷十·风俗 [M].刻本.[出版地不详]：[出版者不详]，1763（乾隆二十八年）.
② 曹端波.清代湘西商业市镇的发展及其原因 [J].吉首大学学报（社会科学版），2009（1）：41.

族和苗族来说，集市上的市场太小，仅仅依靠卖出自己生产的手工业品甚至无法换来足够的资金购买口粮，更不用说扩大生产了。

在湘西苗疆要形成稳定的商人阶层，首要条件是国内具备一个相对畅通的大市场，使得湘西本土的特产可以进行远距离投送，这必须有相对便利的交通。在农业时代的湘西苗疆这个条件是具备的，在铁路修建之前，全世界货物运输的主要方式是通过水运和海运，湘西的特产则可以通过酉水河、沅江、澧水进入洞庭湖流域，乃至全国的水路运输网络中。《同治永顺府志》记载"上通川陕滇黔，下至鄂浙闽广咸有永商踪迹"，永顺商人远处走货，这主要应该还是水路运输起主导作用。因此依靠水运的湘西四镇开始繁荣起来，湘西水路四镇是国内大市场的一部分，而绝不仅仅是自给自足的小集市贸易的延续，只有在这样的基础上，永顺土家族商人才能依靠出卖特产渐渐脱离农业生产而作为一个阶层崛起，以形成土家族内部农业生产与工商业的分离。

土家族商人产生的第二个条件是外地商人的影响。他们来到湘西苗疆销售货物或者购置原料是市镇经济兴起的起因，《同治永顺府志》记载：

城乡市铺贸易往来河道险隘，贩运艰难。其货有由常德辰州来者，有由津市永定来者，必土人担负数十百里外。至本地出产如桐油、茶油、五棓、药材等类或铺户装出境或装客来市招收，均时为低昂，莫之或欺。①

上述材料说明，同治年间湘西苗疆的市镇经济虽然因为"河道艰险，贩运困难"，却已经被纳入全国大市场中。外地商人通过水路进入永顺府，卖出自己带来的货物后，自然不能空手而归，还要购进桐油、茶油、药材等特产将之卖到下游去。往来货物的运输"必土人担负数十百里外"，土家族人在贸易中最早应该是作为搬运工存在的，因此雇佣关系也随之出现了，至于为什么不请外地人搬运而一定要雇佣土家族人，最直接的原因应当是土家族人朴实而且劳动力相对便宜。

雇佣工人除了本地土家族人之外，也有外地工人的进入，《同治永顺

---

① 魏式曾.同治永顺府志: 卷十风俗续编[M].刻本.[出版地不详]: [出版者不详], 1873(同治十二年).

府志》记载："工多外至者，技艺较土人稍巧，近日彼此相习，艺亦精。"这里所谓的"工"不是搬运工，而是掌握一定技艺的技术工人，又因为他们是外来户，在湘西苗疆是没有土地的，所以很可能这些外地工都是职业工人。工人作为一个阶层的出现说明，当时的湘西苗疆已经出现了一些规模不小的手工工厂或者家庭作坊，采用一定的技术专门生产。典型的土产就包括俗称为"西兰卡普"的土家织锦和斑布：

　　土妇颇善纺织，布用麻，工与汉人等。土锦或经纬皆丝或丝经棉纬，用一手织纬一手挑花，遂成五色，其挑花用细牛角。①

　　很多产品不仅供应本地也销往外地，例如永顺府出产的炭：

　　炭有黑白二种。今产者多黑炭。永顺之塌溪、桂竹园、桐木园、贺虎溪、黑彭、青岭，保靖之誓溪、河他场、梅胡，龙山之大井，桑植之畲刀沟、高埠溪、唐家湾、四方山、牛衔泥、鸦果山、熊家坪、钟家滩等处，俱有客民或土民设厂筑窑，烧贩他境取用者多，山渐童而薪亦渐桂矣。②

　　"设厂筑窑"并"贩他境取用者多"，说明在永顺府烧炭行业中存在一定规模的工场手工业和商业，因为土锦和黑炭不是本地市场可以消化的。在传统家国同构的法律秩序中，土家族人遵从"男耕女织""晴耕雨织"的生活，地方流官不厌其烦地颁布法令促进农业生产，最终目的只是满足该地方自身消费，多余的手工业品也只是按照地方政府的檄示通过近距离的集市贸易在本地消化，定期定点的交换行为是为了更好地促进农业生产而出现的。不过，外部技术、商人和工人的进入，加速了湘西苗疆土家族聚居区原本存在的社会分工，新的与地方官行政机构所在地完全不同的商业中心出现，社会秩序更加动态化。实际上，茶峒、里耶、王村和浦市等沿河市镇均距离厅城或者县城遥远，这就出现了沿河市镇和农村的二元对立。市镇中出现了新的商人和工人阶层，并与农村中的地主与农民相互对立，而这种二元对立解构了改土归流后家国同构的法律秩序。因为汉族、

---

① 魏式曾.同治永顺府志：卷一·物产[M].刻本.[出版地不详]：[出版者不详]，1873（同治十二年）.
② 魏式曾.同治永顺府志：卷一·物产[M].刻本.[出版地不详]：[出版者不详]，1873（同治十二年）.

土家族、苗族在分工和生产力上的差距，民族之间的二元对立也开始出现。民族和社会身份之间的撕裂反过来又加速了城乡之间的撕裂。

在 18 世纪，维系国家与家庭之间的重要纽带就是税收法秩序，苗族以寨为单位向中央王朝缴纳赋税，土家族以户为单位通过里甲向中央王朝纳税，赋税的主要形式是实物税，湘西各县都建有专门的仓库收粮。不过，随着 19 世纪中后期商人和工人的出现，货币税代替了实物税，成为税收的主要形式，在湘西苗疆货币税替代实物税是随着桐油制作业而出现的，《同治永顺府志》记载：

> 山地皆种杂粮，岭岗间则植桐树，收子为油，商贾赴之，民赖其利以完租税，毕婚嫁。①

可以肯定的是，18 世纪初，地方财税上缴的形式以实物税为主，但是随着货币经济的发展，货币流通量比乾隆初年明显增加，商人手上的货币是最多的。到 19 世纪，土家族人以货币向国家缴纳租税，这是货币经济得以发展的表现。货币地租的出现和扩大化，意味着家国同构法律社会秩序的第三次走向解体，这种趋势在鸦片输入湘西后越来越快。

（二）湘西土匪的产生

19 世纪中后期，中央王朝内外战争的一系列失利及其混乱局面是导致家国同构的法律秩序结构出现的更主要的原因。在清朝沦为半殖民地半封建社会后，其中对湘西苗疆国家法秩序影响最大的要数鸦片的输入，虽然家族法层面变化不大，但是这一时期在国家法层面，湘西苗疆北部土家族聚集区的绿营体系和财税制度都无可避免走向衰落了。随着兵沦落为匪，土地税变为烟税，湘西也沦为晚清民国时期中国最大的鸦片种植基地和匪区之一。

鸦片传入湘西苗疆的具体时间已无从考证，在同治初年张修府所著之《溪州官牍》中，湘西苗疆已经发现土家族人有吸食"洋烟"的恶习，如在前述谷启克被勒索一案中，谷启克儿媳就是"五日气痛，旧病复发，过

---

① 魏式曾.同治永顺府志:卷十·物产 [M].刻本.[出版地不详]:[出版者不详],1873（同治十二年）.

服洋烟，经尔眼同解救不效，夜半殒命。"^① 鸦片俗称洋烟、大烟、烟土，从谷启克儿媳的情况看，它是作为镇痛药使用的，这证明第二次鸦片战争后，鸦片在湘西已经不罕见了。《湖南省志》已明确咸丰年间鸦片开始进入土家族聚居区，^② 这与《溪州官牍》的记载可以相互印证。

鸦片在中国的种植有两方面原因，就外部因素看，外商在中国种植鸦片的成本比在中国境外种植再销售到中国的成本更低。19 世纪中后期整个中国鸦片横流，人民身心饱受摧残，国内的不法之徒发现经营鸦片的利润极其可观，于是开始种植罂粟生产鸦片。为了减少白银外流，抵制洋烟的大量渗入，国内开始出现越来越多的土烟，这在当时客观上确实起到一定的排挤洋烟的作用。至清末，特别是在外国商人和国内商人的配合下，鸦片交易在国内像一股强风一样，愈压愈烈，顺着水路运输的兴盛进入中国腹地的湘西苗疆，这里气候非常适合罂粟种植，所以村民普遍大量种植鸦片向各地销售。第二次鸦片战争结束后，清政府基于向侵略者赔款所带来的财政压力实行欲禁于征政策，国内的鸦片生产逐渐开始泛滥起来。清末的禁烟运动虽取得一定的成效，但是对鸦片问题没有根本影响。

就内部因素看，湘西本地商人或者农民以种植鸦片所获之利用于缴纳税款，当他们发现种植鸦片远比种植谷物挣钱，这种趋势就不会停止。另外，就地方流官来说，默许鸦片种植可以缓解地方财政压力；土地贫瘠的湘西不适合农作物生长，但非常适合种植罂粟，于是鸦片种植作为库银生息资本和义田体系的"更好"的替代品就出现了。民国时期，军阀分裂割据，混战不已，湘西军阀陈渠珍为了增加经济收入扩充军备，巩固自身实力，也是默许甚至鼓励当地的百姓种植鸦片。

湘西苗疆种植鸦片的时间，在北部土家族聚居区比苗族聚居区略早。龙山县是湘西最早种植鸦片的地区，据《龙山文史资料》第一辑记载："龙山种植鸦片，约始于十九世纪中期。那时，只在明溪、二楼、大达一带

① 张修府.溪州官牍：丙集 [M]// 谭必友，贾仲益.湘西苗疆珍稀民族史料集成：第 21 册.北京：学苑出版社，2013：483.

② 湖南省志编纂委员会.湖南省志：第二十四卷·民族志 [M].长沙：湖南人民出版社，1997：81–82.

种植罂粟，至清末和民国初年，扩大到土家族聚居的南半县地区。"① "保靖县署从贵州引进罂粟（鸦片）种子在县城南门外种植。"② "永顺县的鸦片种植是在鸦片战争后开始的。"③ 从以上资料可以看出，湖南省湘西地区的鸦片种植是从 19 世纪中期开始的，其主要生产地是龙山县。在清朝道光、咸丰年间鸦片种植尚未形成规模，产量较小。但到了民国就难以禁止，几乎成为地方的支柱产业，这说明清末民初，鸦片种植在湘西有着令人恐惧的传播速度。比如在民国时期的湘西，不种鸦片的村民，将额外增加"懒人税"作为惩罚。湘西的气候环境很适合鸦片的生长，湘西又以其"烟多，枪多，匪多"被世人所熟知。至民国军阀割据，湘西地区因其适宜鸦片种植的地理和气候而成为鸦片生产和销售的重要基地，随着地方军阀对于鸦片种植的政治保护，湘西的鸦片种植面积和产量达到了前所未有的顶峰。

不过，鸦片种植并非本书要讨论的重点，我们关心的是鸦片种植给湘西苗疆的社会带来了什么样的变化，这种变化又是如何导致家国同构的法律秩序逐步走向解体的。

对南部苗族聚居区来说，因为屯田体系是一种自给自足的存在，商业贸易相对并不发达，鸦片流入的时间比在土家族聚居区略晚，土匪较少，苗族人如果造反，则直接由屯兵镇压，清廷官方文件往往称"逆苗"而不称匪，大规模种植鸦片已经是民国以后的事情，晚清时期的苗族人安分守己，尚不能称"匪"。

对土家族聚居区而言，乾嘉苗民起义后鄂西地区曾经出现过白莲教起义，不知湘西北部是否受到白莲教等会社的影响，嘉庆初年在土家族聚居区出现了称为"红钱""黑钱"的土匪。清嘉庆《龙山县志》载：

邑与川省接壤，红钱黑钱诸匪时亦窜入，黑钱者换包设骗局，行踪诡秘。

① 龙山文史资料委员会.龙山文史资料：第一辑 [M].龙山：龙山文史资料委员会，1986：140.

② 中国人民政治协商会议湘西土家族苗族自治州委员会文史资料研究委员会.湘西文史资料：第14–15 辑合刊 湘西百年大事记 [M].吉首：《湘西文史资料》编辑部，1989：16.

③ 永顺县志编纂委员会编.永顺县志 [M].长沙：湖南出版社，1995：588.

红钱则拜把结党，绺窃市尘，兵役获其伙犯，中途拦截，名曰打炮火。边徼地方不可不严密缉拿，至于本境匪徒，生长峪峒，越山跋岭，矫捷若猿，夜穴壁偷窥。昼则闲游村市，暗藏利刃，名曰黄鳝尾。小而锐，追捕紧急，挺持格斗。或于无人烟处，劫取孤客财物，不与则露刃相向，甚至砍伤臂足。又或伏悬崖丛中，伺行旅经过，突出不意，推巨石堕，行旅惊走，弛负担于地，从而攫之。总总凶掠不一而足。若过于姑息容忍，不能除害，则良善无从安堵。①

彼时的"红钱""黑钱"诸匪，可能只是土匪的初级形态，更类似于今天的犯罪团伙，"黑钱"系诈骗团伙，"红钱"是抢劫团伙，尚无稳定的经济来源。

另咸丰末年太平天国石达开也曾在湘西攻城略地招兵买马，清廷视为"教匪""会匪"，湘西的土匪最早作为"教匪"出现是受石达开的影响。张修府在《禀遵札密挐会匪舒立志讯明正法由》中写道：

卑府等接奉前抚宪毛札饬查办会匪以靖内奸等因，奉此伏查永顺所属此风尚稀，惟龙山自前岁被贼窜扰后，城乡恶少结盟拜会者甚多，匪首舒立志尤为著名，其党徒蔓延川鄂，虽目下未必遽萌他志，而炎炎之势已渐燎。②

除太平天国的"拜上帝教"外，还有"哥老会"等秘密会社也属于朝廷缉拿范围，如前述土匪田占梅夫妇就是哥老会成员，从其依靠秘密会社的特征看，此时的匪更像是地方恶霸。

对土家族聚居区来说，土匪真正兴起可能是因为晚清时期西水河商业贸易日益繁荣，沿河兴起了不少大小土匪劫掠过往商旅，以至于地方官不得不以檄示的立法形式禁止，如同治八年（1869 年）永顺知府魏式曾就颁布了《严禁各滩抢船勒赎示》：

照得北河之险滩，不少滩头之地痞甚多，积弊不除商旅何能安驶。本府访闻，凤滩有朱先开、李宗儒，茨滩有李宗友，十马滩有蒋文斗，施溶溪有

① 洪际清.嘉庆龙山县志：风俗 [M].刻本.[出版地不详]：[出版者不详]，1818（嘉庆二十三年）.
② 张修府.溆州官牍：丙集 [M]// 谭必友，贾仲益.湘西苗疆珍稀民族史料集成：第 21 册.北京：学苑出版社，2013：423.

欧光德，均属著名巨痞。无论水大水小，遇商船稍有失事，即乘危上船，名为救护实图抢夺，非藏匿客货即勒赎钱文，其余各滩未及著名之小痞尚多，皆经本府访悉，本应按名拏究，惟不忍不教而诛合行出示，严禁为此。示仰各滩附近居民人等知悉。本府现设救生船只，并将附滩划船编立水保稽查。①

不过，上述沿河的地痞，即土匪只是作为一股一股的团伙存在的，作为应对，当时的永顺府颁布法规成立了"水保"保护过往商人，这就有其社会经济乃至组织上的基础，土匪的经济基础就是鸦片贸易，因为这些过往商人中就有很多是私运烟土的。在同治年间永顺府志物产一编中尚未看到湘西有种植烟土的记录，但是到民国时期湘西已经是全国著名的鸦片种植基地和土匪横行的地区，可见晚清民初是鸦片种植的加速阶段。鸦片的持续输入和扩张性种植加速了晚晴时期湘西土匪的蔓延。在李震一著的《湖南的西北角》一书中，对湘西有如下记录：

湘西过去是鸦片的世界。这一世界到现在似乎还没有走到末日。在湘西，种烟并非不聪明的事。反之，不种才是不聪明的事；种烟并非犯法的事。反之，不种反而成了犯法的事。过去大都如此，到现在还有许多地方是如此。至于运烟吸烟，那更是些小的问题了。举例来说，过去一般人所称道的湘西王时代，有所谓护商处，护商便是保护烟商。在湘西王之下的某些小酋长们，要增加税的收入，于是提倡种烟，不种烟的要抽"懒税"。②

民国初年湘西军阀陈渠珍的"护商处"和晚清同治年间永顺府设立的"水保"具有相同的功能，都是为了保护沿路商人而设置的。在 19 世纪中后期，随着酉水、沅江和澧水商业运输的发展，鸦片已经逐渐替代桐油、茶油和炭成为湘西对外销售的最重要的大宗商品。从文献对过去时代的回忆看，种烟是为了增加税收收入，而最早的情况可能是种植烟土是为了缴纳土地税而采取的替代办法，一开始应当是偷偷种植的，官府在发现有利可图时，就反过来默许甚至鼓励种烟。因为种植、销售鸦片的利润远比种

---

① 魏式曾.同治永顺府志：卷十一檄示 [M].刻本.[出版地不详]：[出版者不详]，1873（同治十二年）.
② 李震一.湖南的西北角 [M]// 谭必友，贾仲益.湘西苗疆珍稀民族史料集成：第 24 册.北京：学苑出版社，2013：251.

植桐油、茶油为高，本地和外地的商人就会想办法在湘西扩大种植面积以替代农作物，当然开始时可能是找到本地农民悄悄种植，因为种植的利润颇高，只要不被官府发现，邻人自然会效仿。在晚清地方政府控制力减弱后，土匪占据田土，逼迫农民种植鸦片，再以贩卖鸦片的收入反手购置枪械扩大队伍。其鸦片贸易的逻辑是土匪以武力压迫威胁农民种植鸦片，并将种植的烟土通过本地和外地商人以水路方式运往外地，外地商人同样以水路方式给地方土匪运来枪支进行交易，农民以种植鸦片方式完成国家税收。由此导致原有的建立在农作物生产上的家国同构秩序逐渐解体，终于在清朝末年，绿营体系被土匪取代，税收法秩序被鸦片贸易取代，湘西从此进入到民国的战乱时期，旧的秩序瓦解了，战争与革命成为时代的新主题。

结语

元明清时期湘西苗疆的法律社会秩序是通过中央王朝制定法和少数民族习惯法的实施而形成的家族法秩序和国家法秩序，二者是同构的，它是在南方山地民族纳入中央王朝的统治秩序的过程中形成的。元明清时期的湘西苗疆的治乱循环可以分为三个时段，即土司时代，改土归流后时代和乾嘉苗民起义后时代，在每一个时段苗族和土家族的法律秩序又呈现出不同的社会结构和社会生活。

土司时期的家国同构的法律秩序主要是通过神权法维系的，自然神、祖先神和政治神的权威起到主要作用，是"法律权威的同构"。

苗族和土家族习惯法在土司时期维系着苗族社会和土家族社会的稳定。湘西红苗生活在自然的法律秩序中，他们以寨落为单位，过着原始、古朴的自然生活，对寨落以外的世界知之甚少，巫觋法则和复仇制度是维系苗族宗族法的两根支柱，其家族法秩序则具有娘亲舅大的特征，整个法律秩序通过自然神祇的权威维系。比较之下，湘西土家族人的法律秩序相对更为发展，他们生活在土司的封建等级制度之下，祭祀规则和州旗制度是维系土家族宗族法秩序的两根支柱，其家族法秩序同样带有舅权时代的特征，整个法律秩序主要通过祖先神祇的权威维系。

中央王朝制定法在土司时代起相对次要的作用，家国同构是通过巫觋祭祀和军事征伐两种方式形成的。此时的苗族人严格来说尚未纳入国家法秩序中，中央王朝主要通过军事讨伐和封堵政策调整与苗族的关系，而土家族人则通过军事征调主动拥抱中央王朝，在此过程中，土家族人将祭祀祖先渐渐转化为朝贡朝廷，由此土家族人建立起由数个家庭组成的家族共同体——舍，由数个舍组成宗族共同体州、旗、洞，由数个州、旗、洞构成土家族的民族共同体永顺土司和保靖土司，土司并以军事征调的方式获得中央王朝的嘉奖和认可，建立起家国同构的法律秩序。这种法律秩序得以维系的关键在于土司和中央王朝之间的朝贡往来，在明朝中央政府财政尚可时能够支撑，至明末朝廷财政断供，中央王朝与土家族共同体的联系也基本失去，导致家国同构的法律秩序第一次解体。

改土归流后家国同构的法律秩序得以重建，但是形态发生了显著变化，血缘关系让位于地缘关系，社会纠纷通过"法律拟制"和"法律衡平"等法律方法解决，中央王朝制定法和土家族、苗族习惯法得以完成对焦，构成了包含法律规则、法律原则和法律政策的整体性法律规范秩序，故第二次家国同构是"法律规范秩序的同构"。

在南部的苗族聚居区，就家族法秩序而言，姑舅表婚和抢亲婚渐为买卖婚所替代，以寨落为单位的家族共耕制渐为以户为单位的小农私有制取代。在国家法层面，由于散厅得以建立，而对于苗汉之间的仇杀案件因为威胁到地方公共治安有时候不得不动用军事手段，所以兵刑法秩序具有"以兵代刑"的特征。这一时期的湘西苗族已经要向地方官缴纳赋税，虽然征税不摊到每户人家而是落到每个寨落的头上，又虽然散厅的控制力度往往难以及于寨落共同体，但是地方流官对于湘西苗寨名义上的统治权却稳固下来，在生苗区也渐渐形成了一种官府和生苗之间的平衡，即清廷在苗疆以税收的方式建立了一种联系，即生苗以"吃血赌咒"的方式接受朝廷的封赏，苗族的寨落共同体纳入国家法秩序中，通过一种不成文的契约建立了以官府为代表的政治神和苗族人所信仰的自然神之间的联系，中央王朝的制定法并不过多干涉巫觋法则和苗族人之间的血族复仇。

在北部的土家族聚居区，就家族法秩序而言，姑舅表婚同样渐渐为买卖婚所取代，父系家长的权威得以强化。在国家法层面，改土归流后的永顺府建立了绿营体系，税收法秩序沿袭土司旧例，并通过保甲制度得以贯彻。整个体系的运转主要依靠地方流官在治理苗疆过程中形成的经验，而以户为单位通过里甲纳入国家法秩序中。法律社会秩序的嬗变伴随着生产模式的变化，清朝政权改变了湘西苗疆的社会经济结构，无论是苗族还是土家族，这一时段他们的生产方式已经过渡为小农私有制，这彻底改变了湘西苗疆的社会面貌，基于血缘关系的法律规范让位于基于地缘关系的法律规范，苗族人和土家族人从旧时代的家族共同体中的战士和农夫变为新时代的以户为单位的专职地主、自耕农和佃农，里甲作为邻里共同体替代了家族共同体。虽然中央王朝不断通过严刑峻法和礼仪教化强化此种家国同构的法律秩序，但是由于汉民大量涌入苗疆，造成人地关系的失衡，最终导致乾嘉苗民起义，此种建立在地缘基础上同构的法律秩序也随之解体。

乾嘉苗变后的家国同构的法律秩序再次得到确立，儒家的理性主义替代经验主义成为法律实施的原则，形成了"法律精神的同构"。

在苗疆南部，中央王朝和苗寨之间的平衡重新建立，但这种平衡是以苗族人失去土地为代价的，苗族身无寸土，在他们之上有屯兵和流官，他们只能在屯田体系下做牛做马讨生活。清廷着力打造的湘西苗疆的屯政体系是人为设计组织的一个集军事镇压、政治统摄、法律控制和经济压榨于一的体法律秩序。在家庭法层面，儒家的意识形态已经渗入苗族的婚姻法秩序和家庭法秩序中，而这种秩序都是官人人为构建的法律秩序，它们都是专制统治者人为设计、规划的结果，是从外部强加形成的秩序。从国家法层面看，"礼祀融合"的官法代替了理老调解，而血族复仇被"兵刑合一"的军屯体系所取代，苗族习惯法的神秘主义让位于儒家的理性主义。

苗疆北部的土家族聚居区这一过程是渐变的，在家庭法层面，土家族社会已经基本趋同内地，只是在一些细节上保留了舅权时代的特征。在国家法层面，通过建立财税法秩序维系的地方兵刑法秩序仍然需要中央财政的支撑。因此，严刑峻法和礼仪教化的强化维系了家庭与国家之间的联系，士作为一个新的阶层出现。然而，随着鸦片战争后中央王朝财政的吃紧、市镇经济的兴起特别是鸦片的输入，小农私有制在土家族聚居区走向衰落，邻里共同体被商业共同体逐渐取代，儒家的意识形态为商业交往及鸦片所瓦解，这导致了家国同构法律秩序在清末的第三次解体。

就社会秩序对法律的反作用看，法律规范秩序的演进也表现为三阶段特征。

第一阶段是法律规范秩序的初级阶段，即权威形成阶段。由于习惯法是相对静态的法律规范秩序，该秩序中的法律规范只有对称性的行为规则，没有后果规则，在万物有灵论的影响下，人们往往将自然事件当作是行为的后果，法律仅具有约束力并且是通过对称主体之间的法律关系实现的。法律规范秩序仅是一系列对称性行为规则在同一平面上的集合，基础规范还未出现，等级规范和部门法也没有出现。

第二阶段是法律规范秩序的过渡阶段，即体系形成阶段。基础规范得益于祖先神和政治神的权威而成为其他规范的权源，基础规范作为法律规范秩序的终极效力规范，它一方面衍生出效力等级不同的规范，形成位阶有别的纵向等级体系，另一方面产生出性质不同的规范，形成不同法律部门意义上的横向法律体系，这样相对静态的法律规范秩序就演变成动态的法律规范秩序。法律规范秩序在形式上是多元性的，它不仅包括法律规则，也包括原则和政策，并有适用上的先后顺序，政策优先于原则，原则优先于规则。

第三阶段是法律规范秩序的成熟阶段，即道德形成阶段。该秩序通过法律拟制、法律衡平和法律创设的方式解决法律规定和社会实践之间的差异性，直到立法的一般规范基本稳定为止。司法的弹性作为立法固定化的替代样式也创造了对汉族人、苗族人、土家族人都一体适用的规范，这些个别规范均体现出儒家道德伦理观念，通过儒家意识形态的反身性消解司法化解纠纷，意图实现无讼的精神追求。

因此，就湘西苗疆的法律形成过程看，法律的构成通常需要三个条件，即法律权威、法律规范体系及法律的道德评价体系。最基础的条件是法律权威，最早是自然神，然后过渡到祖先神和政治神，在权威树立的条件下方可形成基础规范的权源，并由基础规范衍生出动态的规范体系，才有所谓法律的体系性问题。至于法律的道德性则已经是儒家的意识形态在湘西苗疆得以奠定后的产物了。这也说明，法律的道德性不是构成法律最初的要件，法律和道德一度是分开的。然而反过来说，法律的道德性所彰显的精神虽是最后形成的，却是法律最牢固的要件，因为法律权威可能因为王朝变换而更迭，规范体系也可能因为中华法系的消亡而成为历史遗迹，只有"莫见乎隐，莫显乎微"的法律精神能穿越历史，向现在的人们显示出其成为法治中国的精神内涵与信念之网的命运。

本书写的是元明清时期湘西苗疆的法律社会史，它是本人博士论文的拓展。当时由于行文仓促，只介绍了湘西苗疆苗族社会的法律秩序，对土家族的法律社会史基本没有涉及，在时间上也仅取清代这一时段。虽然论文有一定史料支撑，但是在史料的选取应用上尚存在一定问题，使得有些章节过于冗长而另一些章节太过简略。然而最重要的问题是当时力求摆脱法律文本史的框架而过渡进入社会史，论文缺乏法律上的建构和模式支撑，更多的是不成熟的材料堆砌。

后续修改和增补一定程度上弥补了原文的上述缺陷，一是增加了土家族聚居区的法律社会史，并与苗族的做比较；二是引入时段研究方法将湘西苗疆的法律社会史分为三个中等时段，并将之纳入元明清这一长时段中加以评价；三是有意识地增加了规范分析，尽量使本书成为一部法律社会史而不是单纯的社会史，力图从家族法和国家法互动的角度阐述中央王朝将以苗族和土家族为代表的南方山地民族纳入国家统治秩序的过程。

不同的社会土壤会孕育出不同的法律规范。在法学教研与法律实务的过程中，笔者发现学界有一种常见的倾向，即需要移植西方国家的法律制度来实现对中国社会的改造，然而中国的法律制度总归是依托于中国社会的发展而形成的。中国自古以来就是多民族国家，各民族由于社会经济、政治法律和意识形态的差别而处在不同的历史阶段，从而形成了多元化的法律传统，可以说中国法律传统是各民族共同缔造的，凝聚着各族人民的法律智慧，然而这种多元性并没有影响中央王朝以汉族为主体的法律传统的统一性，中央王朝的制定法正是在吸收了各民族的法律文化的基础上才形成了绚丽多彩的法律传统。易言之，家国同构的社会现象是有其法律上的逻辑的。

一切历史都是当代史。研究法律社会史，不仅可以正确认识法律在社会进步过程中所发挥的作用，还可以在研究中国古代法律和社会的相互关系中把握中国古代法律传统与当代中国社会的相互关系，以在社会转型时期重新认识自我、评价自我和塑造自我。要构建适合本国国情的法律制度，光靠法律移植是不够的，立法者和法学研究者更应当重视本土法律资源，以发掘中国法律传统中所孕育的法律智慧，本书即是在这方面作出的努力和尝试。

最后下面各位师友是我必须要感谢的。

首先感谢我的硕士生导师郭哲教授和博士生导师林乾教授。如果不是郭老师的鼓励，我必定不会有从事学术研究的想法，这样人生路径就可能完全不同了。在法大学习期间，林老师的研究方法、研究旨趣和为人处世对我有很重要的影响，林老师对史料运用的要求很高，并对我此项研究的优点和缺点都一一指出。

另外，也感谢刘广安教授、张生教授、张中秋教授、徐晓光教授、谢晖教授等多位学界前辈对此研究提出的意见。本书的研究源自刘广安教授的讲课。张生教授建议我不要囿于传统法律史研究的范式，要尽量将古代人的观念和概念作为分析法律制度的中心。张中秋教授鼓励说对法律秩序进行法律规范秩序和法律社会秩序的二分是一个很好的想法，可以继续往下做。徐晓光和谢晖两位教授则在材料搜集和法律方法上给了我不少启示。还有谭必友、陈来、罗康隆等外专业知名学者，虽素未谋面，但从其研究成果中我亦获益良多。

最后感谢湖南大学出版社的编辑老师，他们为本书的出版付出了大量心血，他们的辛勤工作，使本书增色不少。

石小川

2022 年 8 月 23 日于吉首